라스베이거스 홀리데이

라스베이거스 홀리데이

2017년 4월 22일 개정 1판 1쇄 펴냄
2019년 1월 30일 개정 2판 1쇄 펴냄

글·사진 이미랑
발행인 김산환
책임편집 성다영
디자인 윤지영
지도 글터
영업 마케팅 정용범
펴낸 곳 꿈의지도
인쇄 두성 P&L
종이 월드페이퍼

주소 경기도 파주시 경의로 1100, 604호
전화 070-7733-9545
팩스 031-947-1530
홈페이지 www.dreammap.co.kr
출판등록 2009년 10월 12일 제82호

ISBN 979-11-89469-19-1-14980
ISBN 979-11-86581-33-9-14980(세트)

지은이와 꿈의지도 허락 없이는 어떠한 형태로도 이 책의 전부, 또는 일부를 이용할 수 없습니다.
※ 잘못된 책은 구입한 곳에서 바꿀 수 있습니다.

LAS VEGAS
라스베이거스 홀리데이

글·사진 이미랑

꿈의지도

프롤로그

황량했던 사막 위에 세워진 라스베이거스! 100년도 채 안 되는 시간 동안 세계적인 부자 도시가 된 라스베이거스는 궁극의 호사를 꿈꾸는 자에게는 꿈의 휴양지가, 마음먹고 쇼핑하러 온 이에게는 쇼핑 천국이, 먹방 여행을 계획한 자에게는 미식 여행이 펼쳐지는 곳입니다.

과거 라스베이거스는 갬블링과 관능적인 무희들의 쇼만 있는 환락의 도시로 유명했습니다. 하지만 감각 좋은 디자인과 문화를 호텔에 적용했던 스티브 윈Steve Wynn, 제이사노Jay Sano 등 전설적인 인물들의 등장으로 고급스러움과 세련미를 갖추기 시작하게 됩니다. 현재는 갬블링 뿐만 아니라 편안하고 화려한 휴가를 보낼 수 있는 럭셔리한 호텔, 미슐랭 별이 달린 최고급 레스토랑, 지상 최대 규모의 환상적인 쇼, 갤러리 등 복합문화예술을 즐길 수 있는 세계 최고의 엔터테인먼트 도시로 손꼽히는 곳이 되었습니다. 라스베이거스는 카지노 수입이 있기 때문에 자고, 먹고, 마시고, 노는 기본적인 휴가 관련 비용이 다른 지역에 비해 저렴합니다. 생각보다 합리적인 비용으로 휴가를 즐길 수 있다는 점도 이 도시의 장점입니다. 물론, 곳곳에서 손길을 뻗치는 갬블링의 유혹을 적당한 선에서 뿌리치는 절제의 미덕이 중요하다는 것은 두말하지 않아도 되겠지요.

라스베이거스가 사막 위에 인간이 해낸 놀라운 노력의 결과물을 감상하고 경험하는 곳이라면 미서부 국립공원 '그랜드 서클Grand Circle'은 자연이 수억 년에 걸쳐 만들어낸 어마어마한 경치를 즐길 수 있는 곳입니다. 그랜드캐니언, 자이언캐니언, 브라이스캐니언, 아치스 등 개성이 강한 다양한 자연은 보는 이의 마음을 사로잡기에 충분합니다. 단, 광활한 크기의 대륙에 위치하고 있어 각각의 스팟을 찾아가기 위해서는 운전 거리가 꽤 길다는 점을 참고해주세요.

환상적인 쇼와 맛있는 음식, 고급스럽고 화려한 호텔 문화를 마음껏 누릴 수 있는 '라스베이거스'와 억겁의 세월 동안 형성된 자연을 온몸으로 느낄 수 있는 '그랜드 서클'은 각각 서로 다른 매력이 있는 곳입니다. 상반된 매력이 있는 곳을 두루 즐길 수 있다는 점이 정말 특별하게 느껴집니다. 라스베이거스에서의 휴가를 계획하실 때에 이 책이 친절한 길잡이가 되어 당신의 여행에 도움이 되었으면 좋겠습니다.

인생에서 기억에 남을만한 행복하고 즐거운 기억이 가득한 여행이 되길 진심으로 바랍니다.

Special Thanks to

세계 어디를 가든지 지켜주시는 하나님께 모든 영광을 돌립니다. 든든한 지원자이자 삶의 동반자인 남편 솔로몬Salomon과 세계 곳곳에 있는 가족들에게 감사를 전합니다. 더욱 정확하고 풍성한 내용 기재를 위해 자료제공과 협찬을 도와주신 라스베이거스 관광청 한국 사무소와 담당자 임지혜 님 정말 감사를 드립니다. 취재에 기쁘게 응해주셨던 현지 호텔, 레스토랑, 카페 등의 관계자분들, 라스베이거스에 거주하고 있는 브리트니 해리스Brittany Harris와 블레어 리터Blaire Ritter의 도움으로 이색적인 정보까지 꼼꼼하게 수록할 수 있었습니다. 고맙습니다. 독자들에게 더욱 도움이 되는 디자인과 편집이 될 수 있도록 최선을 다해주신 꿈의지도 정보영 님 정말 수고 많으셨습니다. 감사해요. 지칠 때마다 응원을 해주었던 친구들과 한국에서 직접 날아와 준 정례언니, 규철오빠, 정선부부에게도 고마움을 전합니다. 누군가에게 도움이 되고자 하는 마음과 열정들이 모여 이렇게 한 권의 책이 탄생하게 되는 것 같습니다. 함께 해주시고 도와주신 모든 분들께 정말 감사합니다.

이미랑 드림

자료 제공 및 협찬 : 라스베이거스 관광청 한국사무소

〈라스베이거스 홀리데이〉 100배 활용법

라스베이거스와 미서부 국립공원 여행 가이드로 〈라스베이거스 홀리데이〉를 선택하셨군요.
'굿 초이스'입니다. 라스베이거스와 미서부 국립공원에서 뭘 보고, 뭘 먹고, 뭘 하고, 어디서 자야 할지
더 이상 고민하지 마세요. 친절하고 꼼꼼한 베테랑 〈라스베이거스 홀리데이〉와 함께라면
당신의 라스베이거스 여행이 완벽해집니다.

1) 라스베이거스를 꿈꾸다
❶ STEP 01 » PREVIEW 를 먼저 펼쳐보세요. 라스베이거스 하면 떠오르는 상징적인 것들과 미서부 국립공원의 환상적인 풍광이 펼쳐집니다. 당신이 라스베이거스에 왔다면 꼭 봐야 할 것, 해야 할 것, 먹어야 할 것을 알려줍니다. 놓쳐서는 안 될 핵심 요소들을 사진으로 정리했어요.

2) 여행 스타일 정하기
❷ STEP 02 » PLANNING 을 보면서 나의 여행 스타일을 정해보세요. 라스베이거스 여행의 목적이 휴식인지, 단순 관광인지, 쇼핑인지, 또 누구와 함께 여행할 것인지에 따라 여행 일정과 스타일이 달라집니다.

3) 할 것, 먹을 것, 살 것 고르기
여행의 밑그림을 다 그렸다면 구체적으로 여행을 알차게 채워갈 단계입니다.
❸ STEP 03 » ENJOYING 에서 ❹ STEP 05 » SHOPPING 까지 펜과 포스트잇을 들고 꼼꼼히 체크해두세요. 라스베이거스의 화려한 쇼와 카지노, 나이트클럽, 숨 막히게 아름다운 대자연 미서부 국립공원 여행과 꼭 먹어보고 싶은 음식, 꼭 사야 할 쇼핑 아이템 등을 찜해 놓으면 됩니다.

4) 숙소 정하기

어디서 자느냐가 여행의 절반을 좌우합니다.
숙소가 어디냐에 따라 여행 일정이 달라집니다.
❺ STEP 06 » SLEEPING 을 보면서 내가 묵고 싶은 라스베이거스의
숙소들을 찜합니다. 라스베이거스는 다른 도시들에 비해
훨씬 저렴한 가격대로 최고급 호텔을 즐길 수 있는 곳입니다.
럭셔리 호텔부터 가족 여행자를 위한 호텔까지, 자신의
상황과 여행 스타일에 맞는 숙박을 다양하게 제안합니다.

❺

5) 도시별 일정 짜기

여행의 콘셉트와 목적지를 정했다면 이제 도시별로 묶어 동선을 짜봅니다. ❻ LAS VEGAS BY AREA 에서
라스베이거스 구석구석까지 모아놓은 지역별 관광지와 쇼핑할 곳, 레스토랑을 보면 이동 경로를
짜는 것이 수월해집니다. 여행 일정이 허락한다면 ❼ GRAND CIRCLE BY REA 를 통해
대자연의 자연경관이 모여 있는 미국 서부 국립공원 여행 일정을 짜보세요.

❻
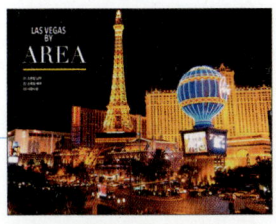

❼

6) 여행 스타일 정하기

여행 일정까지 완성했다면 책 마지막의
❽ 여행 준비 컨설팅 을 보면서 혹시 빠뜨린 것은 없는지
챙겨보세요. 여행 50일 전부터 출발 당일까지 날짜
별로 챙겨야 할 것들이 리스트 업이 되어 있습니다.

7) 홀리데이와 최고의 여행 즐기기

이제 모든 여행 준비가 끝났으니 〈라스베이거스 홀리데이〉가 필요 없어진 걸까요?
여행에서 돌아올 때까지 내려놓아서는 안 돼요. 여행 일정이 틀어지거나 계획하지
않은 모험을 즐기고 싶다면 언제라도 〈라스베이거스 홀리데이〉를 펼쳐야
하니까요. 〈라스베이거스 홀리데이〉는 당신의 여행을 끝까지 책임집니다.

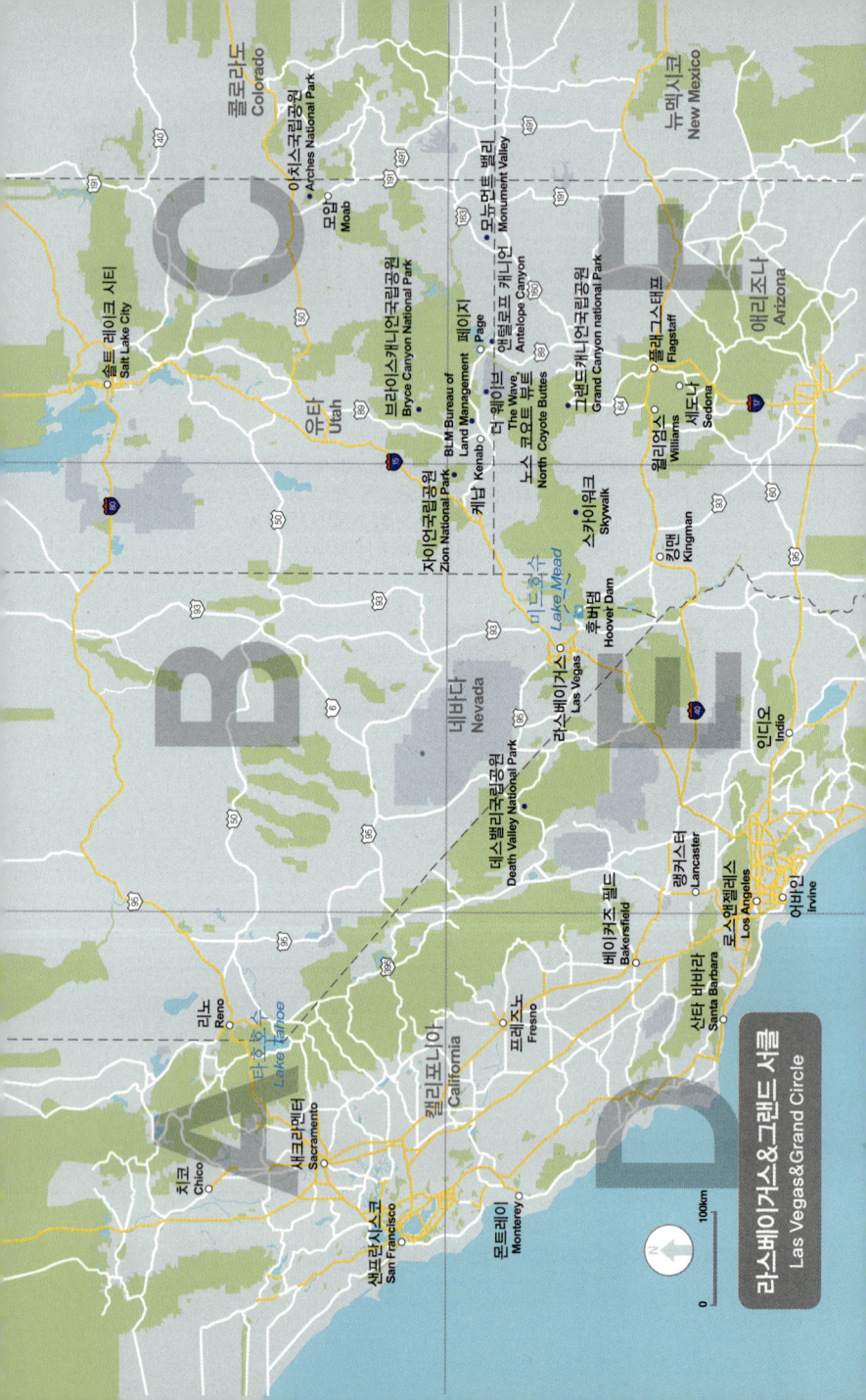

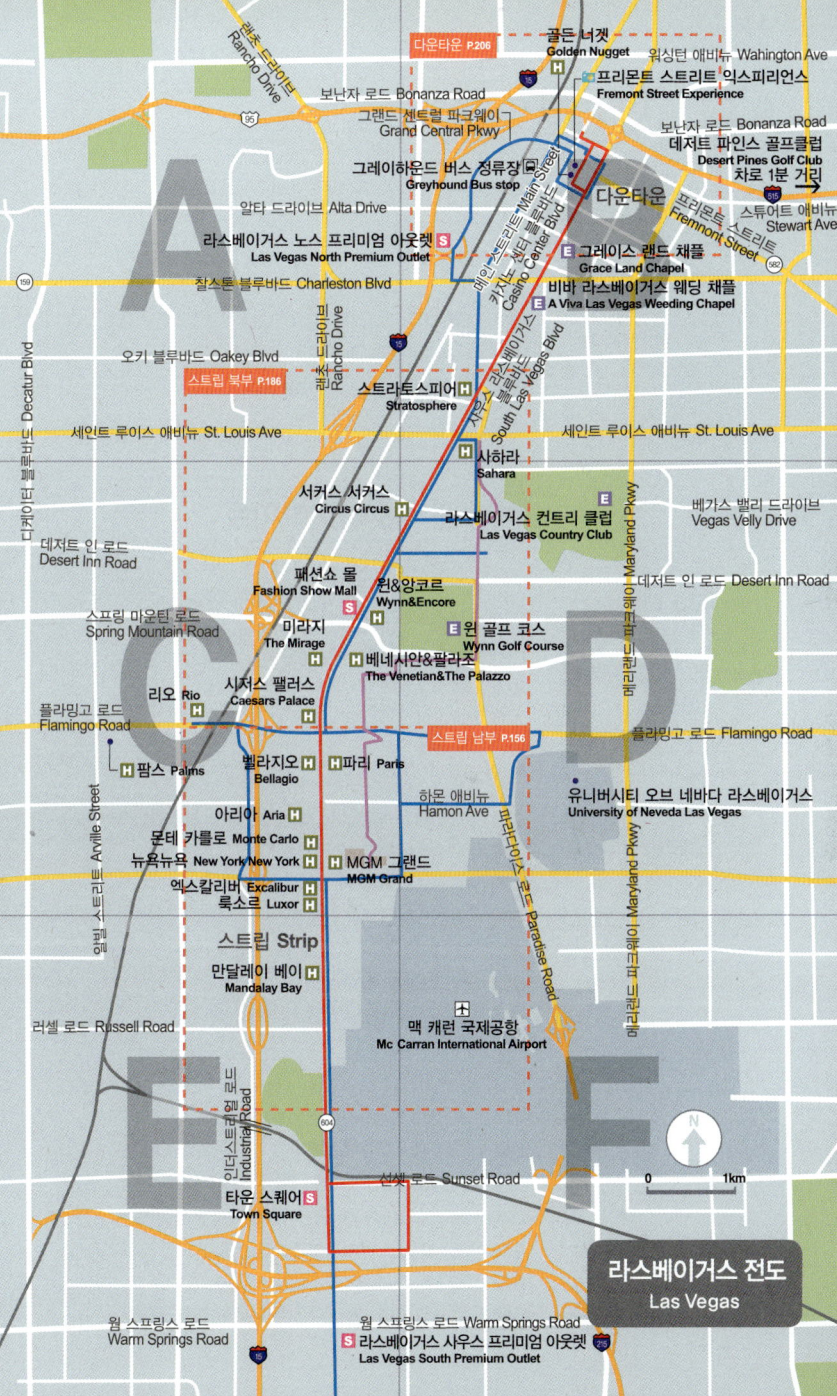

CONTENTS

- **008** 프롤로그
- **010** 〈라스베이거스 홀리데이〉 100배 활용법
- **012** 라스베이거스&그랜드 서클 전도

LAS VEGAS BY STEP
여행 준비 & 하이라이트

STEP 01
PREVIEW
라스베이거스를 **꿈꾸다**
018

- **020** 01 라스베이거스 MUST SEE
- **024** 02 라스베이거스 MUST DO
- **028** 03 라스베이거스 MUST EAT

STEP 02
PLANNING
라스베이거스를 **그리다**
030

- **032** 01 라스베이거스 여행 계획하기
- **034** 02 진짜 라스베이거스를 느낄 수 있는 공통 3일 코스
- **038** 03 커플을 위한 +2 DAYS
- **039** 04 가족을 위한 +2 DAYS
- **040** 05 친구들을 위한 +1 DAY
- **041** 06 대자연과의 조우, 그랜드 서클
- **047** 07 라스베이거스 여행 만들기
- **050** 08 라스베이거스 대중교통 완전 정복

STEP 03
ENJOYING
라스베이거스를 **즐기다**
054

- **056** 01 이보다 더 화려할 수 없는 쇼쇼쇼!
- **066** 02 카지노 100배 즐기기
- **072** 03 라스베이거스에서의 특별한 결혼식!
- **074** 04 라스베이거스 야경, 어디서 즐길까?
- **076** 05 아이들과 함께 가기 좋은 장소 BEST 6
- **078** 06 신나고 짜릿한 라스베이거스 놀이기구
- **082** 07 젊음의 열기를 느낄 수 있는 나이트클럽 즐기기

	084	08 세계적인 예술가들의 작품을 만나보자
	086	09 숨막히게 아름다운 그랜드 서클
	090	10 감동 두 배, 재미 두 배!
		영화 속 라스베이거스&그랜드서클

STEP 04
EATING
라스베이거스를 맛보다
092

094	01 분위기 좋고 맛도 좋은 호텔 뷔페 BEST 5
096	02 럭셔리한 분위기가 일품인 파인 다이닝 BEST 4
100	03 감각 충전 팍팍! 스타일 좋고 전망 좋은 레스토랑
104	04 출출한 뱃속을 달래줄 저렴하고 간단한 한 끼 식사&디저트
108	05 라스베이거스에는 특별한 한잔이 있다!

STEP 05
SHOPPING
라스베이거스를 남기다
110

112	01 알아두면 유용한 쇼핑 노하우
114	02 웬만한 브랜드는 다 있다! 대형 쇼핑몰 BEST 3
116	03 최신 유행과 고급스러움이 물씬~ 명품 쇼핑몰 BEST 3
118	04 보다 싸게, 보다 가깝게! 꼭 들르고 싶은 아웃렛
120	05 개성만점 이색 상점 BEST 3
122	06 선물용으로 딱 좋은 추천 제품

STEP 06
SLEEPING
라스베이거스에서 자다
124

126	01 라스베이거스 숙소에 관한 Q&A
128	02 로맨틱 여행에 딱 어울리는 럭셔리 호텔
134	03 테마가 있어서 더 재미있고 특별한 호텔
138	04 어린이와 함께 온 가족 여행자를 위한 호텔
142	05 싱글 여행자를 위한 합리적인 호텔
146	06 사막 속 오아시스 같은 수영장이 있는 호텔!

CONTENTS

LAS VEGAS BY AREA
지역별 가이드

LAS VEGAS BY AREA

01 스트립 남부 *152*

- 154 PREVIEW
- 155 One Fine Day in SOUTHERN STRIP
- 156 MAP
- 158 SEE
- 165 ENJOY
- 171 EAT
- 180 BUY

02 스트립 북부 *182*

- 184 PREVIEW
- 185 One Fine Day in NORTHERN STRIP
- 186 MAP
- 188 SEE
- 192 ENJOY
- 195 EAT
- 200 BUY

03 다운타운 *202*

- 204 PREVIEW
- 205 Half Day in DOWNTOWN
- 206 MAP
- 207 SEE
- 209 ENJOY
- 211 BUY

GRAND CIRCLE BY AREA

01 그랜드캐니언 국립공원 *222*

- 224 PREVIEW
- 225 One Fine Day in GRAND CANYON NATIONAL PARK
- 228 MAP
- 231 SEE
- 242 EAT
- 244 SLEEP

02
브라이스캐니언 국립공원
246

- *248* PREVIEW
- *250* MAP
- *252* Half Fine Day in BRYCE CANYON NATIONAL PARK
- *253* SEE
- *257* SLEEP

03
자이언국립공원
258

- *260* PREVIEW
- *262* Half Fine Day in ZION NATIONAL PARK
- *263* MAP
- *266* SEE
- *270* EAT
- *271* SLEEP

04
아치스국립공원
272

- *274* PREVIEW
- *276* One Fine Day in ARCHES NATIONAL PARK
- *277* MAP
- *278* SEE
- *283* SLEEP

05
모뉴먼트 밸리
284

- *286* PREVIEW
- *288* Half Fine Day in MONUMENT VALLEY
- *289* MAP
- *290* SEE
- *296* SLEEP

06
페이지
298

- *300* PREVIEW
- *301* Half Fine Day in PAGE, MAP
- *302* SEE
- *307* SLEEP

07
세도나
308

- *310* PREVIEW
- *311* One Fine Day in SEDONA
- *312* MAP
- *313* SEE
- *317* SLEEP

08
데스밸리 국립공원
318

- *320* PREVIEW
- *322* One Fine Day in DEATH VALLEY NATIONAL PARK
- *323* SEE
- *324* MAP
- *328* SLEEP

- **329** 여행 준비 컨설팅

01 라스베이거스 MUST SEE
02 라스베이거스 MUST DO
03 라스베이거스 MUST EAT

1 사계절 내내 꽃향기가 가득한 벨라지오 안 보태니컬 가든 실내정원 즐기기(p.168).

2 색색깔의 환상적인 색감과 정교한 모양이 인상적인 데일 치훌리 조각가의 유명한 예술작품, 피오리 디 꼬모(p.164).

PREVIEW 01
라스베이거스 MUST SEE

휘황찬란한 네온사인이 번쩍이는 불야성의 도시 라스베이거스.
세계적인 건축가, 예술가들이 만들어낸 고급스러운 분위기, 이국적인 느낌과 세련된
감각으로 무장한 도시의 매력에 빠져보자. 도시를 수놓은 반짝이는 야경은 꼭 감상할 것!
그랜드 서클에서는 거대한 자연의 위대함과 수억 년 세월의 무게를 몸소 실감할 수 있다.

3 세계에서 가장 큰 호텔 골든 너겟 황금덩어리 만나기(p.207).

4 물의 도시 이탈리아 베니스 분위기를 꼭 닮은 호텔, 베네시안(p.189).

5 음악에 맞춰 춤을 추는 환상적인 무료 벨라지오 분수 쇼 감상하기(p.169).

6 식인상어들이 우글대는 수족관을 통과하는 미끄럼틀이 있어 특별한 탱크 수영장(p.207).

7 여기가 프랑스? 라스베이거스에 있는 파리 에펠 타워(p.165).

8 음악에 맞춰 화려한 영상들이 천장을 수놓는 전구 쇼, 프리몬트 스트리트 익스피리언스(p.210).

9 블링블링한 인테리어로 무장한 호텔, 코스모폴리탄을 구경해보자(p.163).

10 고대 로마양식으로 웅장하고 우아한 분위기가 일품! 갖고 싶은 브랜드가 모두 모여 있는 포럼 숍스(p.200).

11 여기서부터 바로 라스베이거스 입니다! 기념사진 포인트로 좋은 라스베이거스 웰컴 전광판(p.159).

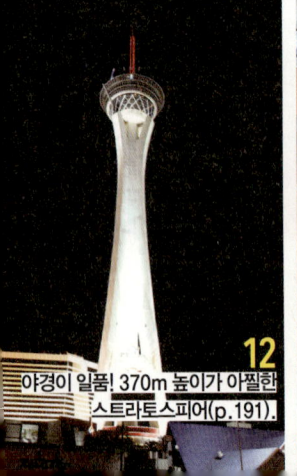

12 야경이 일품! 370m 높이가 아찔한 스트라토스피어(p.191).

13 현대적인 감각과 세련됨이 가득한 시티센터 크리스털 쇼핑몰(p.180).

14 라스베이거스 호텔의 제왕 윈의 걸작! 호텔 윈의 아름다운 정원(p.189).

15 말이 필요 없는 웅장하고 장대한 대자연과의 조우, 죽기 전에 꼭 가봐야 하는 곳 1위에 빛나는 그랜드캐니언국립공원(p.222).

16 신선들이 살 것 같은 분위기, 오묘한 붉은색 바윗돌 풍경이 인상적인 자이언국립공원(p.258).

17 시간은 위대한 조각가라는 사실을 온 몸으로 느끼게 해주는 브라이스캐니언국립공원(p.246).

STEP 01
PREVIEW

PREVIEW 02
라스베이거스
MUST DO

잭팟의 행운이 나에게도 올까?
두근두근 기대감이 상승하는 곳!
입이 떡~ 벌어지는 거대한 스케일의
환상적인 쇼와 짜릿한 스릴이 있는
놀이기구들, 고즈넉한 분위기에서
즐기는 우아한 볼거리들이
우리를 반긴다. 그곳이 바로
라스베이거스다.

1 나에게도 한번쯤 잭팟의 행운이 올까?
소액으로 카지노 즐기기(p.066).

3 "산타루치아~"를 부르는 사공들의 노래가 울려 퍼진다.
마치 베니스에 온 듯 인공 운하에서 즐기는 곤돌라 라이드 타기(p.192).

2 깜짝 놀랄 만큼 화려하고 감동적이다.
놓칠 수 없는 쇼 관람하기(p.056).

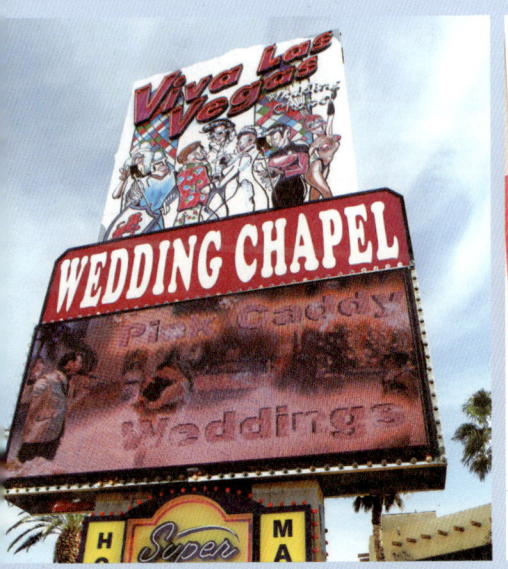

4 외국인도 할 수 있는 라스베이거스 결혼식 또는
사진 촬영해보기(p.072).

5 마담 투소에서 유명인을 꼭 닮은
밀랍인형들과 재밌는 사진 찍기(p.193).

STEP 01
PREVIEW

©Jon Fingas

6 후끈한 열기! 유명 디제이의 음악에 몸을 실어보자. 최고급 클럽 즐기기(p.082).

8 대중교통으로 갈 수 있어서 더욱 매력적인
'프리미엄 아웃렛'에서 쇼핑 즐기기(p.118).

9 반짝이는 야경을 즐길 수 있는
메브릭 헬리콥터 투어하기(p.075).

7 도심 속을 가르는 특별한 롤러코스터! 호텔 뉴욕뉴욕의 '롤러코스터' 타기(p.168).

10 꼭대기에 위치해 스릴 넘치는 스트라토스피어 스릴 라이드 타기(p.194).

STEP 01
PREVIEW

500여 종의 다양한
음식을 즐길 수 있는
바카날 뷔페 (p.195)

스테이크의 육즙이 줄줄 흐르는
샌드위치 전문점
얼 오브 샌드위치 (p.105)

건조 숙성으로 육즙과
풍미가 살아 있는 드라이
에이징 스테이크 즐기기
캘러거 스테이크 하우스 (p.102)

PREVIEW 03
라스베이거스 MUST EAT

세계에서 가장 큰 초콜릿
분수도 보고 간식도 즐기고!
장 필립 파티세리 (p.177)

재료도 오가닉으로 건강하게!
쫄깃한 도우가 맛있는
파이브 피프티 피자 바 (p.105)

유명한 셰프가 만드는
육즙이 살아있는
고든 램지 버거 (p.179)

낭만적인 파리 에펠 타워에서
환상적인 야경을 바라보며
식사하는
에펠 타워 레스토랑 (p.100)

깔끔한 분위기와
세련된 맛으로 미식가들의
입맛을 사로잡은
뷔페 아리아 (p.174)

길거리를 누비면서
칵테일 마시기
팻 튜즈데이 (p.108)

달콤하고 부드러운 유혹!
다양한 치즈 케이크를
골라먹는 재미가 있는
치즈케이크 팩토리(p.197)

모락모락 드라이아이스의 김이
피어오르는 멋진 비주얼의
향긋한 칵테일 마셔보기
헥스 키친+바(p.196)

에너지 충전으로 최고!
벨기에산 고급 초콜릿을
맛볼 수 있는
고디바(p.198)

세계적인 스타 셰프의 요리부터 산해진미 골고루
맛볼 수 있는 호텔 뷔페까지. 칵테일 한 잔도 남다른 느낌이다.
어디에서든 평균 이상의 맛을 경험할 수 있지만
골라 먹으면 더욱 만족스러운 라스베이거스의 다양한 맛을 즐기자.

이탈리아 출신 스타 셰프의
심플하지만 인상적인 요리
지아다(p.098)

저렴하고 건강한
패스트푸드
인&아웃 버거(p.106)

숙성된 스테이크와
시푸드를 경험할 수 있는
픽스 레스토랑(p.103)

미슐랭 3성급의
프렌치 요리를 선보이는
조엘 로부숑 레스토랑(p.097)

피카소의 작품과 함께
하는 특별한 식사
피카소 (p.176)

패스트푸드 가격에
아시아 음식을 맛볼 수 있는
판다 익스프레스(p.173)

Step 02
PLANNING

라스베이거스를 그리다

01 라스베이거스 여행 계획하기
02 진짜 라스베이거스를 느낄 수 있는 공통 3일 코스
03 커플을 위한 +2 DAYS
04 가족을 위한 +2 DAYS
05 친구를 위한 +1 DAY
06 대자연과의 조우, 그랜드 서클
07 라스베이거스 여행 만들기
08 라스베이거스 대중교통 완전 정복

PLANNING 01
라스베이거스 여행 계획하기

미국인들도 즐겨 찾는 대표 여행 도시, 라스베이거스!
최고급의 럭셔리한 호텔, 뷔페, 쇼 등을 비교적 저렴한 가격에 누릴 수 있다는 것이
이곳의 인기 비결! 라스베이거스는 친절한 서비스와 휴식문화를 제공하는
'복합문화 엔터테인먼트 도시'로 사랑받고 있다. 자신의 여행 스타일과 취향,
목적들을 고려하여 자신에게 맞는 여행 코스를 더하거나 빼도 좋겠다.

1. 숙소는 어디로 정할까?

자신의 여행 스타일을 고려하여 숙소를 정하면 된다. 라스베이거스 여행이 처음이라면 단연코 관광하기에 편리한 스트립 지역에 위치한 숙소를 정하는 것이 좋다. 휴식이 목표라면 중심가에서 벗어나 있는 조용한 호텔로 정하는 것을 추천한다. 어린이를 동반한 가족 여행자에게는 담배 연기와 카지노가 없는 호텔을 선택하도록 한다.

: Step 04 SLEEPING 파트를 참고해 정해보자.

2. 라스베이거스에서 무엇을 할까?

최고급 럭셔리 호텔 투어를 하자. 시간을 들여 호텔들을 돌아보면서 관람해보자. 고급스러운 인테리어와 유명 예술가들의 작품들로 꾸며진 호텔을 감상하는 것만으로도 나의 감각은 업업! 거대한 스케일의 화려한 유료 쇼는 꼭 한 번 보기를 권한다. 약 100~130달러로 가격대는 높지만, 감탄사가 절로 나오는 무희들의 움직임과 초대형 무대 기술, 음악의 집결체다. 보통 90분 정도 소요되며 환상적인 무대를 경험할 수 있다. 도시 곳곳에서 일어나는 무료 쇼도 놓칠 수 없다. 특히 벨라지오 분수 쇼와 프리몬트 스트리트 익스피리언스는 절대 놓치지 말자. 라스베이거스 방문 우선순위를 정해놓고 일정을 구성해보자.

: STEP 파트의 ENJOYING, SHOPPING, EATING을 참고해 계획하자.

3. 누구랑 가나?

연인, 친구, 가족 등 누구와 함께 가느냐에 따라 라스베이거스의 일정도 달라진다. 여름에는 더욱 건조하고 뜨거운 사막기후이기 때문에 날씨도 고려해야 한다. 겨울의 최저온도는 1~4℃ 정도로 기온이 상당히 떨어지기 때문에 따뜻한 옷이 필요하며 비가 오는 날도 있다.

: STEP PLANNING의 가족, 커플, 친구, 혼자 2일 코스를 참고하자.

4. 얼마나 머물까?

출장 때문에 온 라스베이거스를 1박 2일 또는 2박 3일 만에 즐겨야 한다면? 휴가나 허니문으로 방문한 라스베이거스를 마음 놓고 10일 일정으로 머물 수 있다면? 기간에 따라 동선도 달라진다. 당신에게 꼭 맞는 코스를 더하고 빼면서 나만의 여행 계획을 세워보자.

1~2일 정도의 짧은 일정이라면?
MUST SEE, DO, EAT을 중심으로 짜보자.

3일 일정이라면? 공통 3일 코스를 따라가 보자.

5일 일정이라면? 공통 3일 코스+렌터카 빌려 주변 국립공원 일정을 추가하자.

6~10일 일정이라면? 공통 3일 코스+가족, 커플, 친구, 혼자 코스 추가+ 렌터카 빌려 그랜드캐니언 국립공원, 자이언국립공원, 브라이스캐니언국립공원 등의 근교 여행지를 알맞게 추가하자.

테마 코스는? 특별히 테마를 정해서 둘러보고 싶다면 STEP 03 ENJOYING, STEP 04 EATING, STEP 05 SHOPPING을 참고하면 된다.

지역 코스는? 스트립 남부 지역, 스트립 북부 지역, 다운타운 지역 세 가지로 나뉜다.

근교 여행은? 대자연을 만날 수 있는 그랜드캐니언 국립공원, 자이언국립공원, 브라이스캐니언국립공원, 아치스국립공원, 모뉴먼트 밸리, 페이지, 세도나, 데스밸리국립공원 등이 있다.

PLANNING 02
진짜 라스베이거스를 느낄 수 있는
공통 3일 코스

휘황찬란 네온사인이 인상적인 라스베이거스.
꼭 봐야 하는 알짜배기 코스로 구성했다.
라스베이거스에서 꼭 해야 하는 호텔 투어, 무료 쇼 관람,
쇼핑 일정을 방문하기에 적절한 시간을 고려하여 구성했다.
낮에는 뜨거운 태양을 피할 수 있도록 쇼핑몰, 뮤지엄,
호텔 내부 등 실내 위주로 돌아보고 밤에는 야외 활동을 하는 식.
호텔 내에만 돌아다니더라도 이용하는 시간이 상당히 소요된다는
점을 감안하고, 휴가인 만큼 시간을 여유롭게 안배해서
느긋하게 다니자.

1st DAY 호텔 코스모폴리탄(p.163) → 시티센터 크리스털 쇼핑몰(p.180) → 호텔 뷔페 아리아(p.174) → 호텔 베네시안(p.188) or 마담 투소(p.193) → 곤돌라 라이드(p.192) → 그랜드 캐널 숍스(p.201) → 고디바(p.193) → 헥스 키친+바(p.175) or 모나미 가비 프렌치 비스트로(p.178) or 호텔 파리 빌리지(p.164) → 벨라지오 분수(p.169) → 호텔 벨라지오(p.164) → O 쇼 관람(선택 사항)(p.058) → 호텔 내 카지노

2nd DAY 바카날 뷔페(p.194) → 포럼 숍스(p.200) → 엠엔엠즈 월드(p.181) → 월드 오브 코카콜라(p.180) → 뉴욕뉴욕 롤러코스터(p.168) → 캘러거 스테이크(p.102) → 호텔 미라지 볼케이노(p.065) → 프리몬트 스트리트 익스피리언스(p.210) → 호텔 골든 너겟(p.207) → 투숙 호텔 귀환 or 얼 오브 샌드위치(p.105)

3rd DAY 프리미엄 아웃렛(p.118) or 경비행기 투어로 그랜드캐니언국립공원 다녀오기(p.240) → 투숙 호텔 즐기기 → 뷔페 윈 라스베이거스(p.198) → 르 레브(p.060) → 스트라토스피어 스릴 라이드(p.194) or 파리 에펠 타워(p.165) or XS나이트클럽(p.194)

1st Day

10:00 투숙 호텔에서 조식 먹기.

10:30 섹시한 분위기의 호텔 코스모폴리탄 내 상점 구경하기. ▶ **도보 10분**

11:30 현대적인 분위기의 세련된 시티센터 크리스털 쇼핑몰에서 쇼핑 즐기기. ▶ **도보 10분**

13:00 우아한 분위기의 호텔 아리아 내에 있는 뷔페 아리아에서 점심 즐기기. ▶ **버스 25분**

15:00 물의 도시 베니스를 꼭 닮은 호텔 베네시안 구경. 시간여유가 있다면 유명인의 모습을 꼭 닮은 마담 투소도 구경하자. ▶ **도보 5분**

16:00 뱃사공들의 노랫소리와 낭만적인 분위기! 운하를 따라 운행하는 곤돌라 라이드 타고 그랜드 캐널 숍스 구경하기. 벨기에 고급 초콜릿을 맛볼 수 있는 고디바에 들러서 셰이크, 초콜릿 등 맛보기. ▶ **버스 20분**

18:00 테라스 자리에서는 분수 쇼가 보이는 헥스 키친+바, 모나미 가비 프렌치 비스트로, 프랑스 음식을 맛볼 수 있는 빌리지 뷔페 중 취향에 따라 저녁 식사하기. ▶ **도보 10분**

20:00 벨라지오 분수 쇼를 보자. 음악에 맞춰 춤을 추는 듯 솟아오르는 물길의 움직임이 정말 아름답다. 무료 쇼이지만 상당히 감동적인 풍경이다. ▶ **도보 10분**

20:40 호텔 벨라지오 구경하기. 로비의 데일 치훌리의 수공예 유리작품인 피오리 디 꼬모와 보태니컬 가든 실내정원은 꼭 둘러볼 필수 코스! 놓치지 말자.

21:30 라스베이거스에서 3대 쇼로 꼽히는 O 쇼 관람하기(예약 필수).

23:30 게임 즐기기. 단, 카지노 게임(p.066 참고) 시 절제의 미덕은 필수! 카지노 내 모든 음료는 무료이다.

STEP 02
PLANNING

2st Day

11:00 기분 좋게 늦잠을 즐긴 후 브런치 먹으러 출발! 500여 가지의 다양한 산해진미를 모두 즐길 수 있는 바카날 뷔페에서 배가 빵빵해지도록 브런치 즐기기. **▶ 도보 15분**

13:30 고대 로마시대의 인테리어가 인상적인 우아한 포럼 숍스에서 쇼핑 즐기기. **▶ 버스 15분**

16:00 귀여운 캐릭터 상품들이 가득한 엠엔엠즈 월드 구경하기. **▶ 도보 1분**

16:30 선물용으로도 제격! 재미난 디자인의 월드 오브 코카콜라 구경하기. **▶ 도보 10분**

18:00 짜릿한 스릴이 있는 호텔 뉴욕뉴욕 롤러코스터 타기. **▶ 도보 10분**

18:30 육즙이 풍부한 드라이에이징 스테이크를 맛볼 수 있는 캘러거 스테이크에서 저녁 식사하기. **▶ 버스 30분**

20:00 솟아오르는 불길이 멋진 호텔 미라지 볼케이노 즐기기. **▶ 버스 30분**

22:00 매 시간 정각에 진행되는 음악과 함께 프리몬트 스트리트 익스피리언스 감상하기. **▶ 도보 10분**

22:15 호텔 골든 너겟 내부 구경하기. 세계 최대 크기의 황금 덩어리와 식인상어가 있는 탱크 수영장에 꼭 가자. **▶ 버스 40분**

23:30 플래닛 헐리우드 내에 위치한 얼 오브 샌드위치로 야식 즐기기

포럼 숍스

엠엔엠즈 월드

프리몬트 스트리트 익스피리언스

미라지 볼케이노

그랜드캐니언국립공원

SHOW TICKETS

르 레브

파리 에펠 타워

3st Day

09:30 조식 후 프리미엄 아웃렛 매장에 가서 저렴한 가격으로 좋은 브랜드 제품 쇼핑하기. 또는 경비행기 투어를 이용해서 그랜드캐니언국립공원 다녀오기(새벽 6시 호텔 픽업 출발 시 오후 1시경 투숙 호텔 도착).

13:00 투숙 호텔로 돌아와 점심 식사 후 휴식 또는 수영장 즐기기. > 버스 20분

17:00 호텔 윈의 뷔페 윈 라스베이거스에서 이른 저녁 식사 후 럭셔리한 호텔 내부 구경하기.
> 도보 15분

19:00 감탄사를 자아내는 환상적인 르 레브 쇼 관람하기(예약 필수). > 버스 20분

21:00 370m 높이의 스트라토스피어에 위치한 스릴 넘치는 놀이기구 3종 즐기기. 또는 파리 에펠탑을 쏙 빼닮은 파리 에펠 타워에 올라가서 야경 보기. 또는 XS 나이트클럽에서 음악과 분위기 즐기기. 개인의 취향에 따라 선택하자.

> **Tip 라스베이거스에서 하루만 머물 수 있다면?**
> 똑똑하게 제일 중요한 것만 꼭꼭 집어서 가자. 초대형 고급 호텔은 라스베이거스에서 꼭 봐야 하는 구경거리로 알려져 있다! 하루, 또는 반나절밖에 시간이 없다면 이곳만은 꼭 가보자.

Just One Day
호텔 코스모폴리탄(p.163)및 상점 구경 →
호텔 뷔페 아리아(p.174)에서 브런치 즐기기 →
시티센터 크리스털 쇼핑몰(p.180) 구경 →
호텔 벨라지오 로비에 있는 데일 치훌리 작품(p.164) 감상, 보태니컬 가든 실내정원(p.168) 구경 →
벨라지오 분수 쇼(p.169) 감상 →
물의 도시 베니스의 모습을 그대로 본 딴 듯한
호텔 베네시안(p.189), 그랜드 캐널 숍스(p.201) 구경 →
호텔 골든 너겟 탱크(p.207) 수영장 즐기기 또는
세계 최대 크기의 황금덩어리(p.207) 구경하기 →
프리몬트 스트리트 익스피리언스(p.210) 감상 →
시저스 팰러스 바카날 뷔페(p.195) 즐기기

커플을 위한 +2 DAYS

PLANNING 03

좋은 기억으로 오래오래 남기고 싶은 커플 여행. 미국 내에서도 손꼽히는 신혼여행지인 라스베이거스는 다른 도시에 비해 저렴한 금액으로 최고급 호텔을 즐길 수 있다. 헬리콥터를 타고 야경을 보거나 미슐랭 별이 달린 고급 레스토랑에서 최고급 서비스를 받아보는 것도 평생 기억에 남을 추억이 될 것이다.

1st Day

- **10:00** 늦잠을 즐기고 호텔 뷔페에서 브런치 즐긴 후 수영장으로 고고씽! 책도 보고 음악도 들으며 여유 있는 시간을 보내자.
  > 버스 또는 도보 대략 10~50분
- **13:00** 라스베이거스를 배경으로 웨딩 화보 찍기. '라스베이거스 스냅 사진 촬영'과 같은 검색명으로 웹사이트를 검색하면 다량의 업체가 검색된다. 리뷰를 보고 마음에 드는 곳을 한국에서 미리 예약하면 된다. 예쁜 예식장에서 결혼식을 할 수도 있다(p.072 참고). > 버스 대략 10~50분
- **19:30** 프렌치 레스토랑 호텔 MGM 그랜드에 위치한 조엘 로부숑 레스토랑(p.097)에서 미슐랭 별 3개에 빛나는 파인 레스토랑 즐기기. > 도보 10분(업체에서 원하는 호텔로 픽업 서비스)
- **21:00** 라스베이거스 야경을 한눈에! 헬리콥터 투어(p.075) 즐기기.

2st Day

- **11:00** 경비행기 투어(p.240)를 이용해서 그랜드 캐니언국립공원 다녀오기(새벽 6시 호텔 출발 시 오후 1시경 투숙 호텔로 도착).
  > 도보 5분~10분
- **14:00** 호텔 스파 즐기기. 또는 수영장에서 휴식하기. > 버스 또는 도보 대략 10~50분
- **18:00** 호텔 벨라지오에 위치한 피카소(p.176) 등 미슐랭 별 2개에 빛나는 스타 셰프 파인 레스토랑 즐기기.
  > 도보 10분 또는 버스 20~50분
- **21:00** 라스베이거스의 유명 쇼(p.056) 즐기기.
  > 도보 10분 또는 버스 20~50분
- **23:00** 라스베이거스 유명한 나이트클럽(p.082)에서 음악과 분위기 즐기기.

PLANNING 04
가족을 위한 +2 DAYS

사랑하는 아이와 부부가 함께하는 가족 여행!
가족 단위 여행객을 위한 다양한 문화체험 공간을 소개한다.
아이들에게 더 넓은 세상을 보여주고 싶은 것은 당연지사!
박물관, 동물원 등 아이들을 위한 일정을 추가해보자.

1st Day

- **10:00** 다운타운 지역에 위치한 라스베이거스 자연사박물관(p.208) 가기. 또는 디스커버리 어린이박물관(p.209)에서 체험전시관 관람하기. ➤ 버스 30~50분
- **16:00** 사막 안의 동물원 시크릿 가든(p.076)에서 백호랑이, 백사자, 돌고래 등 동물친구들 만나기. ➤ 도보 15분
- **19:00** 이탈리아 베니스의 풍경을 꼭 닮은 운하를 유영하는 곤돌라 라이드(p.192) 타기. ➤ 도보 10분
- **20:00** 마담 투소(p.193)에서 재미있는 사진 촬영하기.

2st Day

- **10:00** 깊은 바다 속 생물들과 만날 수 있는 샤크 리프(p.170) 아쿠아리움 구경하기. ➤ 버스 25분
- **14:30** 어드벤처돔 테마 파크(p.076) 놀이동산 즐기기. 또는 호텔 벨라지오 내의 갤러리 오브 파인 아트(p.169)에서 예술작품 감상하기. ➤ 도보 20분
- **18:00** 호텔 플라밍고 안의 홍학서식지(p.188) 구경하기. ➤ 버스 15분
- **19:00** 정글 숲에 온듯 한 느낌의 레인포레스트 카페(p.172)에서 저녁 식사 즐기기. ➤ 도보 10분
- **21:00** 대관람차 하이롤러(p.166)를 타고 야경 감상하기.

PLANNING 05
친구들을 위한 +1 DAY

친구들과 진한 우정을 나누며 싶다면 비트감이 좋은 음악과 춤이 함께하는 시간으로 계획해보면 어떨까? 라스베이거스는 낮부터 늦은 밤, 또는 새벽까지 세계적인 디제이가 세련된 음악을 선곡해주는 클럽들이 곳곳에 있다. 여러 군데 클럽을 섭렵해 봐도 좋겠다. 특히 주말에는 서로를 향해 추파를 던지는 싱글 남녀들의 눈빛으로 열기가 뜨겁다.

1st Day

- 11:00 달콤하게 늦잠을 즐기고 워키드 스푼(p.175)에서 브런치 즐기기. ➤ 버스 10~50분
- 12:00 낮에도 신나는 음악과 댄스를 즐길 수 있는 코스모폴리탄 데이클럽(p.082)에서 신나게 춤추기. ➤ 도보 15분
- 18:00 고든 램지 버거(p.179)에서 세계적인 셰프의 수제버거 맛보기.
- 20:00 투숙 호텔에 귀환 및 휴식.
- 23:00 예쁘고 멋지게 단장한 후 호텔 앙코르 내에 XS 나이트클럽(p.194) 또는 코스모폴리탄 말퀴 나이트클럽(p.167) 즐기기.

PLANNING 06
대자연과의 조우, 그랜드 서클

여기까지 왔는데 절대 놓칠 수 없다. 라스베이거스 근교에 위치한 엄청난 자연, 그랜드 서클을 경험하자. 3박 이상 머물 시간이 있다면 렌터카를 이용하여 다녀오는 것이 가장 효율적이다.
2박 이하라면 경비행기, 버스 등의 투어 상품을 이용하는 것이 낫다. 수십억 년의 세월이 만들어낸 장관을 보면 감탄사가 절로 나온다.

미서부 3대 캐니언 3박 4일 추천 A코스

A코스는 각 스폿의 트레일을 충분히 즐길 수 있는 시간이 안배 되어있다. 트레일 걷는 것을 좋아하고, 시간을 여유 있게 보내는 것을 좋아하는 사람들에게 추천하다. 운전 거리 역시 B코스에 비해서는 짧은 편이다.

1st Day

- 09:00 렌터카 찾기. ▶ 차로 40분 소요
- 10:00 후버댐(p.239) 관광하기. ▶ 차로 4시간 소요
- 14:00 그랜드캐니언국립공원 사우스 림(p.231) 도착. 포인트마다 전망 즐긴 후 일몰 보기.
  ▶ 그랜드캐니언국립공원에서 숙박할 경우 차로 5~30분, 페이지 지역에서 숙박할 경우 차로 2시간 30분
- 20:00 그랜드캐니언국립공원 또는 근교 도시 페이지에서 숙박.

브라이스캐니언국립공원

그랜드캐니언국립공원

브라이스캐니언국립공원

STEP 02
PLANNING

자이언국립공원

페이지 앤털로프캐니언

2st Day

- 08:00 호텔 조식 후 출발. ➤ 차로 10~30분
- 09:00 페이지 지역 홀슈밴드(p.305), 글랜 캐니언 댐(p.304) 관람하기. 추가로 로어 앤털로프 캐니언(p.303) 관광(입장료 발생, 선착순 입장 가능). ➤ 차로 10~30분
- 12:00 어퍼 앤털로프캐니언(p.303) 관광(80분 정도 소요, 사전 예약 필수) ➤ 차로 10~30분
- 15:00 점심 식사 후 케납 지역으로 출발. ➤ 케납 지역까지 차로 1시간 15분, 브라이스캐니언국립공원 내 숙소까지 차로 2시간 40분 소요
- 17:00 케납 지역 또는 브라이스캐니언 내 숙소에서 숙박.

3st Day

- 08:00 조식 후 브라이스캐니언국립공원으로 출발. ➤ 케납 지역 숙소에서 차로 1시간 25분 소요
- 09:30 브라이스캐니언국립공원(p.246) 도착 후 주요 포인트와 트레일 걷기. ➤ 차로 1시간 30분 소요
- 19:30 자이언국립공원 내 숙소 또는 케납 지역에서 숙박.

4st Day

- 09:00 조식 후 자이언국립공원으로 출발. ➤ 자이언국립공원 내 숙소 이용 시 도보 3분, 케납 지역 숙소 이용 시 차로 40분 정도 소요
- 10:00 자이언국립공원(p.258)도착 후 셔틀버스 또는 자가용으로 주요 포인트와 트레일 걷기. ➤ 차로 2시간 30분 정도 소요
- 19:30 라스베이거스 호텔에서 숙박.

미서부 3대 캐니언 3박 4일 추천 B코스

B코스는 '볼텍스'라고 불리는 전기적 에너지가 흐르는 곳으로 유명한 세도나 일정을 추가한 코스다. A코스에 비해서 운전 거리도 긴 편이고, 시간 안배도 타이트한 편이다. 정해진 기간 동안 좀 더 많은 곳을 보고자 하는 방문자들에게 추천한다.

홀슈밴드

1st Day

09:00 렌터카 찾기. ▶ 차로 40분소요
10:00 후버댐(p.239)관광. ▶ 차로 4시간 소요
14:00 그랜드캐니언국립공원 사우스 림(p.231) 도착, 각 포인트의 전망을 즐긴 후 일몰 보기. ▶ 그랜드캐니언국립공원 내 숙박 시 차로 5~30분, 플래그스태프 지역 숙박 시 차로 1시간 20분
20:00 그랜드캐니언국립공원 내 숙박하기. 또는 근교 도시 플래그스태프 지역에서 숙박.

2st Day

08:00 조식 후 세도나(p.308) 지역으로 출발. ▶ 그랜드캐니언국립공원에서 차로 2시간, 플래그스태프에서 차로 40분
10:00 세도나, 볼텍스 지역 돌아보기(7시간 소요). ▶ 차로 3시간
19:30 페이지 지역에서 숙박하기.

세도나

3st Day

08:00 조식 후 출발. ▶ 차로 10~30분
09:00 페이지 지역 홀슈밴드(p.305), 글랜 캐니언 댐(p.304) 관람, 추가로 로어 앤털로프 캐니언(p.303) 관광(입장료 발생, 선착순 입장 가능). ▶ 차로 2시간 40분 소요
14:30 브라이스캐니언국립공원(p.246) 도착 후 주요 포인트, 트레일 걷기(방문자센터→선셋 선라이즈 포인트→인스피레이션 포인트→브라이스 포인트) ▶ 브라이스캐니언국립공원 내 숙소 이용 시 차로5~10분, 케납 지역 숙소 이용 시 차로 1시간 30분
19:30 브라이스캐니언국립공원 숙소 또는 케납 지역에서 숙박.

4st Day

09:00 조식 후 자이언국립공원으로 출발. ▶ 브라이스캐니언국립공원 1시간 30분 소요, 케납 지역 숙소 이용 시 차로 40분 정도 소요
10:30 자이언국립공원(p.258) 도착 후 셔틀버스 또는 자가용으로 주요 포인트로 이동해 트레일 걷기. ▶ 차로 2시간 30분 정도 소요
19:30 라스베이거스 호텔에서 숙박.

그랜드 서클을 완벽하게 즐기는
5박 6일&6박 7일 코스

거대한 대자연을 온몸으로 느끼는 5박 6일 코스는 라스베이거스 주변의 어마어마한 대자연을 가장 제대로 즐길 수 있는 코스다. 여기에 시간이 된다면 데스밸리 국립공원까지 6박 7일을 돌아보는 것이 가장 좋다.

1st Day

09:00 렌터카 찾기. ➤ 차로 40분 소요
10:00 후버댐(p.239) 관광. ➤ 차로 4시간 소요
14:00 그랜드캐니언국립공원 사우스 림(p.231) 도착, 포인트마다 전망 즐긴 후 일몰 보기. ➤ 그랜드캐니언국립공원 내 숙박 시 차로 5~30분, 플래그스태프 지역 숙박 시 차로 1시간 20분 소요
20:00 그랜드캐니언국립공원 또는 근교 도시인 플래그스태프 지역 숙박.

2st Day

08:00 조식 후 세도나(p.308) 지역으로 출발.
➤ 그랜드캐니언국립공원에서 차로 2시간, 플래그스태프에서 차로 40분 소요
10:00 세도나, 볼텍스 지역 돌아보기. ➤ 차로 3시간
19:30 페이지 지역에서 숙박.

세도나

브라이스캐니언국립공원

3st Day

08:00 조식 후 출발. ➤ **차로 10~30분**
09:00 페이지 지역 홀슈밴드(p.305), 글랜 캐니언 댐(p.304) 관람, 추가로 로어 앤털로프캐니언(p.303) 관광(입장료 발생, 선착순 입장 가능).
　➤ **차로 10~30분**
11:30 어퍼 앤털로프캐니언(p.303) 관광(80분 정도 소요, 사전 예약 필수).
　➤ **차로 10~30분**
14:00 점심 식사 후 모뉴먼트 밸리(p.284)로 출발. ➤ **차로 3시간**
18:00 뷰 호텔(p.296) 또는 굴딩스 로지(p.297)에서 숙박.

4st Day

08:00 호텔 조식 후 모뉴먼트 밸리 17마일 시닉 드라이브(p.292) 돌아보기.
　➤ **차로 3시간 10분**
15:00 아치스국립공원(p.272) 도착해 주요 트레일 걷기. ➤ **차로 30분~1시간**
20:00 모압 지역에서 숙박.

5st Day

08:00 브라이스캐니언국립공원으로 출발하기. ➤ **차로 4시간 소요**
12:30 브라이스캐니언국립공원(p.246) 도착 후 주요 포인트와 트레일 걷기.
　➤ **브라이스캐니언국립공원 내 숙소 이용 시 차로 5~10분, 케납 지역 숙소 이용 시 차로 1시간 30분 소요**
19:30 브라이스캐니언국립공원 숙소 또는 케납 지역에서 숙박하기.

자이언국립공원

데스밸리국립공원

6st Day

09:00 조식 후 자이언국립공원으로 출발.
　➤ **브라이스캐니언국립공원에서 1시간 30분, 케납 지역 숙소 이용 시 차로 40분 정도 소요**
10:30 자이언국립공원(p.258) 도착 후 셔틀버스 또는 자가용으로 주요 포인트로 이동해 트레일 걷기. ➤ **차로 2시간 30분 정도 소요**
19:30 라스베이거스 호텔에서 숙박.

7st Day

09:00 라스베이거스 호텔 조식 후 데스밸리국립공원(p.318)으로 출발. ➤ **차로 2시간 30분 소요**
11:00 데스밸리국립공원 주요 뷰포인트와 트레일 걷기. ➤ **차로 2시간 30분 소요**
18:30 라스베이거스 도착.

당일치기 근교 여행 즐기기

근교에 다녀올 단 하루의 시간만 있다면 '그랜드캐니언국립공원' 또는 '자이언국립공원+브라이스캐니언국립공원' 일정을 추천한다. 어디를 가고 싶은지를 먼저 결정한 후 추천 코스를 따라가면 된다.

Just One Day

그랜드캐니언국립공원 즐기기

08:00 렌터카 찾기. ≫ 차로 40분 소요
09:00 후버댐(p.239) 관람. ≫ 차로 4시간 소요
14:00 그랜드캐니언 사우스 림(p.231) 도착, 포인트마다 전망 즐기기. ≫ 차로 4시간 30분 소요
20:00 라스베이거스로 돌아오기.

자이언국립공원+브라이스캐니언국립공원

04:30 라스베이거스 숙소에서 출발(전날 저녁에 렌터카 찾기). ≫ 차로 4시간 소요
08:30 브라이스캐니언국립공원(p.246) 도착 후 주요 포인트와 트레일 걷기. ≫ 차로 1시간 30분 소요
14:00 자이언국립공원(p.258) 도착 후 셔틀버스 또는 자가용으로 주요 포인트로 이동해 트레일 걷기. ≫ 차로 2시간 30분 소요
20:30 라스베이거스 도착.

> **Tip** 그랜드캐니언국립공원은 일출과 일몰이 아름답기로 소문 났다. 일출을 즐기고자 한다면 전날 저녁에 렌터카를 빌려서 라스베이거스 호텔 주차장에 주차해두고, 그 다음날 새벽 2시 정도에 출발하는 것을 추천한다. 일행이 있으면 번갈아 운전해서 갈 만하다. 보통 여름에는 5~6시, 겨울에는 6시 30분에서 7시 사이에 일출을 볼 수 있다고 생각하면 된다. 일출과 일몰 시간은 구글 또는 네이버를 통해 간단하게 검색이 가능하다. 매더 포인트Mather Point 쪽에서 보는 일출이 아름다우나 늘 사람들이 많은 편이다. 북적임이 싫다면 야바파이 포인트Yavapai Point에서 보는 것도 좋다. 라스베이거스와 그랜드캐니언 국립공원을 잇는 길이 비교적 쭉 뻗은 평지이기 때문에 운전 거리에 비해 피로감이 덜 든다.

그랜드캐니언국립공원

브라이스캐니언국립공원

PLANNING 07
라스베이거스 여행 만들기

알짜배기 정보야말로 여행의
질을 높여주는 열쇠!
어떤 것이 필요하고,
어떤 것을 따져봐야 할까?
자신에게 맞는 여행의 스타일은
무엇일까?
여행 형태를 결정하는 것부터
일정에 맞춘 항공 티켓 예매까지!
똑 부러지게 준비해보자.

여행의 형태와 여행 기간을 정하자

스스로 만드는 자유여행과 가이드가 붙는 단체 패키지여행 중 어떤 것이 자신에게 더 잘 맞는지 고민해 보고 여행의 형태를 결정하자. 여행 기간은 개개인의 상황에 따라 천차만별. 이 지역을 충분히 제대로 느끼고 싶다면 라스베이거스 도심 여행은 최소 2박 3일, 그랜드 서클은 3박 4일 또는 5박 6일로 분배하는 것이 최상이다. 그랜드 서클의 경우 웅장하고 가슴 벅찬 감동의 대자연을 만날 수 있어서 여행해 볼 가치가 있다. 주요 포인트들의 거리가 상당히 멀어서 운전 시간이 많이 걸린다는 점을 참고하자. 하루에 3~5시간 정도 운전을 한다는 점을 예상해야 한다. 운전자의 체력, 컨디션 등을 고려하여 일정을 계획하는 것을 추천한다.

여행 시기, 언제가 가장 좋을까?

라스베이거스는 전형적인 사막기후. 건조하고 사계절 내내 뜨거운 태양이 내리쬔다. 여름에는 보통 37℃ 정도지만 습도가 낮아서 그늘에서는 시원하다. 밤에는 26℃ 정도이다. 겨울에는 보통 10℃가량. 밤은 영하 4℃까지 내려가는 추운 날씨이다. 또한 겨울철에는 일조량이 많이 짧아지고, 비가 오늘날도 있다는 점을 참고하자. 쌀쌀한 날씨를 대비하여 겨울옷을 준비할 필요가 있다. 도시 내에는 눈이 거의 오지 않지만, 주변 산에는 눈이 쌓인다. 라스베이거스를 방문하기에는 3~5월 봄, 9~11월 가을이 가장 좋다.

미국 화폐와 여행 예산

미국의 공식 화폐는 달러와 센트다. 미국에서 사용하는 지폐는 종류에 상관없이 모두 같은 크기이다. 사용 시 금액을 잘 확인하자. 환율은 1달러가 1,125.80원(2019년 1월 기준)이다. 물가는 우리나라보다 높은 편이다. 환전 시 고액권보다는 1달러, 5달러, 10달러 정도의 소액권 위주로 준비하는 것이 사용 시에 편리하다. 특히 1달러는 팁을 줄 때 유용하므로 넉넉하게 준비하면 좋다.

신용카드
마스터MASTER, 비자VISA, 아멕스AMEX 등을 사용할 수 있다. 하지만 작은 상점이나 작은 레스토랑의 경우 현금결제만 가능한 곳도 많으니 참고하자. 신용카드마다 해외 사용 한도, 수수료, 마일리지 적립 등의 혜택이 다르니 미리 꼼꼼하게 체크하자. 현금카드 이용 시, 인출 수수료를 아끼고 싶다면 EXK 서비스를 이용하면 좋다. 발급 가능한 은행, 현금 카드 정보는 홈페이지(www.exk.kr)에 자세하게 나와 있다. 금융 결제원에서 제공하는 서비스로 MYCE 마크가 있는 ATM에서 인출하면 네트워크 수수료가 면제되어 수수료가 적은 편이다.

항공권 가격은 얼마 정도?
성수기와 비수기에 따라 가격이 달라진다. 특히 여름방학과 겨울방학 기간에는 휴가철과 연말이 겹치기 때문에 요금이 급상승한다.

직항의 경우 현재 대한항공이 운행하고 있으며, 월, 수, 금 출발한다. 돌아오는 직항편은 미국 현지에서 월, 수, 금 운행한다. 직항 운행 시간은 11시간 30분~12시간 정도. 직항의 경우 이코노미 클래스의 비수기 평균 가격은 140만~150만원 정도가 보통. 성수기 때는 50만~80만원 정도 더 비싸진다. 델타, 아시아나, 에어 캐나다 등 다양한 경유편도 운행 중이다. 직항보다 50만~80만원 저렴하고, 시간은 보통 13~14시간 정도 소요된다. 수화물과 날짜 변경 등에 따라 비용 추가가 있는지, 마일리지 적립은 되는지 등 여러모로 잘 따져보자.

숙박비는 얼마 정도?
라스베이거스 호텔들의 가격은 아주 저렴한 편이다. 카지노에서 주요 수입을 올리고, 숙박비에서는 거품을 완전히 제거한다는 정책 때문이다. 금, 토를 제외한 평일에는 3성급 호텔의 경우 20~30달러, 4성급은 35~40달러, 5성급은 80~120달러 정도. 단, 금, 토와 크리스마스 휴일 시즌, 주요 박람회 등으로 인해 성수기가 되는 시즌에는 평일보다 2~3배 정도 가격이 높아진다는 것을 참고하자. 그렇다고 해도 다른 지역에 비하여 퀄리티 좋은 안락한 침실을 비교적 저렴한 가격에 누릴 수 있다는 것은 자타가 공인하는 바이다. 호텔마다 조금씩 차이가 있지만, 대부분의 호텔이 하루당 25달러 정도의 리조트 피Risort Fee를 추가하고 있다는 점도 알아두자. 리조트 피란 호텔 내 부대시설, 피트니스, 수영장, 무료 와이파이 등을 사용하는 명목으로 일정 금액이 추가되는 것이다. 호텔마다 가격과 이용 분야가 다르며, 대부분 무조건 추가가 된다. 호텔 예약 시 이 점을 꼭 참고하자.

1일 여행 비용은 얼마 정도?
항공료와 숙박, 쇼핑을 뺀 하루 경비를 70~80달러 정도 잡는다. 하루 경비에 체류 날짜를 곱하면 총 예상 경비를 어림잡을 수 있다. 쇼를 보거나 스테이크, 랍스터와 같은 특별한 요리를 맛볼 예정이라면 하루 예산을 100~150달러로 잡도록 하자. 그랜드캐니언국립공원, 자이언캐니언국립공원 등 그랜드 서클을 계획할 경우 렌터카, 주유, 국립공원 입장료, 투어 비용 등으로 인해 추가 금액이 발생한다. 기본 경비에서 하루 100~200달러 정도 추가해서 예상하면 된다.

비자VISA는?
2008년 11월부터 미국 비자 면제 프로그램Visa Waiver Program이 실행되었다. 덕분에 최대 90일간 비자 없이 방문이 가능해졌다. 단, 유효기간이 6개월 이상 남은 전자여권 소지가 필수이며, 사전에 전자 여행 허가제 ESTA를 신청한 후 승인받아야 한다.

비자 면제 프로그램 이용 순서
1. 전자여권 발급. 유효기간이 6개월 이상 남은 전자여권을 소지하고 있다면 이 단계는 생략 가능.
2. 전자 여행 허가제 ESTA 웹사이트((https://esta.cbp.dhs.gov)에 접속 후 절차에 따라 허가 승인 신청하기. 개인당 총 14달러의 수수료 발생.
3. 입국 승인받기. 전자 여행 허가제인ESTA는 2년 동안 유효하다. 전자 여행 허가가 거부 된 경우 별도로 주한미국 대사관에 방문하여 비자를 받아야 한다.
4. 전자 여행 허가제 ESTA 신청번호 확인 및 해당 내용 프린트하기.

> **Tip** 만약, 이전에 미국 입국 거부, 추방되었거나 비자가 거절된 적이 있는 여행자는 비자면제 프로그램인 전자 여행 허가제 ESTA를 이용할 수 없다. 이 경우, 주한 미국 대사관 korean.seoul.usembassy.gov에서 비자를 받아야 한다.

어떤 증명서를 발급 받을까?

국제학생증
학생이라면 국제학생증을 발급받자. ISIC, ISEC 두 가지가 있으며 둘 다 사용이 가능하지만, 미국에서의 혜택은 ISEC가 더 좋다고 알려져 있다.

필요 서류 재학증명서, 주민등록증, 증명사진
ISEC 홈페이지 www.isecard.co.kr
수수료 1년짜리는 18,000원, 2년짜리는 28,000원
ISIC 홈페이지 www.isic.co.kr
수수료 1년짜리는 17,000원, 2년짜리는 34,000원

여행자보험
미국의 의료비는 상상을 초월할 만큼 비싸다. 만약을 생각해서 보험 가입을 권한다. 도난, 상해 등에 대한 보상 내역을 꼼꼼하게 따져서 보험사 상품을 선택하도록 하자.

국제운전면허증, 국내운전면허증
렌터카를 이용할 계획이라면 국제운전면허증은 필수! 유효기간은 1년이다. 미국 내에서 운전할 때에는 국제운전면허증과 국내운전면허증을 함께 가지고 다녀야 하므로 두 개 모두 챙기도록 하자.

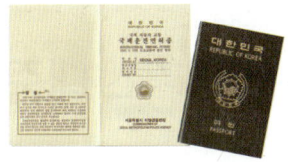

발급 장소 운전면허시험장, 지정된 경찰서
필요 서류 신청서, 국내운전면허증, 여권, 여권용 사진 또는 증명사진 1매, 수수료 8,500원
발급 소요 시간 30분

> **Tip** **라스베이거스에서 길 찾기**
> 주요 볼거리들이 사우스 블루바드 South Boulevard 길을 가운데 두고 양쪽으로 위치하고 있다. 가고자 하는 스폿을 주소로 찾는 것보다는 외관에 커다랗게 적힌 호텔 이름을 보면서 호텔을 찾은 후 내부에 들어가서 이정표를 통해 찾는 것이 더 편리하다. 라스베이거스 버스 정류장 이름도 호텔 이름으로 되어있다. 24시간 버스가 운행하고 있어서 방문자의 편의를 돕는다. 길거리의 이정표도 잘 되어있는 편이어서 운전 시에도 길 찾기가 그리 어렵지 않다. 대부분 규모가 큰 호텔들이다 보니 착시효과처럼 각 호텔의 거리가 가까워 보일 수도 있다. 하지만 실제의 이동 거리가 상당히 멀다는 점에 유의하자. 특히 한여름의 뜨거운 사막기후를 온몸으로 받으며 걸을 경우 열사병에 걸릴 수 있으니 도보 이용 시 주의하자. 여름에는 대중교통을 이용하는 것이 좋고, 도보로 이동할 경우에는 에어컨이 빵빵한 호텔 내부를 통과해서 다니는 식으로 이동하여 더위를 피하도록 하자. 식수 지참은 필수!

PLANNING 08
라스베이거스 대중교통 완전 정복

라스베이거스는 관광객들이 주로 이용하는 대중교통이 24시간 운행한다. 주요 도로의 경우 낮에는 10~15분 간격, 밤에는 30분 간격으로 운행해 이동에 전혀 무리가 없다. 퇴근 시간부터 교통 정체가 심한 러시아워가 주로 해질 무렵부터 밤까지 계속된다.

1. 버스

이층버스인 듀스Deuce버스와 열차처럼 길쭉한 모양의 SDX(The Strip&Downtown Express)버스가 가장 유용한 대중교통 수단이다. 듀스버스, SDX버스 모두 라스베이거스 최대 번화가인 스트립 지역과 다운타운 지역을 다닐 때 편리하다. 노선이 조금 다르지만, 주요 정류장은 두 버스 모두 정차한다.

이용요금 2시간 이용권 6달러, 24시간 패스 8달러, 3일 패스 20달러, 30일 패스 65달러
구매 장소 버스 티켓은 버스정류장에 있는 자동판매기(신용카드 사용 가능) 또는 버스기사를 통해 구입이 가능. 단, 버스기사를 통해 구입할 경우 현금을 내야하고 거스름돈 받을 수 없으니 잔돈으로 준비해서 딱 맞게 내도록 하자. 버스 정류장에 자동판매기가 없는 경우도 있다.
Web www.rtcsnv.com

듀스버스 Deuce
이층버스로 SDX버스에 비해 정류장이 많다. 스트립 지역의 모든 정류장에 정차하기 때문에 비교적 이동시간은 오래 걸리는 편이다. 2시간 이용권, 24시간 패스, 3일 패스 등의 버스 티켓은 듀스버스, SDX버스 모두 공용으로 이용할 수 있다.
운행시간 24시간 **운행간격** 12~20분

SDX버스 The Strip&Downtown Express
열차처럼 길쭉한 모양이다. 라스베이거스 사우스, 노스 프리미엄 아웃렛 2곳, 프리몬트 스트리트 익스피리언스, 벨라지오Bellagio, 윈Wynn, 스트라토스피어Stratosphere 등을 갈 때에 유용하다. 모든 정류장

에 서지 않고 정차하는 곳이 따로 정해져 있으므로 더 빠르게 운행된다. 2시간 이용권, 24시간 패스, 3일 패스 등의 버스티켓은 듀스버스, SDX버스 모두 공용으로 이용이 가능하다.

운행시간 09:00~24:30
운행간격 12~15분
주요 정차역 LV 프리미엄 아웃렛, 프리몬트 스트리트 익스피리언스, 스트라토스피어, 사하라, 패션쇼 몰, 윈, 파리, 벨라지오, MGM 그랜드, 엑스칼리버

트램

2. 트램

만달레이 베이, 엑스칼리버, 몬테 카를로, 벨라지오, 미라지 등 일부 호텔들 사이를 이어주는 무료 트램이다. 에어컨 시설도 잘 되어있다. 자신의 일정에 맞게 선택해서 사용하면 유용하다. 보통 7~15분 간격으로 운행된다.

Web www.lasvegas-how-to.com/free-tram.php

모노레일

3. 모노레일

컨벤션 센터와 6개의 호텔을 연결해주는 모노레일은 스트립 지역에서 벗어나 있어서 접근성이 떨어지는 호텔들을 연결해주는 교통수단이다. 스트립 지역의 동쪽 편에 위치한 호텔들을 이용하거나 이동할 때에 유용하다.

운행시간 월~목 07:00~02:00, 금~일 07:00~03:00
이용요금 1회권 5달러, 1일권 13달러, 2일권 23달러, 3일권 29달러
구매장소 각 역에 위치한 티켓오피스. 홈페이지에서 온라인으로 티켓을 구매한 경우 티켓 오피스에서 바우처를 보여주고 실제 표로 바꾸면 된다.
정차역 MGM 그랜드→파리, 벨라스→플라밍고, 시저스 팰러스→하라스→라스베이거스 힐튼→라스베이거스 컨벤션 센터→사하라
Web www.lvmonorail.com

4. 택시

호텔 입구에서 택시를 타길 원한다면 택시 라인Taxi Line에 서서 순서를 기다리면 된다. 호텔 내 정해진 위치 외 장소에서 승차하는 것이 원칙적으로 금지된다. 팁은 1~2달러 정도 건네면 된다. 스트립 지역의 주요 호텔을 오갈 때에는 5~15달러 정도 든다. 승용차는 4인, 밴은 5인까지 탑승 가능하다. 거리에서는 손을 들어 지나가는 택시를 잡으면 된다. 택시에서 내릴 때에는 택시 기사에게는 요금의 10~15% 정도 팁으로 주는 것이 관례이다.

Cost 기본요금 3.3달러, 현금, 카드 모두 가능

> **Tip** 사우스 라스베이거스 블루바드South Las Vegas Boulevard 중심으로 양쪽으로 유명 호텔들이 자리 잡고 있다. 듀스버스와 SDX버스가 반드시 이 길을 지나가며, 버스정류장이 이 길 위의 곳곳에 위치하고 있다.

5. 리프트Lyft, 우버Uber

스마트폰을 이용한 자동차 승차공유 앱App이다. 앱을 통해 실시간으로 운전자와 승객의 위치 추적이 가능하고, 일반택시보다 가격이 저렴하다. 출발지와 목적지를 입력하면 예상 금액이 나온다. 운전자가 배정되면 운전자의 이름, 차종, 차번호, 연락처, 평점 등의 정보가 제공된다. 요금은 미리 등록해둔 신용카드에서 자동결제된다.

Web www.lyft.com, www.uber.com

> **Tip** 첫 이용객에게 20~30달러를 할인해주는 쿠폰이 많다. 구글에서 쿠폰을 검색하면 쉽게 찾을 수 있다.

SDX, 듀스버스 노선도

- 다운타운 프리몬트 스트리트 익스피리언스 Down Town Fremont Street Experience
- 메인 스트리트 Main Street
- 스미스 센터 The Smith Center
- 더 몹 뮤지엄 The Mob Museum
- 루 루보 뇌건강 센터 Lou Ruvo Center for Brain Health
- 프리몬트 스트리트 Fremont Street
- 월드 마켓 센터 World Market Center
- 라스베이거스 노스 프리미엄 아웃렛 Las Vegas North Premium Outlets
- 본빌 트랜짓 센터 Bonneville Transit Center
- 골드 앤 실버 폰 숍 Gold&Silver Pawn Shop
- 찰스턴 Charleston
- 사우스 라스베이거스 블루바드 South Las Vegas Blvd.
- 스트라토스피어 Stratosphere
- 세인트 루이스 애비뉴 St. Louis Ave
- 사하라 애비뉴 Sahara Ave
- 리비에라 애비뉴 Riviera Ave
- 서커스 서커스 Circus Circus
- 라스베이거스 호텔 Las Vegas Hotel
- 리비에라 Riviera
- 데저트 인 로드 Desert Inn Road
- 컨벤션 센터 드라이브 Convention Center Drive
- 라스베이거스 컨벤션 센터 Las Vegas Convention Center
- 패션쇼 몰 Fashion Show Mall
- 스프링 마운틴 로드 Spring Mountain Road
- 윈&앙코르 Wynn&Encore
- 파라다이스 로드 Paradise Road
- 트레져 아일랜드 Treasure Island
- 샌드 애비뉴 Sands Ave
- 미라지 Mirage
- 베네시안&팔라조 Venetian&Palazzo
- 하라스 Harrah's
- 시저스 팰리스 Caesars Palace
- 플라밍고 Flamingo
- 벨라지오 Bellagio
- 플라밍고 로드 Flamingo Road
- 밸리스 Bally's
- 코스모폴리탄 Cosmopolitan
- 파리 Paris
- 시티 센터 City Center
- 플래닛 할리우드 Planet Hollywood
- 하먼 로드 Harmon Road
- 몬테 카를로 Monte Carlo
- 쇼 케이스 몰 Showcase Mall
- 뉴욕뉴욕 New York New York
- MGM 그랜드 MGM Grand
- 엑스칼리버 Excalibur
- 트로피카나 Tropicana
- 트로피카나 애비뉴 Tripicana Ave
- 리노 애비뉴 Reno Ave
- 해시엔다 애비뉴 Hacienda Ave
- 룩소르 Luxor
- 만달레이 베이 Mandalay Bay
- 러셀 로드 Russell Road
- 맥캐런 국제공항 Mc Carran International Airport
- South Las Vegas Blvd
- 테일러 메이드 골프 Taylor Made Golf
- 사우스 스트립 트랜스퍼 터미널 South Strip Transfer Terminal 104, 109, 117, 212, 217
- 선셋 로드 Sunset Road
- 타운 스퀘어 Town Square
- 히든 웰 로드 Hidden Well Road
- 조르주 크로켓 로드 George Crockett Road
- 웜 스프링스 로드 Warm Springs Road
- 길스피 스트리트 Gilespie Street
- 라스베이거스 사우스 프리미엄 아웃렛 Las Vegas South Premium Outlets

범례
- ○ SDX버스 정류장
- • 듀스버스 정류장
- ━━ 듀스버스 운행 노선
- ┅┅ 자정부터 오전 9시까지 듀스버스 연장 운행 노선 → 듀스버스 연장 운행 노선 (24:00~09:00)
- ━━ SDX버스 운행 노선

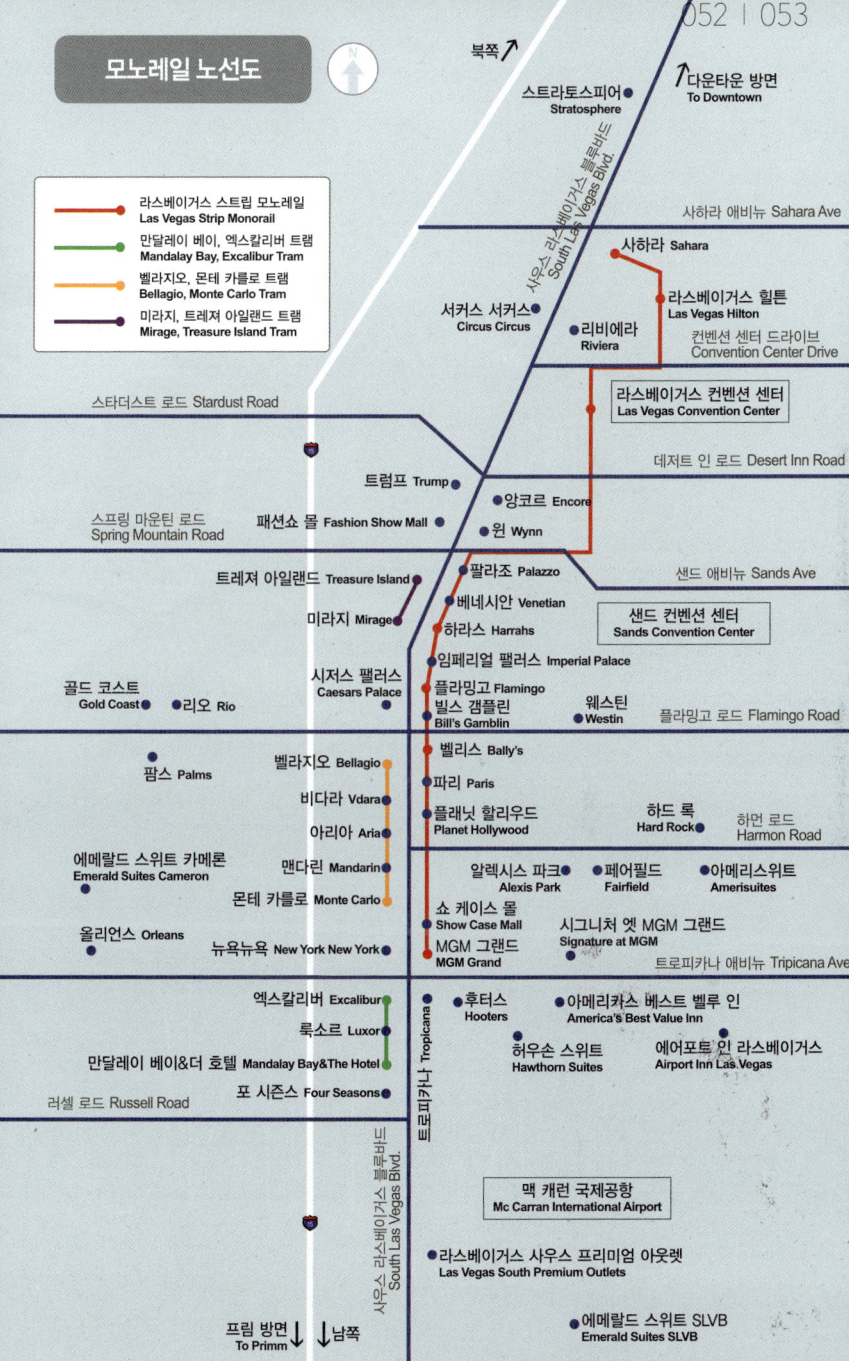

Step 03
ENJOYING

라스베이거스를 즐기다

01 이보다 더 화려할 수 없는 쇼쇼쇼!
02 카지노 100배 즐기기
03 라스베이거스에서의 특별한 결혼식!
04 라스베이거스 야경, 어디서 즐길까?
05 아이들과 함께 가기 좋은 장소 BEST 6
06 신나고 짜릿한 라스베이거스 놀이기구
07 젊음의 열기를 느낄 수 있는 나이트클럽 즐기기
08 세계적인 예술가들의 작품을 만나보자
09 숨막히게 아름다운 그랜드 서클과의 조우
10 감동 두 배, 재미 두 배! 영화 속 라스베이거스&그랜드서클

©Travis Isaacs

ENJOYING 01

이보다 더 화려할 수 없는 **쇼쇼쇼!**

세계 최고 수준의 공연장 무대 미술, 설비 기술,
상상을 초월하는 무용수들의 몸놀림에 혼이 빠져나가는 듯하다.
감탄이 절로 나오는 라스베이거스에서 빼놓을 수 없는 명품 쇼를 즐겨보자.
무용수들의 동작과 정밀하게 작동하는 무대장치의 조화가 놀랍다.

쇼 관람 시 체크 사항

1. 어디에서 예약할까?

라스베이거스로 여행 일정이 정해지면 일단 공연 예약부터 하자. 공연이 가능한 날짜와 자리가 한정되어 있으므로 예매를 서두르는 것이 좋다. 각 홈페이지, 전화 등으로 예약이 가능하지만 공연 전문 예매처를 통하면 좀 더 저렴하게 표를 살 수 있다.

오 쇼 O show

라스베이거스 쇼 전문 예매처를 통해 10~50%까지 할인된 가격으로 티켓을 구매할 수 있다. 쇼가 진행되는 공연장에서 직접 예매하는 것보다 좀 더 저렴하게 구입이 가능하다. 한국어로 안내되는 웹사이트에서 현재 공연 중인 쇼의 목록, 리뷰, 공연 시간, 평점 등을 자세히 찾아본 후 원하는 쇼로 바로 예매하면 된다. 여행지에서 표 구매를 위해 줄을 서서 기다리는 시간 낭비도 막을 수 있고, 전화, 이메일 모두 한국어 고객 서비스가 지원되기 때문에 문제가 생겼을 때 쉽게 대처할 수 있다는 것도 장점이다. 공연 1시간 전에 도착해 티켓 오피스에서 바우처를 보여주고 정식 티켓으로 바꾸면 된다. 라스베이거스뿐만 아니라 뉴욕, 런던의 공연 예약도 실시간으로 할 수 있다.

Web www.ohshow.net **Tel** 현지 +1 -212-842-9311, 한국 070-7516-9311

틱스 포 투나잇! Tix 4 Tonight

팔리지 않는 티켓들을 모아서 20~75%까지 할인하여 판매한다. 이곳에서 구입한 표는 공연 1시간 전에 도착해 해당 공연 티켓 매표소에 정식 표로 교환하면 된다. 단점은 원하는 공연이 매진일 경우 구입이 불가능하다는 점과 티켓 부스를 찾아가서 줄을 서서 기다려야 한다는 것이다. 라스베이거스 곳곳에 판매처가 있다. 홈페이지를 참고하여 위치를 파악하자.

Web www.tix4tonight.com

2. 자리는 어디가 좋을까?

르 레브의 경우 둥근 원형 극장이므로 어느 자리에서 보더라도 잘 보인다는 장점이 있다. 보통 E~G열 정도가 인기가 많다. 중간 자리에 앉으면 괜찮다. 카 쇼의 경우 카테고리 B열 102섹션이 가격대비 좋은 자리이다. 오 쇼는 103섹션 중앙열 자리가 가장 좋아 가격도 높다. 203섹션 중앙열 자리도 괜찮은 편. 홈페이지를 통해 좌석의 위치를 그림으로 확인할 수 있다.

3. 옷차림은 어떻게 할까?

캐주얼한 차림으로 가도 상관없다. 하지만 거액의 금액을 들여서 보는 쇼인 만큼 예쁘게 차려입으면 기분도 업! 실제로 드레스를 입고 퍼를 두르는 등 멋지게 차려입은 여사님들의 모습도 많이 보인다. 결국 개인의 선택인 것 단, 쇼 관람 후 클럽을 갈 예정이라면 옷차림에 신경을 좀 써야 한다. 나이트클럽의 경우에는 옷차림에 대한 제제가 심한 편이다. 특히 남성의 경우 카라가 있는 셔츠를 입고, 구두를 신는 것이 중요하다. 재킷은 생략할 수 있지만, 티셔츠나 반바지를 입으면 안 된다. 여성의 경우 힐을 신고 원피스를 입으면 무난하다.

4. 그 외의 유의할 점은?

일부 호텔 입구에서 공연과 디너를 함께 하는 특별 상품을 소개한다면서 호객행위를 하는 경우가 많다. 하지만 나중에 비용이 추가되는 조건이 있는 경우가 많다. 처음부터 관심을 두지 않는 것이 좋다. 5세 미만의 어린이는 쇼 관람이 불가능하다. 5~18세의 경우 보호자(성인)와 함께 입장해야 한다.

추천하는 라스베이거스 3대 쇼

벨라지오에서 진행되는 화려한 물 쇼
오 쇼 O Show

'오'는 프랑스어로 물을 뜻하는 오Eau를 발음 그대로 적은 것이다. 세계적인 공연 제작사인 태양의 서커스 Cirque du Soleil에서 제작하였으며, 10년이 넘도록 최고의 쇼로 칭찬이 자자하다. '물에 의한, 물을 위한 쇼'라는 표현이 적당하다는 느낌이 들 정도로 긴장감 넘치고 볼거리 가득한 곡예 수중 쇼가 펼쳐진다. 호텔 설계 때부터 '오 쇼'의 무대를 고려해서 지어졌기 때문에 화려하게 변신하는 무대장치는 또 하나의 볼거리이다. 무대를 가득 채우고 있는 567만 리터의 물이 단 몇 초 만에 빠져나가고 다시 채워지기도 하며, 자유자재로 수심 조절이 가능하다. 한 치의 오차도 없는 다이빙, 싱크로나이즈, 댄스 등 자유자재의 연기를 보여 주는 배우들의 모습에 감탄이 절로 나온다. 의상, 소품들이 적절히 사용되어 더욱 드라마틱한 구성을 느낄 수 있으며 오케스트라의 라이브 음악은 더욱 환상적으로 쇼를 감상할 수 있도록 도와준다. 프랑코 드래곤FranoDragone 감독 연출 작품이라는 점에서 르 레브와 오 쇼는 자주 비교가 된다. 하지만 분위기나 주제, 형식 등이 서로 달라서 단순비교가 어렵다는 평가가 많다.

Data Map 156B
Access 호텔 벨라지오 내 오 쇼 시어터 O Show Theater. 듀스버스 또는 SDX버스 타고 벨라지오Bellagio 정류장 하차. 무료 트램 운행
Add 3600 Las Vegas Blvd, South, Las Vegas, Nevada
Tel 888-488-7111, 702-693-8866,
Open 금~화 19:30, 22:00, 75~80분 소요 **Cost** 93.5~170달러 (좌석 위치에 따라 다름)
Web www.bellagio.com/o-cirque-du-soleil/o-cirque-du-soleil.aspx

동양적인 아름다움이 물씬 풍기는 불 쇼

카 쇼 KA Show

세계적인 공연 제작자 태양의 서커스Cirque du Soleil에서 제작한 쇼로 동양적인 소품, 분장 등이 눈길을 끈다. 카는 일본어로 '불'을 의미한다. 그래서 '불 쇼'라고도 불린다. 또한 '카'는 이집트인들에게는 인간의 정신적 세계, 즉 영혼을 칭하는 말로도 쓰인다. 스토리는 모험을 찾아 떠나는 어느 쌍둥이 소년과 소녀의 이야기다. 공연은 물, 공기, 흙(땅), 불 이렇게 4가지 장면으로 구분되어 진행된다. 자칫 고전스러울 수 있는 테마가 세계적인 서커스와 뮤지컬의 만남으로 얼마나 세련될 수 있는가를 느끼게 한다. 주인공들은 희로애락 감정들을 사랑과 갈등의 스토리를 고난도 곡예로 표현한다. 2,400개 이상의 스피커가 관객 가까이에 설치되어 있어서 더욱 역동적이고 박진감 넘치는 느낌을 준다. 어린이를 동반한 여행자에게 특히 인기가 많은 쇼이다.

Data **Map** 156E
Access 호텔 MGM 그랜드 내 카 시어터Ka Theater. 듀스버스 또는 SDX버스 타고 MGM 그랜드MGM Grand 정류장 하차. 모노레일 운행
Add 3799 South Las Vegas Blvd, Las Vegas, Nevada
Tel 702-531-3826, 800-929-1111
Open 금~화 19:30, 22:30, 75~80분 소요 **Cost** 99~170달러 (좌석 위치에 따라 다름)
Web www.mgmgrand.com/entertainment/ka-cirque-du-soleil-show.aspx

STEP 03
ENJOYING

환상적인 꿈의 세계
르 레브 Le Reve

르 레브는 프랑스어로 '꿈'이라는 뜻이다. 빨간 드레스를 입은 여인이 물에 떠 있는 침대 위로 올라가 잠이 드는 것으로 쇼가 시작된다. 마치 관객들을 초현실과 환상으로 가득한 잠재의식 속 아름다운 꿈의 세계로 데려다주는 듯 하다. 416만 리터의 물이 담겨있는 스테이지에서 벌어지는 역동적인 수중 곡예 쇼로 물이 순식간에 빠져나가기도 하고, 다시 차오르기도 하는 초대형 설비가 인상적이다. 물속에서 갑자기 뻗어 올라 나뭇가지처럼 출몰하는 무용수들의 몸짓들이 만들어낸 인간의 군상, 반라의 근육질 남자배우들이 중력을 거부한 듯 손목에 맨 줄 하나만 의지하여 30m 이상의 높이로 올라간 후 깊이를 가늠할 수 없는 물속으로 다시 다이빙을 하는 모습 등 아슬아슬한 장면들은 긴장감을 고조시킨다. 파워풀한 힘이 느껴지는 아크로바틱, 삼바 등의 다양한 댄스 장르의 연기들은 직접 보지 않고는 감히 상상할 수 없다. 배우들의 눈빛 하나, 손동작 하나도 완벽하다. 중간중간 위트 있는 광대 연기를 통해 유머도 놓치지 않았다. 라스베이거스의 유명 쇼인 '오 쇼'를 만든 거장, 프랑코 드래곤Frano Dragone 감독이 만든 쇼라는 것만으로도 훌륭한 쇼라는 것은 자명한 사실! 만약 라스베이거스에서 단 하나의 쇼만 볼 수 있는 시간 여유가 된다면 개인적으로 가장 강력하게 추천하는 쇼이다. 1,606석의 원형으로 된 극장은 좌석 어디에 앉아도 같은 뷰로 관람할 수 있다. 맨 앞줄의 2줄은 스플래시존으로 공연 중물이 튈 수 있다는 이유로 20~30달러 정도 저렴하다. 무용수들의 표정까지 잘 보이는 자리이므로 옷이 살짝 젖는 것이 괜찮다면 합리적인 선택이 될 것이다.

Data Map 187H
Access 호텔 원내 르 레브 시어터Le Reve Theater. 듀스버스 또는 SDX버스 타고 윈&앙코르Wynn&Encore 정류장 하차
Add 3131 Las Vegas Blvd, South, Las Vegas, Nevada
Tel 702-770-9966, 888-320-7110
Open 금~화 19:00, 21:30, 75~80분 소요
Cost 109~159달러 (좌석 위치에 따라 다름)
Web www.wynnlasvegas.com/Shows

STEP 03
ENJOYING

> 개성 있는 유료 쇼

자카나 Zarkana

'기묘하고 수수께끼 같은'이라는 뜻을 내포한 쇼. 사랑을 잃은 한 마술사가 자신의 사랑을 찾아서 초현실의 세계로 뛰어든다는 이야기가 주된 스토리이다. 태양의 서커스 Cirque du Soleil에 의해 제작된 쇼답게 환상적인 연출이 멋지다.

Data Map 156D **Access** 호텔 아리아Aria 2층 '뷔페 아리아The Aria Buffet' 옆 위치. 듀스버스 타고 시티 센터City Center 정류장 하차. 무료 트램 운행 **Add** 3730 South Las Vegas Blvd, Las Vegas, Nevada **Tel** 855-927-5262 **Open** 금~화 19:00, 21:30 **Cost** 69~180달러 **Web** www.aria.com

쥬메니티 Zumanity

18세 이상 관람가로 성인 버전의 에로틱 서커스. 묘기나 기예 위주가 아니라 성에 대한 인간들의 본능을 주제로 했다는 점에서 상당히 화제가 되었다. 독특한 예술성을 느낄 수 있는 쇼이다.

Data Map 156E **Access** 호텔 뉴욕뉴욕 쥬메니티 시어터Zumanity Theatre. 듀스버스 타고 뉴욕뉴욕New York New York 정류장 하차 **Add** 3790 South Las Vegas Blvd, Las Vegas, Nevada **Tel** 866-815-4365 **Open** 금~화 19:30, 21:30 **Cost** 69~180달러 **Web** www.newyorknewyork.com

블루맨 Blue Man

온몸과 얼굴을 파란색으로 분장한 사람들이 다양한 타악기를 연주하며 펼치는 쇼. 열광적이고 강렬한 비트의 연주와 함께 역동적인 행위예술들이 인상적이다. 다채로운 퍼포먼스와 관객과의 소통도 있어서 더욱더 즐겁다. 어린이들도 함께 즐길 수 있다.

Data Map 156E **Access** 호텔 몬테 카를로 1층 공연장. 듀스버스 타고 몬테 카를로Monte Carlo 정류장 하차. 무료 트램 운행 **Add** 3770 South Las Vegas Blvd,Las Vegas, Nevada **Tel** 702-730-7010 **Open** 19:00, 21:30(요일마다 조금씩 다르니 홈페이지 참고) **Cost** 83.5~158.90달러 **Web** www.blueman.com

쥬빌리 Jubilee

30년 넘게 라스베이거스에서 사랑받고 있는 성인쇼. 반라의 100명이 넘는 무용수들이 깃털 달린 의상을 입고 현란한 춤을 추는 쇼이다. 18세 이상 성인만 관람할 수 있다. 완벽한 세트, 뮤직, 사운드 등의 무대장치들은 더욱 완벽하고 멋진 쇼를 만들어준다.

Data Map 156B **Access** 호텔 발리스 주빌리 시어터Jubilee Theater. 듀스버스 타고 발리스Bally's 정류장 하차. 무료 트램, 모노레일 운행 **Add** 3645 South Las Vegas Blvd, Las Vegas, Nevada **Tel** 855-234-7469 **Open** 일~수 19:00, 22:00, 목요일 19:00, 토요일 22:00 **Cost** 80~122달러 **Web** www.ballyslasvegas.com

셀린 디온 Celine Dion

타이타닉 주제곡인 마이 하트 윌 고 온My heart Will Go on으로도 잘 알려진 팝의 여왕 셀린 디온의 쇼이다. 거장의 노래를 직접 들을 수 있다는 것만으로도 설렌다. 폭발적인 가창력과 시저스 팰러스의 콜로세움 무대 장치가 조화를 이루면서 최고의 쇼를 만들어낸다.

Data Map 187K Access 호텔 시저스 팰러스 콜로세움 공연장. 듀스버스 타고 시저스 팰러스 정류장 하차 Add 3570 South Las Vegas Blvd, Las Vegas, Nevada Tel 877-423-5463 Open 화~일 19:30 Cost 55~250달러 Web www.celineinvegas.com, www.caesarspalace.com/shows

러브 Love

비틀스를 사랑하는 사람들이라면 볼 만한 공연이다. 그들의 히트곡을 재연하여 특수효과와 영상, 서커스 등을 접목해 환상적인 무대를 연출하고 있다. 시대를 거슬러 올라 비틀스의 시대로 간 듯 포근하고 따뜻한 느낌이 드는 공연이다. 공연을 보다 보면 어느새 푹 빠져들어 비틀스의 노래를 흥얼거리게 될 것이다.

Data Map 187K Access 호텔 미라지 내 공연장. 듀스버스 타고 미라지Mirage 정류장 하차. 무료 트램 운행 Add 3400 South Las Vegas Blvd, Las Vegas, Nevada Tel 702-792-7777 Open 목~월 19:00, 21:30 Cost 69~150달러 Web www.mirage.com/entertainment/love.aspx

데이비드 코퍼필드 David Copperfield

자유의 여신상을 사라지게 하거나 샌프란시스코 형무소를 탈출, 나이아가라폭포를 관통하는 등 어마어마한 스케일의 마술로 유명하다. 기네스북에도 등재되어있는 유명 마술가 코퍼필드의 환상적인 마술쇼를 관람할 수 있다. 내 두 눈으로 본 것을 믿을 수 없는 특별한 마술의 세계를 경험할 수 있다.

Data Map 156E Access 호텔 MGM 그랜드 할리우드 시어터. 듀스버스 또는 SDX버스 타고 MGM 그랜드 정류장 하차. 모노레일 운행 Add 3799 South Las Vegas Blvd, Las Vegas, Nevada Tel 855-554-5004 Open 일~토 19:00, 21:30, 토요일 16:00 공연 추가 Cost 76.99~109.99달러 Web www.mgmgrand.com, www.davidcopperfield.com

토너먼트 오브 킹스 Tournament of Kings

어린이들과 함께 볼 수 있는 가족 디너쇼. 치킨 요리, 디저트, 음료 등이 나오는 식사를 즐기면서 쇼를 관람하게 된다. 중세시대를 배경으로 기사들이 말을 타고 등장하여 다양한 대결을 벌인다. 사람과 말이 실제로 공연을 한다. 환호와 탄성이 쏟아지는 시끌벅적한 분위기의 쇼이다. 특히 어린이들에게 인기가 많다.

Data Map 157H Access 호텔 엑스칼리버 내 엑스칼리버 아레나 공연장. 듀스버스 또는 SDX버스 타고 엑스칼리버Excalibur 정류장 하차. 무료 트램 운행 Add 3900 South Las Vegas Blvd, Las Vegas, Nevada Tel 702-597-7600 Open 매일 18:00(수, 목, 토, 일 20:30 공연 추가) Cost 44.35~66달러 Web www.excalibur.com

수준 높은 무료 쇼

다운타운에서 즐기는 LED 천정 전자 쇼
프리몬트 스트리트 익스피리언스 Fremont Street Experience

라스베이거스 설립 100주년을 맞이하여 기획된 쇼이다. 1990년대 스트립 지역의 부흥으로 다운타운 쪽의 관광객의 발길이 뚝 끊어지자 침체기 극복을 위하여 기획되었다. 일몰 후 매 정시마다 220개의 스피커에서 박력 넘치는 음악 소리가 터져 나온다. 길이 457m, 높이 27m의 프리몬트 스트리트의 아케이드 천장을 스크린 삼아 영상이 상영되도록 한 것. 천장에 120억 1만 개의 LED 램프를 설치하여 텔레비전에 버금가는 고해상도를 구현하였다. 영상의 선명도와 화려함에 '환상적이다!'라는 감탄사가 절로 나온다. 지상 최대의 복합 멀티미디어 쇼를 마음껏 즐겨보자. 아케이드 천장 곳곳에 대한민국 LG전자의 기술로 만들어졌다는 징표로 'LG전자 로고'가 딱 붙어있다. 밤 8시 또는 9시 정도의 프리몬트 스트리트 익스피리언스를 본 후 호텔 골든 너겟을 구경하거나 프리몬트 거리에서 무료로 열리는 신나는 음악 콘서트들을 감상하면 좋다. 프리몬트 길 이름은 이곳을 처음 탐험한 스페인 탐험가의 이름을 딴 것이다.

Data Map 206E Access 듀스버스 또는 SDX버스 타고 카슨Carson역 하차 후 도보 2분(프리몬트 스트리트 간다고 운전사에게 말해도 된다) Add 425 Fremont Street Las Vegas, Nevada Tel 702-678-5777
Open 일몰 후~24:00, 8분 소요 Web www.vegasexperience.com

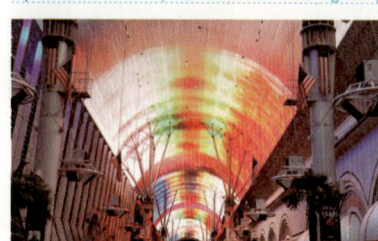

Data Map 156B
Access 호텔 벨라지오 앞 인공호수. 듀스버스 또는 SDX 버스 타고 벨라지오 Bellagio 정류장 하차. 무료 트램 운행
Add 3600 South Las Vegas Blvd, Las Vegas, Nevada
Tel 702-693-7111
Open 월~금 15:00~20:00(매 30분), 20:00~24:00(매 15분), 토·공휴일 12:00~20:00(매 30분), 20:00~24:00(매 15분), 일요일 11:00~19:00(매 30분), 19:00~24:00(매 15분)
Web www.bellagio.com/attractions/fountains-of-bellagio.aspx

아름다운 음악과 함께하는 댄싱 워터 쇼
벨라지오 분수 Fountains of Bellagio

음악과 물줄기들이 만나서 환상의 하모니를 이룬다. 보는 이의 마음을 감탄케 하는 라스베이거스 대표 쇼! 정식명칭은 댄싱 워터 Dancing Waters이다. 벨라지오 분수 쇼를 보지 않았다면 라스베이거스를 왔다 간 것이 아니라고 할 만큼 라스베이거스의 대표적인 무료 쇼이다. 이탈리아 벨라지오에 있는 코모 호수를 테마로 만든 호텔 벨라지오 앞 인공호수에서 펼쳐진다. 1,200개 이상의 물줄기들이 최고 150m 높이까지 솟구치면서 음악에 맞춰 흔들린다. 마치 춤을 추듯 4,500여 개의 조명과 어우러지면서 환상적인 분위기를 자아낸다. 이 분수 공연을 만든 웻WET은 2012년 여수엑스포의 분수 쇼를 기획한 회사이기도 하다. 호텔의 제왕으로 불리는 스티브 윈Steve Wynn의 아이디어로 무료 쇼가 시작되었으며, 특별히 벨라지오 분수 쇼는 자신의 어머니에게 헌정한 선물이라고 한다. 1999년부터 시작된 이 쇼는 클래식, 재즈, 팝송 등 다양한 장르의 음악을 배경으로 쇼가 펼쳐진다. 낮보다는 밤이 더 황홀하다. 시간 여유 있다면 2~3곡을 감상해보자.

희번덕 뜨거운 불길이 솟구치는
볼케이노 Volcano

호텔 미라지Mirage 앞에서 진행하는 쇼. 거대한 폭발음과 함께 불길이 30m 넘게 치솟는 장관을 볼 수 있다. 쇼가 시작되면 정글 속 분화구처럼 보이는 장소에서 연기가 스멀스멀 피어오르다가 폭발을 하듯 불길들이 솟구쳐 오른다. 후끈한 열기까지 오롯이 느껴진다. 쇼는 4분 정도 진행된다. 시즌마다 쇼 진행 일정이 조금씩 변동되니 정확한 시간을 홈페이지를 통해 체크하자.

Data Map 187K **Access** 듀스버스 타고 미라지 Mirage 정류장 하차. 또는 하라스Harrah's 정류장 하차 후 건너편. 무료 트램 운행 **Tel** 702-791-7111
Open 일~목 20:00, 21:00, 금~토 20:00, 21:00, 22:00
Web www.mirage.com/en/amenities/volcano.html

ENJOYING 02
카지노 100배 즐기기

갬블링의 도시, 도박의 도시로 유명한 라스베이거스! 대부분의 호텔들이 화려하고 다양한 기계와 게임을 들여놓고 카지노의 세계로 고객들을 유혹하고 있다. 문화체험의 명목상 한 번 정도 시도해보는 것은 좋지만 자제력을 잃지 않도록 조심하자. 카지노에서 즐기기 좋은 게임을 소개한다!

카지노 게임의 종류

잭팟을 꿈꾸며 참여하게 되는
슬롯 Slot (난이도 초보)

대부분의 라스베이거스 호텔 로비에는 번쩍번쩍하는 광채를 내며 동전이 떨어지는 슬롯머신들을 볼 수 있다. 여기서부터 카지노의 시작이라는 뜻. 특별한 룰을 몰라도 직관적으로 할 수 있고, 적은 예산으로 시도해 볼 수 있기 때문에 초보자들도 부담 없이 이용해 볼 수 있는 게임이다.

이용 방법 슬롯머신에 돈을 넣으면 투입한 금액이 크레딧Credit으로 표시가 된다. 예를 들어 1크레딧 당 25센트의 기계라면 5달러를 넣을 경우 크레딧이 20으로 표시가 되는 것! 그다음 벳 원Bet one 또는 벳 맥스Bet Max 버튼을 눌러서 몇 개의 크레딧을 베팅할지를 결정하고, 스핀SPIN이라고 쓰여 있는 시작 버튼을 누르면 된다. 슬롯머신에 따라 같은 모양의 그림이 중간 라인, 대각선 라인 등을 따라 나열되면 이기는 게임이다. 이기면 해당하는 크레딧이 적립이 된다. 게임을 즐긴 후 크레딧을 티켓으로 출력하는 캐쉬 아웃Cash Outh 버튼을 누른다. 환전소Cashier에서 현금으로 바꾸거나 소액인 경우 환전 기계를 이용해서 현금화하면 된다. 슬롯머신마다 규칙과 내용이 조금씩 다르고, BMW 차량처럼 고급 경품이 있는 경우도 있다.

 수천 달러, 수만 달러를 딸 수 있는 '잭팟'이 터지는 기계는 따로 있다!
인생 역전을 꿈꾼다면 '휠 오브 포천Wheel of Fortune' 게임을 해보자. 잭팟Jackpot이란 한마디로 '대박'. 거액의 상금을 따는 것을 말한다. 카지노 내 수많은 슬롯머신들이 있지만, 거액의 돈을 딸 수 있는 슬롯머신은 따로 있다. 카지노 수익금의 일부를 적립하는 메가 벅스Mega Bucks 슬롯머신! 보통 기계 위에 휠 오브 포천Wheel of Fortune이라고 쓰여 있고, 실시간 적립되어 올라가는 금액이 전광판에 적혀 있다.

표정관리가 아주 중요한 게임
포커 Porker (난이도 중급이상)

게임 참여자의 성향이 지능적이라면 포커는 아주 매력적인 게임이 될 것이다. 카드의 순열에 따라 족보가 있는데, 가장 높은 사람이 승자가 되어 판돈을 모두 가져가는 게임이다. 테이블에는 게임명과 판돈 등이 게시되어있다. 원하는 테이블에 앉은 후 '레이크'라고 불리는 판돈을 지불하면 된다.

이용 방법 딜러가 플레이어에게 카드 5장씩을 나눠준다. 카지노에 따라 규칙이 조금씩 다르므로 딜러에게 질문하면서 게임을 진행하면 된다. 기본적으로 카드의 승패를 결정하는 카드 족보를 알아야 한다. 이 게임에서는 '포커페이스'라고 불리는 표정 관리가 아주 중요하다. 기본 족보에 있는 카드를 가지고 있으면 족보에 따라 제일 높은 사람이 이긴다. 족보로 따질 수 없는 경우 플레이어들이 갖고 있는 카드의 숫자를 비교해서 우열을 가린다. 숫자도 똑같다면 카드의 모양으로 비교를 한다. 스페이스, 다이아몬드, 하트, 클로버 순.

> **Tip 꼭 알아야 하는 기본 족보**
> 맨 위에 위치한 '로열 스트레이트 플러시'가 가장 높은 계층이고 아래쪽으로 향할수록 족보가 낮다.
> - 로열 스트레이트 플러시:
>   A와 10을 포함한 같은 모양의 연속된 카드가 있는 경우
>   스트레이트 플러시: 같은 모양이며 숫자가 연속된 경우
> - 포카드: 4장 모두 같은 숫자인 경우
> - 풀 하우스: 원페어+쓰리 카드.
>   같은 숫자가 1쌍이고 같은 모양이 3장인 경우
> - 플러시: 같은 모양이 5장인 경우
> - 스트레이트: 모양 관계없이 숫자가 연속된 경우
> - 쓰리카드: 같은 숫자가 3장인 경우
> - 투페어: 같은 숫자가 2쌍인 경우
> - 원페어: 같은 숫자가 1쌍인 경우

숫자의 합계가 21이 되면 이기는
블랙잭 Black Jack (난이도 중급이상)

테이블 게임 중 가장 인기가 많다. 카드의 숫자 합계가 21을 넘지 않는 한도 내에서 최대한 21에 가까운 수를 만들어 딜러와 겨루는 게임이다. '21(Twenty One)'이라고도 불린다. 21을 넘긴 경우 '버스트Bust'라고 부른다.

이용 방법 일정 액수의 칩을 걸면 딜러가 2장씩 카드를 보이지 않게 뒤집어서 나눠 준다. 딜러 자신의 카드 1장은 안 보이게 뒤집어놓고(홀 카드Hold Card), 다른 1장은 앞이 보이도록 내려놓는다. 뒤집어 놓은 홀 카드를 추측하는 것이 블랙잭의 재미! 카드 2장의 합계가 21이 나오면 '블랙잭'으로 판돈의 1.5배를 칩으로 받게 된다. 만약 그렇지 않을 경우 카드를 더 받을지, 받지 않을지 결정한다. 21 이상이 되면 판돈을 잃게 되고 21 이하라면 딜러와 게임 참여자 중 누가 21에 근접 한지에 따라 승부가 결정된다. 이기면 베팅한 만큼의 칩을 얻게 된다. 카드를 받을 것이라면(히트Hit) 테이블 바닥을 손가락으로 두드리고, 안 받을 것이라면(스테이 STAY) 카드 위로 손등을 보이며 좌우로 흔드는 간단한 손동작을 표시하면 된다. 만약 딜러와 패의 숫자 합이 같다면 무승부가 된다.

유의할 점 숫자 카드에는 숫자 그대로 합산을 하면 되지만 알파벳이 적힌 숫자는 각각 가진 숫자를 알아야 할 필요가 있다. J, Q, K가 적힌 카드는 모두 10으로 여겨진다. A는 1 혹은 11로 여겨지는데, 이것은 게임 참여자가 결정할 수 있다.

> **Tip 심도 있는 게임을 원하면 알아두자!**
> **블랙잭 용어**
>
> - **스플릿Split**: 처음에 딜러가 나눠준 2장의 카드가 같은 알파벳 또는 같은 숫자인 경우. 플레이어는 같은 금액을 한 번 더 배팅한 후 2장의 카드를 2개의 패로 나눈 후 각각 추가 카드를 받아서 게임을 할 수 있다.
>
> - **더블다운Double Down**: 처음 나눠준 2장의 카드 숫자 합계가 10 또는 11인 경우 판돈을 2배로 올릴 수 있다. 하지만 카드는 1장밖에 뽑을 수 없다.
>
> - **서렌더Surrender**: 항복이란 뜻 그대로 2장의 카드를 보고 자신이 도저히 이길 수 없다고 생각하면 게임을 포기할 수 있다. 더블다운이나 스플릿과는 달리 딜러에게 '서렌더'라고 알려야 한다. 서렌더를 선언한 경우 히트도 스테이도 하지 않고 그 자리에서 게임을 접는다. 딜러는 그 자리에서 판돈의 반액에 해당하는 칩을 가져가고 나머지는 돌려준다. 다른 플레이어들은 계속 게임을 진행한다.
>
> - **인슈런스Insurance**: 딜러가 블랙잭이 되는 경우 자신의 판돈을 보호받는 일종의 보험이 된다. 통상적으로 거는 돈의 반액이 보험료가 된다. 만약 보험을 걸어두면 딜러가 블랙잭이 된 경우 그 보험의 배(즉, 자신이 건 돈과 같은 금액)가 돌아온다.

STEP 03
ENJOYING

긴장감과 박진감이 넘치는 게임
룰렛 Roulette(난이도 초급)

빙글빙글 도는 룰렛 판 위에 작은 구슬을 떨어트려 떨어지는 자리에 돈을 거는 게임이다. 딜러의 진행 속도가 빨라서 더욱 박진감이 넘친다. 게임에 참여하고 싶다면 자리에 앉아서 딜러에게 할 의사가 있다고 알린 후 현금 혹은 카지노 칩을 테이블에 놓고 룰렛 전용 칩으로 교환한다.

이용 방법 룰렛 판에는 총 38개의 숫자가 적혀 있다. 검정, 빨간색의 숫자 36개, 녹색의 0과 00의 숫자가 나열되어 있다. 딜러는 룰렛 판을 돌리고 안쪽의 고랑을 따라 반대 방향으로 구슬을 던져서 넣는다. 룰렛이 돌고 있는 사이에는 원하는 만큼 돈을 걸 수 있고, 거는 돈을 추가하거나 취소할 수 있다. 하지만 딜러가 'NO MORE BET'이라는 말을 한 다음에는 칩을 움직일 수 없다. 룰렛의 회전이 느려지고 구슬이 하나의 고랑에 들어가면 승부가 결정된다. 구슬이 멈춘 장소에 딜러가 표시를 해두는데 틀리면 모두 몰수, 맞으면 각각의 자리에 맞는 배당을 받는다. 게임을 그만하고 싶다면 딜러에게 '룰렛 전용 칩'을 '카지노 칩'으로 교환해 달라고 하면 된다. 초보자라면 고배당보다는 안전성을 생각하여 검은색, 빨간색 혹은 홀수ODD, 짝수EVEN로 거는 방법을 추천한다.

> **그 밖의 게임들**
>
> • 키노 Keno
> 용지에 1~80까지의 숫자 중 1~15개를 골라서 그 위에 X표시를 한다. 몇 개의 숫자에 표시했는지, 베팅 금액이 얼마인지를 적은 후 카운터로 가져가서 베팅 금액에 상응하는 돈과 용지를 함께 내면 된다. 교환권을 받으면 고무공이 들어있는 추첨기로 바로 추첨이 시작되고 보드에 결과가 발표된다. 숫자가 맞으면 그 자리에서 배당이 이뤄진다.
>
> • 바카라 Baccarat
> 최소 판돈 100달러. 고급 도박의 대명사로 알려진 게임이다. 일반적인 카지노와 구분된 바카라 룸에서 별도로 진행된다. 카드 끝자리 숫자의 합계를 서로 겨루는 게임이다. 카드를 나눠주는 방법, 넘기는 방법 등이 우아한 편이다.
>
> • 빙고 Bingo
> 숫자가 쓰인 빙고 볼이 공기 분사기 안에서 섞어져서 무작위로 선택된다. 선택된 숫자는 전광판에 표시된다. 선택된 숫자들을 이어서 세로, 가로, 대각선을 만들면 이기는 게임이다.
>
> • 레이스북 Racebook
> '레이스 시트'라고 부르는 라운드에서 전미 각지에서 이뤄지는 경마를 중계하는 대화면을 보면서 이길 것 같은 경주마에 돈을 거는 게임이다. 현지의 신문, 레이스의 정보 등이 기재된 소책자가 배포되며 실제 경마장에서 베팅하는 듯한 기분을 맛볼 수 있다.

©Lisa Brewster

©ciry2

카지노, 이것만은 알고 가자!

주의하자

- 만 21세 이상만 게임 참여가 가능하다.
- 여권 등의 신분증을 항상 지참하자.
- 카지노 내 사진 촬영, 비디오 촬영은 모두 금지된다.
- 게임 중에 다른 사람의 패를 훔쳐보는 일은 절대 금지된다.
- 직원, 딜러 전용 구역은 절대 출입 금지된다.
- 게임 테이블 쪽을 지나갈 때 딜러가 서 있는 쪽(피트)에서 테이블을 엿보거나 지나가지 말자.
- 지나친 욕심은 금물! 최대 금액을 정해두고 게임을 하는 것이 좋다.
- 테이블 게임을 구경하고 싶다면 서서 하도록 하자. 플레이어 자리에 앉아서 구경하는 것은 금지이다.

알아두자

- ATM 현금인출 기계가 비치되어 있다.
- 카지노 내에 있는 환전소Cashier에서 여행자 수표, 외국 통화 등을 현금으로 환전이 가능하다. 카지노 내에서 통용되는 화폐 '칩'과 '티켓'은 이곳에서 현금으로 바꿀 수 있다.
- 게임을 즐기는 사람에게는 음료가 무료! 칵테일 걸이 주문한 음료를 가져다주면 1~2달러의 팁을 반드시 건네자.
- 기본적으로 흡연은 허용되지만, 금연 장소와 금연 테이블도 있다.
- 게임 규칙은 카지노마다 조금씩 다르므로 딜러에게 물어보면서 게임에 참여하면 된다.
- 테이블 게임에서 이겼을 경우 딜러에게 팁을 주도록 하자. 판돈의 10~15% 정도. 하지만 판돈이 10달러 이하의 소액이라면 팁을 주지 않아도 된다.
- 현금을 빌려달라며 접근하는 사람들을 주의하자.
- 카지노 칩을 미리 바꿔두거나 테이블에 앉아서 딜러에게 바꿔 달라고 하면 된다.

핵심용어 익히기

갬블러Gambler: 사업적 마인드와 오락적으로 게임을 하는 선수라는 뜻. 도박사.
벳Bet: 돈을 건다는 의미.
벳 다운Bet Down: 베팅을 시작하라는 의미.
오버 벳Over Bet: 베팅 한계를 넘을 때.
베팅 리밋Betting Limits: 돈을 걸 수 있는 한계. 정해진 한도 내 금액에서 돈을 걸어야 한다.
칩Chip: 카지노에서 현금 대신 통용되는 특수 코인.
트레이Tray: 칩을 담아두는 보관함.
캐셔 케이지Casher Cage: 칩, 티켓 등을 현금으로 교환해주는 곳.
컴플리멘터리Complimentary: 고객에게 제공되는 무료 서비스. 콤프Comp로도 불린다.
딜러Dealer: 게임 진행하는 사람.
이븐Even: 짝수.
오드Odd: 홀수.
페이스 카드Face Card: J, Q, K처럼 카드 위에 사람 얼굴이 그려져 있는 카드.
하이롤러High Roller: 한 번에 많은 돈을 거는 플레이어.
잭팟Jackpot: 동전을 넣는 슬롯머신에서 큰돈을 받게 될 때.
페이 오프Payoff: 손님이 이긴 만큼 돈을 지불.
서렌더Surrender: 블랙잭 게임 도중 포기할 때.

ENJOYING 03
라스베이거스에서의 **특별한 결혼식!**

1시간이면 오케이! 초간단 스피드 결혼식부터 웨딩플래너와 함께하는 화려하고 우아한 결혼식까지, 스타일, 옵션에 따라 200달러에서 2만달러까지 가격대는 천차만별. 최고의 휴양지에서 하는 결혼은 허니문까지도 완벽 커버한다. 게다가 외국인도 할 수 있으니 특별한 결혼, 리마인드 웨딩지로도 생각해 볼 만하다.

라스베이거스 결혼식, 어떻게 진행하면 될까?

1. 만 18세 이상인 성인이라면 누구나 라스베이거스에서 결혼식을 할 수 있다. 진행 방법을 숙지하도록 하자. 여권을 가지고 결혼 안내소 Marriage Bureau에 방문해 결혼 허가증 Marriage License을 발급받으면 된다. 60달러(신용카드 사용 시 수수료 추가)의 서류 발급 비용이 발생한다. 단, 미국 시민권자가 아닌 한국인이라면 혼인 관계 증명서를 추가로 떼 와야 한다. 본국에서 미혼이었다는 증명서류가 필요하기 때문. 구청이나 주민센터에서 발급받은 서류를 번역 공증을 한 후 아포스티유 Apostille를 해 오면 된다. 아포스티유는 발행한 문서를 외국에서 사용할 때 문서 진위를 확인하는 절차를 말하며, 공증인의 자격을 가진 사람이 해 줄 수 있다. 보통 법률사무소 등을 통해서 할 수 있다.

결혼 안내소

Data Map 206E
Access 201 East Clark Ave. Las vegas, Nevada
Tel 702-671-0600 **Open** 08:00~24:00
Web www.clarkcountynv.gov

2. 결혼 허가증을 가지고 증인을 대동해서 결혼식장에 간다. 스트립 거리에는 웨딩 채플, 호텔 웨딩 채플 등 다양하게 자리 잡고 있다. 미리 예약해두는 것이 좋다. 증인은 보통 가족이나 친구가 해주는데 증인을 해줄 만한 사람이 없으면 타고 온 택시 기사에게 부탁하기도 한다.

3. 결혼식은 보통 10~30분 정도 소요된다. 결혼식을 마치면 주례, 신부, 신랑의 서명이 들어간 혼인 증명서를 받을 수 있다.

어디서 결혼할까?

우아함의 극치 럭셔리 호텔 웨딩 채플부터 스트립 길가에 위치한 작은 예배당, 스키장이나 헬리콥터를 타는 등 이색적인 공간에서의 결혼을 할 수 있다. 심지어 자동차를 탑승 한 채로 결혼식을 진행하는 드라이브 스루 Drive Through 웨딩 채플도 있다. 웨딩 채플이란 결혼식만을 위해 세워진 전용 예배당을 뜻한다. 호텔 웨딩 채플이 가장 선호도가 높다.

스트립 거리에 있는 웨딩 채플

스트립 거리 북쪽에 위치한 사우스 라스베이거스 South Las Vegas 길가에 결혼식을 올릴 수 있는 예배당이 모여 있다. 대부분 규모가 작아서 당일 예약이 가능한 경우가 많다.

| 추천 웨딩 채플 |

비바 라스베이거스 웨딩 채플
A Viva Las Vegas Weeding Chapel

이색적이고, 유머스러운 분위기 속에서 결혼식을 올릴 수 있는 장소로 유명하다. 다양한 테마의 결혼식을 제공하고 있다.

Data Access 1205 South Las Vegas Blvd, Lasvegas, Nevada Tel 702-384-0771 Cost 275달러~ Web www.vivalasvegasweddings.com

그레이스 랜드 채플 Grace Land Chapel

소박한 분위기의 예배당으로 가격대도 상당히 저렴하다. 엘비스 프레슬리 복장을 한 주례자를 선택할 수 있다.

Data Access 619 South Las Vegas Blvd, LasVegas, Nevada Tel 800-824-5732 Cost 199달러~ Web www.gracelandchapel.com

리틀 처치 오브 더 웨스트 웨딩 채플
Little Church of the West Wedding Chapel

고즈넉하고 조용한 분위기의 예쁜 예배당. 분위기가 좋아서 리마인드 웨딩을 간소하게 치루길 원하는 부부들에게 특히 인기가 많다.

Data Access 4617 South Las Vegas Blvd, Las Vegas, Nevada Tel 800-821-2452 Cost 199달러 Web www.littlechurchlv.com

호텔 웨딩 채플

웨딩플래너가 드레스부터 헤어, 메이크업, 꽃 장식, 리무진 등 모든 것을 도와준다. 신부의 모습을 꾸미는 단장 시간부터 결혼식 단체 사진 촬영까지 대략 3시간 정도 신속하게 진행된다. 원하는 날짜가 있다면 미리 예약을 하는 것이 좋다.

| 추천 호텔 웨딩 채플 |

벨라지오 웨딩 채플

고풍스러운 분위기의 웨딩 채플. 유럽풍으로 장식된 테라스에서 하는 웨딩이 특히 인기가 많다.

Data Access 3600 South Las Vegas Blvd, Las vegas, Nevada Tel 702-693-7700 Cost 530~26,750달러 Web www.bellagio.com/weddings

코스모폴리탄 웨딩 채플

깔끔하고 세련된 감각이 돋보이는 웨딩 채플. 꽃장식에 따라 분위기가 많이 달라진다.

Data Access 3708 South Las Vegas Blvd, Las vegas, Nevada Tel 702-698-7000 Cost 1,200달러~ Web www.cosmopolitanlasvegas.com/stay/small-groups-and-celebrations.aspx

아리아 웨딩 채플

호텔 내 기본 웨딩홀 이외에도 해 질 녘 수영장 옆 웨딩홀, 갤러리 등 다양한 장소에서 매력적이고 낭만적인 결혼식을 올릴 수 있다는 장점이 있다.

Data Access 3730 South Las Vegas Blvd, Las vegas, Nevada Tel 877-371-2742 Cost 1,900~21,000달러 Web www.aria.com/weddings

MGM 그랜드 웨딩 채플

비교적 저렴한 가격대로 빌릴 수 있는 호텔 웨딩 채플이다. 정갈하고 깔끔한 분위기로 규모는 그리 크지 않다.

Data Access 3799 South Las Vegas Blvd, Las vegas, Nevada Tel 800-646-5530 Cost 100~2,100달러 Web www.mgmgrand.com/amenities/wedding-chapel.aspx

STEP 03
ENJOYING

ENJOYING 04
라스베이거스 야경, 어디서 즐길까?

해가 뜨고 지고 상관없이 계속 타오르는 불빛들. 라스베이거스의 야경은 정말 화려하다.
조명이 별처럼 반짝이는 라스베이거스 야경을 제대로 감상할 수 있는 장소들을 소개한다.

> **Tip 라스베이거스의 야경을 제대로 즐기려면?**
> 가까이에서 보는 것보다는 멀리서 조망하는 방법이 더 좋다. 특히 높은 곳에 올라가서 야경을 보면 전체적인 분위기와 아름다움의 조망이 가능하다. 단, 구름이 많이 끼는 흐린 날에는 가지 말자. 고도가 높은 곳에 올라갔다가 자칫 짙은 구름 속에 가려서 아무것도 안 보이는 낭패를 당할 수도 있기 때문이다.

꿈을 꾸는 듯 조명들이 별처럼 쏟아지는
파리 에펠 타워 Paris Eiffel Tower

라스베이거스 한복판에서 프랑스 파리의 감성을 느낄 수 있는 곳! 반짝이는 조명들로 멋을 잔뜩 낸 파리 에펠 타워는 크기만 반으로 줄였을 뿐 파리의 에펠탑을 똑 닮았다. 꼭대기 층에 위치하고 있는 전망대까지는 엘리베이터로 이동이 가능하다. 스트립 지역의 전경이 한눈에 내려다보이는 장소로 최고의 야경을 감상할 수 있다. 라스베이거스의 명품 무료 쇼인 벨라지오 분수 쇼를 내려다볼 수 있기 때문에 더욱 좋다. 11층에 위치한 에펠 타워 레스토랑에서 칵테일 한잔이나 분위기를 즐기며 식사를 하는 것도 추천한다. `스트립 남부 p.165`

최고 높이의 전망대에서 보는 야경
스트라토스피어 Stratosphere

1996년에 세워진 370m의 타워이다. 발아래로 펼쳐지는 도시의 모습이 참 아름답다. 낮에는 낮대로, 밤에는 밤대로, 해 질 녘에는 그에 맞는 다른 느낌으로 풍경을 뽐낸다. 꼭대기까지 30초 만에 올라가는 초고속 엘리베이터가 편의를 더한다. 106층에 위치한 레스토랑 '탑 오브 더 월드Top of the World'는 최고의 전망과 경치를 즐기면서 식사할 수 있다. 전망대 위층 야외옥상에 설치된 익스트림 놀이기구 덕분에 비명 소리가 끊이질 않는다. `스트립 북부 p.191`

특별한 야경을 감상하는 방법
메브릭 헬리콥터 Maverick Helicopter

남들과 조금 더 다르게, 특별하게 야경을 감상하고 싶은 사람들에게 추천한다. 신나는 음악이 나오는 헤드셋을 끼고, 초대형 호텔 사이사이와 밤하늘을 사뿐히 날아다니는 헬리콥터를 타고 야경을 감상하는 투어다. 하늘에서 내려다보면 건물들의 자태가 사뭇 색다르게 느껴진다. 특히 높이 물을 뿜어 올리는 벨라지오 분수, 꼭대기에서 강렬한 빔을 뿜어내는 호텔 룩소르, 가장 높은 전망대인 스트라토스피어의 당당한 위용이 인상 깊다. 헬리콥터로 실제 하늘을 날아보는 투어 시간은 15분 정도지만 보석처럼 빛나는 야경을 감상한 기억은 꽤 강렬하다. 라스베이거스 밤하늘을 가르는 나이트 투어뿐만 아니라 라스베이거스 낮 투어, 그랜드캐니언 투어 등 다양한 상품들이 있으니 홈페이지를 참고하자. 가격대가 합리적이고 서비스가 친절하다.

Data **Map** 157K **Access** 출발 한 시간 전에 고객이 원하는 호텔로 픽업을 온다. 투어 예약 시 픽업시간, 장소를 결정하면 된다 **Add** 6075 South Las Vegas Blvd, Las Vegas, Nevada **Tel** 888-261-4414, 702-261-0007 **Open** 06:00~23:00 **Cost** 나이트 투어 124달러 **Web** www.maverickhelicopter.com

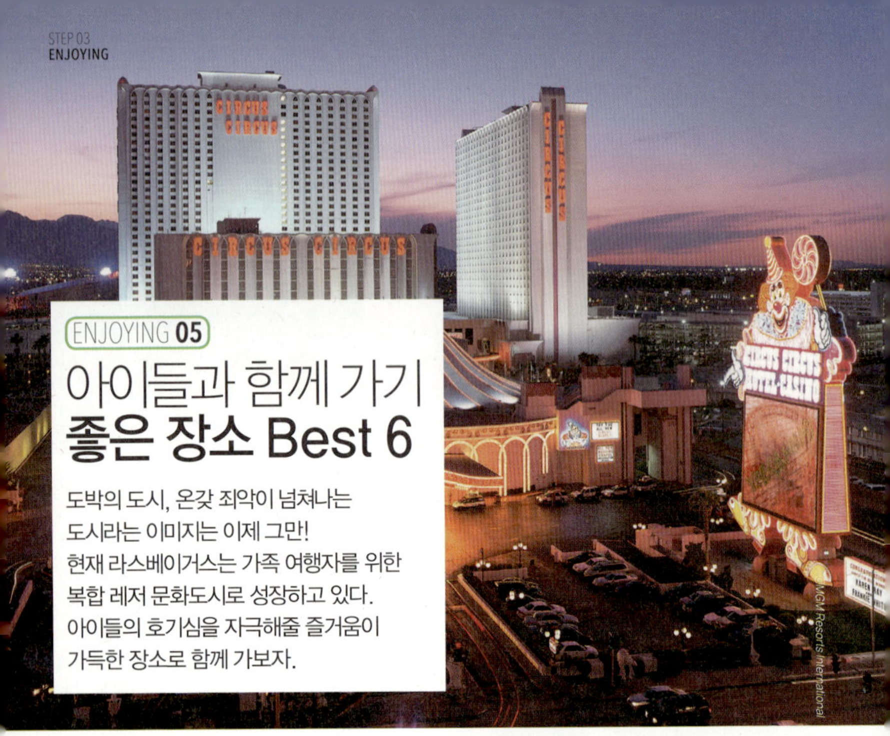

ENJOYING 05
아이들과 함께 가기
좋은 장소 Best 6

도박의 도시, 온갖 죄악이 넘쳐나는
도시라는 이미지는 이제 그만!
현재 라스베이거스는 가족 여행자를 위한
복합 레저 문화도시로 성장하고 있다.
아이들의 호기심을 자극해줄 즐거움이
가득한 장소로 함께 가보자.

즐거움이 가득! 신나는 놀이동산
어드밴처돔 테마파크
The Adventuredome Theme Park

가족호텔의 콘셉트로 지어진 호텔 '서커스 서커스'의 부속시설로 지어진 놀이공원이다. 높이 45m의 유리돔 안에 프리미엄, 라지, 주니어, 패밀리로 테마가 나눠져 있다. 스릴 넘치는 캐니언 블래스터Canyon Blaster, 통통 튀는 움직임이 재미있는 디스코Disk'O, 친목 도모에 좋은 운동인 골프를 간단하게 즐기는 파이크스 패스Pike's Pass, 익스트림 존에서 즐기는 번지점프와 암벽등반도 재미있다. **스트립 북부 p.190**

백호랑이와 돌고래를 만날 수 있는 비밀의 정원
시크릿 가든&돌핀 해비타트
Secret Garden&Dolphin Habitat

'시크릿 정원'으로도 불리는 작은 동물원으로 백호랑이와 백사자, 돌고래 등을 만날 수 있다. 로이와 지그프리드라는 2명의 마술사가 함께하던 백호랑이를 이곳에 기증하면서 그 역사가 시작되었다고 한다. 모래사장, 산호초가 있는 모습은 돌고래의 실제 서식지를 모방하여 만들었다. 규모는 작지만 희귀한 종을 볼 수 있다는 점에서 가볼 만하다. **스트립 북부 p.190**

푸른 바닷속 다양한 생물들과의 만남
샤크 리프 Shark Reef

사막 한가운데서 바닷속 해양 동물을 만날 수 있는 아쿠아리움. 3m가 넘는 상어부터 아름다운 움직임을 가진 해파리, 가오리뿐만 아니라 아마존의 피라냐 물고기와 악어, 바다거북 등도 볼 수 있다. 세계에서 가장 큰 왕도마뱀인 코도모 드레곤이 가장 인기가 많다. 가족 여행자들에게 인기가 많다.

스트립 남부 p.170

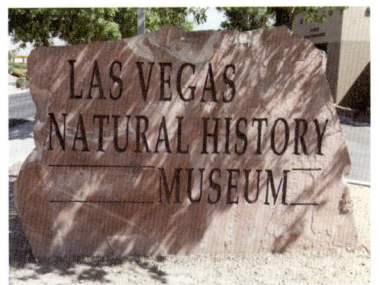

수억 년 전의 지구의 역사와 생태계를 배운다
라스베이거스 자연사박물관
Las Vegas Natural History Museum

자연의 역사와 생태계에 대한 이해를 돕는 다양한 전시를 감상하고, 활동공간을 통해 경험해볼 수 있는 박물관이다. 공룡관부터 야생동물, 해양동물 등 다양한 주제로 전시가 나눠져 있다. 내실 있게 꾸며져 있어서 아이들을 동반한 여행자들이라면 가볼 만하다.

다운타운 p.208

어린이들을 위한 맞춤형 장소
디스커버리 어린이박물관
Discovery Children's Museum

도구 활동, 기구놀이, 실험 등 다양한 체험 전시를 즐길 수 있는 어린이박물관이다. 전시관이 타워 형식으로 되어 있어서 아이들이 층간을 오르내리면서 좋아하는 테마를 골라서 자유롭게 감상하고 체험할 수 있다. 수의사, 은행원 등 여러 직업 체험관도 있으며, 간단한 물놀이를 즐기는 워터 월드도 있다. 특별 전시회가 수시로 기획되어 열린다.

다운타운 p.209

유명인사들의 모습이 그대로 재현된
마담 투소 Madame Tussaud's

유명한 할리우드 스타, 정치인, 스포츠 스타 등을 만나 볼 수 있는 밀랍인형 전시관이다. 밀랍으로 만든 인형들이 너무나도 섬세해서 마치 실제 사람을 만나는 것 같은 착각이 들 정도이다. 재미있는 사진을 찍기를 원하는 관광객으로 늘 북적인다. 마치 내 친구를 만난 것처럼 사이좋게 포즈를 취하고, 유명인사들과 사진을 남겨보자. 베네시안 앞 종탑 2층에 위치하고 있다.

스트립 남부 p.193

ENJOYING 06
신나고 짜릿한
라스베이거스 놀이기구

마치 물의 도시 베네치아를 꼭 닮은
운하를 따라 곤돌라가 유유히 운행한다.
사공의 감미로운 노랫소리가 펼쳐지며
낭만이 고조된다. 고도 330m에서
짜릿하게 고공낙하를 경험하는 빅 샷부터
도심을 가르는 풍경과 스릴 있는 속도감을
즐기는 뉴뉴욕의 롤러코스터까지!
라스베이거스에서만 즐길 수 있는 특별한
놀이기구들을 마음껏 즐겨보자.

낭만적인 노랫소리와 함께 즐기는
곤돌라 라이드 Gondola Rides

곤돌라는 이탈리아의 아름다운 도시인 베니스의 운하를 본 따 만든 인공운하를 따라 유유히 운행하는 배다. 감미로운 뱃사공의 노랫소리를 들으며 배가 다리를 지날 때마다 연인과 키스를 나눈다. 곤돌라에 2명만 탑승하길 원한다면 배를 통째로 빌리면 된다. **스트립 북부 p.192**

신나는 고공낙하! 안전하게 도전하자
플라이어웨이 인도어 스카이다이빙 Flyaway Indoor Skydiving

비행기나 낙하산 없이 스카이다이빙의 스릴을 맛볼 수 있는 곳. 안전하고 어렵지 않기 때문에 초보자도 해볼 수 있다. 6m 정도의 높이에서 가상으로 스카이다이빙을 하는 시설이다. 1982년부터 전문가와 초보자를 위한 교육 프로그램을 진행해 온 곳으로 안전과 기술력은 이미 인정받았다. 거대한 팬이 초속 50km의 강풍을 일으켜서 사람의 몸을 띄운다. 비행을 경험하기 전에 알아야 하는 기초 교육 과정에 참여해야 한다. 짧은 비디오를 시청한 후 강사로부터 올바른 자세, 비행기술, 안전문제에 대한 유의사항 등을 배운다. 그다음 전문 비행 옷으로 갈아입고, 귀마개, 고글, 헬멧을 착용한다. 평소 스카이다이빙에 관심이 있었다면 연습 삼아 가상 체험 공간에서 실내 스카이다이빙에 도전해봐도 좋을 것이다.

Data **Map** 186E **Access** 듀스버스 타고 컨벤션 센터 CoNevadaention Center 정류장 하차. 또는 채널 8Channel 8 정류장 하차 후 건너편 **Add** 200 CoNevadaention Center Drive, Las Vegas, Nevada **Tel** 877-588-2359, 702-731-4768 **Open** 09:45~20:00 **Cost** 1인 75달러(교육 포함 1시간 정도 소요) **Web** www.vegasindoorskydiving.com

짜릿한 스릴 좋아하는 간 큰 사람이라면 꼭!
스트라토스피어 스릴 라이드 Stratosphere Thrill Rides

꼭대기까지 30초 만에 올라가는 초고속 엘리베이터를 타고 350m 높이의 전망대에 다다를 수 있다. 360°로 펼쳐진 전경을 감상한 후 보기만 해도 아찔한 놀이기구를 즐겨보자. 허공에 매달린 채로 회전하는 그네형식의 인세니티Insanity, 48m 높이에서 떨어뜨려서 무중력을 체험하는 빅 샷Big Shot, 시소처럼 움직이다가 타워 아래로 곤두박질치는 엑스 스크림 X-Scream 등이다. 안전상의 문제는 없으나 날씨가 안 좋으면 운행하지 않는 경우도 있으니 미리 홈페이지를 통해 확인하자. 단, 신장 122cm 이상만 이용할 수 있다. 전망대에서 뛰어내리는 스카이 점프Sky Jump도 체험할 수 있다. 타워 106층에 있는 탑 오브 더 월드Top of the World 레스토랑에서는 야경을 감상하며 식사와 와인을 즐길 수 있다. **스트립 북부 p.194**

온몸으로 아찔함의 절정을 느끼는
짚라인 Zipline

하늘을 질주하는 짚라인Zipline은 아찔함을 느낄 수 있는 익스트림형 레포츠다. 부틀랙 캐니언 위로 날아서 쏜살같이 이동하는 짚라인 도르래에 연결된 와이어 줄 위에 설치된 기구에 앉아 반대편으로 이동하는 방식이다. 이동할 때 시속 96km 이상의 빠른 속도로 움직이며, 별다른 저항 장치 없이 온 몸으로 바람을 느끼기 때문에 속도감이 두 배로 느껴진다. 단, 몸무게가 34~113kg의 범주 안에 들어가야 이용 가능하다. 홈페이지를 통해서 원하는 날짜와 시간을 예약하는 것이 좋다. 라스베이거스 도시에서 후버댐 방향으로 35분 정도 떨어진 외곽에 위치하고 있다. 자가운전으로 찾아갈 경우 예약된 시간보다 30분 정도 일찍 도착하면 좋다. 라스베이거스에서 갈 경우 호텔 엑스칼리버 앞에서 셔틀버스가 운행하고 있다. 보통 투어 1시간 전으로 픽업 요청을 하면 된다.

Data Map 157H **Access** 호텔 엑스칼리버 앞에서 셔틀버스 운행(예약 시 픽업 요청 란에 요청시간을 체크)
Tel 702-293-6885 **Open** 08:00~17:00 **Cost** 159달러~, 150분 소요 **Web** www.flightlinezbootleg.com

편안하게 다양한 고도로 풍경을 즐기는

하이롤러 The High Roller

스릴 넘치고 아찔한 방법이 아닌 우아하고 편안한 방법으로 야경을 보고자 한다면 하이롤러를 이용하는 것이 정답! 관람차 내부에 에어컨이 설치되어 있어서 더운 날씨이건, 바람이 불건, 날씨에 전혀 구애받지 않는다. 사방으로 설치되어 있는 유리창을 통해 아름다운 라스베이거스의 풍경을 감상하면 된다. 30분 정도 소요된다. `스트립 남부 p.166`

비명 지르며 스트레스를 날려버리자

롤러코스터 The Roller Coaster

롤러코스터는 마치 뉴욕의 축소판을 보는 듯 자유의 여신상, 엠파이어 스테이트, 브루클린 브리지 등 개성 있게 꾸며져 있는 건물들 사이를 천천히 올라 약 62m 지점에서 잠시 멈춘 후 내리막길 경사로를 따라 급속 자유낙하가 시작된다. 최고 속도는 108km, 전체 길이 1,450m, 낙차는 44m로 수없이 급강하며 뒤집기와 회전을 계속한다. 소요 시간은 2분 45초. 온갖 스트레스가 날아갈 듯 소리를 지르며 롤러코스터의 아찔한 스릴을 맛보는 동안 나도 모르게 옆좌석 사람과 함께 사진이 찍힌다. 나갈 때 스크린으로 확인 후 본인 사진을 구매할 수 있다. `스트립 남부 p.168`

ENJOYING 07
젊음의 열기를 느낄 수 있는 나이트클럽 즐기기

밤새도록 불이 꺼지지 않는 도시, 라스베이거스.
음악 좋고 분위기 좋은 클럽이 많기로 소문 난 곳이다.
품격 높은 클럽문화를 자랑하는 라스베이거스,
한번 경험해볼 만하다.

나이트클럽 BEST 4

말퀴|Marquee
세련된 분위기의 클럽이다. 호텔 코스모폴리탄 내에 위치하고 있다. 힙합을 즐기는 사람들에게 추천한다. **스트립 남부 p.167**

XS 나이트 클럽|XS Nightclub
세계적인 디제이들의 음악을 즐길 수 있는 곳. 고급스러운 호텔 앙코르Encore 내에 있다. 야외 수영장과 클럽이 연결되어 있어서 답답하지 않다는 점이 장점. **스트립 북부 p.194**

하카산 나이트클럽|Hakkasan Nightclub
호텔 MGM 그랜드 내 위치하고 있다. 7,000여 명을 동시에 수용 가능한 규모로, 라스베이거스 내 클럽 중 가장 크다. 세계적인 디제이들이 오는 곳이다. **스트립 남부 p.166**

하이드|Hyde
벨라지오 호텔 내에 위치한다. 벨라지오의 로맨틱한 이미지가 더해지면서 더욱 인기 있는 곳이다. 스트립 중심지에 위치하고 있어서 접근성이 좋다. **스트립 남부 p.167**

여자를 위한 나이트클럽

1. 프리베가스 클럽패스 닷컴 홈페이지(www.freevegasclubpasses.com)에 접속한다.
2. 사인Sign up 폼에 이름, 전화번호, 이메일 주소 등 기본 신상을 입력한다.
3. 입장할 클럽을 지정한다. 참고로 데이 클럽Day Club은 낮에 이뤄지는 클럽으로 보통 수영복을 입고 입장한다.
4. 원하는 날짜를 지정해서 클릭하면 선택 가능한 클럽 목록이 나온다.
5. 원하는 클럽을 클릭하면 무료 제공 내용과 입장 가능 시간 등의 정보가 나온다.
6. 오른쪽 하단의 'Confirm Guestlist'를 누르면 예약이 완료된다.
7. 2번에 지정했던 이메일로 컨펌 내용이 도착하면 출력하거나 스마트폰에 내용을 저장한 후 입장 시 제시하면 된다. 또한 휴대폰 번호 입력 시 문자로 컨펌 메시지가 도착한다. 남성의 경우에는 클럽 입구에서 컨펌 메일 또는 메시지를 보여주면 할인된 가격으로 입장료를 지불할 수 있다.

유의사항

- 만 21세 이상만 입장이 가능하다. 여권 등의 신분증을 지참하자.
- 복장에 대해서는 까다로운 편이다. 남성은 셔츠와 면바지, 구두를 신자. 여성은 원피스에 힐을 신는 것이 무난하다. 반바지, 캡 모자, 후드티, 슬리퍼 등은 입장에 제재를 받을 수 있으니 참고하자.
- 연말, 공휴일에는 가격이 많이 비싸지는 대신 더욱 신나는 이벤트가 준비되어 있다.
- 그날의 디제이가 누구냐에 따라 입장료가 달라진다. 디제이 정보는 각 클럽의 홈페이지를 통해 확인할 수 있다.
- 여성의 경우 무료입장이 가능한 경우가 많다.
- 음료 한 잔을 마시더라도 1~2달러의 팁을 내야 하기 때문에 약간의 현금을 준비하는 것이 좋다. 물론 신용카드 결제도 가능하다.

특별한 나이트클럽 투어

21세 이상만 들어갈 수 있는
데이 클럽 Day Club

야외 수영장에서 디제이의 격렬한 음악을 즐기며 음주가무를 즐길 수 있는 클럽이다. 비키니, 모노키니 등을 입은 섹시미 넘치는 언니, 초콜릿 복근의 근육질 오빠들이 많기로 소문난 데이 클럽은 젊은이들의 열기로 활활 타오른다. 입장료는 여자 20~35달러, 남자는 40~60달러 정도. 공휴일이나 유명 디제이가 올 경우에는 입장료가 더 비싸진다. 보통 3~10월 말까지 운영하며, 카바나를 이용하려면 200~400달러의 추가금이 있다.

〈대표 데이 클럽〉
호텔 앙코르의 앙코르 비치 클럽Encore Beach Club
www.encorebeachclub.com,
MGM 그랜드의 웻 퍼블릭Wet Pubulic
www.wetrepublic.com,
아리아의 리퀴드 풀Liquid Pool
www.liquidpoollv.com,
코스모폴리탄의 말퀴 데이 클럽Marquee Day Club
www.marqueelasvegas.com/dayclub

특별하고 재미있는 밤의 세계 경험!
나이트 투어 Nite Tours

ㄷ자형으로 소파가 있는 전용 파티 카를 타고 3~5개의 클럽을 다니는 투어. 인솔자는 클럽 안에서 놀 수 있는 시간을 제안하며, 정해진 시간까지 약속장소로 모인 후 다시 다른 클럽으로 옮겨 다닌다. 파티 카 안에서 제공되는 맥주, 샴페인 등의 주류는 모두 무료! 클럽들을 옮겨 다닐 때마다 파티 카 안에서는 광란의 춤과 음주가 펼쳐진다. 미국인 친구들이 어떻게 즐기는지에 대한 문화도 경험할 수 있고, 무엇보다 원하는 클럽까지 안전하고 편안하게 이동할 수 있다는 점도 장점! 20여 명까지 탑승하며, 투어 비용에 클럽 입장료와 차량 이동 비용 등이 모두 포함되어 있다. 예약은 홈페이지를 통해 가능하며, 가격대는 투어 종류에 따라 다르지만 대략 75달러 정도이다.

Web www.nitetours.com

ENJOYING 08

세계적인 예술가들의 작품을 만나보자

라스베이거스 도시 곳곳에는 세계적인 예술가들의 감각이 스며들어 있다. 예술적 감각 충전, 혹은 새로운 영감을 원하는 사람들에게는 자극이 되는 조형 작품, 건축물, 갤러리들이 많다. 디자인, 조형예술 등 미적 감각을 필요로 하는 일에 종사하는 사람이라면 꼭 들러보자.

꼭 봐야 하는 유리공예 예술작품
피오리 디 꼬모 Fiori di Como

호텔 벨라지오 로비에 위치하고 있는 데일 치훌리 Dale Chihuly의 수제 유리 작품인 '피오리 디 꼬모'를 감상해보자. 유리의 투명성과 색채, 자유로운 형태가 환상적인 느낌이다. 2,000여 개의 유리 꽃으로 만든 작품이다. 우리나라에서는 '살이 빠지는 작품'으로도 유명했다. 작가 치훌리는 미국 최초로 무형 문화재로 인정받은 작가이다. 그의 작품을 좋아한다면 호텔 아리아 정문 앞에 위치한 '데일 치훌리 아트 갤러리'도 가보자. 호텔 아리아에서 만더린 오리엔탈로 가는 길목에 위치하고 있다. **스트립 남부 p.164**

해체주의 거장의 건축물
루 루보 뇌건강 센터
Lou Ruvo Center for Brain Health

건축양식에 관심이 많은 사람이라면 한 번쯤 들러보자. 유명한 해체주의 건축가 프랑크 게리 Frank Gehry가 2009년 라스베이거스가 운영하는 클린 블랜드 클리닉과 합작하여 설계한 건축물이다. 건물 뒷면은 일반 건물처럼 깔끔한 상자 느낌이지만 앞부분은 놀랄 만한 비주얼의 반전 매력이 있다. 마치 건물이 꿈틀거리는 듯한 형상이 은색으로 빛나는 티타늄 소재의 외관이 인상적이다. 현재 뇌질환 연구센터인 루 루보 뇌건강 센터 건물이다. 내부는 병원으로 운영되기 때문에 일반인에게 공개하지 않는다는 점이 아쉽다. **다운타운 p.208**

문화예술을 사랑한다면
갤러리 오브 파인 아트 Gallery of fine Art

예술을 사랑한다면 잠시 들러 봐도 좋을 갤러리이다. 고전적인 작품부터 현대작품까지 다양하게 전시되고 있는 갤러리이다. 다양한 시대와 다양한 철학이 느껴지는 작품을 감상할 수 있다는 것이 장점! 규모는 크지 않지만, 기획력이 돋보이는 전시가 계속된다. 홈페이지를 통해 전시내용을 미리 체크 할 수 있다. 호텔 벨라지오 내에 위치하고 있어서 찾기에는 어렵지 않다. **스트립 남부 p.169**

일 년 내내 사시사철 향기로운
보태니컬 가든 실내정원
Conservation & Botanical Gardens

호텔 벨라지오 로비에서 향기를 따라 조금만 안쪽으로 들어가면 별천지와 같은 느낌으로 화려하게 조성되어있는 실내정원을 만날 수 있다. 갖가지 색과 향을 뽐내는 꽃과 나무들로 잘 가꿔진 정원을 거닐다 보면 몸속의 독소들이 빠져나가는 듯 기분 좋은 테라피를 받는 느낌이 든다. 계절마다 테마별로 다르게 꾸며지는 조경을 보며 예술적 영감을 받을 수 있다는 점도 장점이다. **스트립 남부 p.168**

STEP 03
ENJOYING

ENJOYING 09
숨 막히게 아름다운 **그랜드 서클**

라스베이거스 근교에 위치한 대자연과의 만남은 정말 감동적이다. 수억 년의 세월이 가꾸어낸 웅장하고 기묘한 절경들이 놀랍고 또 놀랍다. 라스베이거스에서 출발할 경우 렌터카나 버스 투어 또는 경비행기 투어 등을 이용해서 다녀올 수 있다.

말로 다 형용할 수 없는 거대한 아름다움
그랜드캐니언국립공원 Grand Canyon National Park

콜로라도 강줄기가 격렬하게 굽이쳐 만들어낸 협곡이 동쪽과 서쪽으로 길게 이어진다. 지구 20억 년 역사를 보여주는 지층이 한눈에 펼쳐진다. '죽기 전에 꼭 봐야 할 풍경 1위 지역'으로 워낙 광대해서 쉬엄쉬엄 제대로 다 보려면 몇 달은 족히 걸린다고 할 만큼 규모가 크다. 그랜드캐니언은 웨스트 림, 사우스 림, 이스트 림, 노스 림 4지역으로 나뉜다. 관광객의 80% 이상은 사우스 림을 방문한다. 그 이유는 사우스 림은 일 년 내내 오픈하고, 주요 뷰포인트들이 몰려 있기 때문. 라스베이거스에서 사우스 림까지 차로 4시간 30분 정도 걸리며, 사우스 림의 뷰포인트 위주로만 다니게 되면 반나절 정도면 충분하다. 그랜드캐니언이 가장 아름다운 시간은 일출과 일몰 때이니 가능하면 하루 정도 국립공원 내 숙소에 묵으면서 웅장하고 비현실적인 느낌의 절경을 감상하는 것을 추천한다.

기묘한 후두들의 형상이 인상적인
브라이스캐니언국립공원 Bryce Canyon National Park

그랜드캐니언국립공원, 자이언국립공원과 함께 미국 서부 3대 캐니언으로 불리는 브라이스캐니언국립공원. 자연이 섬세하게 조각하여 만들어낸 신비롭고 기묘한 형상의 후두들을 볼 수 있다. 후두란 오렌지색의 길쭉한 첨탑처럼 생긴 돌을 말하는데, 바람과 물, 시간 등 자연이 6천만 년의 세월 동안 깎고 다듬어서 만들었다고 한다. 낮에는 얼음이 녹고 밤에는 다시 얼면서 침식작용이 일어나서 결국 섬세하게 모양을 다듬어 가게 된 것. 언제 가도 감동적인 곳이지만 특히 일출과 일몰 때에는 색이 더 진하게 보여서 더욱더 멋진 장관을 펼친다. 라스베이거스에서 4시간 정도 소요된다. 새벽 4시쯤에 출발하게 되면 브라이스캐니언국립공원과 자이언국립공원을 함께 돌아보는 당일치기 여행도 가능하다.

수천 개의 아치가 만들어낸 장관
아치스국립공원 Arches National Park

길고 긴 시간 동안 세월의 무게와 함께 만들어진 아치들, 기암괴석들이 늘어서 있는 풍경들이 광활하게 펼쳐져 있다. 유타주에서 가장 규모가 큰 국립공원이다. 특히 세계에서 가장 긴 아치인 랜드 스케이프 아치 Landscape Arch, 유타주의 상징으로 불리는 델리케이트 아치 Delicate Arch, 윈도즈 섹션 The Windows Section 지역의 아치들을 놓치지 말고 감상해보자. 한여름에 트레일을 걷기 원한다면 한낮의 더위는 피하고, 오전과 늦은 오후 시간을 이용하자. 아치스국립공원 주변으로는 큰 도시가 없고, 작은 도시들조차 조명에 갓을 씌워 달거나 무분별하게 간판을 달지 않는 등의 노력을 통해 세계에서 별빛이 가장 잘 보이는 청정광해 지역 중 하나라고 한다. 이 지역에서 하룻밤 묵게 된다면 별구경도 꼭 해보기를 추천한다.

신비로움의 절정
앤털로프캐니언 ANTELOPE CANYON

애리조나주에서 가장 신비롭고 아름다운 절경으로 꼽히는 장소. 나바호족의 성지로 보호되고 있다. 강물이 바위를 통과하고 소용돌이치며 휘감아지나 가면서 독특한 무늬의 협곡을 만들어냈다. 바위 사이로 '빔'이라고 불리는 빛줄기가 들어올 때 아름다움은 최고로 고조된다. 빛을 받은 바위들은 다채로운 색을 뿜어내며 경이로운 분위기를 연출한다. 방문하기 위해서는 나바호족이 진행하는 투어를 반드시 참여해야 한다. 앤털로프캐니언은 위치에 따라 어퍼 Upper 캐니언과 로어 Lower 캐니언으로 나뉜다. 서로 다른 매력이 있기 때문에 두 곳 모두 가보면 좋지만 어퍼 캐니언이 더 인기가 있는 편이다. 어퍼 캐니언을 방문한다면 가격이 비싸더라도 해가 높이 떠 있는 시간대인 오전 11시~12시 정도에 프라임 투어를 신청하는 것이 좋고, 로어 캐니언은 이른 아침이나 늦은 오후가 더 아름답다. 일반 투어의 경우 시간은 75분 정도 소요된다. 사진을 전문적으로 촬영하는 사람은 3시간 정도 진행되는 포토투어에 참여하기를 추천한다.

수직 절벽의 신선들이 사는 풍경
자이언국립공원 Zion National Park

1,000m가 넘는 붉은색 수직 절벽들이 있는 곳. 거대한 바위산으로부터 찬란하고 고요하며, 신비한 붉은 기운이 솟는 것 같다. 수천만 년 전, 지각이 솟아오르면서 만들어진 콜로라도 고원 지대에 속하는 곳이다. 이 고원을 버진Virgin 강물이 깎고 또 깎아내면서 자이언국립공원의 비경을 빚어내었다. 협곡의 신비롭고 아름다운 속살을 보는 데는 트레일을 걷는 것이 최고다. 리버사이드 워크Riverside Walk, 위핑 록Weeping Rock, 에메랄드 풀 트레일Emerald Pools Trail 등 초보자도 편안하게 걸을 수 있는 트레일이 많이 있다. 자이언국립공원은 유타주에 위치한 국립공원 중 가장 방문객이 많은 곳이다.

오랜 시간의 무게가 느껴지는 감동
모뉴먼트 밸리 Monument Valley

끝없이 펼쳐진 붉은 흙의 대지 위로 우뚝 솟은 듯한 거대한 3개의 바위산 모습이 인상적이다. 미국 유타주와 애리조나주의 접경지대에 위치한 나바호 인디언 족들의 성지이다. 수억 년 전 낮은 분지 지역이었던 이곳은 오랜 세월 퇴적물이 쌓여 붉은색 사암이 되었다. 대지의 융기 작용으로 인하여 고원지대가 되었고, 수천만 년의 세월 동안 바람과 빗물 등에 의하여 부드러운 암석 부분들이 깎였다. 결국 그 침식작용에도 깎여 나가지 않은 단단한 부분들이 지금의 바위산으로 남겨진 것. 먼지가 폴폴 날리는 17마일 시닉 드라이브도 차량으로 한 번 돌아보자. 나바호족은 성지에 아스팔트 따위는 깔 수 없다면서 현재도 비포장 길을 고수하고 있다. 운전은 조금 힘들지만, 기암괴석의 다채로운 풍경을 감상할 수 있다.

감동 두 배, 재미 두 배!
영화 속 라스베이거스&그랜드서클

화려한 네온사인으로 24시간 불야성을 이루는 도시
라스베이거스와 광활한 대자연을 만끽할 수 있는 그랜드 서클!
지역 특유의 문화와 풍경을 배경으로 한 영화들을
여행을 떠나기 전에 감상해보자.

오션스 일레븐(2001)

감독 스티븐 소더버그 **출연** 조지 클루니, 맷 데이먼, 앤디 가르시아, 브래드 피트
거액이 들어있는 카지노의 금고를 털기 위해 뭉친, 각 분야의 솜씨 좋은 도둑들의 이야기. 할리우드 최고의 스타 11명이 모여 찍은 영화이기 때문에 더 유명하다. 영화에서 자주 등장하는 호텔 벨라지오는 라스베이거스에서도 품격 높고 아름답기로 소문난 최고급 호텔이다.

라스베이거스를 떠나며(1995)

감독 마이크 피기스 **출연** 니콜라스 케이지, 엘리자베스 슈
가족들과 헤어지고 직장도 잃은 알코올 중독자 벤. 퇴직금을 챙겨 찾은 환락의 도시 라스베이거스에서 그는 자신의 존재 이유를 상실하고 방황한다. 죽음만을 기다리며 희망 없이 시간을 보내는 벤과 밤의 여자로 거리에서 일하는 세라는 서로에게 연민과 동질감을 느끼게 된다. 위태로워만 보이는 그들의 삶과 사랑 이야기가 있는 영화이다.

허니문 인 베가스(1992)

감독 앤드류 버그먼 **출연** 제임스 칸, 니콜라스 케이지
간편한 절차와 합리적인 가격대로 결혼식을 할 수 있는 라스베이거스. 허니문 코스에 딱 어울리는 모든 서비스가 존재한다. 이곳에서의 아름다운 결혼을 계획하고 라스베이거스로 떠난 두 남녀 배시와 잭의 좌충우돌 사랑과 결혼에 관한 이야기를 다룬 영화이다.

레인맨(1988)

감독 베리 레빈슨 **출연** 더스틴 호프만, 톰 크루즈

아버지의 재산이 자폐증 환자인 형 레이먼드에게 상속되었다는 것을 알고 분을 품게 된 동생 찰리. 형의 납치로 시작된 라스베이거스 여행 중에서 찰리는 형이 숫자에 관한 엄청난 계산력과 기억력이 있다는 것을 알게 된다. 카지노에서 형의 능력으로 거액을 벌게 되면서 에피소드가 펼쳐진다.

라스베이거스에서만 생길 수 있는 일(2008)

감독 톰 본 **출연** 카메론 디아즈, 애쉬튼 커처

하룻밤 로맨스에 사고 수습을 위해 만난 조이와 잭. 정신을 차리고 결혼을 취소하려는 순간 300만 달러의 잭팟이 터진다. 초고속으로 결혼이 가능한 라스베이거스! 카지노에서 수십억을 따는 마법 같은 일이 가끔 일어나는 곳이기에 가능한 이야기의 전개가 흥미롭다.

벅시(1991)

감독 베리 레빈슨 **출연** 워렌 비티, 아네트 베닝

사막으로 황폐했던 땅에 번쩍이는 네온사인과 고품격 분위기의 카지노호텔을 구상하였던 벅시시절의 인생을 다룬 영화다. 라스베이거스 최초의 호텔이었던 '플라밍고'의 탄생 배경과 끝까지 꿈과 이상, 사랑을 쫓았던 벅시시절의 삶의 철학을 엿볼 수 있다.

라스트 베가스(2013)

감독 존 터틀타웁 **출연** 마이클 더글라스, 로버트 드 니로, 모건 프리먼

32세 연하 애인과 3번째 결혼을 하게 된 빌리. 라스베이거스에서 빌리의 총각파티를 하기 위해 온 4명의 꽃할배가 모였다. 58년의 우정을 가진 그들의 에피소드가 라스베이거스 곳곳을 배경으로 전개된다. 인생을 제대로 즐길 줄 아는 4명의 어르신들의 이야기가 유쾌하고 감동 있게 그려진 영화이다.

델마와 루이스(1993)

감독 리들리 스콧 **출연** 수잔 서랜든, 지나 데이비스

평범한 두 여인의 일상탈출 여행기는 하룻밤의 살인사건으로 인하여 공포의 도주로 바뀌게 된다. 경찰의 추격에 그랜드캐니언의 벼랑 끝에 몰리게 된 두 여인. 그녀들은 서로의 눈빛을 확인하고 질주를 계속한다. 그랜드캐니언, 모뉴먼트 밸리 등 주옥같은 대자연을 배경으로 한 영화이다.

01 분위기 좋고 맛도 좋은 호텔 뷔페 BEST 5
02 럭셔리한 분위기가 일품인 파인 다이닝 BEST 4
03 감각 충전 팍팍! 스타일 좋고 전망 좋은 레스토랑
04 출출한 뱃속을 달래줄 저렴하고 간단한 한 끼 식사
05 라스베이거스에는 특별한 한잔이 있다!

©Isaac Brekken

EATING 01
분위기 좋고 맛도 좋은
호텔 뷔페 BEST 5

라스베이거스는 다른 도시에 비해 가격대비 훌륭한 음식과 서비스의 뷔페 레스토랑이 많다. 입장 시간에 따라 음식 요금이 다르게 적용된다는 것을 참고하자. 보통 저녁 식사 때의 입장료가 가장 비싸다. 팁은 1인당 1~3달러 정도 테이블 위에 두고 나가면 된다. 음료는 담당 서버에게 따로 주문하며 추가 요금이 붙지 않는다. 단, 주류는 보통 한잔 당 7~10달러의 추가 요금이 있다. 뷔페마다 다르지만 13~20달러이면 무제한으로 주류를 마실 수 있는 패스를 옵션으로 추가할 수 있으니 참고하자.

> **Tip** **1일 무제한 뷔페 패스 '뷔페 오브 뷔페Buffet of Buffet'**
> 7개의 호텔 뷔페를 내 집처럼 드나들며 24시간 동안 무제한 이용할 수 있는 패스. 단, 주류는 추가금이 있다. 이용 가능한 뷔페 레스토랑 중 한 곳을 방문하여 계산대에서 '뷔페 오브 뷔페 패스'를 구매하고 싶다고 하면 된다. 구매 시 신분증을 요구하니 여권 등을 가져가자. 토탈 리워드Total Rewards 카드를 만들면 5달러의 할인이 있다. 일종의 적립카드로 홈페이지 www.totalrewards.com 또는 참여하는 7개의 뷔페 레스토랑이 있는 호텔의 게스트 서비스Guest Service, 토탈 리워드 센터에서 여권만 있으면 무료로 만들 수 있다.
> Cost 평일 60달러, 주말 75달러
> - 이용 가능한 추천 뷔페 레스토랑 호텔 파리의 르 빌리지 뷔페Le Village Buffet, 시저스 팰리스 바카날 뷔페 Bacchanal Buffet(30달러 추가금 있음), 리오 시푸드 뷔페Seafood Buffet(15달러 추가금 있음).
> - 그 외의 이용 가능한 뷔페 레스토랑 리오 카니발 월드 뷔페Carnival World Buffet, 플래닛 할리우드 스파이스 마켓 뷔페Spice Market Buffet, 플라밍고 파라다이스 가든 뷔페Paradise Garden Buffet, 하라스 플래버Flavors.

우아하고 깔끔한 느낌의
뷔페 아리아 The Buffet Aria

창밖으로 녹음이 푸르고, 천장부터 바닥까지 내려오는 대형 창문을 통해 수영장이 보인다. 깔끔한 실내공간에서 즐기는 샌드위치, 샐러드, 스테이크, 프라임 립, 파스타, 딤섬, 누들, 볶음밥, 알래스카 킹크랩 등 셰프들의 섬세한 손길이 느껴지는 다양한 음식들이 만족스럽다. 가격대비 정말 만족스러운 뷔페라는 후기가 끊이지 않는다. 스트립 남부 p.174

현재 최고의 뷔페 레스토랑
바카날 뷔페 Bacchanal Buffet

9개의 쿠킹 섹션으로 나뉘어 있으며 총 500개 이상의 다양한 음식을 즐길 수 있다. 600석으로 규모도 크다. 밝은 느낌의 스타일리시하게 조성된 실내공간은 쾌적하다. 현재 라스베이거스에서 가장 핫한 뷔페 레스토랑이다. 인기가 많아서 큰 규모에도 불구하고 늘 사람이 많다. 기다리는 시간이 생각보다 길 수 있으니 시간 여유를 갖고 방문하는 것을 추천한다.
스트립 북부 p.195

늘 한결같은 퀄리티의
벨라지오 뷔페 The Buffet at Bellagio

워낙 인기 있는 뷔페라 사람이 많으니 식사 시간을 살짝 피해서 가면 좋다. 가격대는 비싼 편. 오븐에서 따끈하게 구워내는 얇은 도우의 피자, 예쁜 디저트류, 연어, 프라임 립 스테이크, 굴, 새우, 딤섬 등의 아시안 푸드 등 다양한 음식을 맛볼 수 있다. 미식가들을 위한 전 세계의 음식들이 제공된다.
스트립 남부 p.177

최고급 서비스를 즐길 수 있는
뷔페 윈 라스베이거스 The Buffet Wynn Las Vegas

꽃장식의 실내공간이 아름다운 윈 호텔의 뷔페이다. 세련되고 고급스러운 분위기 속에서 음식을 즐길 수 있다. 가격대가 높은 편이다. 디저트류가 너무 예쁘고 맛있어서 상당히 인기가 있다. 언제가도 세련된 서비스와 즐거운 분위기를 느낄 수 있다. 현장에서 직접 해주는 요리, 채식주의자를 위한 요리 등 다양한 옵션으로 제공되며, 예쁘고 감각적인 음식들과 모양과 데코레이션이 눈과 입을 모두 즐겁게 해준다. 스트립 북부 p.198

프랑스를 물씬 느낄 수 있는
르 빌리지 뷔페 Le Village Buffet

해가 저무는 어스름한 초저녁의 파리 거리를 콘셉트로 해서 살짝 어두운 분위기이다. 프랑스의 시골 마을을 재현한 레스토랑의 모습이 운치가 있다. 프로방스, 노르망디, 부르고뉴, 브르타뉴, 알자스 등 프랑스의 지방에 따른 특징 있는 프랑스 음식들을 주로 맛볼 수 있어서 인기가 많다. 워낙 유명하기도 하고, 1일 무제한 뷔페 패스인 뷔페 오브 뷔페를 이용할 수 있는 곳이라서 늘 사람이 많다. 다양한 재료로 만들어주는 크레페는 꼭 먹어보자.
스트립 남부 p.164

EATING 02

럭셔리한 분위기가 일품인 파인 다이닝 BEST 4

오감을 자극하는 예술 같은 요리, 최고의 와인을 곁들인 최상의 마리아주를 경험하게 해준다. 섬세한 서비스, 로맨틱한 분위기로 행복감이 Up Up! 가격은 다소 비싸지만 한 번쯤은 즐겨보고 싶은 파인 다이닝! 미리 예약을 하도록 하자.

미슐랭 3스타가 빛나는 최고급 레스토랑
조엘 로부숑 레스토랑 Joël Robuchon Restaurant

프랑스에서 식사는 '기운을 회복하고 에너지를 충전한다.'는 의미가 크다. 그래서 식도락의 문화가 발전한 것. 라스베이거스에서 최고급 프랑스 요리와 서비스를 만끽할 수 있는 곳이 있다. 미슐랭 가이드의 별 3개를 받은 조엘 로버츠Joel Robuchon의 레스토랑. 불어식 영어로는 '조엘 로부숑'으로 발음한다. 세기의 요리사로 불린다. 예술 작품 같은 요리부터 분위기, 섬세하고 친절한 서비스까지 완벽함을 보장하는 고급 레스토랑이다. 주요 요리는 프렌치 요리. 풀코스 메뉴를 이용하면 정말 제대로 된 만찬을 즐길 수 있다. 오로지 이곳을 방문하기 위해 라스베이거스를 찾는 사람도 적지 않다. 파리, 라스베이거스, 마카오, 도쿄 등 전 세계에 지점이 있다. 최고급 식사를 계획하기에 손색이 없는 곳이다. 단, 저녁에만 오픈하며 가격대가 무척 높다는 점을 참고하자. 3코스부터 16코스까지 다양하게 준비된 코스 요리를 선택하면 된다. 코스를 선택 후 코스에 제공되는 각 요리를 선택하는 식이다. 시그니처 디쉬로는 닭고기 요리인 르 뿔레 페흐

미에Le Poulet Fermier, 대하 요리인 랑귀스틴La Langoustin, 달걀을 이용한 요리인 외프 드 뿔L'oeuf de Poule 등이 있다. 조엘 로부숑 레스토랑 바로 옆에는 '아틀리에 조엘 로부숑 레스토랑Atelier Joel Robuchon'이 위치하고 있다. 세컨 라인 격의 미슐랭 별 1개의 레스토랑으로 좀 더 캐주얼한 분위기이다. 붉은색과 검은색이 어우러진 내부 인테리어가 특이하다. 바Bar 자리를 이용하면 요리하는 모습을 직접 앞에서 구경하면서 식사할 수 있다는 장점이 있다. 와인 역시 최상급으로 추천해준다. 반드시 예약하자.

Data **Map** 156E **Access** 호텔 MGM 그랜드 내 위치. 듀스버스 또는 SDX버스 타고 MGM 그랜드MGM Grand 정류장 하차. 모노레일 운행 **Add** 3799 South Las Vegas Blvd, Las Vegas, Nevada **Tel** 조엘 로부숑 레스토랑 702-891-7925, 아틀리에 조엘 로부숑 702- 891-7358 **Open** 17:30~22:00 **Cost** 조엘 로부숑 레스토랑 3코스 120달러부터~, 16코스 425달러, 아틀리에 조엘 로부숑 4코스 78달러, 5코스 105달러 **Web** www.mgmgrand.com/restaurants/joel-robuchon-french-restaurant.aspx

갤러리에 온 듯 고풍스러운 분위기

피카소 Picasso

갤러리에서 식사하는 느낌의 레스토랑이다. 와인을 홀짝이고 최고급 요리를 즐기면서 세계적인 예술가 피카소의 작품까지 즐길 수 있다는 장점이 있다. 미슐랭 가이드에서 별 2개를 받은 최고급 레스토랑으로 창가나 테라스 자리에서는 벨라지오 분수 쇼까지 즐길 수 있다. 계절, 시즌에 따라 다른 요리를 선보이는 코스요리가 다양한 금액대로 제공되고 있다. 또한 채식주의자를 위한 코스요리도 따로 준비되어 있다. 각 요리에 잘 어울리는 와인을 제공하는 와인 페어링까지 즐겨보는 것을 추천한다. 단, 예약은 필수! 고급 레스토랑이니 옷차림까지도 신경 써서 가도록 하자.

Data **Map** 156B **Access** 벨라지오Bellagio 호텔 내 위치. 듀스버스 또는 SDX버스 타고 벨라지오Bellagio 정류장 하차. 무료 트램 운행 **Add** 3600 South Las Vegas Blvd, Las Vegas, Nevada **Tel** 702-693-8865 **Open** 수~월 17:30~21:30 **Cost** 4코스메뉴 115달러, 5코스메뉴 125달러, 와인 패어링 58~90달러, 베지테리언 5코스메뉴 125달러 **Web** www.bellagio.com/restaurants/picasso.aspx

우아하고 세련된 분위기의 레스토랑

지아다 Giada

미국의 케이블 방송 채널 중 하나인 〈푸드 네트워크〉 시청자라면 익숙한, 이탈리안 출신 여성 스타 셰프 지아다 드 로렌티스Giada de Laurentiis의 레스토랑. 재료 본연의 맛을 살린 심플하지만 맛있는 요리로 인기 있는 그녀의 요리를 경험해 볼 수 있는 곳이다. 우아하고 세련된 인테리어와 소품, 탁월한 음악의 선곡 등이 인상적인 레스토랑이다. 2층에 있지만, 벨라지오 호텔과 대각선상에 위치하고 있다. 특히 스트립 방면이 전면 통유리로 되어 있어서, 벨라지오 분수 쇼와 시저스 팔라스 호텔 등이 잘 보이는 아름다운 전망을 자랑한다.

Data **Map** 187K **Access** 크롬웰 호텔 2층에 위치. 듀스버스 또는 SDX버스 타고 파리Paris 또는 벨라지오Bellagio 정류장 하차 후 도보 9분 거리 **Add** 3595 S Las Vegas Blvd, Las Vegas, Nevada **Tel** 855-442-3271 **Open** 금~일 09:00~15:00, 매일 17:00~23:00 **Cost** 브런치 데이스팅 3코스 45달러, 라비올리 36달러, 이탈리안 프라이드 치킨 30달러 **Web** www.giadadelaurentiis.com/vegas

기쁨 그리고 환희를 느끼는 요리
기 사부아 Guy Savoy

깔끔하고 모던한 분위기의 미슐랭 별 2개를 받은 프렌치 레스토랑. 프랑스 농림부에서 프랑스 최고의 명예훈장인 '레지옹 도뇌르Legion d'Honneur'까지 받는 스타 셰프 기 사부아Guy Savoy의 레스토랑이다. 2007년 애니메이션 영화 <라따뚜이>에서 프랑스어 더빙, 주방장 목소리를 직접 연기했을 만큼 프랑스 요리의 상징 같은 사람이다. 정성이 담긴 최고의 요리를 맛본 순간 잊고 있었던 행복한 기억과 기쁨까지도 떠오르는 경험을 할 수 있다는 그의 신념을 고스란히 느낄 수 있는 레스토랑이다. 코스 메뉴로 선택하여 다양한 맛을 경험하는 것이 좋다. 계절에 따라 메뉴의 구성은 조금씩 바뀐다. 푸아그라Foie Gras, 아티초크 앤 블랙 트러플 스프Artichoke And Black Truffle Soup는 꼭 맛보기를 추천한다. 예약은 필수이다.

©Caesars Palace

Data Map 187K **Access** 시저스 팰러스Caesars Palace 호텔 내 아우구스투스타워 2층. 듀스버스 타고 시저스 팰러스Caesars Palace 정류장 하차 **Add** 3570 South Las Vegas Blvd, Las Vegas, Nevada **Tel** 702-731-7286 **Open** 수~일 17:30~21:30 **Cost** 9코스 시그니처 메뉴 260달러, 3코스 120달러~ **Web** www.caesarspalace.com/restaurants/guy-savoy.html

Tip

레스토랑 규칙과 예절 알아보기

식사 전
1. 빈자리가 보여도 웨이터의 안내 없이 자리에 착석하지 말자.
2. 음료를 주문한 후 식사 메뉴를 정하자.
3. 담당 서버를 소리 내 부르는 것은 실례이다. 여유 있게 기다리도록 하자.

식사 중
4. 제공되는 냅킨은 펴서 무릎에 얹으면 된다.
5. 좌측에는 빵, 우측에는 물잔, 와인 잔을 둔다는 것을 기억하자.
6. 식사 중이라면 포크와 나이프를 ㅅ자로 엇대어 두고, 식사가 끝나면 접시에 11자로 나란히 올려두자.

식사 후
7. 계산할 때에는 테이블에 앉은 채로 담당 서버를 불러서 계산서를 요청하면 된다.
8. 음식값의 15%는 팁으로 남기자. 8명 이상의 단체인 경우에는 20%를 팁으로 주자. 가능하면 현금으로 주는 것이 좋고, 신용카드로 결제할 경우 카드 명세서 영수증에 팁을 적는 란에 금액을 적으면 된다. 단, 정말 불친절했을 경우 항의의 표현으로 1달러 정도의 팁을 주는 경우도 있다. 뷔페를 즐기더라도 한 사람 당 1~3달러 정도의 팁을 남기는 것이 좋다.

EATING 03

감각 충전 팍팍!
스타일 좋고 전망 좋은 레스토랑

세계 최고의 엔터테인먼트 도시인 만큼 스타급의 셰프들도 많다. 기본적으로 웬만한 레스토랑 어디를 가도 기대 이상으로 훌륭하다. 황홀한 경치가 있는 레스토랑부터 세련미가 철철 넘치는 감각적인 레스토랑까지 다양한 매력의 레스토랑들을 만나보자.

라스베이거스에서 파리를 느끼다

에펠 타워 레스토랑 Eiffel Tower Restaurant

연인들을 위한 낭만적인 곳. 호텔 안에 들어가면 레스토랑 전용 엘리베이터가 있다. 라스베이거스에서 만나는 파리의 정취가 정말 특별하다. 음식의 맛도 좋지만 친절한 서비스와 벨라지오 분수 쇼가 내려다보여 분위기가 더 좋다. 프렌치 요리를 주로 선보인다. 예약은 필수! 단, 예약 시 신용카드 정보를 요구하며 손님이 오지 않을 시 신용카드에서 50달러가 청구된다. 로스티드 랙 오브 램Roasted Rack of Lamb, 머스코비 오리 가슴살Muscovy Duck Breast이 가장 인기 많은 고기 요리이며, 생선류는 필레 오브 파시픽 샐몬Filet of Pacific Salomon이 맛있다. 식사 후 디저트로는 에펠 타워 수플레Eiffel Tower Souffle를 추천한다.

Data Map 156B
Access 파리 에펠 타워 내 위치. 듀스버스 또는 SDX버스 타고 파리Paris 정류장 하차
Add 3655 South Las Vegas Blvd, Las Vegas, Nevada
Tel 702-948-6937
Open 11:30~15:00, 16:30~22:30
(요일에 따라 조금씩 달라진다)
Cost 점심 샌드위치류 18달러, 단품요리 18~32달러, 저녁 전식요리 20달러~, 단품요리 스테이크류 49~89달러, 테이스팅 6코스메뉴 125달러, 와인 패어링 79달러
Web www.eiffeltowerrestaurant.com

프렌치 스타일 요리를 경험하는
모나미 가비 Mon Ami Gabi

모나미 가비란 불어로 '내 친구 가비'라는 뜻. 라스베이거스 레스토랑 중 옐프Yelp 리뷰가 가장 많은 인기 레스토랑이다. 호텔 파리 1층에 위치하고 있으며, 프렌치 비스트로French Bistro 스타일 레스토랑이다. 비스트로Bistro는 나폴레옹시대에 프랑스로 진격한 러시아 군인들이 레스토랑에서 '빨리빨리' 식사를 달라고 재촉하던 말에서 유래하여 지어진 이름. 고로 격식을 차리는 고급 요리보다는 캐주얼한 느낌의 메뉴, 프랑스 가정식 위주의 메뉴가 주로 제공된다. 인기 메뉴는 입에서 살살 녹는 소고기와 반숙된 달걀이 일품인 콘 비프 앤 해시Corn Beef and Hash, 베이컨을 곁들여 나오는 에그 베네딕트Eggs Benedict, 휘핑크림과 블루베리 시럽이 올려진 프렌치 토스트French Toast, 육즙이 일품인 프라임 스테이크 샌드위치Prime Steak Sandwich, 쌀쌀한 날씨에 어울리는 프렌치 양파수프French Onion Soup 등이 주메뉴를 이룬다. 필레 미뇽Filet Mignon, 뉴욕 스트립New York Strip스테이크 등 다양한 종류의 스테이크도 주문 가능하다. 직접 짜낸 듯 진한 맛의 오렌지주스도 추천한다. 시간을 잘 맞춰서 테라스 좌석에 앉으면 낭만적인 분수 쇼를 볼 수 있으니 참고하자.

Data Map 156B
Access 파리 1층에 위치. 듀스버스 또는 SDX 버스 타고 파리Paris 정류장 하차
Add 3655 South Las Vegas Blvd, Las Vegas, Nevada
Tel 702-944-4224
Open 07:00~23:00
(금~토는 자정까지 운영)
Cost 버거샌드위치 15달러 정도, 스테이크 37달러, 양파수프 9달러
Web www.monamigabi.com

드라이 에이징 고기를 제대로 맛보는

캘러거 스테이크 Gallagher's Steak

캘러거 스테이크 레스토랑에서는 캐주얼한 분위기 속에서 최고급 스테이크를 격식 없이 즐기기에 좋다. 스테이크 중에서도 최상급이라고 하는 드라이 에이징Dry Aging 과정을 엿볼 수 있다. 저온에서 2~5주간 숙성하여 고기의 질이 부드럽다. 숙성과정에서 겉면의 마른 부위는 잘라내고, 고기의 수분이 증발하기 때문에 중량이 많이 줄어든다. 가격이 비싸다는 것이 단점이지만 맛은 일품이다. 스테이크 한쪽 면의 뼈는 육즙이 빠져나가는 것을 막기 위함이라고 한다. 스테이크는 안심, 등심 등 부위별로 다양하지만 드라이 에이지드 뉴욕 스트립 스테이크Dry aged New York Strip Steak가 가장 유명하다. 육즙이 풍부하고 입안에서 살살 녹는 듯 부드러운 맛이다. 별다른 소스 없이 고기 본연의 맛을 즐길 수 있다. 사이드 메뉴로는 매시포테이토, 프렌치프라이, 크림 시금치, 그린빈 등을 고를 수 있다. 애피타이저로 게살이 듬뿍 들어있는 메릴랜드 크랩 케이크Maryland Crab Cakes를 추천한다. 콜라 등의 탄산음료는 리필이 가능하며 와인, 맥주 등의 주류도 판매한다. 낮에는 바Bar만 오픈하니 스테이크를 즐기고자 한다면 오후 6시 이후에 방문하는 것을 권한다. 식사 시간대에 방문할 예정이라면 홈페이지를 통해 미리 예약하는 것이 좋다.

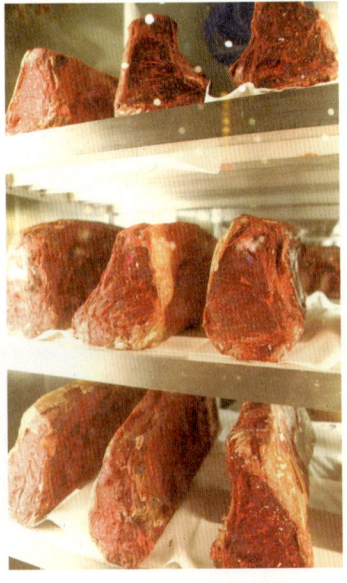

Data Map 156E Access 뉴욕뉴욕 호텔 내 위치. 듀스버스 타고 뉴욕뉴욕New York New York 정류장 하차
Add 3790 South Las Vegas Blvd, Las Vegas, Nevada Tel 702-740-6450
Open 일~목 16:00~23:00, 금~토 16:00~24:00 Cost 뉴욕 스트립 스테이크 46달러, 메릴랜드 크랩 케이크 18달러
Web www.nynyhotelcasino.com/restaurants/gallaghers-steakhouse.aspx

최고의 와인과 함께하는 품격 있는 식사

픽스 레스토랑 Fix Restaurant

시푸드, 스테이크하우스 전문 레스토랑. 약간 어두운 분위기의 조명과 신나는 음악은 마치 클럽에 온 듯 칵테일 한 잔도 즐겁다. 추천 칵테일은 보드카와 신선한 오이향, 크렌베리 주스와 토마토 향이 어우러지는 '코쿰버 마티니Cucumber Martini'와 럼주에 신선한 파인애플, 민트, 라임 향이 어우러지는 '파인애플 모히토Pineapple Mojito'이다. 애피타이저로는 매콤하면서 부드러운 참치의 맛이 환상적인 '스파이시 투나Spicy Tuna'를 강력하게 추천한다. 케일 시저 샐러드는 에너지를 불끈 솟아오르게 하는 힘이 있는 건강 샐러드이다. 브런치용으로는 우드 그릴드 브루스케타Wood Grilled Bruschetta를 추천한다. 토스트 된 바삭한 빵에 블랙베리 잼과 요거트 치즈볼을 올린 후 살짝 씨솔트를 뿌려서 먹는 메뉴이다. 올리브 오일에 숙성된 치즈 볼에는 살짝 레몬향이 느껴진다. 숙성한 필레미뇽은 고기의 풍미가 극대화되는 건식숙성과 고기의 육즙이 풍부해지는 습식숙성 등 다양한 방법으로 숙성된 고기를 장작에 구웠다는 점에서 특별하다. 그날그날 추천 스테이크는 달라지니 담당 서버들의 추천을 받도록 하자. 씨 바스Sea Bass라고 불리는 흰 살 농어요리는 일품이다. 블루베리 컵케이크와 크램브륄레도 정말 맛있는 디저트. 스테이크를 즐길 때 빠질 수 없는 와인리스트도 잘 되어있다. 부드럽고 섬세한 와인을 원한다면 오리건Oregon 주에서 생산하는 와인을 주목하면 좋다. 맛있는 것이 너무 많아서 더욱 신나고 즐거운 라스베이거스를 경험할 수 있을 것이다. 오 쇼를 볼 예정이라면 쇼 관람 전 이곳에서 저녁 식사를 추천한다. 3코스의 메뉴를 선보이고 있다.

Data Map 156B **Access** 호텔 벨라지오내 위치. 듀스버스 또는 SDX버스 타고 벨라지오Bellagio 정류장 하차 **Add** 3600 South Las Vegas Blvd, Las Vegas, Nevada **Tel** 702-693-8865
Open 저녁 식사 17:00~22:30, 라운지바 17:00~24:00 **Cost** 스파이시 투나 21달러, 케일 시저 샐러드 16달러, 보비 버거 28달러, 우드 그릴드 브루스케타 19달러, 씨 바스 45달러, 저녁 단품메뉴 25달러~, 3코스 60달러
Web www.bellagio.com/restaurants/fix.aspx

EATING 04

출출한 뱃속을 달래줄
저렴하고 간단한
한 끼 식사&디저트

라스베이거스는 먹고 쇼핑하고 놀 것이 참 많은 도시이다. 열심히 다니다보면 어느덧 뱃속이 출출해질 때가 있다. 그냥 주변을 둘러보아도 먹을 것이 널려 있지만 그중에서도 맛있다고 소문난 간식거리들을 소개한다. 소문난 곳은 뭐가 달라도 다르다.

차원이 다른 버거 맛을 보자
고든 램지 버거 Gordon Ramsay Burgr

세계적으로 유명한 셰프의 버거는 어떤 맛일까? 패스트푸드치고는 가격대가 높은 편이지만 신선하고 최상급의 재료로 만들어 차원이 다른 맛을 선보인다. 헬스 킷 버거와 야드 버거가 인기가 많다. 감자튀김 대신 고구마튀김을 선택해도 좋겠다. 밀크셰이크 또는 맥주 등의 음료와 함께 즐기면 더욱 맛있다. 단, 식사 시간 때에는 긴 줄을 피하기가 어렵다는 점을 참고하자.

Data Map 156E
Access 마이클 마일 숍스 Miracle Mile Shops 내 위치. 듀스버스 타고 플래닛 할리우드 Planet Hollywood 정류장 하차
Add 3367 South Las Vegas Blvd, Las Vegas, Nevada
Tel 702-785-5555
Open 일~목 11:00~24:00, 금~토 11:00~02:00
Cost 헬스 킷 버거 14달러, 야드 버드 버거 14달러, 버거 13~16달러 정도(토탈 리워드 회원 1달러 정도 할인)
Web www.gordonramsay.com/us-restaurants/las-vegas-restaurants/gordon-ramsay-burgr

깜짝 놀랄 맛의 샌드위치
얼 오브 샌드위치 Earl of Sandwich

주문받자마자 즉석에서 만들어내기 때문에 신선한 느낌이 드는 샌드위치 전문점. 채소 없이 빵과 고기로 만든 오리지널 메뉴는 한 입 베어 물면 육즙이 흐른다. 쇠고기의 맛과 체더치즈의 어울림을 느낄 수 있다. 빵 안에 고소한 마요네즈와 참치 살코기를 넣은 후 뜨거운 열판으로 구워서 나오는 투나멜트Tuna Melt도 추천. 베이컨, 얇게 저민 칠면조 고기, 양상추와 토마토, 스위스치즈 등의 토핑이 골고루 들어있는 얼스 클럽 Earl's Club 메뉴도 무난하다. 24시간 오픈하기 때문에 야식으로 좋다. 긴 줄을 피하고 싶다면 식사 시간대를 살짝 피해 가자. 점원에게 주문을 하고 진동 벨과 영수증을 받은 후 계산대로 간다. 음료를 원한다면 계산대에서 추가하면 된다. 음료는 무한리필! 샌드위치는 기본적으로 반으로 나뉘어 있어서 동행자와 나눠 먹기에도 편하다. 가격대비 크기도 큼직해서 양이 적은 여성 여행자의 경우 1개만 시켜서 둘이 나눠 먹어도 좋다.

Data Map 156E Access 플래닛 할리우드 호텔 1층에 위치. 듀스버스 타고 플래닛 할리우드Planet Hollywood 정류장 하차
Add 3667 Las Vegas Strip, Las Vegas, Nevada Tel 702- 463-0259
Open 24시간 Cost 샌드위치 1개당 6.5달러 정도
Web www.earlofsandwichusa.com

유기농의 재료로 건강까지 생각한
파이브 피프티 피자 바 FIVE 50 Pizza Bar

바삭하면서도 쫄깃한 식감의 도 위에 신선한 유기농 재료로 토핑한다. 화이트소스에 리코타치즈, 베이컨, 구운 시금치, 버섯 등이 올려진 포레이저Forager가 강력 추천 메뉴. 고담Gotham은 페페로니, 소시지, 모차렐라치즈가 들어있는 가장 대중적인 메뉴이다. 토마토와 바질, 버팔로 모차렐라치즈가 들어간 마리게리타 피자도 맛있다. 피자의 찰떡궁합 맥주도 주문해보자. 어떤 종류를 고를지 모르겠다면 5종류의 맥주를 작은 잔으로 마셔볼 수 있는 비어 플라잇Beer Flight를 선택하자. 슈림프 라비올리Shrimp Ravioli, 부카티니&미트볼 Bucatini&Meatballs 등 홈메이드 스타일의 파스타도 추천한다. 디저트 중 '바닐라 휘핑크림을 얹은 오렌지 셰이크'는 꼭 맛보길 추천한다. 달콤함과 상큼함이 잘 어우러진 맛이다. 이 집의 이름인 파이브 피프티는 오븐에서 피자가 구워지는 온도와 시간에서 따온 것이라고 한다. 화씨 550℃ 정도에서 구워지며, 5분 동안 화덕의 피자를 돌려주면서 굽는 것에서 이름 붙여진 것. 오후 5시부터 5시 30분까지는 해피아워로 운영된다.

Data Map 156D Access 호텔 아리아Aria 1층에 위치. 듀스버스 타고 시티 센터City Center 정류장 하차. 무료 트램 운행
Add 3730 South Las Vegas Blvd, Las Vegas, Nevada
Tel 702-590-8550
Open 11:00~24:00
Cost 샐러드 12달러~, 피자, 파스타 21~28달러, 비어 플라잇 18달러
Web www.aria.com/dining/restaurants/five50-pizza-bar

STEP 04
EATING

건강한 버거의 획을 그은
인&아웃 버거 In&Out Burger

순수 100% 쇠고기 패티를 사용하며, 얼리지 않은 생감자를 식물성 기름에 튀겨서 감자튀김을 만든다. 전자레인지와 냉동고가 없다는 점에서 이곳의 재료들이 얼마나 신선하게 관리되고 있는지 알 수 있다. 조리 과정을 볼 수 있도록 주방이 오픈되어 있다. 주문 방법은 NO.1, 2, 3 중 하나를 고르면 되는데 탄산음료 컵과 감자튀김이 함께 나온다. No.1은 더블버거 세트, No.2는 치즈버거 세트, No.3은 햄버거 세트. 탄산음료는 매장 한쪽에 비치되어있는 음료 기계에서 자유롭게 마실 수 있다. 주문 시 햄버거에 양파 넣는 것을 원하는지 따로 묻는다. 따로 요청사항이 없으면 생양파를 넣어서 만들어진다. 음식은 주문 즉시 만들어져 10분 정도 소요된다. 직원이 영수증에 적혀있는 번호를 큰 소리로 불러주니 영수증에 적힌 번호를 기억하자. 인&아웃 버거에는 '시크릿 메뉴'라는 것이 있다. 빵 대신 양상추로 고기패티를 싸서 나오는 아삭아삭한 맛의 '프로틴Protein 스타일'과 햄버거와 감자튀김 위에 구운 양파를 넣은 고소하고 새콤달콤한 맛의 사우전 아일랜드와 비슷한 소스가 얹어 나오는 '애니멀 스타일'이다. 메뉴판에 나와 있지 않아서 말 그대로 아는 사람들만 주문하는 메뉴.

Data Map 157G
Access 택시 또는 자가용으로 가는 것을 추천. 주요 관광지에서 5~15분 소요
Add 4888 Dean Martin Drive, Las Vegas, Nevada
Tel 800-786-1000
Open 일~목 10:30~01:00, 금~토 01:30까지 **Cost** 치즈버거 3.1달러, 세트메뉴 6.95달러~
Web www.in-n-out.com

저렴하지만 푸짐한 한 끼 식사
판다 익스프레스 Panda Express

패스트푸드는 햄버거, 샌드위치만 떠올렸다면 이제 한 가지 더 추가하자! 여행 다니면서 밥이 너무 먹고 싶을 때, 아시안 음식이 먹고 싶은데 한식당이 근처에 없을 때 판다 익스프레스는 훌륭한 대안이 될 것이다. 미국 전역에 위치한 아시안 패스트푸드점이다. 볶음밥이나 볶은 누들, 흰 쌀밥 등을 사이드 메뉴로 시키고, 브로콜리 비프, 오렌지 치킨 등을 주메뉴로 시키면 된다. 맛이 좋고, 가격은 저렴하며 양이 푸짐한 편이다.

Data Map 156E
Access 마이클 마일 숍스Miracle Mile Shops 내 2층 위치. 듀스버스 타고 플래닛 할리우드 Planet Hollywood 정류장 하차
Add 3717 South Las Vegas Blvd, Las Vegas, Nevada
Tel 702-263-6709
Open 09:30~02:00
Cost 사이드메뉴 1개+주 메뉴 2개 선택 시 8~12달러
Web www.pandaexpress.com

다양한 치즈케이크의 달콤한 유혹
치즈케이크 팩토리 The Cheesecake Factory

미국 내 100여 개의 체인점이 있는, 미국인들이 즐겨 찾는 편안하고도 대중적인 레스토랑. 이곳이 진정 유명한 이유는 40여 종의 다양한 치즈케이크를 후식으로 먹을 수 있다는 점 때문이다. 어떤 것을 먹어도 다 맛있다. 오리지널 치즈케이크는 치즈 본연의 풍미가 가득하고, 프레시 스트로베리는 상큼하다. 진한 초콜릿의 풍미가 있는 고디바 초콜릿 치즈케이크를 맛보는 것을 추천한다. 양이 많고 푸짐한 식사를 즐기기에도 안성맞춤이다. 식사 시간대에는 오래 기다리는 경우가 많으니 가능하면 그 시간을 피해서 도착하는 것이 좋다.

Data Map 187K Access 포럼 숍스Forum Shops 내 위치. 듀스버스 타고 시저스 팰러스Caesars Palace 정류장 하차 Add 3500 South Las Vegas Blvd, Las Vegas, Nevada Tel 702-792-6888 Open 11:00~23:30, 금~토 11:00~00:30 Cost 단품요리 13~22달러, 케이크 8~9달러 정도 Web www.thecheesecakefactory.com

입과 눈을 모두 만족시키는
장 필립 파티세리 Jean Philippe Pâtisserie

호텔 벨라지오 내에 있는 지점에는 기네스에 오른 세계에서 가장 큰 초콜릿 분수가 있다. 눈에 띄는 인테리어이기 때문에 한 번쯤 발길이 멈춰지는 곳이다. 천재 셰프로 불리는 프랑스 출신의 장 필립 모리 jean Philippe Maury의 제과점으로 다양한 종류의 수제 초콜릿, 쿠키, 각종 빵, 케이크, 젤라토, 샐러드 등을 맛볼 수 있다. 에너지 충전용 간식을 즐기기에 딱 좋다. 선물용으로도 적합한 예쁜 모양의 초콜릿, 캔디류의 제품들을 판매한다.

Data Map 156B Access 벨라지오 1층에 위치. 듀스버스 또는 SDX버스 타고 벨라지오Bellagio 정류장 하차. 무료 트램 운행 Add 3600 South Las Vegas Blvd, Las Vegas, Nevada Tel 888-987-6667 Open 월~목 06:00~23:00, 금~일 06:00~24:00 Cost 작은 케이크 7달러~ Web www.jpchocolates.com

진한 초콜릿의 향기가 가득한
고디바 Godiva

벨기에 프리미엄 초콜릿 숍으로 최상급 코코아로 만들어내는 초콜릿 전문점. 품질 좋은 초콜릿은 신진대사를 돕고 피로회복에 좋다. 휴식을 취할 때 한 입 먹어보자. 먹기에 아까울 정도로 정교한 디자인에 맛까지 좋으니 선물용으로도 인기 만점이다. 간식으로는 초콜릿셰이크 또는 딸기를 퐁듀처럼 초콜릿에 퐁당 적셔서 만들어내는 제품을 먹어보는 것이 좋다. 양질의 초콜릿을 섭취하고 에너지를 충전해보자!

Data Map 187K Access 그랜드 캐널 숍스Grand Canel Shoppes 내 위치. 듀스버스 타고 베네시안&팔라조The Venetian&The Palazzo 정류장 하차 Add 3377 South Las Vegas Blvd, Las Vegas, Nevada Tel 702-732-1577 Open 일~목 10:00~23:00, 금~토 10:00~24:00 Cost 딸기초콜릿 6개 42달러 Web www.godiva.com

STEP 04
EATING

EATING **05**
라스베이거스에는 **특별한 한잔이 있다**

라스베이거스는 길거리를 다니면서 술을 마시는 것이 합법이다.
그래서 길을 다니는 사람들이 커다란 칵테일 컵을 들고 다니는 모습을 자주 볼 수 있다.
자유로운 라스베이거스에서 기분 좋은 한잔을 즐기며 분위기를 만끽해보자.

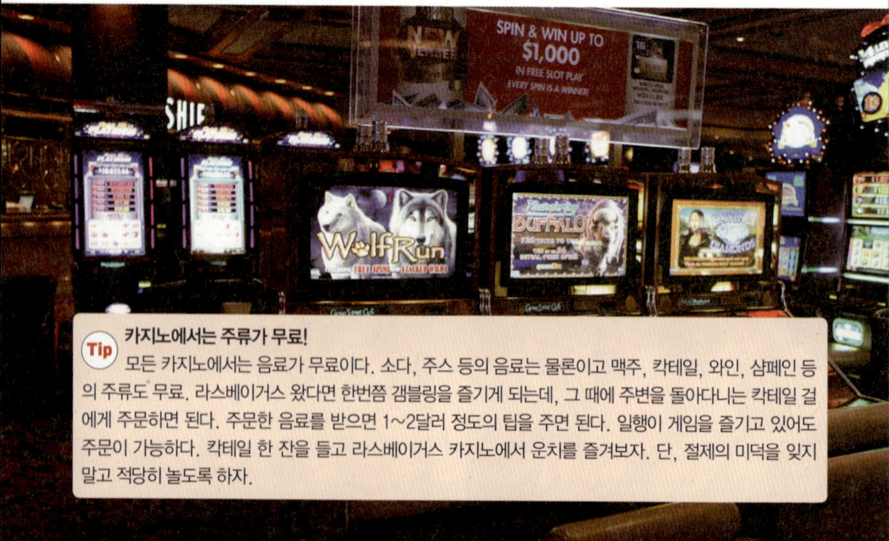

Tip 카지노에서는 주류가 무료!
모든 카지노에서는 음료가 무료이다. 소다, 주스 등의 음료는 물론이고 맥주, 칵테일, 와인, 샴페인 등의 주류도 무료. 라스베이거스 왔다면 한번쯤 갬블링을 즐기게 되는데, 그 때에 주변을 돌아다니는 칵테일 걸에게 주문하면 된다. 주문한 음료를 받으면 1~2달러 정도의 팁을 주면 된다. 일행이 게임을 즐기고 있어도 주문이 가능하다. 칵테일 한 잔을 들고 라스베이거스 카지노에서 운치를 즐겨보자. 단, 절제의 미덕을 잊지 말고 적당히 놀도록 하자.

걸어 다니면서도 마실 수 있는 칵테일
팻 튜즈데이 | Fat Tuesday

라스베이거스를 다니다 보면 50cm 정도 되는 긴 컵을 들고 길에 다니면서 마시는 사람들을 볼 수 있다. 음료수 가게처럼 생긴 외관과는 달리 실제로 판매하는 것은 과일맛 럼이나 보드카 등이 섞여 있는 스무디. 한여름 사막의 후끈한 열기를 식혀주기에 충분하며, 시원하고 달콤한 맛이 좋아서 인기가 많다. 알록달록 음료의 색깔도 참 곱다. 주문 방법은 먼저 잔 사이즈와 종류를 고른다. 같은 사이즈라도 잔에 손잡이가 있느냐, 모양이 어떤가에 따라 가격이 조금씩 다르다. 그다음 무슨 맛을 먹을지 고르면 된다. 맛은 1가지로만 먹을 수도 있지만 원하는 대로 섞을 수도 있다. 맛이 궁금하면 점원에게 요구해서 미리 맛을 볼 수 있다. 각자의 취향에 따라 샷 추가가 가능하다. 샷을 추가하면 더 독하게 마실 수 있지만, 처음에는 추가하지 않는 것을 권한다. 나중에 빈 잔을 가져가서 음료를 리필하면 원래 가격에서 2~4달러 정도 할인이 된다. 호텔 베네시안, 시저스 팰러스, MGM 그랜드 등 여러 지점이 있으니 홈페이지를 통해 확인하고 자신의 동선에 맞게 선택하자.

Data **Map** 187K
Access 그랜드 캐널 숍스The Grand Canal Shoppes 내 위치. 듀스버스 타고 베네시안& 팔라조 The Venetian& The Palazzo 정류장 하차
Add 3377 South Las Vegas Blvd, Las Vegas, Nevada
Tel 702-737-5463
Open 10:00~23:00
Cost 48온스의 야드 사이즈 18달러, 라지 머그사이즈 15달러
Web www.fat-tuesday.com

스멀스멀 연기가 피어오르는 달콤한 칵테일
헥스 키친+바 | Hexx Kitchen+Bar

분수 쇼 시간대에 맞춰서 테라스 자리에 앉으면 분수 쇼가 보인다는 것이 장점인 곳. 낭만적인 라스베이거스를 만끽할 수 있는 최적의 장소이다. 음식도 맛있지만, 이곳에서는 꼭 칵테일을 즐겨보자. 특히 얼린 액체질소와 얼음을 넣은 잔에 갖가지 과일 주스와 보드카 등을 섞은 칵테일을 추천한다. 모락모락 연기처럼 드라이아이스가 피어오르는 칵테일은 드라마틱한 분위기를 연출한다. 빨대로 쭉쭉 빨아서 마시면 되는데, 주스의 달콤한 향과 알코올의 쌉싸름한 맛이 어우러지면서 눈과 입이 모두 즐거워진다. 매일 24시간 오픈하므로 늦은 시간과 새벽에도 편리하게 이용할 수 있는 레스토랑이다.

Data **Map** 156B
Access 듀스버스 또는 SDX 버스 타고 파리Paris 정류장 하차
Add 3655 South Las Vegas Blvd, Las Vegas, Nevada
Tel 702-331-5100
Open 연중무휴 24시간
Cost 미트볼 파스타 23달러, 클래식버거 19달러, 브랙퍼스트 피자 12달러
Web www.hexxlasvegas.com

01 알아두면 유용한 쇼핑 노하우
02 웬만한 브랜드는 다 있다! 대형 쇼핑몰 BEST 3
03 최신 유행과 고급스러움이 물씬~ 명품 쇼핑몰 BEST 3
04 보다 싸게, 보다 가깝게! 꼭 들르고 싶은 아웃렛
05 개성만점 이색 상점 BEST 3
06 선물용으로 딱 좋은 추천 제품

SHOPPING 01
알아두면 유용한 쇼핑 노하우

낯선 곳에서 현명하게 알뜰 쇼핑을 하고 싶다면 정보가 힘!
세금, 환불, 교환정책 등 한번쯤 읽어보면 도움이 되는 미국 쇼핑정책과 노하우를 소개한다.

1. 물건을 사면 세금이 추가
라스베이거스가 있는 네바다주에서는 약 8.1%의 소비세가 붙는다. 가령, 4.99달러 제품을 산다고 가정하면 5달러를 가지고는 구매할 수 없다는 뜻. 제품가에는 항상 세금이 붙는 것을 염두에 두도록 하자.

2. 미국의 환불과 교환
환불과 교환이 자유롭다는 것이 미국 쇼핑에서 가장 좋은 점 중 하나이다. 단순 변심의 경우에도 제품 사용 흔적이 없고 영수증을 지참했다면 환불해준다. 만약 영수증이 없는 경우에는 그 가게에서만 사용할 수 있는 '스토어 크레딧'으로 돌려주는 경우가 많다. 단, 'All Sales Are Final'이라고 표시가 되어있는 경우 단순 변심으로 인한 환불이 안 된다. 보통 구입한 날짜에서 1달 이내 환불이 가능하며, 상점에 따라서는 정해진 기한 없이 늘 환불할 수 있는 경우도 있다.

3. 가격 매칭 서비스
같은 물건을 A숍에서 10달러에 판매하고 B숍에서 15달러에 판매할 때, B숍에서 해당 물건을 10달러로 구매할 수 있는지 문의하는 것이다. 미국 내 많은 상점들이 이 제도를 시행하고 있다. 구입한지 보통 10~14일 이내 더 저렴하게 팔고 있는 제품을 발견했다면 가격표 등을 스마트폰으로 찍은 후 본인이 구매한 매장에 가서 상황을 설명하면 된다. 또한 같은 가게에서 가격이 더 저렴해진 경우 물건과 영수증을 가지고 가면 차액을 돌려준다.

4. 쇼핑할 때 눈여겨볼 만한 브랜드

■ **화장품** 미국 브랜드뿐만 아니라 유럽 브랜드를 한국보다 저렴하게 구매할 수 있다. 특히 세일 기간을 공략하면 더 저렴하다.

추천 브랜드 맥MAC, 바비 브라운Bobbi Brown, 에스티 로더Estee lauder, 크리니크Clinique, 아베다Aveda, 키엘Kiel

> **Tip** 화장품 유통기한 체크하는 방법은?
> www.checkcosmetic.net 을 통해서 유통기한을 확인하도록 하자. 브랜드 명과 화장품통에 쓰여 있는 일련번호를 넣으면 유통기한이 나온다.

■ **가방** 디자이너 브랜드의 제품을 한국에 비해 반 값 또는 그 이상으로 저렴한 가격대에 구매할 수 있다.

추천 브랜드 코치Coach, 마크 제이콥스Marc Jacobs, 마이클 코어스Michael Kors, 토리 버치Tory Burch

■ **옷** 세일을 자주 하는 품목으로 편안하게 입을 만한 옷들을 구매하면 좋다. 가까운 친지들의 선물용으로도 인기가 많다.

추천 브랜드 폴로Polo, 바나나 리퍼블릭Banana Republic, 나이키NIKE, 갭GAP, 리바이스Levis, 캘빈 클라인Calvin Klein, 휴고 보스Hugo Boss, 노스페이스Northface, 콜롬비아Columbia, 빅토리아 시크릿Victoria's secret

■ **신발** 품질 좋은 제품을 저렴하게 구매할 수 있다. 신발의 경우 브랜드마다 조금씩 사이즈가 다르게 나오는 경우가 있으니 신어보고 구매하는 것을 추천한다. 여성의 경우 245 사이즈가 미국 사이즈 7.5, 남성의 경우 270 사이즈가 9이다.

추천 브랜드 나인 웨스트Nine West, 탐스Toms, 콜한Cole Hann, 뉴밸런스New Balance, 마놀로 블라닉Manolo Blahnik, 지미추Jimmy choo, 어그UGG

■ **주방용품** 유럽, 미국 브랜드 제품들은 국내에 비해 훨씬 저렴하다. 무겁고 깨질 위험이 있다는 것이 단점이다.

추천 브랜드 빌레로이 앤 보흐Villeroy&boch, 레녹스Lenox, 올 클래드All clad, 르 크루제Le Creuset, 스타우브Staub

■ **영양제** 오메가3, 멀티 비타민 등 한국에서도 인지도가 높은 브랜드 제품을 저렴하게 구매 가능하다.

추천 브랜드 GNC, 센트럼CENTRUM

■ **전자제품** 미국의 전압이 한국과 다르므로 프리볼트 제품 구매를 추천한다.

추천 브랜드 애플Apple(아이패드, 아이폰), 비츠 바이 드레Beats by Dre(헤드셋), 스쿨캔디Skullcandy(헤드셋)

5. 더욱 가격이 저렴해지는 세일 기간

이왕 쇼핑을 할 계획이라면 공휴일이 있는 주간에 쇼핑을 하는 게 좀 더 저렴하게 구매할 수 있는 방법! 깜짝 추가 세일을 하는 경우가 많다. 특히 매년 11월 넷째 주 목요일인 추수감사절 다음 날인 블랙프라이데이와 연말은 미국의 대 바겐세일 기간이다.

Tip 법정공휴일은 언제 일까?	
1월 1일	새해 첫날 New Year's Day
1월 세 번째 월요일	버스데이 오브 마틴 루터 킹 Birthday of Martin Luther King
2월 세 번째 월요일	대통령의 날 President Day
3월 말과 4월 초 사이의 일요일 (매년 달라짐)	부활절 Easter
7월 4일	미국 독립기념일 Independence Day
9월 첫 번째 월요일	노동절 Labor Day
10월 두 번째 월요일	콜럼버스의 날 Columbus Day
11월 11일	재향군인의 날 Veterans Day
11월 네 번째 목요일	추수감사절 Thanksgiving Day
12월 25일	크리스마스(성탄절) Christmas Day

SHOPPING 02

웬만한 브랜드는 다 있다!
대형 쇼핑몰 BEST 3

한국보다 미국과 유럽 브랜드 제품들이 상당히 저렴해 구매할만한 품목이 많다. 쇼핑에 할애할 수 있는 시간이 적다면 최대한 밀집 지역으로 가는 것이 시간 절약에 좋다.

우주선처럼 생긴 건물

패션 쇼 몰 Fashion Show Mall

호텔 트레저 아일랜드, 윈 건너편에 위치하고 있는 우주선 모양의 특이한 건물이다. 라스베이거스 스트립 지역에서 가장 큰 규모를 자랑한다. 250여 개의 매장이 있어서 웬만한 브랜드는 한자리에서 만날 수 있다. 명품 매장보다는 중저가 매장이 주를 이루기 때문에 실용적인 제품을 구매하고자 하는 사람에게 더 적합하다. 갭, 바나나 리퍼블릭, 아베크롬비, 리바이스 등 다양한 상점이 입점되어 있다. 쇼핑몰 내에 메이시스, 노드스트롬, 삭스 피프스 애비뉴, 블루밍 데일리 등 7개의 백화점이 있어서 편의를 더한다. 요리에 관심이 많다면 최고급 조리기구들을 판매하는 술 라 테이블Sur la Table도 가보기를 권한다. 원하는 브랜드가 있다면 쇼핑몰 곳곳에 위치한 지도를 이용하여 찾아볼 수 있다.

Data Map 187H **Access** 듀스버스 또는 SDX버스 타고 패션 쇼 몰Fashion Show Mall 정류장 하차 **Add** 3200 South Las Vegas Blvd, #600, Las Vegas, Nevada **Tel** 702-369-8382 **Open** 월~토 10:00~21:00, 일 11:00~19:00 **Web** www.thefashionshow.com

베니스의 정취를 닮은 운하를 따라 이어지는 상점들

그랜드 캐널 숍스 The Grand Canal Shoppes

이탈리아 베니스 골목을 걷는 느낌으로 쇼핑을 즐길 수 있다. 코치, 마이클 코어스, 클로에, 판도라, 폴로 랄프로렌, 스와로브스키 등 다양한 브랜드의 상점이 위치하고 있으며, 레스토랑, 카페 등의 휴식공간도 충분한 편이다. 쇼핑몰 곳곳에서 작은 오페라가 열리고 춤을 추는 등 예술가들의 퍼포먼스가 수시로 있기 때문에 구경거리가 많다. 특히 정오부터 시작하여 10분씩 호텔 곳곳을 이동하는 퍼포먼스 쇼인 리빙 가든The living Garden 쇼는 인기가 많다. 여신으로 분장한 여인들의 손가락에서 물줄기가 뿜어져 나오고, 음악에 맞춰 춤을 춘다. 파란색 스트라이프 티셔츠를 입고 곤돌라를 운행하는 뱃사공의 노랫소리도 운치 있다. 가면이나 유리 세공품 등 베니스의 분위기가 한껏 느껴지는 제품들도 구매할 수 있다.

Data Map 187K
Access 듀스버스 타고베네시안&팔라조The Venetian&The Palazzo 정류장 하차
Add 3377 South Las Vegas Blvd, Las Vegas, Nevada
Tel 702-414-4500
Open 일~목 10:00~23:00, 금~토 10:00~24:00
Web www.grandcanalshoppes.com

스트립 지역 중심가에 위치한 편안한 몰

미라클 마일 숍스 Miracle Mile Shops

호텔 플래닛 할리우드 1층에 위치하고 있는 쇼핑몰. 140여 개의 상점이 들어서 있다. 쇼핑몰의 천장은 푸른색으로 인공 하늘이 그려져 있다. 쇼핑몰 내에서는 갑자기 천둥과 번개가 치고, 인공 연못으로 비가 내리는 레인 스톰Rainstorm 쇼가 펼쳐진다. 월~목 1시간 간격, 금~일 30분 간격으로 정오부터 10분 정도 진행된다. 거창하지는 않지만, 쇼핑몰 안에서 이러한 모습이 있다는 것이 재밌다. 특히 아이들이 좋아한다. 명품 매장보다는 아메리칸 어패럴, 빅토리아 시크릿, 갭 등의 중가 브랜드가 많은 편이다. 독특한 디자인을 모아둔 멀티숍인 어반 아우피터, 화장품 전문점 세포라도 위치하고 있다. 약간은 미로 같은 구조의 쇼핑몰로 아트 갤러리, 오픈 카페, 액세서리 숍 등 볼거리가 많다.

Data Map 156E
Access 호텔 플래닛 할리우드 내 위치. 듀스버스 타고 플래닛 할리우드 Planet Hollywood 정류장 하차
Add 3663 South Las Vegas Blvd, Las Vegas, Nevada
Tel 702-866-0703, 888-800-8284
Open 일~목 10:00~23:00, 금~토 10:00~24:00
Web www.miraclemileshopslv.com

SHOPPING 03

최신 유행과 고급스러움이 물씬~
명품 쇼핑몰 BEST 3

하나를 갖더라도 제대로된 좋은 제품을 원하는 사람들에게 인기가 많다. 국내에는 없는 제품을 찾을 수 있다는 점이 매력이다. 세금이 포함되는 가격이므로 국내 면세점보다 가격이 더 저렴하진 않겠지만 유행을 앞선다는 면에서 패셔니스트들의 마음을 설레게 한다.

세계적인 명품이 한자리에 모인

시티센터 크리스털 쇼핑몰 Crystals at City Center

기하학적인 세련된 건물 디자인만으로도 화제가 되었던 시티센터의 명소 쇼핑몰이다. 세계적인 건축회사인 겐슬러Gensler가 설계에 참여했다. 화사하고 깔끔한 현대식 건물 안에 프라다, 티파니, 베르사체, 구찌, 헤르메스 등 최고급 명품점이 30여 개 이상 들어서 있다. 초호화 매장들을 둘러보기만 해도 즐겁다. 미우미우Miu Miu, 톰 포드Tom Ford, 키톤Kiton, 폴 스미스Paul Smith 등 10여 개의 브랜드는 라스베이거스에서도 오직 이곳에서만 볼 수 있는 브랜드이다. 루이비통은 미국 내에서 가장 큰 매장이 위치하고 있다. 4층에는 몬테 카를로, 벨라지오 등 다른 호텔로 연결되는 무료 트램이 있어 편의를 돕는다. 유행에 민감한 패셔니스트라면 꼭 들러볼 만한 쇼핑몰이다. 스타벅스와 울프강 퍽 피자 레스토랑, 바비 버거 등도 위치하고 있어서 휴식을 즐기기에도 좋다. 아름다운 조형물들이 곳곳에 자리하고 있어서 더욱 쾌적한 느낌이다.

 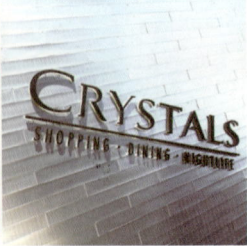

Data Map 156E
Access 호텔 아리아Aria 옆에 위치. 듀스버스 타고 시티 센터City Center 정류장 하차, 무료 트램 운행.
Add 3720 South Las Vegas Blvd, Las Vegas, Nevada
Tel 702-590-9299
Open 일~목 10:00~23:00, 금~토 10:00~24:00
Web www.crystalsatcitycenter.com

명품 중에서도 최고만을 모은 명품가
윈 에스플러네이드 Wynn Esplanade

고급스러운 호텔 윈 1층 내부에 조성되어있는 아케이드를 따라 명품가가 형성되어 있다. 주요 호텔 지역과는 조금 떨어져 있는 덕분에 비교적 조용한 우아한 분위기에서 쇼핑할 수 있다는 것이 장점이다. 샤넬, 클로에, 카르티에, 디올, 루이비통, 마놀로 블라닉 등 고급스러운 제품들이 한자리에 모여 있다. 자신에게 가장 잘 어울리는 패션 스타일 등을 제안해주는 퍼스널 쇼퍼를 고용하기를 원한다면 702-770-3403으로 연락하면 된다. 다른 명품가에 비해 한 차원 높은 서비스를 제공하고 있다. 명품 중에서도 최고 럭셔리 라인들 위주로 선보이고 있기 때문에 최고의 명품가라는 수식어가 늘 붙는 곳이다.

Data **Map** 187H **Access** 호텔 윈 내 위치. 듀스버스 또는 SDX버스 타고 윈&앙코르Wynn&Encore 정류장 하차
Add 3131 South Las Vegas Blvd, Las Vegas, Nevada
Tel 702-770-7000, 702-770-3403
Open 10:00~23:00
Web www.wynnlasvegas.com/Activities/Shops/Photos

클래식한 분위기에서 즐기는 명품 쇼핑
포럼 숍스 The Forum Shops

마치 고대 로마 시대의 거리를 걷는 듯 프레스코 벽화, 조각상, 분수대 등으로 웅장하고 화려하게 꾸며진 실내장식이 인상적이다. 쇼핑몰이라고 하기에는 독특한 분위기를 가졌다. 사막기후의 뜨거운 태양 빛을 피해 시원하고 쾌적한 분위기 속에서 쇼핑할 수 있다는 장점! 호텔 시저스 팰러스 카지노와 연결되어있다. 에르메스, 마크 제이콥스, 아르마니, 구찌, 불가리, 에스카다 등의 고급 브랜드와 중고가 브랜드 180여 곳과 25개 이상의 레스토랑, 카페 등이 위치하고 있다. 웬만한 유명 브랜드를 다 찾아볼 수 있어서 전 세계에서 온 쇼퍼들의 만족도가 높다.

Data **Map** 187K
Access 호텔 시저스 팰러스 옆에 위치. 듀스버스 타고 시저스 팰러스 Caesars Palace 정류장 하차
Tel 702-893-4800
Add 3500 South Las Vegas Blvd, Las Vegas, Nevada
Open 일~목 10:00~23:00, 금~토 10:00~24:00
Web www.caesarspalace.com/things-to-do/forum-shops.html

SHOPPING 04
보다 싸게, 보다 가깝게!
꼭 들르고 싶은 아웃렛

원래 가격의 50~80% 이상 저렴한 아웃렛.
특히 프리미엄 아웃렛과 패션 아웃렛은 라스베이거스 인기 쇼핑몰이다.
공휴일이 있는 주간에는 특별 세일을 추가로 하는 경우가 많다. 게다가 VIP 쿠폰북을
받으면 더욱더 저렴하고 대중교통으로도 갈 수 있다는 것도 장점이다.

Tip 라스베이거스 도심 속 아웃렛
마샬Marshall, 로스Ross 등은 아웃렛에서도 팔리지 않는 브랜드와 디자이너의 제품들을 더 낮은 가격대로 판매하는 도심 속 아웃렛이다. 미국 전역과 라스베이거스 도시 곳곳에 위치하고 있다. 원가격의 50~80%까지 할인되기 때문에 저렴한 가격이 장점! 뜻밖의 득템을 누릴 수 있기도 하다. 하지만 디스플레이가 세련되지 않기 때문에 직접 물건들을 뒤져보며 찾아봐야 한다. 가방, 옷, 신발, 인테리어 소품, 홈웨어 등 다양한 제품들을 구매할 수 있다.

마샬 Marshall
Data **Map** 156E **Access** 듀스버스 타고 쇼케이스 몰 Showcase Mall 정류장 하차 **Add** 3785 South Las Vegas Blvd, Las Vegas, Nevada **Tel** 702-795-1051 **Open** 월~토 09:00~23:00, 일 10:00~22:00 **Web** www.marshallsonline.com

로스 Ross
Data **Map** 156E **Access** 듀스버스 타고 쇼케이스 몰 Showcase Mall 정류장 하차 **Add** 3771 South Las Vegas Blvd, Las Vegas, Nevada **Tel** 702-895-7201 **Open** 09:00~23:00 **Web** www.rossstores.com

고급 브랜드 제품을 더욱 저렴한 가격으로 만나는
라스베이거스 패션 아웃렛 Fashion Outlet of Las Vegas

캘빈 클라인, 코치, 휴고 보스, 마이클 코어 등 100여 개의 브랜드를 할인된 가격으로 만날 수 있다. 셔틀버스 이용을 원한다면 시즌에 따라 달라질 수 있으니 홈페이지를 참고하거나 아웃렛 업체에 문의하도록 하자. 라스베이거스 도심에서 55km 정도 남쪽으로 떨어져 있다. 라스베이거스에서 출발, LA로 가는 길이라면 잠시 들러보는 것도 좋겠다.

Data Map 157K
Access 스트립 주요 호텔에서 자가용으로 출발 시 15번 사우스 South 도로 따라 남쪽으로 40분 소요. 대중교통 없음
Add 32100 Las Vegas Blvd, South Primm, Nevada
Tel 702-874-1400
Open 10:00~20:00 (공휴일마다 변동사항 있음)
Web www.fashionoutletlasvegas.com

실용적인 브랜드를 더욱 저렴하게
라스베이거스 사우스 프리미엄 아웃렛
Las Vegas South Premium Outlet

라스베이거스의 번화가인 스트립 지역과 맥캐런 국제공항 사이에 위치하고 있다. SDX버스를 이용하여 비교적 쉽게 갈 수 있다는 점이 장점. 명품 브랜드는 찾아보기 어려운 편이지만 폴로 랄프로렌, 앤테일러, 바나나 리퍼블릭 등 실용적인 브랜드를 구매할 수 있다. 130여 개의 매장이 모여 있다.

Data Map 013E **Access** 남쪽 방면으로 운행하는 SDX 버스 또는 듀스버스 타고 라스베이거스 사우스 프리미엄 아웃렛 Las Vegas South Premium Outlet 정류장 하차 **Add** 7400 South Las Vegas Blvd, Las Vegas, Nevada **Tel** 702-896-5599
Open 월~토 09:00~21:00, 일 09:00~20:00
Web www.premiumoutlets.com

발품 팔며 열심히 다니면 누구나 득템하는
라스베이거스 노스 프리미엄 아웃렛
Las Vegas North Premium Outlet

비교적 명품 브랜드가 많은 편. 향이 좋은 핸드크림인 크랩트리 앤 에블린, 맥, 바비 브라운 등의 화장품류뿐만 아니라 토리버치, 베르사체, 돌체 앤 가바나, 콜한, 나이키, 오클리 등 다양한 브랜드가 입점되어 있다. 라스베이거스 다운타운 지역과 가깝다. 150여 개의 상점이 위치하고 있다.

Data Map 206D **Access** 북쪽 방면으로 운행하는 SDX버스 타고 종점 라스베이거스 노스 프리미엄 아웃렛 Las Vegas North Premium Outlet 정류장 하차 **Add** 875 South Grand Central Parkway, Las Vegas, Nevada **Tel** 702-474-7500
Open 월~토 09:00~21:00, 일 09:00~20:00
Web www.premiumoutlets.com

SHOPPING 05
개성만점 이색 상점 BEST 3

톡톡 튀는 개성만점 물건들이 가득! 기억에 남는 제품들을 만날 수 있는 곳이다.
라스베이거스를 기억하며 구매할 만한 제품들이어서 기념품으로도 인기가 많다.
다양한 특징의 제품들을 만나러 가보자.

세계에서 가장 커다란 콜라병이 인상적인

월드 오브 코카콜라 World of Coca Cola

건물 입구에는 높이 9m, 넓이 8m의 거대한 초록 병이 세워져 있다. 밤에는 네온사인으로 더욱더 화려함을 뽐낸다. 세계적인 탄산음료 코카콜라의 섹시한 빨강이 돋보이는 다양한 제품들을 구매할 수 있다. 로고가 새겨진 티셔츠, 앞치마, 모자뿐만 아니라 센스 있는 빈티지 소품과 집안 장식품들도 눈길을 끈다. 코카콜라 마니아라면 꼭 들러보자. 2층에는 콜라를 비롯하여 다양한 종류의 음료를 판매하고 있다. 샘플 사이즈의 다양한 음료를 맛볼 수 있다.

Data Map 156E **Access** 듀스버스 타고 쇼케이스 몰Showcase Mall 정류장 하차
Add 3785 South Las Vegas Blvd, Las Vegas, Nevada **Tel** 702-270-5952
Open 10:00~23:00 **Cost** 콜라 4달러, 티셔츠 10달러 **Web** www.coca-colastore.com

라스베이거스의 옛 흔적들을 찾아서

로스트 라스베이거스 Lost Las Vegas

시간의 흐름을 거슬러 올라 도시의 옛 모습을 구경할 수 있는 다양한 제품을 만날 수 있다. 토큰, 만화책, 카지노에서 사용하는 칩, 도로 표지판, 브로치, 라이터 등의 물건과 캉캉 쇼에 등장할 법한 옷이나 신발 등의 소품도 구매할 수 있다. 다른 상점에서 절대 볼 수 없는 세월의 흔적이 가득한 제품들에서 옛 라스베이거스의 모습이 연상된다. 모하비 사막 위에 세워진 지금의 화려한 라스베이거스의 옛 모습은 어떨까? 잘 찾아보면 라스베이거스 최초의 럭셔리 호텔을 세운 벅시시걸의 흔적을 찾을 수 있지 않을까라는 기대감도 든다.

Data Map 206E
Access 듀스버스 또는 SDX버스 타고 카지노 센터&가르스Casino Center& Garces 정류장 하차, 도보 5분
Add 619 South Las Vegas Blvd, Las Vegas, Nevada
Tel 855-443-9418
Open 월~목 10:00~18:00, 금~토 10:00~20:00, 일 12:00~17:00
Cost 앤틱 칼 25달러, 라이터 5달러
Web www.lostvegas.vpweb.com

색색의 초콜릿의 경쾌한 느낌!

엠엔엠즈 월드 M&M's World

초콜릿에 반들반들한 코팅을 입혀서 만들어낸 상큼한 색깔이 기분까지 좋아지게 하는 엠엔엠즈 초콜릿. 입에서는 녹지만 손에서는 절대 녹지 않는 초콜릿으로 인기몰이를 시작했던 세계적인 초콜릿이다. 1941년, 군인들이 먹던 딱딱한 설탕 껍질로 씌워진 알 모양의 초콜릿을 보고, 어떠한 기후에도 녹지 않는 편리한 간식으로 개발된 캔디형 초콜릿이라고 한다. 3층에 위치한 초콜릿 기계에서는 알록달록 다양한 색의 초콜릿이 통 안에 들어있다. 기계에서 원하는 만큼 뽑은 다음 그 무게대로 계산해서 지불하면 된다. 유머 있고 명랑한 표정의 캐릭터로 만들어진 머그컵, 열쇠고리, 시계, 인형 등의 제품들이 구매욕을 자극한다. 아이들뿐만 아니라 어른들도 좋아할 만한 귀여운 장난감이 많은 곳이다.

Data Map 156E
Access 듀스버스 타고 쇼케이스몰 Showcase Mall 정류장 하차
Add 3785 South Las Vegas Blvd, Las Vegas, Nevada
Tel 702-736-7611
Open 09:00~24:00
Cost 초콜릿 상자 5달러, 열쇠고리 6달러 정도
Web www.mmsworld.com

SHOPPING 06
선물용으로 딱 좋은 추천 제품

한국보다 저렴해서 구매하면 좋은 물건들에는 어떤 것이 있을까? 효과 확실해서 좋고, 인지도가 높아서 기념품으로는 물론 지인에게 돌릴 선물로도 좋은 제품들을 추천한다.

조말론 향수 30ml(68달러)
자연스럽고 고급스러운 향으로 유명하다. 2~3개의 제품을 섞어서 나만의 새로운 향수를 만들 수 있다. 백화점에서 구입 가능.

맥 립스틱 (18.5달러)
발색, 지속력이 좋은 인기 만점 립스틱. 다양한 컬러가 있어서 색깔별로 소장하고 싶은 충동을 일으킨다. 백화점에서 구입 가능.

키엘 울트라 페이셜 크림 50g(29.5달러)
가격 대비 효과가 좋으며 피부 속 깊은 곳까지 수분을 채워주는 수분크림. 백화점에서 구입 가능.

바니크림 선 스크린(16달러)
뜨거운 태양 아래 기미, 주근깨 방지를 위한 필수 제품! 건성, 중성 피부에게 적합하다. 월그린, CVS 등에서 구입 가능.

버츠비 울트라 컨디셔닝 (4달러)
촉촉한 입술을 위한 선택! 천연 성분으로 만들어진 제품으로 크기가 작아서 사용이 편리하다. 월그린, CVS 등에서 구입 가능.

라 메르 모이스쳐 크림 (160달러)
높은 보습 효과와 재생 효과를 자랑하는 크림. 가격대는 높지만 효과가 좋기로 유명. 백화점에서 구입 가능.

빅토리아 시크릿 바디크림 (8달러)
요염한 느낌의 향기가 매력적인 바디크림. 다양한 향이 있으므로 시향해보고 골라보자. 여러 개 사면 더 저렴하다. 빅토리아 시크릿 매장에서 구입 가능.

메이블린 마스카라 (6달러)
풍성하고 긴 속눈썹을 만들어준다. 가격 대비 성능이 좋다. 월그린, CVS, 세이프웨이 등에서 구입 가능.

바비 브라운 클렌징 오일 200ml(48달러)
세정력이 좋고 자스민 향의 아로마가 매력적인 클렌징 오일. 바비 브라운 매장에서 구입 가능.

에스티로더 립스틱, 매직팬 (35, 41달러)
촉촉하고 발색력 좋은 립스틱과 다크서클을 효과적으로 가려주는 매직팬. 백화점, 세포라 등에서 구매 가능.

양키캔들 411g(10달러)
집안, 침실을 향기롭게 도와준다. 은은한 향으로 인기 많은 제품으로 선물용으로도 유용하다. 로스, 마샬 등의 아울렛 전용 매장에서 저렴하게 구입 가능.

센트럼 종합 비타민 365일 분량(18달러)
인기 있는 종합 비타민. 면역력 강화, 신진대사, 근육 강화 등에 도움이 된다. 월그린, CVS, 코스트코 등에서 구입 가능.

GNC 피시오일
90일 분량(7.99달러)
오메가3가 풍부한 영양제. 관절과 피부, 두뇌 건강에 효능이 있고, 관상동맥 질환의 위험까지 줄일 수 있다고 한다. GNC에서 구입 가능.

크랩트리 앤 에블린 핸드테라피 100ml(24달러)
고급스러운 포장과 풍성한 향, 보습 효과가 좋은 핸드크림 제품. 베스트 셀링 제품은 로즈워터 핸드 테라피. 크랩트리 앤 에블린 매장에서 구입 가능.

얼반 디케이 네이키드 팔레트 (52달러)
메이크업 아티스트들도 인정하는, 발색 좋고 색깔이 예쁜 아이쉐도우 제품. 한 통에 12개의 색상이 들어있다. 세포라, 백화점 등에서 구입 가능.

GNC 루테인 영양제
30일(9달러)
루테인 영양 성분은 눈에 피로를 덜어준다. 안구 안으로 들어온 유해한 가시광선을 흡수하며, 황산화 역할을 통해 망막을 보호한다. GNC 매장에서 구입 가능.

입 생 로랑 베이비돌 키스 앤 블러셔(40달러)
립글로즈 느낌의 디자인이지만 블러셔와 립 모두 사용 가능한 제품이다. 부드러운 크림 제형으로 컬러 강도 조절이 쉽다. 세포라, 백화점에서 구입 가능.

오가닉 요기 티
(4달러)
유기농이라서 믿을 수 있는 맛있는 허브차. 여러 가지 맛의 제품이 있으며, 맛에 따라 효능이 다르다. 세이프웨이, 월그린 등에서 구입 가능.

바비 브라운 엑스트라 밤 린스 (70달러)
얼굴에 제품을 문지름과 동시에 온열감이 느껴지는 세안제. 스팀타월의 효과를 내는 보습 딥 클렌저. 바비 브라운 매장에서 구입 가능.

로즈버드 살브 멀티밤 (6달러)
거칠어진 입술, 손톱, 팔꿈치, 무릎 등 건조한 피부에 바를 수 있는 보습 멀티밤. 세포라, 월그린, CVS 등에서 구입 가능.

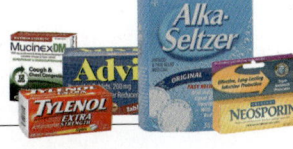

> **Tip 약을 사고 싶어요**
> 갑자기 감기 기운이 느껴지는데 약을 챙겨오지 않았다면 CVS와 월그린Walgreen 등을 찾아가면 된다. 약뿐만 아니라 음료, 과자류, 화장품, 생활용품 등도 판매하고 있으니 참고하자. 일반적인 두통약, 감기약, 소화제, 소독약, 반창고 등은 의사처방전 없이 구매할 수 있다.
>
> #### 추천 비상약
> **네오스포린**Neosporin
> 상처 치유 연고제.
>
> **타이레놀**Tylenol
> 두통, 신경통, 생리통, 치통 등 각종 통증 완화제.
>
> **에드빌**Advil
> 두통, 감기, 치통, 근육통 등에 사용되는 진통제.
>
> **뮤시넥스**Mucinex
> 가래, 가래 방지를 위한 거담제.
>
> **세파콜**Cepacol
> 목이 따갑거나 아플 때 먹는 캔디 스타일의 진통제.
>
> **알카셀처**Alka seltzer
> 속 쓰림, 소화불량에 좋은 소화제.

Step 06
SLEEPING

라스베이거스에서 자다

01 라스베이거스 숙소에 관한 Q&A
02 로맨틱 여행에 딱 어울리는 럭셔리 호텔
03 테마가 있어서 더 재미있고 특별한 호텔
04 어린이와 함께 온 가족 여행자를 위한 호텔
05 싱글 여행자를 위한 합리적인 호텔
06 사막 속 오아시스 같은 수영장이 있는 호텔

©MGM Resorts International

SLEEPING 01
라스베이거스 숙소에 관한 Q&A

라스베이거스의 호텔은 고급스러움과 규모에 비해 가격대가 아주 저렴한 편이다.
일정이 길다면 2~3개의 호텔을 옮겨 다니면서 지내보는 것도 즐거운 추억이 될 것이다.

Q. 어느 지역에 숙소를 정해야 할까?

현재 라스베이거스에서 가장 번화한 지역은 스트립 Strip이다. 15km 정도 이어지는 사우스 라스베이거스 블루바드는 라스베이거스 도시에서 축을 이루는 가장 큰 길이다. 그 길을 기준으로 양쪽으로 호텔, 카지노, 클럽, 쇼핑몰 등 라스베이거스에서 기대하는 모든 것이 몰려있다. 도시 구석구석을 돌아볼 예정이라면 숙소는 이쪽에 잡는 것을 추천한다.

Q. 위치는 어디가 좋을까?

라스베이거스의 주요 볼거리는 스트립 남부, 스트립 북부, 다운타운 이렇게 세 지역으로 나눌 수 있다. 여러 호텔을 경험하고자 한다면 자신의 일정을 고려하여 숙소를 정하는 것도 좋은 방법이다. 예를 들어 스트립 남부를 여행할 계획이라면 스트립 남부 쪽에 위치한 호텔을 이용하고, 스트립 북부를 돌아볼 예정에 맞춰서 북부 지역으로 숙소를 예약하는 방법이다. 다운타운의 숙소는 예전의 명성에 비해서는 조용한 편이지만 여전히 추억을 되새기고자 하는 미국인들로 북적인다. 특히 프리몬트 스트리트의 익스피리언스를 즐기고자 하는 사람들로 밤에는 북적인다. 가격대도 스트립 지역에 비해 다운타운이 저렴한 편이다.

Q. 호텔 예약은 언제가 좋을까?

금~토는 라스베이거스가 가장 붐비는 요일이다. 미국 전역에서 주말여행으로도 많이 오기 때문. 따라서 호텔비도 상당히 비싸진다. 평일에 비해 2~3배 정도 가격이 올라간다는 점을 참고하자. 평일에는 최고급 호텔에서 머물고 주말에는 저렴한 호텔에서 머무는 일정으로 잡는 것을 추천한다.

Q. 냉장고, 전기 포터기 있다? 없다?

냉장고가 없는 호텔이 많다. 더운 사막기후에서 시원한 물이 그리운 것은 당연지사! 하지만 라스베이거스 호텔은 고객들이 방에만 있지 말고, 밖으로 나가 놀라고 부추기기 위한 전략으로 냉장고가 없다. 전기 포터기가 없는 것도 같은 이유이다. 커피는 밖에서 사서 마시라는 뜻이다. 단, 5성급의 고급 호텔에는 미니바 형태의 냉장고가 있다. 미니바는 물건을 꺼내 보는 순간 센서가 작동하여 금액이 추가된다. 방문자가 사 온 음료를 넣기 위해 호텔 안 미니바 속의 물건을 꺼내는 경우가 있는데 이는 추후 분쟁의 소지가 있으므로 유의해야 한다. 만약 생수 등을 시원하게 해서 마시고 싶다면 방 안에 구비 되어 있는 얼음 담는 통과 방 근처 복도 쪽에는 얼음을 얻을 수 있는 아이스 기계가 있다.

Q. 주의 사항, 알아둘 점?

1. 21세 미만은 성인 보호자 동반 시에만 투숙이 가능하다.

2. 대부분의 호텔에 셀프 주차장이 있으며 발렛 주차도 가능하다. 발렛 주차 시 따로 이용 요금은 없고, 2~5달러 정도의 소정의 팁만 주면 된다.

3. 체크인할 때 걸리는 시간이 긴 편이다. 이 부분을 고려해서 시간 안배를 하자.

4. 수영장, 피트니스 센터 등의 이용 가능 시간을 미리 체크하자.

5. 체크인 시 숙박료와는 별개로 보증금Deposit이 하루당 100달러 정도 부과된다. 보통 신용카드를 이용해서 홀드하는 식이다. 문제가 발생하지 않으면 체크아웃 시 돌려준다.

6. 호텔 숙박 시 팁은 1박 기준 2~5달러 정도 침대 옆 테이블 위에 두면 된다.

7. 체크아웃할 때 사용하였던 카드키는 반납해도 되고 기념으로 가져도 된다.

Q. 예약은 어디에서 할까?

호텔 홈페이지에 나와 있는 가격보다 가격 비교 사이트에서 제시하는 가격이 더 저렴한 경우가 많다는 것을 참고하자.

호텔 가격 비교 사이트
부킹닷컴 www.booking.com
익스피디아 www.expedia.com
카약 www.kayak.com
호텔스닷컴 www.hotels.com
아고다 www.agoda.com
호텔트래블닷컴 www.hoteltravel.com
스마트베가스 www.smartervegas.com

호텔의 위치를 정했는데 가격을 좀 더 저렴하게 이용하고 싶다면 호텔 가격경쟁 입찰사이트를 이용하자. 보통 호텔의 원래 가격보다 60~70% 정도 저렴한 가격으로 이용 가능하다. 경쟁 입찰 방식으로 특정 호텔을 지정할 수 없고, 운이 따라야 한다는 것을 참고하자. 구매자가 원하는 '호텔의 위치'와 '등급'만을 정한 후 본인이 원하는 '가격'을 제시하여 입찰에 들어가고, 가능한 숙소가 있을 때 랜덤으로 숙소가 결정된다. 호텔뿐만 아니라 렌터카, 항공기 등도 예약이 가능하다. 낙찰되는 동시에 결제가 되고 원칙상 취소가 어려우니 신중하게 결정하자.

입찰사이트
프라이스라인 www.priceline.com
핫와이어 www.hotwire.com

Q. 리조트 피는 어떤 비용일까?

스트립 지역에 위치한 대부분의 호텔에서 25~35달러의 리조트 피를 받는다. 이 비용은 수영장, 피트니스 등 '호텔 내 편의시설을 이용하는 대가'로 편의시설을 사용하지 않더라도 무조건 부가되는 비용이다. 다운타운 지역은 리조트 피가 없는 호텔도 있다.

Q. 업그레이드를 원한다면?

체크인할 때 결혼기념일, 신혼여행 등의 이유를 들면서 담당 직원에게 업그레이드를 요청해 볼 수 있다. 직원의 역량에 달렸지만 좀 더 고층의 좋은 방이나 등급이 높은 방으로 업그레이드를 해주는 경우도 많다. 고마움을 표현하면서 20달러 정도의 팁을 주는 것이 좋다.

Q. 그 밖의 숙박시설을 원한다면?

호스텔 Hostel
가장 저렴하게 이용할 수 있는 숙박 형태이다. 공동 침실을 사용할 경우 각국에서 여행 온 친구들과 같은 방을 쓰면서 자연스럽게 여행 정보를 나누며 친해질 수 있다. 보통 조식과 Wi-fi(무선 인터넷)가 포함되어 있으며, 취사 가능한 부엌과 세탁실(유료)이 마련되어있다. 공동침실 사용 시 1박 기준(침대 하나당) 11~19달러 정도이며 시즌마다 가격이 조금씩 다르다.

호스텔 타임즈 www.hosteltimes.com
호스텔 www.hostel.com

현지 주민의 집 빌리기
현지인이 된 것처럼 거주하면서 지내보고자 하는 사람들에게 인기가 높다. 호텔보다 가격이 저렴하고 취사가 가능하다는 것이 큰 장점이다. 검색창에 '도시명'을 입력하면 선택 가능한 다양한 집이 소개된다.

윔두 www.wimdu.com
에어비앤비 www.airbnb.co.kr
브로보 www.vrbo.com

한인 커뮤니티 사이트 이용하기
주로 유학생들이 사용하는 서블렛Sublet(월세로 집을 얻은 후 다른 사람에게 방 또는 집을 일시적으로 세놓는 것) 형태의 집이 자주 나온다. 단, 기간이 맞아야 사용이 가능하고, 개인 간의 분쟁이 있기도 하니 주의해서 이용하도록 하자.

아이러브 라스베이거스
http://cafe.daum.net/ilovelasvegas

한인민박
싱글룸, 더블룸, 가족룸으로 꾸며진 방을 빌리는 형태의 숙박이다. 주로 한국 사람들이 모이기 때문에 언어가 통하여 정보 공유가 쉽다. 메인 거리인 스트립에서 대부분 떨어져 있어 도보로는 이동이 불가능하다.

민박월드 www.minbakworld.com
한인텔 www.hanintel.com

SLEEPING 02

로맨틱 여행에
딱 어울리는
럭셔리 호텔

라스베이거스 호텔은 뭔가 특별함이 있다.
고급스러운 인테리어 장식과 서비스,
마치 여왕이 된 듯 특별해지는 기분이 든다.
화려함, 우아함, 고급스러움의 문화를 한껏
느낄 수 있는 최고급 호텔들을 소개한다.
편안하고 섬세한 세련된 서비스는 기본!
지상 최대의 볼거리를 선사하는 쇼,
트랜디한 명품 쇼핑까지 완벽한
휴가를 책임진다.

스마트함과 우아함, 럭셔리함을 모두 갖춘
아리아 Aria

미국의 10대 건축가로 선정된 시저 펠리Ceser Pelli의 설계로, 유리와 철 제소재를 이용해 지은 고급스러운 60층 고층 건물이다. 외관도 멋있지만, 내부를 구성하고 있는 똑똑한 프로그램들이 더 놀랍다. 객실에 들어서면 음악과 함께 자동으로 열리는 커튼은 스마트함까지 느끼게 한다. 바닥에서 천장까지 이어지는 커다란 창을 통해 객실 구석구석까지 자연의 빛이 들어온다. 밤에는 아름다운 스트립 지역의 야경을 즐길 수 있다. 스마트한 첨단 유비쿼터스 시스템으로 스크린에 터치만 하면 조명의 조도나 실내 온도, 커튼 개폐, 음악, 텔레비전, 알람 등을 원하는 대로 섬세하게 조절하여 사용할 수 있다. 객실에 마련된 미니바에는 다양한 음료와 간식거리가 들어있다. 물건을 꺼내면 무게를 인식하고 자동으로 금액이 계산된다. 체크아웃은 카운터로 내려가지 않고 객실 안 스마트 티비를 통해서 리모컨으로도 간단하게 할 수 있다. 클래식 음악이 퍼져 나오는 수영장에서는 녹음이 짙은 나무들이 신선한 그린 향기를 뿜어내고 있어서 편안한 휴식을 돕는다. 뷔페 아리아The Buffet Aria는 커다란 창을 통해 시원스럽게 보이는 잔디밭과 수영장이 미식가들의 입맛을 사로잡는다. 오가닉 재료로 만든 놀라운 맛의 파이브 피프티 피자 바Five 50 Pizza Bar의 피자와 맥주 한잔을 즐겨보는 것도 추천한다. 특별한 즐길 거리를 원한다면 호텔 북쪽 입구에 위치한 쥬얼Jewel 나이트클럽을 가보거나 환상적인 곡예 예술 쇼인 자르카나 쇼Zarkana Show를 보는 것도 좋겠다. 스트립 중심지에 위치하고 있어서 다른 호텔 투어를 다니거나 라스베이거스 도시 곳곳을 즐길 때도 편리하다. 시티센터 크리스털 쇼핑몰에는 명품 브랜드 상점이 위치하고 있다. 호텔 정문에는 83m 높이의 건물 벽에서 떨어지는 폭포수가 시원스럽다.

Data **Map** 156D
Access 듀스버스 타고 시티센터 City Center 정류장 하차. 무료 트램 운행
Add 3730 South Las Vegas Blvd, Las Vegas, Nevada
Tel 702-590-7757
Cost 일반 객실 219~360달러
Web www.aria.com

젊은 감각이 돋보이는

코스모폴리탄 Cosmopolitan

세련되고 감각적인 분위기가 인상적이다. 호텔 내부로 들어서면 3층까지 이어지는 원통형의 계단을 감싸고 있는 크리스털 주렴이 화려하고 섹시하게 느껴진다. 각 방에 장식된 소품, 벽지 등에 사용된 인테리어 감각이 돋보인다. 특히 옷장 내부에 장식된 포인트 벽지가 상당히 귀엽다. 모든 객실에는 삼성 평면 스크린 TV, 초미세 수건, 목욕 가운 등이 구비되어있다. 시티룸 이상급의 객실은 라스베이거스 전경을 감상할 수 있는 테라스가 있다. 특히 벨라지오 분수 쇼가 보이는 객실은 아주 인기가 많다. 4층과 14층 수영장은 깔끔한 시설과 전망이 좋기로 유명하다. 낮에 수영장에서 열리는 클럽인 말퀴 데이 클럽Marguee Day club은 낮부터 밤까지 파티를 즐기는 사람들로 북적인다. 호텔 내에는 다른 쇼핑몰에서는 보기 어려운 유니크한 브랜드들의 상점들이 있어서 재미를 더 한다. 칵테일 바에 들렀다면 〈섹스 앤 더 시티〉 드라마 주인공이 된 듯 보드카 28g 정도 섞은 '코스모폴리탄' 칵테일을 한잔 마셔보자. '위키드 스푼Wicked Spoon' 뷔페는 음식 맛이 대체로 짜다는 의견으로 호불호가 갈리는 편지만 디저트는 정말 맛있다. 생동감이 넘치는 라스베이거스 중심부에 위치하여 다른 호텔들을 구경 다니기에도 아주 편리하다.

Data **Map** 156E **Access** 듀스버스 타고 코스모폴리탄 정류장 하차 **Add** 3708 South Las Vegas Blvd, Las Vegas, Nevada **Tel** 702-698-7000 **Cost** 일반 객실 159~359달러 **Web** www.cosmopolitanlasvegas.com

스티브 윈의 걸작!

윈&앙코르 Wynn&Encore

고급스러운 짙은 갈색과 황금색으로 세련된 유선형 호텔 건물이 인상적이다. 도박의 도시로만 알려졌던 라스베이거스에 세련미와 고급스러움을 불어넣은 전설적인 영웅, 스티브 윈Steve Wynn의 일생일대의 걸작으로 평가받는 호텔이다. 호텔 건물은 노을이 질 때 더욱 아름답게 빛난다. 쌍둥이처럼 꼭 닮은 50층 규모로 지어진 호텔 윈과 앙코르의 내부는 연결되어 있어서 어느 쪽으로 들어가도 둘 다 둘러볼 수 있다. 대리석, 샹들리에, 카펫, 커튼 등 모든 제품이 최고급으로 되어있다. 생화를 이용해서 꾸민 로비의 실내 정원이 화려하고 아름다워서 꼭 한번 들러볼 만하다. 붉은 색감과 나비, 꽃을 모티브로 한 인테리어 감각이 인상적이다. 객실은 바닥에서 천장까지 전면 유리창을 통하여 자연 채광이 들어온다. 현대적인 가구로 편안하게 꾸며져 있으며, 리모컨으로 조명 및 커튼, 룸서비스, TV 등을 제어하는 첨단 시설을 갖추고 있다. 호텔 곳곳에 위치한 카페, 레스토랑, 뷔페에서는 최고급 식재료의 음식을 맛볼 수 있으며, 18홀 규모의 그림처럼 펼쳐져 있는 골프코스는 마니아들의 마음을 설레게 한다. 라스베이거스에서 가장 핫한 XS 나이트클럽에서 시간을 보내거나 매혹적인 워터쇼 르 레브Le Rêve를 관람해도 좋다. 샤넬, 디올, 까르띠에 등 명품 브랜드 매장들이 들어서 있는 윈 에스플라나드Wynn Esplanade도 좋은 제품을 구매하기 위한 편안한 쇼핑 장소다. 페라리를 좋아하는 자동차 마니아라면 호텔 내에 위치하고 있는 펜스키 윈 페라리 마세라티Penske Wynn Ferrari Maserati(일반 15달러, 페라리 소유주 무료입장)도 들러보자. 스트립의 북쪽 지역에 위치하고 있어서 다른 호텔들과 거리가 떨어진 듯한 느낌이지만 조용하게 휴식을 하고 싶은 사람들에게는 오히려 장점으로 발휘되기도 한다.

Data **Map** 187H **Access** 듀스버스 또는 SDX버스 타고 윈&앙코르Wynn&Encore 정류장 하차
Add 3131 South Las Vegas Blvd, Las Vegas, Nevada **Tel** 702- 770-7000 **Cost** 일반 객실 115~360달러
Web www.wynnlasvegas.com

예술적인 우아함의 극치를 느껴보자

벨라지오 Bellagio

호텔 로비에 들어서자마자 보이는 데일 치훌리Dale Chihuly의 피오리 디 꼬모 작품이 눈에 띈다. 화려한 색감과 투명한 질감, 그리고 유리로 만들었다는 것이 믿어지지 않을 만큼 정교한 형태로 2,000여 개의 꽃을 만들어낸 모습이 아주 멋있다. 일 년 내내 생화로 꾸며지는 보태니컬 가든 실내정원Conservation&Botanical Gardens에서는 꽃향기가 둘러싸여 휴식을 취할 수 있는 공간이다. 호텔 앞에 위치한 호수는 이탈리아 꼬모 호수에서 영감을 받아 만들었다고 한다. 호수 안에는 1,000여 개의 노즐이 설치되어 있는데, 이들이 물을 뿜어대며 음악에 춤을 추듯 움직이는 분수 쇼는 가히 압도적이다. 분수 쇼가 보이는 객실은 언제나 인기가 많다. 늘 한결같이 최고의 먹거리를 제공하는 벨라지오 뷔페The Buffet at Bellagio는 긴 줄을 피하기 어렵다. 라스베이거스 3대 쇼에 속하는 O 쇼는 특급 볼거리. 갤러리 오브 파인 아트Gallery of Fine Art에서는 전 세계 유명 박물관 미술관의 소장품들을 순회 전시하고 있다. 미슐랭 별 2개의 피카소Picasso와 픽스 레스토랑Fix Restaurant은 미식가의 입맛을 사로잡는다. 샤넬, 프라다, 알마니, 티파니 등이 있는 명품점도 위치하고 있다. 벨라지오는 라스베이거스 스트립의 중심이라고 해도 과언이 아닌 호텔. 라스베이거스에 왔다면 잠깐이라도 꼭 들러야 하는 호텔로 꼽히는 곳이다. 시티센터 크리스탈 쇼핑몰, 몬테 카를로를 잇는 무료 트램이 운영되고 있어서 주변 호텔 구경 다닐 때도 좋다. 객실 자체는 좁고 오래된 듯하지만 유럽에 어느 호텔에 온 듯 고풍스럽고 전통이 살아있는 느낌을 준다.

Data **Map** 156B
Access 듀스버스 또는 SDX버스 타고 벨라지오Bellagio 정류장 하차 무료 트램 운행
Add 3600 South Las Vegas Blvd, Las Vegas, Nevada
Tel 702- 693-7111
Cost 일반 객실 159~360달러
Web www.bellagio.com

©MGM Resorts International

SLEEPING 03

테마가 있어서 더
재미있고 특별한 호텔

라스베이거스는 마치 세계의 주요 도시를 모아둔 축소판 같다. 호텔 베네시안 운하는 물의 도시 베니스가 연상되고, 호텔 파리 에펠 타워는 이곳이 파리인 듯한 착각이 들게 한다. 고대 로마 시대의 건축물을 본 따 만든 호텔 시저스 팰러스의 거대한 조각이 인상 깊다. 영화 속 한 장면의 주인공이 된 듯 호텔 곳곳이 영화 소품으로 꾸며져 있는 플래닛 할리우드도 멋있다. 호텔 투어만으로도 세계 일주를 한 듯한 기분을 느낄 수 있다.

물의 도시 베니스를 배경으로 한

베네시안&팔라조 The Venetian&The Palazzo

베네시안과 팔라조의 건물이 모두 연결되어 있어서 마치 한 건물처럼 느껴진다. 각 호텔 내부와 연결되는 그랜드 캐널 숍스Grand Canal Shoppes 쇼핑몰은 상점들이 가득 입점 되어 있어서 편의를 돕는다. 팔라조는 모든 객실이 스위트룸으로 되어 있다. 신혼부부, 자녀를 동반한 가족단위 여행객의 만족도가 높다. 베네시안은 호화롭고 고급스러운 인테리어로 인기가 있다. 베네시안 앞 광장과 외관은 정말 예쁘다. 베니스 산마르코 광장에 있는 두칼레 궁전과 종탑, 그리고 푸른 운하의 모습을 완벽하게 재현했다. 섬세하고 고즈넉한 이탈리아 베니스의 분위기를 어쩜 이렇게 잘 옮겨두었을까 하는 감탄이 터져 나온다. 시시때때로 광장 등 곳곳에서는 오페라 가수들의 공연이 펼쳐지는데, 음악이 함께해서 낭만이 배가 된다. 운하에는 파란색 스트라이프 티셔츠를 입은 뱃사공이 낭만적인 음색으로 목청껏 카초네를 부르며 곤돌라를 운행하고 있다. 익살스러운 뱃사공의 유머에 한껏 웃음이 터져 나온다. 고대 이탈리아의 건축을 그대로 재현하여 곳곳에 아름다운 조각상과 천장의 화려한 프레스코, 대리석으로 된 바닥들이 고급스러움을 한껏 느끼게 한다. 세계적인 유명인들의 모습을 똑같이 재현한 '마담 투소'도 재미난 볼거리. 베네시안 앞 종탑 2층에 있다.

Data **Map** 187K **Access** 듀스버스 타고 베네시안&팔라조The Venetian&The Palazzo 정류장 하차
Add 3355 South Las Vegas Blvd, Las Vegas, Nevada **Tel** 702- 414-1000
Cost 일반 객실 159~359달러 **Web** www.venetian.com, www.palazzo.com

낭만적인 느낌이 가득한
파리 Paris

파리의 정취를 라스베이거스에 그대로 옮겨놓은 듯한 테마 호텔이다. 실제 파리 에펠탑의 절반 크기인 '파리 에펠 타워'에서는 벨라지오 분수 쇼와 스트립 지역의 화려한 야경이 한눈에 내려다보인다. 입장 시간은 09:30~24:30, 원하는 시간대에 예약하자. 마치 프랑스 프로방스 거리의 느낌으로 아기자기하게 꾸며진 호텔 내 르 블루바드Le boulevard 거리에는 프랑스 브랜드 제품을 판매하는 다양한 상점들이 입점되어 있어서 구경하는 재미가 있다. 프랑스 출신 작가들의 작품을 구매할 수 있는 '라르 르 파리Arts de Paris', 와인 전문점 '라 카브La Cave'에서 질 좋은 프랑스 와인과 치즈를 구입할 수도 있다. 르 빌리지 뷔페Le Village Buffet는 언제나 인기가 많아 긴 줄을 서야 한다. 무제한으로 뷔페를 이용 가능한 패스인 뷔페 오브 뷔페Buffet of Buffet를 이용할 수 있는 곳이고, 프랑스 여러 지방의 요리를 한 곳에서 다양하게 맛볼 수 있다는 점에서 기대가 크다. 베르사유 궁전처럼 반짝이는 크리스털 샹들리에로 화려하게 꾸며진 로비도 잠시 들러보자. 우아한 아르데코풍으로 예쁘게 꾸며진 객실은 상당히 넉넉한 편이다. 1999년에 지어졌기 때문에 새것 같은 느낌은 아니지만 클래식한 분위기가 매력 있다. 아르데코풍으로 예쁘게 꾸며진 객실과 파리 에펠 타워, 거대한 열기구가 바로 보이는 야외수영장에서의 휴식도 높은 만족감을 선사한다. 스트립 지역 중심지에 위치하고 있어서 주변 관광에도 상당히 편리하다.

Data **Map** 156B **Access** 듀스버스 또는 SDX 버스 타고 파리Paris 정류장 하차
Add 3655 South Las Vegas Blvd, Las Vegas, Nevada **Tel** 702-946-7000
Cost 일반 객실 79~199달러 **Web** www.parislasvegas.com

고전적이고 웅장한
시저스 팰러스 Caesars Palace

마치 로마 시대의 궁전을 보는 듯한 느낌의 건축물이 인상적이다. 이곳에 머물면 누구나 시저처럼 대우를 받는다는 뜻을 담아 호텔 이름이 '시저의 궁전'이 아니라 '시저들의 궁전'이라고 한다. 호텔 곳곳을 장식하고 있는 조각품, 프레스코화, 그림들이 더욱 우아함을 고조시키고, 곳곳의 장식품, 건축 양식들이 고대 로마를 연상하게 한다. 특히 그리스, 로마 신을 테마로 지은 수영장은 고즈넉하고 고급스러운 분위기가 있어서 인기가 많다. 호텔 내 콜로세움 극장에서는 셀린 디온 같은 인기 뮤지션들의 공연이 한창이다. 인기 있는 쇼핑센터 포럼 숍스Forum Shops와 연결되고 있다. 한여름이라면 뙤약볕 아래로 걷지 말고 시원한 호텔 로비를 통과해서 찾아가는 것이 좋다. 3,400여 개의 객실을 보유하고 있는 규모가 상당히 큰 고급 대형호텔로 객실은 모던한 분위기로 깔끔하게 꾸며져 있으며 상당히 넓다. 더블 침대, 킹 침대 원하는 타입으로 고를 수 있다. 초고속 인터넷 이용 가능하며 객실에는 미니바가 마련되어 있다.

Data Map 187K
Access 듀스버스 타고 시저스 팰러스 Caesars Palace 정류장 하차
Add 3570 South Las Vegas Blvd, Las Vegas, Nevada
Tel 702-731-7110
Cost 일반 객실 89~360달러
Web www.caesarspalace.com

위치 좋고 세련된
플래닛 할리우드 Planet Hollywood

영화를 주제로 한 테마 호텔이므로 방 안에는 재미있는 소품들로 꾸며져 있다. 할리우드 인기 영화들의 소품들을 보며 영화의 한 장면을 떠올려보는 재미가 있다. 세계적인 할리우드 스타들의 투자로 만들어진 곳으로 유명하다. 가끔은 공포 영화를 소재로 한 객실도 있으니 주의할 것! 객실이 깔끔하게 관리되고 있고 숙박료가 저렴하여 인기가 많다. 호텔 카지노는 밤에는 마치 나이트클럽처럼 화려한 분위기로 바뀐다. 쇼핑몰 미라클 마일 숍스Miracle Mile Shops에는 140여 개의 상점이 위치하고 있어서 편의를 더한다.

Data Map 156E Access 듀스버스 타고 플래닛 할리우드 Planet Hollywood 정류장 하차
Add 3667 South Las Vegas Blvd, Las Vegas, Nevada
Tel 866-919-7472 Cost 일반 객실 59~350달러
Web www.planethollywoodresort.com

SLEEPING 04
어린이와 함께 온
가족 여행자를 위한 호텔

가족 여행지로도 주목 받는 도시 라스베이거스!
요즘에는 아이들을 동반한 여행자들의 취향과 편의를
고려한 호텔들이 속속들이 등장하고 있다.
취사가 가능하며, 로비에 카지노가 없고, 건물 전체가
금연이라는 것 등의 장점을 가진 호텔들이다.

카지노가 없는 신개념 콘도식 호텔

비다라 Vdara

카지노로 주요 수익을 낸다는 기존의 라스베이거스 호텔 정책에 새로운 콘셉트를 던진 디자인 호텔. 1층 로비에 카지노와 클럽이 없는 호텔로, 담배 연기가 싫고 갬블링을 피하고 싶은 사람, 특히 어린 아이들을 동반한 여행객에게 안성맞춤이다. 모든 객실이 스위트룸으로 되어 있다. 깔끔한 분위기의 인테리어와 인덕션, 싱크대, 전자레인지, 냉장고 등이 구비되어 있는 콘도 스타일의 주방이 인기가 많다. 직접 요리를 하고 싶다면 주방기구, 식기 등을 호텔 측에 요청하면 가져다준다. 로비에는 바Bar와 스타벅스 정도만 있어서 다른 유명 호텔들에 비해 많이 조용한 편. 고급스러운 스파와 프라이빗 파티 라운지 정도만 위치하고 있다. 조용한 휴식을 즐기고 싶다면 만족스러운 선택이 될 것이다. 벨라지오 분수 쇼가 보이는 방이 특히 인기가 많다. 단, 호텔과 트램 정류장 또는 버스 정류장 간 거리가 도보로 7~10분 정도 소요된다. 호텔에서는 셀프 파킹이 안 되고 오로지 발렛 파킹만 가능하다. 차를 찾을 때 소정의 팁을 내면 된다.

Data Map 156D
Access 듀스버스 타고 시티 센터 City Center 정류장 하차 후 도보 7분, 무료 트램 운행
Add 2600 West Harmon Ave, Las Vegas, Nevada
Tel 866-745-7767
Cost 스위트룸 159~360달러
Web www.vdara.com

건물 전체가 금연이라 공기까지 깨끗한
시그니처 앳 MGM 그랜드 Signature at MGM Grand

3개의 건물로 이뤄진 객실은 전부 스위트룸이다. 건물 전체가 금연이고 카지노가 없다. 한국의 콘도처럼 부엌시설이 갖춰져 있어 취사가 가능하다는 점이 가장 큰 장점! 믹서, 냄비, 그릇, 전자레인지, 토스터기, 인덕션 등 주방기구가 다양하게 준비되어 있다. 단, 편의시설은 스타벅스 정도만 있어 아쉽다. 수영장, 레스토랑 등의 편의시설은 도보로 10분 정도 떨어져 있는 호텔 MGM 그랜드 내 시설을 이용하면 된다. MGM 그랜드는 같은 회사에서 만든 호텔이다. 보통의 스트립에 위치한 호텔들은 밖에 나가서 사 먹으라고 부추기듯 그 흔한 전기 포터도 없는 곳이 많은데 이곳은 취사가 가능하니 아이들을 동반한 여행객에게는 정말 좋다. 주차는 발렛 파킹을 이용하면 된다. 주차한 차를 찾을 때 소정의 팁을 주면 된다.

Data **Map** 156E
Access 듀스버스 타고 MGM 그랜드 정류장 하차, 도보 13분. 몬테 카를로Monte Carlo 정류장 하차 후 건너서 도보 12분. 모노레일 운행
Add 145 East Harmon Ave., Las Vegas, Nevada
Tel 877-612-2121
Cost 일반 객실159~360달러
Web www.signaturemgmgrand.com

가족을 위한 테마공원이 있는

서커스 서커스 Circus Circus

어른들만의 도시라고 알려진 라스베이거스를 온 가족의 놀이터로 발전시키고자 기획된 호텔이다. 호텔 부속 건물에 위치한 어드밴쳐 돔 테마파크는 온 가족이 함께 즐길 수 있고, 날씨에 구애받지 않는 실내 놀이동산으로 꾸며져 있다. 호텔 내 뷔페부터 시설들은 저렴한 편이다. 블랙잭 등의 게임을 3달러부터 할 수 있어서 초보자도 적은 금액으로 게임을 즐길 수 있다. 호텔 내 카지노에서는 밤 11시경 공중그네, 저글링, 피에로 쇼 등 짧은 서커스 쇼가 이뤄지고 있으며 무료로 관람이 가능하다. 다양한 색깔의 전구로 현란하고 화려하게 꾸며진 건물 외부가 인상적이다. 객실은 다소 낡은 느낌이다. 스트립 북쪽에 위치하여 대중교통이 불편한 편이지만 차량을 이용해서 다니는 가족 단위의 여행객들에게는 넉넉한 주차공간과 아이들과 가볍게 경험할만한 볼거리, 즐길 거리, 먹거리들이 있어서 편리하다. 객실료가 저렴하다는 것도 장점. 호텔 내에는 캠핑카를 이용해서 오는 고객을 위한 캠핑카 전용 캠핑장인 RV파크도 있다. 전기 후크, 유료세탁기 시설이 완비되어 있어서 캠핑족들에게도 인기 있다.

Data Map 186E
Access 듀스버스 타고 서커스 서커스 Circus Circus 정류장 하차
Add 2880 South Las Vegas Blvd, Las Vegas, Nevada
Tel 702-691-5950
Cost 일반 객실 69~150달러
Web www.circuscircus.com

SLEEPING 05

싱글 여행자를 위한
합리적인 호텔

거리만 나가도 놀 것이 너무 많다.
호텔 방에서 시간을 보내기에는 너무 아깝고,
숙박비에서 아낀 돈을 다른 곳에 쓰는 것이
합리적이라고 생각한다면 주목하자.
위치가 좋아서 다니기에 편리하고
가격은 놀랄 만큼 저렴하다.

라스베이거스 최초의 카지노 호텔
플라밍고 Flamingo

지금의 화려한 대형 라스베이거스 카지노 호텔들의 모델이 된 최초의 카지노 호텔로 알려져 있다. 실제로는 이 지역에서 3번째로 지어진 호텔이지만 최신설비와 화려한 수영장 등의 테마를 담은 호텔로는 최초였기 때문에 최초로 불린다. 마피아 출신 벤자민 시걸Benjamin Siegel의 작품이다. 애인이었던 버지니아 힐의 애칭인 '플라밍고'를 따서 호텔 이름을 붙였다. 총 3,460개 객실을 보유한 호텔로 스트립 거리 중심부에 자리 잡고 있어서 다른 호텔을 구경하거나 쇼핑, 쇼, 레스토랑 등을 즐기기에 편리하다. 리노베이션을 했지만 오래된 호텔인 만큼 낡은 느낌이 있다는 점은 참고하자. 호텔 안 정원에는 이 호텔의 마스코트인 홍학과 잉어, 오리 등의 야생동물 서식지가 들어서 있다.

Data Map 187K
Access 듀스버스 타고 플라밍고 Flamingo정류장 하차. 모노레일 운행
Add 3555 South Las Vegas Blvd, Las Vegas, Nevada
Tel 702-733-3111
Cost 일반 객실 49~165달러
Web www.flamingolasvegas.com

밤에는 광선을 뿜어내는 블랙 피라미드
룩소르 Luxor

피라미드 안에서 하룻밤을! 검정색의 독특한 외관 자체로 만들어진 피라미드와 오벨리스크, 거대한 스핑크스 조각상이 인상적이다. 밤이면 피라미드의 꼭대기에서 강렬한 레이저 광선이 뿜어져 나와 이정표 역할을 톡톡히 한다. 피라미드이기 때문에 비스듬한 각도로 세워진 건물은 엘리베이터도 29° 정도 기울어져 움직인다. 객실은 낡은 편이지만 저렴한 가격대와 이집트라는 인테리어로 여전히 인기가 있는 호텔이다. 인체를 이루는 장기, 핏줄, 신경 등을 다룬 전시관인 바디Bodies(성인 32달러, 4~12세 24달러)에서는 몸의 신비를 느낄 수 있다. 영화 <타이타닉> 관련 유물 2,000여 점과 모형들을 볼 수 있는 타이타닉 전시장Titanic The Artifact Exhibition(성인 32달러, 4~12세 24달러), 3D 영상을 상연하는 아이맥스IMAX 극장도 흥미롭다. 객실 역시 이집트를 테마로 꾸며져 있다. 깔끔하게 정돈되어 있고 크기도 넓어서 고객들의 만족도가 높은 편이다.

Data Map 157H
Access 듀스버스 타고 룩소르Luxor 정류장 하차, 무료 트램 운행
Add 3900 South Las Vegas Blvd, Las Vegas, Nevada
Tel 702-262-4000
Cost 일반 객실 35~165 달러
Web www.luxor.com

잠들지 않는 도시를 그대로 재현하다

뉴욕뉴욕 New York New York

감각 넘치는 패션, 예술, 뮤지컬, 쇼 등 화려한 문화를 가진 뉴욕 맨해튼의 모습을 그대로 재현한 호텔. 엠파이어스테이트나 자유의 여신상, 브루클린 브리지를 배경으로 기념사진을 찍어보자. 타임스 스퀘어, 브로드웨이, 뉴욕의 뒷골목까지도 세밀하고 멋지게 표현되어 있다. 뉴욕 모습의 실제 크기의 1/3 크기로 축소되어 표현되어 있다. 카지노에는 레스토랑과 상점들이 즐비하다. 드라이 에이징 스테이크를 맛볼 수 있는 캘러거 스테이크 Gallagher's Steakhouse 레스토랑도 있고, 20달러 이하의 저렴한 요리를 제공하는 곳도 많이 있다. 객실은 크기에 따라 메이슨 애비뉴 룸, 파크 애비뉴 룸으로 나뉜다. 뉴욕의 고층 빌딩 같은 건물 안에 호텔 객실들이 있다. 바깥에서 보면 각각의 건물로 나뉘진 것처럼 보이지만 내부로는 연결이 되어있다. 객실은 모던하고 평범한 편이다. 호텔 안에서는 잠만 자고 대부분 밖에서 라스베이거스 도시를 구석구석 즐길 사람들에게는 불편함이 없다. 가격대는 저렴하다. 호텔 내에 위치하고 있는, 시속 108km, 전체 길이 1450m. 최대 44m 낙차로 급강하는 롤러코스터는 한 번쯤 타볼 만하다. 이 호텔에서 공연하는 성인 버전의 에로틱 서커스인 주메니티 Zumanity도 인기가 많다.

Data **Map** 156E **Access** 듀스버스 타고 뉴욕뉴욕New York New York 정류장 하차
Add 3790 South Las Vegas Blvd, Las Vegas, Nevada **Tel** 866-815-4365
Cost 일반 객실 49~109달러 **Web** www.nynyhotelcasino.com

취사가 가능한 콘도식 숙박 시설
자키 클럽 베가스 Jockey Club Vegas

벨라지오 옆에 위치하고 있다. 숙소의 등급이 3성급이라 시설이 낡은 편이지만 무엇보다 주방이 있는 콘도식 숙박이라는 점과 가격이 저렴하다는 것이 매력적이다. 럭셔리함보다는 실용적이고, 소박한 느낌으로 잘 정돈된 객실이다. 전기 오븐, 전자레인지, 냉장고 등 취사 시설이 완비되어 있다. 무난하게 지내기에 괜찮다. 수영장도 작고 편의시설도 딱히 없지만, 위치가 좋아서 주변 지역을 제대로 즐길 수 있다.

Data **Map** 156E **Access** 듀스버스 또는 SDX버스 타고 벨라지오Bellagio 정류장 하차, 도보 3분. 무료 트램 운행 **Add** 3700 South Las Vegas Blvd, Las Vegas, Nevada **Tel** 702-798-3500 **Cost** 일반 객실 99달러~ **Web** www.jockeyclubvegas.com

중세시대의 성을 보는 듯한
엑스칼리버 Excalibur

파랑, 빨강 지붕과 아치형의 창이 놀이동산을 보는 듯한 엑스칼리버. 6세기경, 영국의 전설적인 왕이었던 아서왕을 콘셉트로 하여 지은 건물이다. 엑스칼리버는 아서왕의 신비로운 능력이 있는 '마법의 칼' 이름이다. 캐주얼한 분위기. 가격대가 저렴한 만큼 시설은 오래된 편이다. 호텔 만달레이 베이, MGM 그랜드, 룩소르 등을 운행하는 무료 트램이 있어서 다른 주요 호텔 구경을 다니기에도 편리하다. 아서왕의 전설을 재현하며 실제 말이 등장하여 기마전을 펼치는 디너 쇼인 '토너먼트 오브 킹스Tournament of Kings'가 인기 있다(월, 수 18:00, 목~일 20:30, 디너 포함 59달러, 디너 제외 44.35달러).

Data **Map** 157H **Access** 듀스버스 또는 SDX버스 타고 엑스칼리버 Excalibur 정류장 하차, 무료 트램 운행 **Add** 3850 South Las Vegas Blvd, Las Vegas, Nevada **Tel** 702-597-7777 **Cost** 일반 객실 35~165달러 **Web** www.excalibur.com

SLEEPING 06

사막 속 오아시스 같은
수영장이 있는 호텔

수영장에서 좋아하는 책을 보고 음악을 들으며
여유로운 시간을 가져보자.
사막에 세워진 멋진 수영장들 사이로 녹음이 푸르른
가로수의 자태가 보인다. 뜨겁게 내리쬐는 햇살,
야자수 그늘에서 제대로 즐기는 힐링 타임이다.

멋진 야외 수영장이 인상적인

MGM 그랜드 MGM Grand

초록색 외관이 도도하게 빛난다. 로비 안에 들어서면 황금으로 빛나는 큰 사자상이 상징인 호화로운 호텔. 이 호텔의 수영장에는 한쪽 방향으로 물이 흐르는 유수 풀이 있다. 튜브 위에 올라타서 물의 흐름에 몸을 맡기고 동동 떠다니면서 한 손에는 칵테일이나 맥주 등을 마실 수 있다. 튜브는 20달러 정도를 주고 대여해야 한다. 객실 5,000개 이상을 구비하고 있어 라스베이거스에서 가장 큰 호텔에 속한다. 편리한 위치와 서비스, 가격대비 만족도가 높은 인기 호텔이다. 일반 객실에서 30달러 정도만 추가하면 스테이 웰Stay Well 객실로 업그레이드를 할 수 있다. 객실 구조나 크기는 일반 객실과 비슷하지만 고객의 건강을 먼저 생각하고, 편안한 수면과 진정한 휴식을 돕는 다각적 연구를 기반으로 계획된 방으로 청소 상태부터 다르다. 자외선 도구로 살균 청소를 하고, 탄소필터를 이용하여 욕실 물을 한 번 정화하거나 뇌가 편안하게 느끼는 조명의 조도를 사용한다. 호텔 내에는 놓치고 싶지 않은 라스베이거스 3대 쇼에 속하는 카 쇼가 진행되는 극장이 있다. 미국 인기 드라마인 CSI 범죄수사대의 촬영 세트를 그대로 재현한 CSI 체험관도 인기 있다. 조엘 로부숑Joël Robuchon Restaurant, 레인포레스트 카페 Rainforest Cafe 등 맛있는 레스토랑도 위치하고 있다. 호텔이 너무 크다 보니 방을 찾아갈 때 로비에서 한참을 걸어야 하지만 호텔 내 볼거리, 놀 거리, 먹거리들이 많아서 즐거운 호텔이다.

Data Map 156E
Access 듀스버스 또는 SDX버스 타고 MGM 그랜드MGM Grand 정류장 하차. 모노레일 운행
Add 3799 South Las Vegas Blvd, Las Vegas, Nevada
Tel 702-891-1111 **Cost** 일반 객실 79~399달러 **Web** www.mgmgrand.com

식인상어의 짜릿한 스릴이 있는

골든 너겟 Golden Nugget

라스베이거스의 발상지였던 다운타운에 위치한 골든 너겟은 1946년에 지어진 유서 깊은 호텔이다. 번쩍번쩍한 금색 외관 장식이 돋보인다. 이 호텔 안에는 세계적으로 유명한 탱크 The Tank 수영장이 있다. 이 수영장의 압권은 수영장 한가운데 위치한 수족관과 미끄럼틀이다. 수족관 안에는 식인상어로 알려진 샌드타이거 상어, 브라운 상어, 너스 상어 등 16마리 정도의 상어들과 가오리, 숭어 등 다양한 물고기들이 살고 있는데, 그 수족관 한가운데로 미끄럼틀이 통과한다. 강화유리보다 150배 더 단단하다는 폴리카보네이트 아크릴을 이용하여 10cm 두께로 만든 수족관이지만 미끄럼틀을 타고 수족관을 통과하며 마주치게 되는 상어들의 날카로운 이빨과 사납게 찢어진 눈매에 간담이 서늘해진다. 연중 내내 이용이 가능한 수영장으로 계절에 따라 다르지만 보통 10시부터 5시까지 수영을 즐길 수 있다. 골든 너겟 내부에는 27.2kg의 세계 최대 크기의 금덩어리 원석이 전시되어있다. LG에서 설치한 '프리몬트 스트리트 익스피리언스'가 이뤄지는 거리에 위치하고 있다. 쇼를 보러온 날에 잠시 수영장에 들러 구경을 해도 좋다. 가격대가 저렴하고 호텔 내부는 깨끗한 편이다.

Data **Map** 206E **Access** 듀스버스 또는 SDX버스 타고 카슨 Carson 역 하차 후 도보 2분 (프리몬트 스트리트 간다고 운전사에게 말해도 된다) **Add** 126 East Fremont, Las Vegas, Nevada **Tel** 702-385-7111, 800-634-3454 **Cost** 일반 객실 59~129달러 **Web** www.goldennugget.com

파도와 야자수, 멋진 수영장이 있는
만달레이 베이 Mandalay Bay

신시가지인 스트립에서 가장 남쪽에 위치한 호텔. 황금색의 유리창이 마치 뜨겁게 내리쬐는 태양을 표현한 듯하다. 늘어선 야자수와 하얀 모래 해변, 푸른 물결의 파도가 치는 수영장은 마치 카리브해변을 옮겨 놓은 것 같다. 사막 속의 오아시스와 같은 풍경이다. 1.8m 높이의 파도가 밀려오는 인공파도 풀과 유수 풀은 인기 풀장. 워터파크에 온 듯 신나게 즐길만한 시설들이 많다는 것이 장점이다. 하루 종일 재밌게 수영장을 이용하고 싶다면 다른 곳보다 액티비티한 시설들이 많은 만달레이 베이를 추천한다. 그 외에도 깊은 물 속의 풍경을 그대로 옮겨온 듯한 초대형 아쿠아리움 샤프 리프 Shark Reef도 가볼 만하다. 치명적인 독을 가진 왕도마뱀인 '코모도드래곤', 11종의 상어, 우아한 몸짓의 해파리, 가오리 등을 직접 만질 수 있는 체험관 등 인상적인 볼거리, 체험 거리가 가득하다. 다른 호텔로의 이동은 무료 트램을 이용하거나 듀스버스를 타면 쉽게 다닐 수 있다. 고급스럽고 세련된 분위기의 모던한 객실을 보유하고 있으며, 신혼여행, 비지니스 이용자에게는 스탠다드룸보다는 방과 거실이 따로 분리되어 있는 스위트룸이 더 인기 있다.

Data **Map** 157K **Access** 듀스버스 타고 만델레이 베이 Madalay Bay 정류장 하차. 무료 트램 운행
Add 3950 South Las Vegas Blvd, Las Vegas, Nevada **Tel** 702-632-7777
Cost 일반 객실 150~400달러 **Web** www.mandalaybay.com

LAS VEGAS BY
AREA

01 스트립 남부
02 스트립 북부
03 다운타운

Las Vegas By Area

01

스트립 남부
SOUTHERN STRIP

라스베이거스에서 가장 번화하고
유동인구가 많은 지역. 맛집들이 많아서
먹방 여행을 계획한 자에게는 미식 여행,
세련되고 고급스러운 상점들은 마음먹고
쇼핑하러 온 이에게는 쇼핑 천국임을
만끽하게 한다. 개성 강한 호텔들을 돌아보며
최상급의 서비스를 만끽해보자.
사막 위에 세워진 파라다이스에서
호사를 꿈꾸는 자에게는 꿈의 휴양지가
펼쳐지는 곳이다. 화려한 음악과 함께하는
벨라지오 분수 쇼는 절대로 놓치지 말자.

Southern Strip
PREVIEW

라스베이거스 번화가인 스트립 지역은 볼거리, 먹거리, 즐길 거리가 가장 밀집된 지역이라고
해도 과언이 아니다. 휘황찬란한 네온사인들로 밤에도 대낮처럼 환하다.
파도 풀장으로 유명한 호텔 만델레이 베이부터 예술성이 짙은 벨라지오,
새로 지은 핫한 코스모폴리탄과 아리아까지 호텔 구경만 해도 하루가 꽉 찬다.

SEE

초대형 호텔들이 늘어서 있는 스트립 지역은 그냥 걷기만 해도 볼거리가 넘친다. 두 눈이 휘둥그레질 만큼 거대하고 감각적으로 꾸며둔 호텔들을 구경하는 것은 라스베이거스에서 꼭 해볼 만한 일이다. 럭셔리한 분위기의 상점들을 구경하며 스타일 좋은 제품들을 구경해보자.

ENJOY

도심 속을 가르는 롤러코스터를 타고 스트레스를 날려보자. 무료 쇼라고 하기에는 놀랄 만큼 웅장하고 아름다운 벨라지오 분수 쇼는 절대 놓치지 말자. 해양 동물과 아마존에 서식하는 각종 물고기와 파충류를 볼 수 있는 샤크 리프는 아이들에게 인기가 많다. 낭만의 도시 파리의 상징물인 파리 에펠 타워에 올라 야경을 감상해도 좋겠다.

EAT

샌드위치, 햄버거 등 저렴하고 간편한 음식부터 내 마음대로 맘껏 먹는 뷔페와 미슐랭 3스타의 고급 레스토랑까지 선택의 폭이 아주 넓다. 라스베이거스는 '모든 사람들이 만족스럽게 먹고, 마시고, 즐길 수 있게 하겠다'는 콘셉트가 중요한 도시로 어느 곳에 가든지 웬만하면 다 맛이 좋다.

SLEEP

주요 볼거리가 몰려 있기 때문에 관광이 편리하다. 위치 좋고 가격이 저렴한 호텔로는 룩소르, 엑스칼리버, 뉴욕뉴욕 등이 있고, 플래닛 할리우드도 가격대비 시설과 위치가 좋아서 인기가 많다. 고급 호텔로는 아리아, 코스모폴리탄을 추천한다. 어린이를 동반한 여행자라면 로비에 카지노 없는비다라가 좋다. MGM 그랜드와 만달레이 베이는 수영장이 좋기로 유명하다.

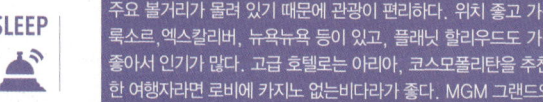

어떻게 갈까?

라스베이거스 맥캐런 국제공항에서 자동차로 10~15분 거리에 위치하고 있다. 공항 셔틀버스 또는 택시 등으로 이동이 가능하다. 미리 예약하지 않아도 공항 출구 앞에 셔틀버스가 많이 있어서 탑승할 수 있다. 일행이 있다면 택시가 오히려 경제적일 수 있으나 출퇴근 시간과 늦은 밤 교통체증이 심한 시간대에는 길이 많이 막힌다는 점을 참고하자.

어떻게 다닐까?

주요 볼거리가 사우스 라스베이거스 블루바드거리에 위치하고 있다. 라스베이거스 도시 내를 다닐 때는 듀스버스, SDX버스 등을 타고 다니면 된다. 무료로 탑승 가능한 트램도 호텔 간을 연결하는 교통수단이므로 미리 노선을 확인하자. 렌터카를 이용한다면 호텔 내의 주차는 셀프파킹 또는 발렛파킹을 이용하면 된다. 발렛파킹 시 따로 이용요금은 없고, 차를 찾을 때 2~5달러 정도의 팁만 내면 된다.

Southern Strip
ONE FINE DAY IN

유명한 초대형 호텔들이 모여 있어 호텔 안과 상점들 구경만 해도 꽉 찬 하루가 된다.
맛집이 많은 지역이라서 눈과 입이 즐겁다. 호텔들이 가까워 보여도 걸어서 가기에는 멀다.
머니 버스를 적절하게 타면서 다니는 것이 좋다. 환상적인 명품 쇼를 관람하는 것도 잊지 말자.

투숙 중인 호텔 수영장에서
느긋한 아침 보내기

→ 버스 10~50분

호텔 코스모폴리탄 구경 후
시티센터 크리스털 쇼핑몰
돌아보기

→ 도보 5분

호텔 아리아 또는 코스모폴리탄
뷔페에서 든든한 점심 식사하기

↓ 버스 10분

호텔 파리 내부 상점
구경 가기

↓ 도보 5분

← 버스 15분

월드 오브 코카콜라,
엠앤엠즈 월드 구경하기

← 도보 3분

롤러코스터 타기. 또는
샤크 리프 아쿠아리움 가기

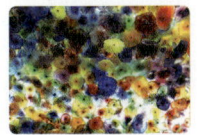

호텔 벨라지오
보태니컬 가든 실내정원,
데일 치훌리 작품 감상하기

도보 5분 →

O 쇼 또는
KA 쇼 관람하기

도보 5분 →

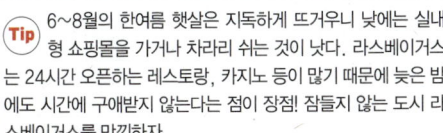

벨라지오 분수 쇼 감상 후
파리 에펠 타워 올라가기

↓ 도보 10분

말퀴 나이트클럽 또는
호텔 카지노 즐기기

> **Tip** 6~8월의 한여름 햇살은 지독하게 뜨거우니 낮에는 실내형 쇼핑몰을 가거나 차라리 쉬는 것이 낫다. 라스베이거스는 24시간 오픈하는 레스토랑, 카지노 등이 많기 때문에 늦은 밤에도 시간에 구애받지 않는다는 점이 장점! 잠들지 않는 도시 라스베이거스를 만끽하자.

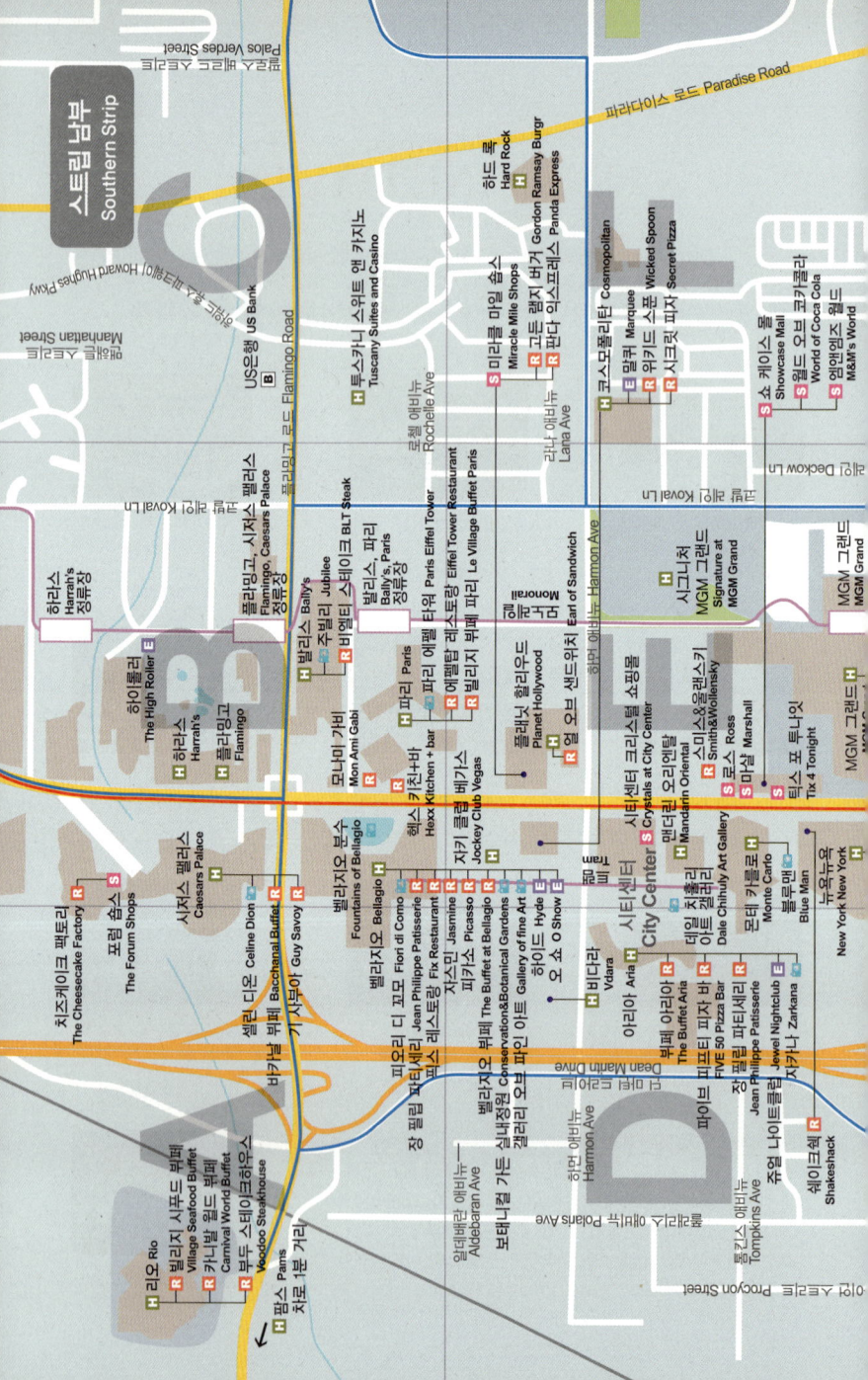

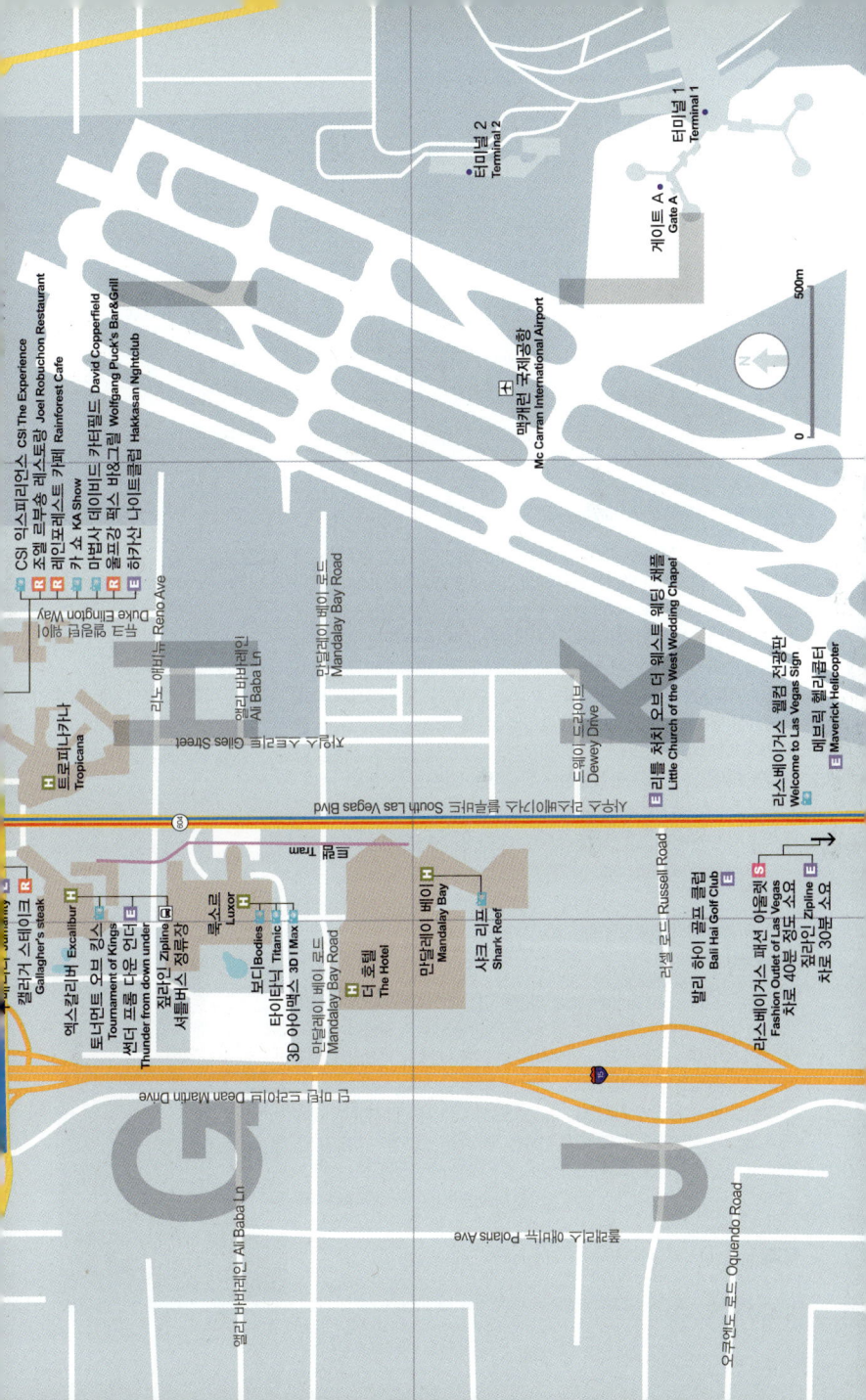

LAS VEGAS BY AREA 01
스트립 남부

웬만한 워터 파크 못지않은
만달레이 베이 Mandalay Bay

라스베이거스의 주요 호텔들이 모여 있는 스트립 지역 가장 남쪽에 위치하고 있는 호텔이다. 만달레이 베이 내에 있는 2,000여 종의 어류가 살고 있는 샤크 리프Shark Reef는 어린이를 동반한 방문자들에게 권할만한 볼거리이다. 규모는 크지 않지만 사막한 가운데에서 즐기는 수족관이라 더욱 특별하게 느껴진다. 웬만한 워터 파크 부럽지 않은 시설을 가진 만달레이 베이 수영장에는 1.8m 높이로 파도가 치는 인공파도 풀과 튜브를 타고 물에 몸을 실으면 정해진 방향으로 흐르는 물길을 따라 움직이는 유수 풀이 있다. 야자수가 곳곳에 심어져 있는 카리브Caribbean 풍으로 꾸며진 인공해변도 아름답다. 하지만 수영장은 투숙객만이 이용할 수 있어 아쉽다. 호텔 곳곳에 전시되어있는 감각적인 인테리어 소품들이 열대 지방의 낙원에 온 듯한 느낌을 들게 한다.

Data **Map** 157K
Access 듀스버스 타고 만달레이 베이Madalay Bay 정류장 하차. 무료 트램 운행
Add 3950 South Las Vegas Blvd, Las Vegas, Nevada
Tel 702-632-7777
Open 수영장 08:00~19:00 (날씨에 따라 오픈 시간 변경)
Cost 일반 객실 150~400달러
Web www.mandalaybay.com

이집트 피라미드의 위용과 당당함
룩소르 Luxor

이집트 피라미드를 본 따 만든 호텔 외관은 검은색으로 만들어져서 현대적인 감각이 돋보인다. 밖에서는 검게 보이지만 실제로는 객실의 창문이다. 특수유리이기 때문에 객실 안에서는 꽤 밝게 보인다. 가격대가 저렴하고 다른 호텔들을 둘러보기에도 위치가 괜찮아서 여행자들에게 인기가 많은 호텔이다. 할리우드 영화 속 배경으로 자주 등장한 덕분에 익숙하다. 밤에는 피라미드 꼭대기에서 강렬한 레이저를 쏘아 올려 이정표 역할을 하기도 한다. 호텔 밖에 위풍당당하게 세워져 있는 스핑크스 조각과 로비에 전시되어있는 이집트 유적, 조각, 미술품들이 이국적인 분위기를 자아낸다.

Data **Map** 157H **Access** 듀스버스 타고 룩소르Luxor 정류장 하차. 무료 트램 운행 **Add** 3900 South Las Vegas Blvd, Las Vegas, Nevada **Tel** 702-262-4000 **Cost** 일반 객실 35~165달러 **Web** www.luxor.com

Data Map 157K
Access 듀스버스 또는 SDX버스 타고 만달레이 베이 Madalay Bay 정류장 하차, 남쪽 방향으로 도보 15분
Add 5100 Las Vegas Blvd, Paradise, Nevada

여기서부터 라스베이거스 시작!

라스베이거스 웰컴 전광판 Welcome to Las Vegas Sign

스트립 남부에 위치하고 있는 웰컴 사인 전광판이다. '이곳부터 라스베이거스입니다'라는 뜻의 이정표이다. 이 전광판의 모습을 그대로 본을 떠서 만든 열쇠고리, 자석 등을 기념품점에서 쉽게 볼 수 있다. 개인 차량이 있다면 잠시 들러 사진 촬영을 해도 좋겠다. 대중교통으로는 갈 경우 웰컴 전광판 앞까지 바로 가는 버스는 없다. 만달레이 베이 앞에서 내린 후 남쪽으로 15분 정도 걸어가야 한다는 것이 단점이다. 걸어가는 길에 그늘이 없어서 한여름에는 너무 더우니 가능하면 아침 일찍 또는 저녁에 가는 것을 추천한다. 전광판 옆에 있는 작은 공항은 개인 비행기, 헬기 등의 이착륙이 가능하다고 한다. LA나 뉴욕 등에 거주하는 부자들은 자신들의 개인 비행기를 이용하여 주말에 라스베이거스에 놀러 올 때 많이 사용된다.

원탁의 기사 아서왕의 전설이 느껴지는

엑스칼리버 Excalibur

디즈니랜드에서 볼 것 같은 알록달록한 색채의 모습이 상당히 인상적이다. '원탁의 기사'로도 유명한 아서왕과 중세시대를 콘셉트로 지어진 테마호텔이다. 엑스칼리버의 객실은 낡은 편이지만 숙박료가 저렴하고 호텔 옆으로 뉴욕뉴욕, 룩소르, 길 건너편에는 MGM 그랜드가 위치하고 있어서 관광 다니기에 좋은 편이다. 중세시대를 배경으로 기사들이 등장하는 토너먼트 오브 킹스 Tournament of Kings와 남성 스트립쇼인 선더 프롬 다운 언더 Thunder from Down Under는 인기가 많은 쇼이다. 엑스칼리버 웹사이트를 통해 티켓 구입이 가능하다.

Data Map 157H
Access 듀스버스 타고 엑스칼리버 Excalibur 정류장 하차. 무료 트램 운행
Add 3900 S Las Vegas Blvd, Las Vegas, Nevada
Tel 702-262-4000
Cost 일반 객실 35~165 달러
Web www.excalibur.com

거대한 규모의 초록빛 건물
MGM 그랜드 MGM Grand

객실 5,000개가 넘는 규모로 호텔 내에만 돌아다녀도 다리가 뻐근하다. 호텔 안에서만 놀아도 놀 거리, 먹거리가 풍부하고, 주변 호텔들과도 가까운 편이어서 관광하기에도 좋다. MGM 그랜드의 수영장에는 한쪽 방향으로 물이 흐르는 유수풀이 있다. 유수풀에서는 칵테일을 들고 튜브를 타며 즐길 수 있다. 고급스럽고 정말 특별한 식사를 계획한다면 미슐랭 별 3개를 받은 조엘 로부숑 레스토랑Joel Robuchon Restaurant을 추천한다. 라스베이거스 3대 유료 쇼에 속하는 특급 볼거리 카 쇼Ka Show도 진행된다. 로비 곳곳에 위치한 상점에서 간단하게 쇼핑을 즐겨도 좋겠다. 로비에는 MGM 그랜드의 상징 황금사자상이 한가운데에 떡 하니 자리 잡고 있다. 예전에는 로비에 실제로 살아있는 사자가 있었으나 지금은 조각품만 있는 상태이다. 밤이면 건물 전체가 초록색으로 빛나며 환상적인 분위기로 변신한다. 이 신비로운 초록색은 1939년 할리우드의 대표적인 영화 제작사인 MGM에서 제작한 영화 〈오즈의 마법사〉의 시골 마을에서 살던 도로시가 방문했던 '에메랄드 시티'를 형상화한 것이라고 한다. 현재의 MGM과는 별개인 MGM 그랜드 사가 이 호텔을 소유하고 있다. MGM 그랜드는 만달레이 베이, 아리아, 뉴욕뉴욕, 룩소르, 벨라지오, 미라지, 서커스 서커스 등 라스베이거스의 유명 호텔들을 소유하고 있다. 엠 라이프M life라는 토탈 리워드 카드(p.094)를 이용하면 같은 계열 사인 호텔, 카지노, 레스토랑 등에서 사용한 금액을 일정 금액을 적립 받고 숙박, 식사권 등을 받을 수 있다. 라스베이거스에 자주 올 계획이라면 만들기를 추천한다.

Data **Map** 156E **Access** 듀스버스 또는 SDX버스 타고 MGM그랜드MGM Grand 정류장 하차
Add 3799 South Las Vegas Blvd, Las Vegas, Nevada **Tel** 702-891-1111 **Cost** 일반 객실 79~399달러
Web www.mgmgrand.com

맨해튼 도시를 옮겨온
뉴욕뉴욕 New York New York

뉴욕이 콘셉트인 호텔 안에는 브루클린 브리지, 자유의 여신상, 엠파이어스테이트도 있다. 즐거운 비명소리와 함께 스트레스를 날려버릴 수 있는 놀이기구 롤러코스터가 특히 유명하다. 바로 사막 한가운데 세워져 있는 뉴욕뉴욕을 가로지르며 최고 108km의 속력으로 급강하와 회전을 거듭한다. 뉴욕뉴욕 내부에 들어서면 상점들의 간판과 레스토랑의 분위기까지 뉴욕의 거리를 빼닮은 듯 꾸며져 있다. 에로틱한 서커스인 주메니티쇼 Zumanity Show는 연인이나 부부 관객들에게 추천한다. 레스토랑 갤러거 스테이크 Gallagher's Steak에서는 건조 숙성된 품질 좋은 스테이크를 맛볼 수 있다. 객실은 낡은 편이지만 가격대가 저렴하고 위치가 좋다는 점에서 인기가 많다.

Data Map 156E
Access 듀스버스 타고 뉴욕뉴욕 New York New York 정류장 하차
Add 3790 South Las Vegas Blvd, Las Vegas, Nevada
Tel 866-815-4365
Cost 일반 객실 49~109달러
Web www.nynyhotelcasino.com

젠틀한 느낌이 살아있는
몬테 카를로 Monte Carlo

프랑스 동남부 지역과 맞닿아 있는 모나코의 북쪽에 있는 도시 이름인 몬테 카를로의 이름을 딴 호텔이다. 단순하지만 세련된 인테리어로 유럽의 고급스러움을 호텔 곳곳에 담았다. 다른 호텔에 비해 공간이 넓지 않지만, 주차장에서 객실까지의 거리가 다른 호텔에 비해 비교적 짧고, 카지노 층과 객실 층을 완전히 분리하는 등 야무지고 짜임새 있게 설계하여 이용에 편리하다. 또한 프런트 데스크가 많아서 체크인, 체크아웃 시의 혼잡함도 덜어주었다. 블루맨 등의 쇼도 진행되고 있는 호텔이다. 호텔 자체의 볼거리는 많지 않지만, 스트립 지역 중심에 위치하고 있어서 관광에는 편리한 편이다.

Data Map 156E
Access 듀스버스 타고 몬테 카를로 Monte Carlo 정류장 하차. 무료 트램 운행
Add 3770 South Las Vegas Blvd, Las Vegas, Neveda
Tel 702-730-7777
Cost 일반 객실 59~129달러
Web www.montecarlo.com

최상의 선택, 위치 좋고 아름다운 호텔

아리아 Aria

Writer's Pick!

다른 도시에 비해 퀄리티 대비 숙박 비용이 월등하게 저렴하기로 유명한 라스베이거스에 왔다면 최고급 호텔에서 럭셔리한 휴가를 즐기는 것도 꼭 해보고 싶은 일일 터. 가장 추천하는 호텔 중 하나이다. 미국 10대 건축가로 꼽히는 시저 펠리Ceser Pelli가 설계했다. 깔끔하고 세련된 디자인의 외관과 호텔 곳곳에 위치한 예술작품들이 고급스러움을 더한다. 유리와 철제로 되어 빛에 반짝이는 건축물의 자태가 인상적이다. 모던하고 세련된 시설과 인테리어, 친절한 서비스 등 최고급 호텔에서 기대할 수 있는 모든 것이 집약되어 있다. 객실 내부에 들어서면 자동으로 커튼이 열리면서 웰컴 음악이 퍼져 나온다. 실내 온도, 알람, 텔레비전 등을 섬세하게 제어할 수 있는 스마트 스크린 조절 장치도 있다. 호텔 곳곳에 전시되고 있는 현대미술 작품은 은으로 콜로라도강을 표현한 마야 린Maya Lin의 작품인 '실버 리버Silver River', 제니 홀저Jenny Holzer의 79m짜리 작품인 LED 작품 베가스VEGAS, 우아한 소용돌이를 3m 높이의 스테인레스 스틸로 만든 조각인 토니 크래그Tony Cragg의 작품 볼트Bolt 등이다. 입맛 따라 편하게 식사할 수 있는 뷔페 아리아The Buffet Aria도 들러볼 만하다. 환상적인 곡예무대를 선보이는 유료 쇼인 자르카나 쇼Zarkana Show도 볼 수 있다. 세계적인 디제이들의 음악을 감상할 수 있는 쥬얼Jewel 나이트클럽, 호텔과 이어지는 시티센터 크리스털 쇼핑몰도 꼭 들러보자. 깔끔하고 세련된 분위기 속에서 쇼핑을 즐길 수 있다. 무료 트램이 운행되고 있어서 몬테 카를로, 벨라지오 등 주변 호텔을 관광할 때 편리하다.

Data **Map** 156D **Access** 듀스버스 타고 시티 센터City Center 정류장 하차. 무료 트램 운행
Add 3730 South Las Vegas Blvd, Las Vegas, Nevada **Tel** 702-590-7757
Cost 일반 객실 219~360달러 **Web** www.aria.com

 섹시한 느낌이 마음을 설레게 한다

코스모폴리탄 Cosmopolitan

2010년에 오픈한 호텔로 새로 지은 호텔답게 개혁적이고 도발적인 섹시함이 넘쳐난다. 다른 호텔과의 차별성을 두기 위한 전략적인 인테리어가 아주 돋보인다. 크리스털 주렴이 호텔 내 원통형 계단을 감싸며 화려함을 뽐낸다. 다른 곳에서 보기 어려운 개성 강한 브랜드상점을 구경하거나 바에서 코스모폴리탄 칵테일 한잔을 즐겨봐도 좋다. 객실은 벨라지오 분수 쇼가 보이는 방이 인기가 많다. 4층과 14층에 위치한 수영장에서 휴식을 취하거나 인기 클럽인 말퀴Marquee에서 낮과 밤에 열리는 파티를 즐기는 것도 좋겠다.

Data **Map** 156E **Access** 듀스버스 타고 코스모폴리탄Cosmopolitan 정류장 하차
Add 3708 South Las Vegas Blvd, Las Vegas, Nevada **Tel** 702-698-7000
Cost 일반 객실 159~359달러 **Web** www.cosmopolitanlasvegas.com

감각적인 테마들로 꾸며진

플래닛 할리우드 Planet Hollywood

영화를 주제로 한 테마 호텔로 캐주얼한 분위기가 독특하게 느껴진다. 브루스 윌리스, 데미 무어, 아놀드 슈왈제네거, 실베스터 스탤론 등 세계적인 영화배우들의 투자로 만들어졌다. 그 때문인지 호텔 곳곳에서 로맨틱한 할리우드를 느낄 수 있다. 호텔 객실 벽에는 할리우드 영화의 한 장면, 역사적인 장면 등의 사진 자료가 걸려있고, 영화 속 각종 소품들이 객실 내부를 장식하고 있다. 예를 들면 〈늑대와의 춤〉에서 주인공이 쓰고 나온 카우보이모자나 〈로스트 인 스페이스〉에서 등장한 장갑, 옷 등으로 말이다. 객실마다 인테리어 콘셉트도 각각 달라서 공포영화 주제의 방도 있다. 객실의 욕조가 크고 넓어서 거품 목욕을 즐기는 사람들의 만족도가 높다. 샤워부스는 따로 마련되어 있다. 호텔의 카지노는 다른 호텔에 비해 더 어둡고 번쩍번쩍 불빛이 느껴지는 나이트클럽 같은 느낌이라서 호불호가 갈린다. 가격대비 시설이 깔끔하고 스트립 중심에 위치하고 있어서 인기가 많다. 호텔 1층 카지노는 '미라클 마일 숍스Miracle Mile Shops'와 연결되어 있어서 잠시 둘러보며 쇼핑을 즐길 수도 있다. 쇼핑몰 내에서 1시간 또는 30분마다 진행되는 '스톰 레인 쇼Storm rain Show'가 인기가 있다. 인공하늘로 그려진 천장에서는 천둥 번개가 치고, 안개가 끼고 인공연못 위로 비가 내리기도 한다.

Data **Map** 156E **Access** 듀스버스 타고 플래닛 할리우드Planet Hollywood 정류장 하차
Add 3667 South Las Vegas Blvd, Las Vegas, Nevada **Tel** 866-919-7472
Cost 일반 객실 59~350달러 **Web** www.planethollywoodresort.com

Writer's Pick! 낭만의 도시 파리를 그대로 옮긴 듯

파리 Paris

에펠 타워, 개선문, 루브르, 베르사유 궁전까지 프랑스 명소를 그대로 옮겨 놓은 호텔이다. 호텔 내 상점들도 전부 프랑스 브랜드이다. 상점들의 글씨, 길 이름도 프랑스어로 되어 있어서 여기가 미국인지, 프랑스인지 헷갈릴 정도이다. 어둑어둑해지는 해 질 녘을 표현한 조명 때문에 살짝 어두운 분위기이지만 더욱더 고즈넉하게 느껴진다. 파리 호텔 내의 르 빌리지 뷔페Le Village Buffet에서 다양한 프랑스 지방 음식들을 맛보거나 파리 에펠 타워Paris Eiffel Tower의 꼭대기 전망대에 올라가서 라스베이거스의 전경을 감상해도 좋겠다. 객실은 아르누보 양식으로 우아하게 꾸민 것이 특징! 신혼여행객들에게 특히 인기가 많다.

Data **Map** 156B **Access** 듀스버스 또는 SDX버스 타고 파리Paris 정류장 하차 **Add** 3655 South Las Vegas Blvd, Las Vegas, Nevada **Tel** 702-946-7000 **Cost** 일반 객실 79~199달러 **Web** www.parislasvegas.com

Writer's Pick! 예술적 감각이 가득한

벨라지오 Bellagio

건축한 지 오래된 호텔이지만 곳곳에서 고풍스러운 전통의 향기가 느껴진다. 벨라지오 분수 쇼가 보이는 객실의 가격대는 높지만 늘 인기가 많다. 로비에 위치하고 있는 사시사철 꽃향기가 느껴지는 보태니컬 가든 실내정원Conservation&Botanical Gardens과 유리공예의 대가 데일 치훌리Dale Chihuly의 수제 유리 작품인 피오리 디 꼬모Fiori di Como은 이 호텔에 숙박하지 않더라도 꼭 봐야 하는 필수 볼거리! 픽스 레스토랑Fix Restaurant, 피카소Picasso 등은 미식가의 입맛을 충족시킨다. 벨라지오 내 공연장에서 진행되는 라스베이거스 대표 유료 쇼인 '오 쇼O Show'는 가격이 비싼 만큼 큰 감동을 준다. 예약은 필수이다. 스트립 지역의 중심지에 위치하고 있어 접근성도 아주 좋다. 벨라지오 분수에서 진행하는 무료 분수 쇼도 절대 놓치지 말자.

Data **Map** 156B **Access** 듀스버스 또는 SDX버스 타고 벨라지오Bellagio 정류장 하차, 무료 트램 운행 **Add** 3600 South Las Vegas Blvd, Las Vegas, Nevada **Tel** 702-693-7111 **Cost** 일반 객실 159~360달러 **Web** www.bellagio.com

최고의 전망을 감상하자
파리 에펠 타워 Paris Eiffel Tower

스트립 거리 한가운데에 눈에 딱 들어오는 철제 건물이 있다. 바로 파리의 에펠탑을 쏙 빼닮은 라스베이거스의 파리 에펠 타워이다. 파리에 있는 실제 에펠탑의 딱 절반 크기인 140m 정도의 복제품이다. 파리 에펠 타워의 꼭대기 층 전망대에서는 화려한 벨라지오의 분수 쇼와 라스베이거스가 한눈에 보이는 경관을 감상하기에 좋은 장소로 알려져 있다. 단, 분수 쇼의 음악은 거리가 있는 관계로 작게 들린다. 유리로 된 엘리베이터를 타고 올라가면서 즐기는 경치가 다이내믹하게 느껴진다. 11층 에펠탑 레스토랑에서 로맨틱한 식사 또는 칵테일 한 잔을 즐길 수도 있다. 도시의 스카이라인을 한눈에 조망할 수 있어 늘 사람들로 북적인다. 카지노 안 기념품숍에서 티켓을 구입할 수 있다. 구입 시 원하는 입장 시간대를 정할 수 있으며, 주말, 공휴일 기간에는 시간이 정해져 있더라도 30분 정도 기다리는 경우가 많다. 비나 바람이 많이 올 경우 엘리베이터 가동이 중단되기도 한다. 바람이 많이 부는 날에는 바람이 다소 춥게 느껴질 수 있으니 긴 옷을 준비하자.

Data **Map** 156B **Access** 듀스버스 또는 SDX버스 타고 파리Paris 정류장 하차
Add 3655 South Las Vegas Blvd, Las Vegas, Nevada **Tel** 702-946-7000, 888-727-4758
Open 매일 10:00~다음 날 01:00
Cost 10:00~18:00 성인 16달러, 4~12세 9달러, 3세 이하 무료 / 가족 패키지(성인 2명+12세 이하 2명) 10:00~17:00 50달러, 10:00~다음 날 01:00 70달러
Web www.parislasvegas.com

세계 최대규모의 회전 관람차
하이롤러 The High Roller

2014년 3월 31일에 오픈한 168m 높이의 회전 관람차로 세계 최대규모를 자랑하며 총 28개의 객실이 있다. 관람차 객실에는 40명이 들어갈 수 있어 한 번에 1,120명의 승객을 태울 수 있다. 빙글빙글 천천히 돌아가기 때문에 다양한 고도로 경치를 보기에 제격이다. 입장료를 지불하고 관람차에 탑승하면 객실 안에 에어컨과 2개의 벤치식 좌석이 설치되어 있다. 모니터 화면을 통해 음악, 고도 안내 등이 재생된다. 라스베이거스 스트립의 풍경이 한눈에 내려다보인다. 풍경을 감상하다 보면 어느덧 정해진 30분 시간이 소요된다. 반짝거리는 2,000여 개의 LED 조명은 멀리서도 관람차의 존재를 쉽게 알 수 있게 해준다.

Data Map 156B **Access** 듀스버스 타고 하라스Harrah's 정류장 하차, 도보 4분 **Add** 3545 South Las Vegas Blvd, Las Vegas, Neveda **Tel** 866-328-1888, 702-694-8100 **Open** 12:00~02:00
Cost 11:30~17:00 성인 22달러, 7~17세 9달러, 6세 이하 무료, 가족 패키지(성인 2명+어린이 2명) 47달러 / 11:30~다음 날 02:00 성인 32달러, 7~17세 19달러, 6세 이하 무료 / 가족 패키지(성인2명+어린이 2명) 99달러
*홈페이지에서 입장권 구입 시 3~5달러 할인 **Web** www.caesars.com/linq/high-roller

음악에 몸을 맡겨보자
하카산 나이트클럽 Hakksan Nightclub

라스베이거스에서 가장 큰 규모의 클럽이다. 세계적으로 유명한 스타급 디제이들이 오기 때문에 음악적 퀄리티가 상당히 만족스럽다. 최고급 인테리어와 조명 시설, 최신식 음향 시스템으로 차별화한 클럽이다. 젊음을 불사르며 음악 속에 몸을 맡겨 흔들어보자. MGM 그랜드 내에 위치하고 있으며 주변에 카페, 레스토랑, 바, 등의 여러 가지 많아 편리하다.

Data Map 156E
Access MGM그랜드 내 위치. 듀스버스 또는 SDX버스 타고 MGM그랜드MGM Grand 정류장 하차
Add 3799 South Las Vegas Blvd, Las Vegas, Nevada
Tel 702-891-3838 **Open** 수~일 22:30~익일 04:00
Cost 남성 40~100달러, 여성 20~40달러
Web www.hakkasanlv.com

Writer's Pick! 세련된 분위기의 클럽
말퀴 Marquee

라스베이거스에서 가장 잘 나가는 클럽 중 하나. 코스모폴리탄에 위치하고 있다. 1층은 힙합, 2층은 하우스, 3층은 테이블 서비스를 제공하고 있다. 파티를 즐기고자 하는 사람들로 늘 북적이므로 언제나 기다리는 줄이 길다. 홈페이지를 통하여 미리 티켓을 사두고 3층으로 입장하면 긴 줄을 피할 수 있다. 밤뿐만 아니라 낮에도 클럽을 오픈한다. 날짜에 따라 다르지만 프리베가스 클럽패스를 홈페이지(www.freevegasclubpasses.com)에서 게스트 리스트Guset List로 등록을 하면 무료로 클럽 입장이 가능하니 이용 시 참고하자(p.079). 패스 등록 시 여성의 경우는 대부분 무료이지만 남성의 경우는 무료 또는 소정의 입장료가 부과되기도 한다.

Data Map 156E
Access 코스모폴리탄 내 위치. 듀스버스 타고 코스모폴리탄 Cosmopolitan 정류장 하차
Add 3708 South Las Vegas Blvd, Las Vegas, Nevada
Tel 702-333-9000
Open 금, 토, 월 22:00~05:00
Cost 남성 30~60달러, 여성 15~30달러
Web www.marqueelasvegas.com

로맨틱한 밤을 책임지는
하이드 Hyde

벨라지오 내에 위치하고 있는 클럽. 음향시설이 좋고, 춤을 추는 스테이지도 적당한 편이다. 환상적이고 로맨틱한 밤을 보내고자 하는 싱글, 커플들에게 인기가 많다. 음악에 맞춰 춤을 추듯 솟구쳐 움직이는 벨라지오 분수 쇼가 대형 창문을 통해 보인다. 라스베이거스의 밤이 더욱 특별하게 느껴지는 분위기의 클럽이다. 날짜에 따라 가능 여부가 다르지만 프리베가스 클럽패스 홈페이지(www.freevegasclubpasses.com)에서 게스트 리스트Guset List로 등록을 하면 무료로 클럽 입장이 가능하니 이용 시 참고하자(p.083).

Data Map 156B **Access** 벨라지오 내 위치. 듀스버스 또는 SDX버스 타고 벨라지오Bellagio 정류장 하차. 무료 트램 운행 **Add** 3600 South Las Vegas Blvd, Las Vegas, Neveda **Tel** 702-693-8700 **Open** 17:00~04:00 **Cost** 남성 20~60달러, 여성 10~30달러 **Web** www.hydebellagio.com

LAS VEGAS BY AREA 01
스트립 남부

Writer's Pick! 향기로운 생화들로 가득한
보태니컬 가든 실내정원 Conservation&Botanical Gardens

향기부터 다른 곳이다. 일 년 내내 사시사철 아름다운 생화들로 꾸며지는 실내정원이다. 설날, 부활절, 독립기념일, 크리스마스 등 계절과 시즌마다 다른 테마로 분위기에 맞게 바뀐다. 100여 명의 원예학자와 115명의 직원에 의해 섬세하게 관리되고 있어서 지금의 아름다움을 늘 유지한다. 유리로 된 천장으로 햇빛이 쏟아지는 낮이나 화려한 조명의 빛을 받으며 색과 향을 뿜어내는 밤에도 늘 기분 좋은 곳이다. 벨라지오를 더욱더 화려하고 아름답게 느끼게 해주는 고혹적인 실내 정원이다.

Data Map 156B
Access 벨라지오1층 로비 쪽에 위치. 듀스버스 또는 SDX버스 타고 벨라지오Bellagio 정류장 하차. 무료 트램 운행
Add 3600 South Las Vegas Blvd, Las Vegas, Nevada
Tel 702-693-7111
Open 24시간 **Cost** 무료
Web www.bellagio.com/attractions/botanical-garden.aspx

Writer's Pick! 밤에 타면 더욱 신나는
롤러코스터 The Roller Coaster

호텔 뉴욕뉴욕에 설치되어있는 인기 놀이기구. 수없이 뒤집기와 급강하가 계속되며 맨해튼의 고층 빌딩과 자유의 여신상 사이를 달린다. 최고 시속 108km로 짜릿한 스릴이 넘치는 롤러코스터를 타고나면 그동안 쌓인 스트레스가 날아가는 것 같은 느낌! 언제 가도 이색적이고 재밌지만, 환상적인 야경을 보는 재미가 있어서 밤에 타는 것이 더 인기가 많다. 특히 태양이 뜨거운 여름에는 한낮의 더위가 지나간 후 밤에 타는 것을 추천한다. 롤러코스터 의자는 옐로 캡으로 불리는 노란색의 뉴욕 택시의 컬러와 디자인을 인용했다. 나도 모르게 찍힌 사진은 출구로 나갈 때 확인할 수 있다. 예쁘게 찍힌 사진을 원한다면 표정 관리하면서 타도록 하자. 키 137cm 이상만 탑승 가능하며 2분 45초 정도 진행된다. 탑승 시 분실의 위험이 있는 모든 소지품은 탑승 입구에 있는 무료 캐비닛에 넣어서 보관해야 한다. 도심을 가르며 스릴 있게 움직이는 롤러코스터를 타고 자유롭고 재밌는 휴가의 기분을 만끽해보자.

Data Map 156E
Access 뉴욕뉴욕 내 위치. 듀스버스 타고 뉴욕뉴욕 New York New York 정류장 하차
Add 3790 South Las Vegas Blvd, Las Vegas, Nevada
Tel 702-693-7111
Open 일~목11:00~23:00, 금~토 10:30~24:00
Cost 1회권 15달러, 1일권 26달러
Web www.newyorknewyork.com/attractions/the-roller-coaster.aspx

Writer's Pick! 꼭 봐야하는 무료 분수 쇼

벨라지오 분수 Fountains of Bellagio

라스베이거스 대표 무료 쇼인 분수 쇼가 있는 곳이다. 호텔 벨라지오 앞 인공호수에서 펼쳐지는 분수 쇼는 1,200개 이상의 노즐을 통해 하늘로 솟구치는 물의 쇼이다. 싱잉 인 더 레인Singin' in the Rain, 플라이 미 투 더 문Fly me to the Moon, 유어 송Your Song 등 다양한 노래에 맞춰 함께 춤을 추듯 움직이는 분수들의 자태가 정말 아름답다. 어떻게 이렇게 멋진 쇼가 무료란 말인가! 라스베이거스 도시의 호탕한 매력에 빠져든다. 낮보다는 조명이 켜지는 밤이 더 아름답다. 이 쇼를 보지 않았다면 라스베이거스에 갔다 왔다고 말 할 수 없을 정도로 멋진 볼거리이니 절대 놓치지 말자!

Data Map 156B Access 벨라지오 앞 인공호수에서 진행. 듀스버스 또는 SDX버스 타고 벨라지오Bellagio 정류장 하차. 무료 트램 운행 Add 3600 South Las Vegas Blvd, Las Vegas, Nevada Tel 702-693-7111 Open 월~금 15:00~20:00(매 30분), 20:00~24:00(매 15분). 토·공휴일 12:00~20:00(매 30분), 20:00~24:00(매 15분). 일 11:00~19:00(매 30분), 19:00~24:00(매 15분) Cost 무료 Web www.bellagio.com/attractions/fountains-of-bellagio.aspx

미술품 애호가라면

갤러리 오브 파인 아트 Gallery of fine Art

수준 높은 예술작품들을 전시하고 있는 갤러리이다. 전 세계의 유명 박물관이나 갤러리, 개인 소장품들이 다양한 기획을 통해 순회 전시하고 있다. 인상주의 작가 모네, 마네, 드가 등의 작품뿐만 아니라 많이 알려지지 않았지만 미술역사에서 중요한 인물들의 작품 등 다양한 주제로 전시가 진행된다. 규모는 작지만 의미 있고, 기획력이 있어서 미술 애호가들에게 인기가 많다. 다양한 작품들을 관람할 수 있다. 매주 수요일 오후 5~7시에는 작품 해석을 하고 토론하는 시간도 마련되어있다. 관심이 있다면 홈페이지를 확인하자.

Data Map 156B Access 벨라지오1층에 위치. 듀스버스 또는 SDX버스 타고 벨라지오Bellagio 정류장 하차. 무료 트램 운행 Add 3600 South Las Vegas Blvd, Las Vegas, Nevada Tel 702-693-7871 · Open 10:00~20:00(19:30까지 입장 가능) Cost 성인 18달러, 학생 16달러, 65세이상 16달러, 12세 이하 무료 Web www.bellagio.com/attractions/gallery-of-fine-art.aspx

드라마 속 범죄 현장을 직접 체험해보는
CSI 익스피리언스 CSI The Experience

한국에도 잘 알려진 미국 드라마 〈CSI〉를 배경으로 한 체험형 전시이다. 관람객은 사건 해결 과정을 그대로 따라 하면서 관련 장비나 탄두검사, 지문검사 등 과학 수사 방법 등을 이용하여 범죄 현장의 사건을 해결한다. 보고서는 객관식으로 나오기 때문에 크게 어렵지 않다. 영어에 익숙하지 않더라도 걱정하지 말자. 완료 후 수료증도 증정하고 있다. 어린이와 함께 참여하기 좋다. 80분 정도 소요된다. MGM 그랜드 내에 위치하고 있다.

Data Map 156E **Access** MGM 그랜드MGM Grand 내 위치. 듀스버스 또는 SDX버스 타고 MGM 그랜드 MGM Grand 정류장 하차. 모노레일 운행 **Add** 3799 South Las Vegas Blvd, Las Vegas, Nevada **Tel** 702-891-7902 **Open** 09:00~21:00 **Cost** 성인 28달러, 4~11세 21달러 **Web** www.mgmgrand.com/entertainment/csi-the-experience.aspx

사막 한가운데에서 만나는 깊은 바다 속 생물
샤크 리프 Shark Reef

평소에 보기 힘든 다양한 해양동물을 만날 수 있는 아쿠아리움은 언제나 설렌다. 게다가 사막 한가운데에 위치하고 있다니 더욱 특별하게 느껴진다. 해양생물에 대한 깊은 이해를 돕고 멸종위기에 처한 종들을 보존하기 위해 만들어졌다. 수족관 입구를 들어서면 기념사진도 촬영해준다. 무언가를 보고 깜짝 놀라는 표정 콘셉트로 촬영을 하게 되는데, 곧 만나게 될 수족관의 이색적인 풍경을 기대하게 되는 효과가 있다. 입장하자마자 보게 되는 코도모 드레곤은 무게 136kg, 길이가 3m가 넘는 세계에서 가장 큰 도마뱀이다. 코도모 드레곤의 침은 해로운 세균이 들어있는 무시무시한 맹독이라고 한다. 물소같이 커다란 짐승도 코도모 드레곤에게 물리면 그 침 때문에 곧 죽게 된다고 한다. 식인 물고기로도 불리는 육식성인 피라냐 물고기도 있다. 원래 피라냐는 네바다주에서는 금지되는 물고기이지만 교육의 목적으로 밀매업자들이 들여온 피라냐를 전시하고 있다고 한다. 이 외에 무늬가 특이한 라이언 피시, 우아한 몸짓의 해파리, 직접 만져볼 수 있는 가오리, 처음 듣는 이름의 다양한 모양의 물고기들이 호기심을 자극한다. 터널처럼 만들어진 수족관의 아래를 지나가면 좌우 천장으로 유유히 떠다니는 물고기들의 환상적인 모습을 감상할 수 있다. '샤크 리프'라는 아쿠아리움 이름에서 짐작이 가듯 상어들의 모습도 볼 수 있다. 어린 자녀를 동반한 여행객에는 잊지 못할 즐거운 추억이 될 것이다.

Data Map 157K **Access** 만달레이 베이 내 위치. 듀스버스 타고 만달레이 베이Madalay Bay 정류장 하차. 무료 트램 운행 **Add** 3950 South Las Vegas Blvd, Las Vegas, Nevada **Tel** 702-632-4555 **Open** 일~목 10:00~20:00, 금·토 10:00~22:00 **Cost** 성인 25달러, 4~12세 19달러, 3세 이하 무료 **Web** www.sharkreef.com

EAT

요리 하나하나가 예술인 곳
조엘 로부숑 레스토랑
Joel Robuchon Restaurant

최고의 프렌치 레스토랑을 경험할 수 있는 스타급 셰프인 조엘 로부숑의 레스토랑. 제대로 된 최고의 만찬을 즐기고 싶을 때 가장 추천하는 곳이다. 미슐랭 별 3개의 레스토랑이다. 이 레스토랑을 가기 위해서 여행을 떠나도 좋겠다는 뜻의 별점을 받은 것! 가격은 비싸지만, 최고의 식사를 경험할 수 있다는 것은 보장한다. 코스 요리로 제공되기 때문에 3코스부터 16코스까지 원하는 대로 다양하게 선택할 수 있다. 조엘 로부숑 바로 옆에 위치한 아틀리에 조엘 로부숑Atelier Joel Robuchon 레스토랑은 좀 더 캐주얼한 분위기의 세컨드 라인 레스토랑이다. 조엘 로부숑 레스토랑 비해 가격대가 저렴하다는 장점이 있다. 가능하다면 3개월 전에 예약하자.

Data Map 156E Access MGM 그랜드 내 위치. 듀스버스 또는 SDX버스 타고 MGM 그랜드MGM Grand 정류장 하차. 모노레일 운행 Add 3799 South Las Vegas Blvd, Las Vegas, Nevada Tel 조엘 로부숑 레스토랑 702-891-7925, 아틀리에 조엘 로부숑 702-891-7358 Open 17:30~22:00 Cost 조엘 로부숑 레스토랑 3코스 125달러부터~, 16코스 425달러, 아틀리에 조엘 로부숑 4코스 78달러, 5코스 105달러 Web www.mgmgrand.com/restaurants/joel-robuchon-french-restaurant.aspx

고기 본연의 맛을 느낄 수 있는
갤러거 스테이크 Gallagher's Steak

쇠고기를 3~5주간 건조하는 방식으로 숙성시킨 다음 말라버린 부분은 잘라내고 촉촉하게 육즙이 스며들어 있는 부분만 먹는 드라이 에이징Dry Aging 스테이크가 유명하다. 부드럽고 깊은 고기 맛을 볼 수 있다는 점에서 반갑지만, 가격대가 높아진다는 단점이 있다. 이렇게 건식숙성을 거친 쇠고기는 놀랄 만큼 풍미가 좋다. 라스베이거스에서 알아주는 스테이크 전문점에서 제대로 된 고기를 한번 맛보자. 1927년에 오픈하여 지금까지 명성을 유지하고 있다. 애피타이저로 맛있다고 소문난 게살이 가득한 크랩 케이크Crab Cakes도 꼭 주문해서 맛보자. 와인을 추천받아 곁들이면 더 맛있다. 탄산음료를 주문한다면 리필은 무료니 참고하자.

Data Map 156E Access 뉴욕뉴욕 내 위치.
듀스버스 타고 뉴욕뉴욕New York New York 정류장 하차
Add 3790 South Las Vegas Blvd, Las Vegas, Nevada
Tel 702-740-6450 Open 일~목 16:00~23:00, 금~토 16:00~24:00
Cost 뉴욕 스트립 스테이크 50달러, 크랩 케이크 20달러
Web www.nynyhotelcasino.com/restaurants/gallaghers-steakhouse.aspx

부드러운 육질이 인상적인
스미스 앤 울랜스키 | Smith&Wollensky

미국 전역에 체인점이 있는 캐주얼한 분위기의 스테이크 전문점이다. 영화 〈악마는 프라다를 입는다〉 속에도 스미스 앤 울랜스키 뉴욕점이 등장했었다. 영화 속에도 등장할 만큼 대중적인 스테이크 하우스인 것! 상위 2%의 프라임 쇠고기를 28일 건조 숙성방식인 드라이 에이징Dry-aging 시켜서 만든 스테이크를 맛볼 수 있다. 드라이 에이징을 거친 고기는 육즙이 풍부하고 육질이 부드러운 것이 특징이다. 이 레스토랑의 가장 유명한 메뉴는 드라이 에이지드 설로인Dry-aged Sirloin 스테이크와 시그니처 본 인 립 아이Signature Bone in Rib eye 스테이크이다. 메뉴판에는 해당 스테이크 무게 단위가 온즈 oz 로 안내되어 있다. 24온즈가 680g 정도. 이 집 특유의 샐러드 소스가 맛있어서 시저샐러드Ceasar Salad도 인기가 많다. 스테이크하우스이지만 시즌에 따라서 랍스타, 굴 요리 등도 맛볼 수 있다. 담당 서버에게 주문 시 문의하면 된다. 유명 체인점이기 때문에 맛과 서비스가 기본 이상은 보장되고 있다.

Data Map 156E
Access 듀스버스 타고 쇼케이스 몰 Showcase Mall 정류장 하차, 도보 2분
Add 3767 Las Vegas Blvd, Las Vegas, Nevada **Tel** 702-862-4100
Open 일~목 17:30~22:00, 금~토 17:30~22:30
Cost 샐러드류 10달러 정도, 드라이 에이드 스테이크류 49달러~, 필레미뇽 40달러 **Web** www.smithandwollensky.com/locations-2/las-vegas

아이들이 좋아하는
레인포레스트 카페 | Rainforest Cafe

아마존의 정글처럼 항상 비가 오는 숲을 뜻하는 레인포레스트! 그 이름처럼 레스토랑 안에 들어서면 천둥이 치고 동물들의 울음소리가 들린다. 별이 반짝이는 듯한 느낌의 조명들과 드라이아이스로 안개 효과를 낸 연못 안에는 악어 인형이 입을 벌리며 움직인다. 식사와 간단한 음료 등을 마시는 것이 가능하다. 미국 전역에 위치한 프랜차이즈 레스토랑으로 우림 정글 속이라는 독특한 콘셉트의 분위기로 유명하다. 직원들도 상당히 친절하다. 입구 쪽에서는 기념품으로도 좋은 제품들을 판매하고 있다.

Data Map 156E
Access MGM 그랜드MGM Grand 1층에 위치. 듀스버스 또는 SDX버스 타고 MGM 그랜드MGM Grand 정류장 하차. 모노레일 운행
Add 3799 South Las Vegas Blvd, Las Vegas, Nevada
Tel 702-891-8580
Open 월~목, 일 08:00~23:00, 금~토 08:00~24:00
Cost 메인 요리 15~25달러, 애피타이저 및 디저트 7~15달러
Web www.rainforestcafe.com

야식으로 최고!

얼 오브 샌드위치 Earl of Sandwich

'샌드위치 백작'이라는 가게 이름답게 주메뉴는 샌드위치. 따끈한 빵에 속을 넣어 만든 샌드위치로 맛이 좋다. 그 외에 샐러드, 수프, 감자칩 등도 판매하고 있으니 취향에 맞게 주문하면 된다. 스트립 지역 중심지인 플래닛 할리우드 1층에 위치하고 있어서 접근성이 좋다. 가격대가 저렴해서 더욱 좋다. 인기 메뉴는 투나 멜트Tuna Melt, 얼스 클럽Earl's Club, 오리지널Original이다. 탄산음료를 추가하면 무한 리필이 가능하다. 주문 즉시 만들기 시작하기 때문에 10분 정도 기다려야 한다.

Data Map 156E
Access 플래닛 할리우드 1층에 위치. 듀스버스 타고 플래닛 할리우드Planet Hollywood 정류장 하차
Add 3667 South Las Vegas Blvd, Las Vegas, Nevada **Tel** 702-463-0259 **Open** 24시간
Cost 샌드위치 1개당 7.5달러 정도, 수프 3.5달러~
Web www.earlofsandwichusa.com

아시안 푸드가 있는 패스트푸드점
판다 익스프레스 Panda Express

밥이나 누들 등으로 조리된 아시안 요리를 주로 판매한다. 원하는 크기의 용기를 메뉴판에서 고른 다음 사이드메뉴와 주메뉴를 각각 고르면 용기에 음식을 담아준다. 사이드 메뉴는 주로 흰쌀밥, 볶음밥, 볶음 누들을 고르고, 주메뉴로는 요리를 고르면 된다. 인기 있는 주메뉴 요리는 오렌지치킨!! 오렌지 맛이 나는 달콤한 칠리소스에 튀긴 닭이 버무려져 있는 요리이다. 음료 등을 추가한 후 총액을 계산하면 된다. 패스트푸드 가격으로 밥을 먹을 수 있다는 점에서 알뜰 여행자들에게 인기가 많다.

Data Map 156E
Access 마이클 마일 숍스Miracle Mile Shops 내 2층. 듀스버스 타고 플래닛 할리우드Planet Hollywood 정류장 하차 **Add** 3717 South Las Vegas Blvd, Las Vegas, Nevada **Tel** 702-263-6709
Open 09:30~02:00 **Cost** 사이드 메뉴 1개+주 메뉴 2개 선택 시 8~12달러 **Web** www.pandaexpress.com

건강한 버거

인&아웃 버거 In&Out Burger

인&아웃 버거는 순수 100% 쇠고기 패티를 사용하고, 생감자로 감자튀김을 만드는 등 신선한 재료를 이용하여 건강한 버거를 만들기로 유명하다. 기본적인 주문 방법은 1, 2, 3 중 하나의 메뉴를 고르면 된다. 1번 메뉴는 더블버거 세트, 2번 메뉴는 치즈버거 세트, 3번 메뉴는 햄버거 세트이다. 특별한 메뉴를 맛보고 싶다면 메뉴판에 나와 있지 않아서 아는 사람들만 주문하는 '시크릿 메뉴'를 주문하면 된다. 시크릿 메뉴에는 '프로틴Protein 스타일', '애니멀Animal 스타일' 메뉴가 있다. 프로틴 스타일은 빵 대신 양상추로 고기 패티를 싸서 나오는 것이다. 애니멀 스타일로 주문하면 햄버거와 감자튀김 위에 볶은 양파와 사우전드 아일랜드Thousand Island와 비슷한 맛의 소스가 추가되어 나오는데, 느끼한 편이라 호불호가 갈린다. 대중교통으로 가기 어렵다는 점이 아쉽다.

Data Map 157G **Access** 택시 타고 주요 관광지에서 5~15분 소요
Add 4888 Dean Martin Drive, Las Vegas, Nevada **Tel** 800-786-1000
Open 일~목 10:30~01:00, 금~토 10:30~01:30
Cost 치즈버거 3.9달러, 세트 메뉴 7.5달러~ **Web** www.in-n-out.com

새벽까지 오픈해서 더 편리한
울프강 퍽스 바&그릴 Wolfgang Puck's Bar&Grill

전 세계에 지점을 갖고 있는 울프강 퍽Wolfgang Puck은 유명한 스타 셰프이다. 그의 이름을 건 캐주얼 레스토랑 울프강 퍽스 바&그릴은 새벽까지 문을 열기 때문에 편리하다. 홈 스타일 치킨 수프Home Style Chicken Soup와 그릴드 프라임 버거Grilled Prime Burger, 로스트 비프 파니니 버거Roast Beef Panini Burger가 가장 인기가 많다. 양이 많은 편이라 1개만 시켜서 나눠 먹어도 무방하다. 비교적 평범한 메뉴이지만 유명 셰프의 믿을 수 있는 레시피로 만들어진 음식과 친절한 서비스를 합리적인 가격대로 즐길 수 있는 레스토랑이다.

Data Map 156E
Access MGM 그랜드 1층에 위치. 듀스버스 또는 SDX버스 타고 MGM 그랜드MGM Grand 정류장 하차. 모노레일 운행
Add 3799 South Las Vegas Blvd, Las Vegas, Nevada
Tel 702-891-3000
Open 11:30~06:00
Cost 샌드위치 16~17달러, 치킨 수프 10달러, 피자 17달러
Web www.mgmgrand.com/restaurants/wolfgang-grill-bar-restaurant.aspx

미식가들의 입맛을 사로잡는
뷔페 아리아 The Buffet Aria

깔끔하고 세련된 분위기 속에서 다양한 음식을 즐길 수 있는 뷔페 레스토랑. 최고급 호텔인 아리아에 있다는 것만으로도 친절한 서비스와 맛은 보장된 것! 자리를 배정받은 후 마음에 드는 요리를 마음껏 골라 담아 자리에 가져와서 먹으면 된다. 단, 음료는 웨이터에게 따로 주문하면 가져다준다. 벽면이 유리로 되어있어서 시원스럽게 바깥 풍경이 보인다. 인기 있는 뷔페 레스토랑이다 보니 식사 시간에는 줄이 길다. 식사 시간을 살짝 피해서 가면 입장할 때에 좀 더 편하다.

Data Map 156D
Access 아리아 2층에 위치. 듀스버스 타고 시티 센터City Center 정류장 하차. 무료 트램 운행
Add 3730 South Las Vegas Blvd, Las Vegas, Nevada
Tel 702-590-7111
Open 07:00~22:00
Cost 월~금 07:00~11:00 21.99달러, 11:00~15:30 25.99달러, 토~일 07:00~15:30 31.99달러, 월~목 15:30~22:00 36.99달러, 금~일 15:30~22:00 41.99달러
Web www.aria.com/dining/restaurants/buffet

건강한 오가닉 재료를 고집하는
파이브 피프티 피자 바 FIVE 50 Pizza Bar

오가닉 재료로 만드는 건강한 맛으로 소문난 피자집. 피자뿐만 아니라 파스타, 디저트까지 선택의 폭이 넓다. 맛은 보장! 어떤 것을 먹어도 다 맛있지만, 특히 버섯과 화이트소스, 리코타치즈가 들어간 포레이저Forager 피자를 강력히 추천한다. 마리게리타Margherita 피자와 고담Gotham 피자도 인기가 많다. 디저트로 오렌지셰이크도 꼭 맛보자. 캐주얼한 분위기로 간단하게 한 끼 식사 또는 야식을 즐기기에도 좋다.

Data **Map** 156D **Access** 아리아Aria 1층에 위치. 듀스버스 타고 시티 센터 City Center 정류장 하차. 무료 트램 운행 **Add** 3730 South Las Vegas Blvd, Las Vegas, Nevada **Tel** 702-590-8550 **Open** 11:00~24:00 **Cost** 샐러드 12달러~, 피자·파스타 21~28달러, 비어 플라잇 18달러 **Web** www.aria.com/dining/restaurants/five50-pizza-bar

모던한 분위기에서 뷔페를 즐기다
위키드 스푼 Wicked Spoon

매일매일 신선한 재료로 다양한 요리를 제공한다. 분위기가 좋고 내부 인테리어 등이 깔끔해서 더욱 인기가 있다. 요리에 대해서는 호불호가 갈리는 편. 짜다는 의견이 많지만, 초콜릿을 입힌 딸기, 셔벗, 푸딩, 케이크 등 디저트에 대해서는 만족도가 높은 편이다. 단, 워낙 인기 호텔이다 보니 젊은이들이 단체로 몰려와 시끄럽게 떠드는 경우도 있다. 식사 시간대를 살짝 피해서 가면 좀 더 여유 있게 시간을 보낼 수 있겠다.

Data **Map** 156D **Access** 코스모폴리탄 2층에 위치. 듀스버스 타고 코스모폴리탄 Cosmopolitan 정류장 하차 **Add** 3708 South Las Vegas Blvd, Las Vegas, Nevada **Tel** 702-698-7000 **Open** 08:00~21:00 **Cost** 월~목 08:00~14:00 성인 28달러, 5~10세 16달러, 17:00~21:00 성인 42달러, 5~10세 20달러 / 금~일 08:00~15:00 성인 36달러, 5~10세 16달러, 15:00~21:00 성인 49달러, 5~10세 20달러 **Web** www.cosmopolitanlasvegas.com/restaurants/wicked-spoon

분위기 즐기며, 가볍게 한잔
헥스 키친+바 Hexx Kitchen+bar

분수 쇼 시간대에 맞춰서 테라스 자리에 앉으면 분수 쇼가 바로 보인다는 것이 장점! 낭만적인 라스베이거스를 즐기기에 최적의 위치에 자리 잡고 있다. 신선한 로컬 재료로 와인 또는 맥주, 칵테일과 같은 주류와 잘 어울리는 간단한 한 끼를 즐길 수 있는 곳이다. 미국식 이탈리안 스타일의 요리가 많다. 주로 버거, 파스타, 피자, 샌드위치류가 인기. 어떤 것을 먹어도 무난하게 괜찮다는 평이다. 매일 24시간 오픈하기 때문에 늦은 시간, 새벽에도 편리하게 이용할 수 있다.

Data **Map** 156B **Access** 듀스버스 또는 SDX 버스 타고 파리Paris 정류장 하차 **Add** 3655 South Las Vegas Blvd, Las Vegas, Nevada **Tel** 702-331-5100 **Open** 연중무휴 24시간 **Cost** 미트볼 파스타 23달러, 클래식버거 19달러, 브랙퍼스트 피자 12달러 **Web** www.hexxlasvegas.com

피카소 작품들을 감상하며 식사하는
피카소 Picasso

레스토랑 곳곳에 20세기 현대 미술의 거장 파블로 피카소Pablo Picasso의 그림, 접시, 도자기 등 원작들이 전시되고 있는 벨라지오 대표 레스토랑. 마치 갤러리에 온 듯 고즈넉한 분위기 속에서 최상급의 요리를 즐길 수 있다. 이곳에 전시된 작품들의 가격은 무려 2천억 원 상당이라고. 미국 요리계의 아카데미상으로 불리는 제임스 비어드 어워드James Beard Award에서 수상한 경력이 있으며, 미국에서 손에 꼽히는 셰프 줄리언 세라노의 레스토랑이다. 미슐랭 별 2개로 예약은 필수이다. 프랑스, 스페인에서 영감을 받은 요리를 주로 선보이고 있다. 1,500종이 넘는 다양하고 좋은 와인들을 보유하고 있어서 식사의 퀄리티를 더 높인다. 테라스에 위치한 16개의 테이블에서는 환상적인 벨라지오 분수 쇼를 보며 식사를 할 수 있다. 기본적으로 코스 요리를 제공하며, 4코스 또는 5코스를 선택한 후 각 코스에 맞춰 요리를 선택하면 된다. 제철 재료를 사용하기 때문에 요리의 종류는 시즌마다 달라진다. 와인 페어링을 추가하면 각 요리와 함께 어울리는 와인이 글라스로 제공된다. 고급 레스토랑인 만큼 옷차림에 신경을 쓰자.

Data **Map** 156B **Access** 벨라지오 내 위치. 듀스버스 또는 SDX버스 타고 벨라지오Bellagio 정류장 하차. 무료 트램 운행 **Add** 3600 South Las Vegas Blvd, Las Vegas, Nevada **Tel** 702-693-8865 **Open** 수~월 17:30~21:30 **Cost** 4코스 115달러, 5코스 125달러 정도, 와인 페어링 이용 시 53~150달러 추가 (선택한 코스 메뉴에 따라 가격이 다르다) **Web** www.bellagio.com/restaurants/picasso.aspx

아는 사람만 가는 비밀 피자집
시크릿 피자 Secret Pizza

코스모폴리탄 호텔 3층에 위치하고 있는 간판도, 대문도 없는 인기 피자집이다. 블루 리본 스시Blue Ribbon Sushi 레스토랑의 오른편에 위치한 알록달록 그림과 사진이 있는 엘피판이 가득 걸려있는 복도를 통과하면 도착! 처음에는 찾기 어려울 수 있다. 리코타 치즈를 얹은 담백한 화이트 피자, 짭짤한 맛의 페퍼로니 피자가 인기. 원하는 토핑을 선택하여 피자를 주문할 수도 있다. 화덕에서 따끈하게 구워내 맛이 일품이다. 가격 대비 맛이 좋아서 간식 또는 간단하게 식사로 많은 이들이 찾는다. 매장이 좁기 때문에 보통 테이크아웃을 해가는 편이다.

Data **Map** 156F
Access 듀스버스 또는 SDX 버스 타고 코스모폴리탄 Cosmopolitan 정류장 하차 **Add** 3708 South Las Vegas Blvd, Las Vegas, Nevada **Tel** 702-698-7860
Open 금~월 11:00~익일 05:00, 화~목 11:00~익일 04:00
Cost 피자 1조각 5~8달러, 1판 26~33달러

위치가 좋아서 편리한

벨라지오 뷔페 The Buffet at Bellagio

고풍스러운 분위기의 호텔 벨라지오 내에 위치한 뷔페. 오픈 이래 한결 같이 퀄리티 높은 음식을 선보이고 있어서 인기가 많다. 유럽식 요리, 아시안 요리, 해산물, 아메리칸 스타일 등 다양한 스타일의 요리를 내놓고 있다. 스트립 지역 내에서도 중심에 위치하고 있어서 찾아가기 쉽다는 장점이 있다. 위치가 좋고 명성이 자자하다 보니 이용하려는 고객들이 많아서 늘 북적거리는 분위기이다.

Data Map 156B Access 벨라지오 내 위치. 듀스버스 또는 SDX버스 타고 벨라지오Bellagio 정류장 하차. 무료 트램 운행 Add 3600 South Las Vegas Blvd, Las Vegas, Nevada Tel 702-693-8111 Open 07:00~22:00 Cost 아침 19달러, 점심 23달러, 저녁 34달러 Web www.bellagio.com/restaurants/the-buffet.aspx

달콤함이 가득 느껴지는 특별한 간식

장 필립 파티세리 Jean Philippe Patisserie

천재 예술가로 불리는 프랑스 출신, 장 필립 모리 jean Philippe Maury의 제과점이다. 다양한 맛의 아이스크림, 품질 좋은 초콜릿, 천사들이 먹을 것 같은 예쁜 모양의 디저트들이 있다. 가격대는 높은 편. 작게 포장된 쿠키나 초콜릿 등은 선물용으로 좋다. 20가지 정도의 아이스크림, 스무디도 추천 제품. 샌드위치는 간단한 식사로 적합하다. 벨라지오에는 기네스북에서 등재된 세계 최대 크기의 초콜릿 분수가 있어서 눈길을 끈다.

Data Map 156B Access 벨라지오 1층에 위치. 듀스버스 또는 SDX버스 타고 Bellagio 정류장 하차. 무료 트램 운행 Add 3600 South Las Vegas Blvd, Las Vegas, Nevada Tel 888-987-6667 Open 월~목 06:00~23:00, 금~일 06:00~24:00 Cost 작은 케이크 7달러~, 쿠키 7달러~ Web www.jpchocolates.com

세련된 느낌의 맛집

픽스 레스토랑 Fix Restaurant

세련된 블랙과 우드 컬러의 인테리어가 감각적으로 느껴진다. 까다로운 미식가들의 입맛까지 만족시킬만한 요리를 제공하고 있는 스테이크와 해산물 전문점이다. 조도가 낮고 신나는 음악이 나와서 마치 클럽에 온 듯한 기분이 들기도 한다. 어떤 음식을 시켜도 만족스럽지만 프로패셔널한 서버들의 추천을 받아 그날의 가장 신선한 재료로 만들어진 음식을 골라보자. 라스베이거스 3대 쇼에 속하는 대표 볼거리인 '오 쇼O Show'를 볼 예정이라면 같은 호텔에 위치하고 있으므로 더욱 편리하다. 1시간 30분 정도 일찍 도착하여 이곳에서 디너를 즐긴 후 가도 좋겠다. 가격대는 높은 편. 코쿰버마티니Cucumber Martini와 파인애플모히토 Pineapple Mojito는 추천 칵테일이다.

Data Map 156B Access 벨라지오 1층에 위치. 듀스버스 또는 SDX버스 타고 벨라지오Bellagio 정류장 하차. 무료 트램 운행 Add 3600 South Las Vegas Blvd, Las Vegas, Nevada Tel 702-693-8865 Open 저녁 식사 17:00~22:30, 라운지 바 17:00~24:00 Cost 저녁 단품 메뉴 25달러~, 스테이크 50달러~ Web www.fixlasvegas.com

최상급 중국요리를 맛보자
자스민 Jasmine

벨라지오 내에 위치한 고급 중식 레스토랑. 최상급의 식사를 할 수 있어 인기가 많다. 홍콩 스타일의 요리를 선보인다. 창밖으로 보이는 벨라지오 분수쇼를 보며 식사를 즐길 수 있어 더욱 특별하다. 예약하는 것은 필수! 임페리얼 핫 앤 사워 스프Imperoal Hot and Sour Soup, 피킹덕Pekingduck, 농어요리Sea Bass 등이 맛있다고 소문이 났다. 요리의 가격대는 높은 편이기 때문에 비교적 가격대가 낮은 일요일 브런치 메뉴가 인기가 많다.

Data Map 156B Access 벨라지오 내 위치. 듀스버스 또는 SDX버스 타고 벨라지오Bellagio 정류장 하차. 무료 트램 운행
Add 3600 South Las Vegas Blvd, Las Vegas, Nevada Tel 702-693-8865
Open 월~토 17:30~22:00, 일 11:00~14:30, 17:30~22:00
Cost 농어요리 39달러, 피킹덕 80달러, 수프류 11달러, 일요일 브런치 성인 58달러, 6~12세 25달러
Web www.bellagio.com/restaurants/jasmine.aspx

라스베이거스에서도 맛보자. 뉴욕 인기 버거
쉐이크쉑 Shakeshack

인앤아웃 버거가 서부 대표 버거라면, 동부 대표 버거는 쉐이크쉑! '쉑쉑버거'로도 알려진 뉴욕 출신 버거 체인점이다. 뉴욕뉴욕 호텔 앞에 자리 잡고 있다. 주문을 받은 후에 음식을 만들기 때문에 기다림은 필수! 쇠고기의 진한 육즙과 치즈의 풍미를 원한다면 쉑 버거, 버섯 향이 깊은 슈룸 버거Shroom Burger가 인기 제품이다. 느끼하고 진한 달콤함을 원한다면, 블랙&화이트 밀크셰이크를 곁들여보자. 살짝 짜고 느끼한 맛도 괜찮다면, 미국인이 즐겨 찾는 프렌치프라이에 치즈를 얹은 치즈 프라이도 즐겨보자. 다양한 종류의 맥주도 판매한다.

Data Map 156B
Access 듀스버스 또는 SDX 버스 타고 뉴욕뉴욕 New York New York 정류장 하차
Add 3790 South Las Vegas Blvd, Las Vegas, Nevada Tel 725-222-6730
Open 11:00~익일 2:00 Cost 싱글 쉑 버거 5.55달러, 치즈 프라이 3.99달러, 블랙&화이트 밀크셰이크 5.39달러 Web www.shakeshack.com

분수 쇼를 보며 즐기는 프랑스 요리
모나미 가비 Mon Ami Gabi

호텔 파리 1층에 위치한 프랑스 가정식, 캐주얼 스타일의 메뉴를 주로 제공하는 레스토랑. 테라스 좌석에서 라스베이거스의 인기 분수 쇼를 즐길 수 있다는 장점이 있다. 맛도 좋고 분위기도 좋아 인기 만점! 방문 전 예약하는 것이 좋다. 에그 베네딕트Egg Benedict, 크로크 무슈Croque Monsieur, 프렌치토스트French Toast 등이 인기 브런치 메뉴. 저녁에는 진한 육즙이 느껴지는 두툼한 필레 미뇽Filet Mignon 스테이크와 와인 한 잔 즐기기에 딱 좋다.

Data Map 156B Access 호텔 파리 1층에 위치. 듀스버스 또는 SDX 버스 타고 파리Paris 정류장 하차 Add 3655 South Las Vegas Blvd, Las Vegas, Nevada Tel 702-944-4224 Open 07:00~23:00 (금~토는 자정까지 운영) Cost 필레 미뇽 39달러, 에그 베네딕트 16달러, 프렌치토스트 15달러 Web www.monamigabi.com

고기맛을 아는 이들에게 추천!
비엘티 스테이크 BLT Steak

전통 아메리칸 스테이크의 진수를 느낄 수 있는 레스토랑이다. 최상급 쇠고기인 블랙 앵거스를 28일간 드라이에이징 숙성시킨 후, 926도의 온도에서 구워내 풍미 좋고, 부드러운 쇠고기를 맛볼 수 있다. 현대적인 감각의 세련된 인테리어가 돋보인다. 인기 메뉴는 포터하우스Porterhouse 라는 이름의 티본 스테이크! 미디엄 레어로 주문해서 와인을 곁들이면 맛이 좋다. 사이드 메뉴로는 부드러운 메시드 포테이토나 어니언 링Onion Ring을 추천한다. 공갈빵처럼 가운데가 비어 있는 형태로 밀가루, 우유, 달걀 등으로 만든 팝오버Popover는 이 집의 시그니처 빵! 입안에서 살살 녹는 식감이 환상적인 피넛버터 초콜릿 무스Peanut butter chocolate mousse는 매력 만점 디저트이다. 오후 4시부터 6시까지는 해피아워로 운영된다. 바Bar 자리에서 모든 음료를 반값에 즐길 수 있으니 참고하자.

Data Map 156B **Access** 발리스 Bally's 호텔 내 위치, 듀스버스 타고 파리Paris 정류장 하차 후 도보 3분
Add 3645 South Las Vegas Blvd, Las Vegas, Nevada **Tel** 702-967-7258
Open 바 16:00~22:00(해피아워 16:00~18:00), 레스토랑 일~목 17:00~22:00, 금~토 17:00~22:30
Cost 포터하우스 97달러, 어니언링 11달러, 피넛버터 초콜릿 무스 10달러
Web www.caesars.com/ballys-las-vegas/restaurants/blt-steak

인기 많은 유명 버거
고든 램지 버거 Gordon Ramsay Burgr

세계적으로 유명한 셰프 고든 램지Gordon Ramsay의 수제버거 레스토랑. 미국 요리계에서는 독설가로 유명한 셰프라서 더욱 기대된다. 인기가 많아서 줄이 길다. 패스트푸드치고는 가격대가 높은 편이지만 버거를 사랑하는 사람이라면 놓칠 수 없다. 쇠고기를 좋아한다면 헬스 키친 버거Hell's Kitchen Burger, 치킨을 좋아한다면 서던 야드 버드 버거Southern Yardbird Burger를 추천한다. 육즙이 꽉 찬 쇠고기 패티는 최상급 쇠고기로 만들어져 차원이 다른 맛을 보여준다. 사이드 메뉴로는 감자튀김이나 고구마튀김을 많이 주문한다. 버거와 찰떡궁합인 밀크셰이크는 푸딩처럼 부드럽고 크리미하다. 칼로리가 걱정되지만, 맛은 보장! 그 외에 칵테일, 맥주 등도 주문 가능하다. 스타일리시하고 모던한 분위기의 내부는 약간은 시끄럽고 소란스럽다. 토탈 리워드(p.094) 회원이라면 1달러 정도 할인이 된다.

Data Map 156E
Access 미라클 마일 숍스Miracle Mile Shops 내 1층에 위치. 듀스버스타고 플래닛 할리우드Planet Hollywood 정류장 하차 **Add** 3367 South Las Vegas Blvd, Las Vegas, Nevada **Tel** 702-785-5555
Open 일~목 11:00~24:00, 금~토 11:00~02:00 **Cost** 헬스 키친 버거 14달러, 서던 야드 버드 버거 14달러
Web www.gordonramsay.com/us-restaurants/las-vegas-restaurants/gordon-ramsay-burgr

스트립 남부

BUY

Writer's Pick! P.116 기하학적인 건축물이 인상적인
시티센터 크리스털 쇼핑몰 Crystals at City Center

아리아Aria와 연결되어 있는 세련된 형태의 쇼핑몰. 마치 갤러리를 보는 것처럼 깔끔하고 세련된 분위기가 인상적이다. 이름만 들어도 딱 알 수 있는 프라다, 루이비통, 티파니, 베르사체, 구찌, 헤르메스 등 최고급 명품숍들이 들어서 있다. 둘러보기만 해서 감각이 전달되는 듯한 느낌이다. 몬테 카를로와 벨라지오 등 다른 호텔로 연결되는 무료 트램도 위치하고 있어서 더욱 편리하다.

Data Map 156E
Access 듀스버스 타고 시티 센터 City Center 정류장 하차. 무료 트램 운행
Add 3720 South Las Vegas Blvd, Las Vegas, Nevada
Tel 702-590-9299
Open 일~목 10:00~23:00, 금~토 10:00~24:00
Web www.crystalsatcitycenter.com

코카콜라 마니아라면
월드 오브 코카콜라 World of Coca Cola

코카콜라 브랜드와 관련하여 디자인된 제품을 판매하고 있다. 티셔츠, 모자, 팬티 등의 옷뿐만 아니라 컵, 그릇, 시계 등의 생활잡화까지 다양하다. 라스베이거스 등이 로고에 적혀 있는 콜라병이나 열쇠고리 등은 기념품으로도 인기가 많다. 디자인이나 마케팅 전공자들에게는 브랜드를 어떻게 포장하여 다른 상품디자인 영역으로 발전시킬 수 있는지에 대한 좋은 공부가 되기도 한다. 2층에는 음료를 주문해서 마실 수 있는 공간이 있다. 휴식 장소로도 적합하다.

Data Map 156E
Access 듀스버스 타고 쇼케이스 몰 Showcase Mall 정류장 하차
Add 3785 South Las Vegas Blvd, Las Vegas, Nevada
Tel 702-270-5952
Open 10:00~23:00
Web www.coca-colastore.com

귀여운 캐릭터의 초콜릿을 만나자
엠앤엠즈 월드 M&M's World

세계적인 초콜릿 브랜드인 엠앤엠즈와 관련된 제품들을 판매하는 상점이다. 엠앤엠즈는 빨주노초 눈에 띄는 다양한 컬러와 손에서 녹지 않는 초콜릿으로 전 세계인들의 사랑을 받고 있다. 귀여운 표정의 캐릭터를 이용한 광고는 더욱 친근하고 유머러스한 느낌의 이미지를 구현했다. 캐릭터들을 이용한 인형, 초콜릿 상자, 티셔츠, 바지 등 다양한 제품을 판매한다. 어린이들뿐만 아니라 어린 시절 엠앤엠즈를 즐겨 먹었던 어른들에게도 인기가 많다.

Data Map 156E
Access 듀스버스 타고 쇼케이스 몰 Showcase Mall 정류장 하차
Add 3785 South Las Vegas Blvd, Las Vegas, Nevada
Tel 702-736-7611
Open 09:00~24:00
Cost 초콜릿 상자 5달러, 초콜릿 유리병 2개 30달러
Web www.mmsworld.com

우르르 쾅쾅~ 레인 스톰 쇼가 있는
미라클 마일 숍스 Miracle Mile Shops

중저가의 실용적인 브랜드 상점이 많이 입점해 있는 쇼핑몰. 갭, 세포라, 얼반 아웃피터 등 다양한 제품을 구매하기에도 좋다. 스트립 중심가인 플래닛 할리우드 1층에 위치하고 있어 접근성이 뛰어나다. 1시간 또는 30분 간격으로 진행되는 레인 스톰 쇼는 어린이를 동반한 여행자라면 한 번쯤 볼만하다. 쇼핑몰 내의 인공하늘로 꾸며진 천장에서 천둥과 번개를 표현한 음향 및 조명효과와 함께 비가 내리는 듯한 느낌으로 물이 뿌려진다. 갤러리, 액세서리 숍, 레스토랑 등도 위치하고 있다.

Data Map 156E
Access 플래닛 할리우드와 연결되어 있다. 듀스버스타고 플래닛 할리우드Planet Hollywood 정류장 하차 **Add** 3663 South Las Vegas Blvd, Las Vegas, Nevada
Tel 702-866-0703, 888-800-8284
Open 일~목 10:00~23:00, 금~토 10:00~24:00
Web www.miraclemileshopslv.com

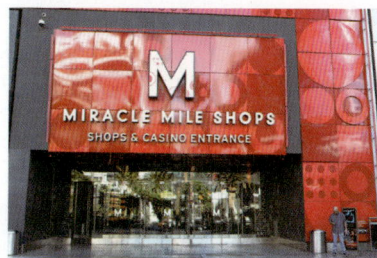

Las Vegas By Area

02

스트립 북부
NORTHERN STRIP

고급스럽고 세련된 호텔 윈에서
환상적인 쇼 르 레브를 보거나
낭만적인 뱃사공의 노랫소리가 울려 퍼지는
베네시안을 거닐며 분위기를 만끽해보자.
350m의 높이에서 자유낙하를 경험하는
아찔한 놀이기구 빅 샷과 엑스 스크림은
정말 특별한 짜릿함을 선사한다.
고대 로마 시대를 재현한 인테리어의
포럼 숍스에서 우아하게 쇼핑을 즐기고
곳곳의 레스토랑에서 맛있는 음식들을 맛보자.
좀 더 여유롭고, 좀 더 기품 있게
라스베이거스를 샅샅이 경험해보자.

Northern Strip
PREVIEW

스트립 남부에 비해 비교적 한적하지만, 볼거리가 많은 곳이다. 특히 포럼 숍스,
베네시안, 윈은 꼭 방문해볼 가치가 있다. 네바다주에서 가장 높은 타워인
스트라토스피어 스릴 라이드는 스릴 만점 놀이기구다. 환상적인 쇼 르 레브는 꼭 보자.

SEE

아름다운 이탈리아의 베니스와 꼭 닮은 풍경이 매력적인 호텔 베네시안과 라스베이거스에 럭셔리함과 감각을 불어넣은 호텔들을 지은 스티브 윈의 역작인 호텔 윈과 앙코르는 꼭 방문해보자. 고대 로마풍의 인테리어가 매력적인 포럼 숍스는 구경만 해도 너무 재미있는 쇼핑몰.

ENJOY

세계에서 가장 높은 곳에 위치한 스릴 넘치는 놀이기구 스트라토스피어 스릴 라이드를 타며 스트레스를 한방에 날려 보내자. 베네시안 운하를 운행하는 곤돌라를 타고 사공의 노랫소리를 들으며 경치를 감상하거나 지상 최대의 수상 쇼인 르 레브를 감상해보자.

EAT

요즘 제일 잘 나가는 시저스 팰러스의 바카날 뷔페 또는 뷔페 윈 라스베이거스에서 즐기자. 최고급 식재료로 만든 요리와 친절한 서비스, 품격이 다른 최고급 호텔에서 즐기는 호텔 뷔페는 더욱 맛있다. 팻 튜즈데이의 칵테일 스무디를 한 손에 들고 거리를 활보하는 것도 즐거움! 술이 합법인 네바다주에서 즐길 수 있는 재미이다.

SLEEP

위치 좋고 가격 저렴한 호텔 플라밍고부터 궁전처럼 화려한 분위기인 시저스 팰러스, 고급스러운 호텔의 대명사인 윈&앙코르, 팔라조 등이 있다. 취향에 맞게 고르면된다. 하루 정도는 시설 좋은 호텔의 부대시설을 즐기며, 푹 쉬는궁극의 휴양을 즐기는 것도 추천한다.

어떻게 갈까?

라스베이거스의 신시가지인 북쪽 지역이다. 공항에서 20~25분 정도 소요된다. 스트립 지역 내에서 이동할 때에는 에어컨이 빵빵하게 나오는 듀스, SDX 등의 버스를 이용하자. 배차 간격은 5~15분 정도이다. 택시 등을 이용하더라도 10달러 내외로 저렴한 편이다.

어떻게 다닐까?

대형 호텔들이 사우스 블루바드 길을 따라 쭉 늘어서 있기 때문에 도보로 다닐만하다고 생각이 들 정도로 가까워 보인다. 하지만 호텔 규모들이 상당히 크기 때문에 걷기만 하면 체력적으로 힘이 든다. 주요 호텔과 호텔 사이는 1~2개 정류장밖에 되지 않지만 적절하게 듀스버스, SDX버스, 택시 등을 이용하길 추천한다. 특히 한여름에는 최대한 그늘로 다니거나 호텔 로비를 통과하는 식으로 다니면 된다. 식수를 충분히 준비해서 다니도록 하자.

Northern Strip
ONE FINE DAY IN

기품 넘치는 세련미로 무장한 호텔들을 둘러보고 뷔페 레스토랑을 적극 이용하여 여행의 멋과 맛을 더하자. 쇼핑을 제대로 하기를 원한다면 따로 시간을 하루 더 할애하는 것이 좋겠다. 세계에서 가장 높은 곳에 위치한 놀이기구를 타거나 곤돌라를 타며 낭만을 만끽하는 것도 빼놓지 말자. 하이라이트는 역시 쇼! 스펙터클한 르 레브는 꼭 보자. 몸속에 젊은 혈기가 왕성하다면 물 좋은 클럽 탐방도 추천한다.

로마식 건물이 웅장한 포럼 숍스에서 쇼핑하기

→ 도보 15분

바카날 뷔페에서 브런치 즐기기

→ 버스 10분

곤돌라 라이드 타기, 또는 마담 투소 관람하기

↓ 도보 10분

라스베이거스에서 환상적인 쇼로 손꼽히는 르 레브 감상하기

← 도보 10분

윈 호텔 내부 구경하고 뷔페 윈 라스베이거스에서 저녁 식사하기

← 버스 10분

그랜드 캐널 숍스 구경하기

↓ 버스 15분

스트라토스피어 스릴 라이드 타기

→ 버스 15분

앙코르 XS 나이트클럽 또는 베네시안 타오 클럽 즐기기

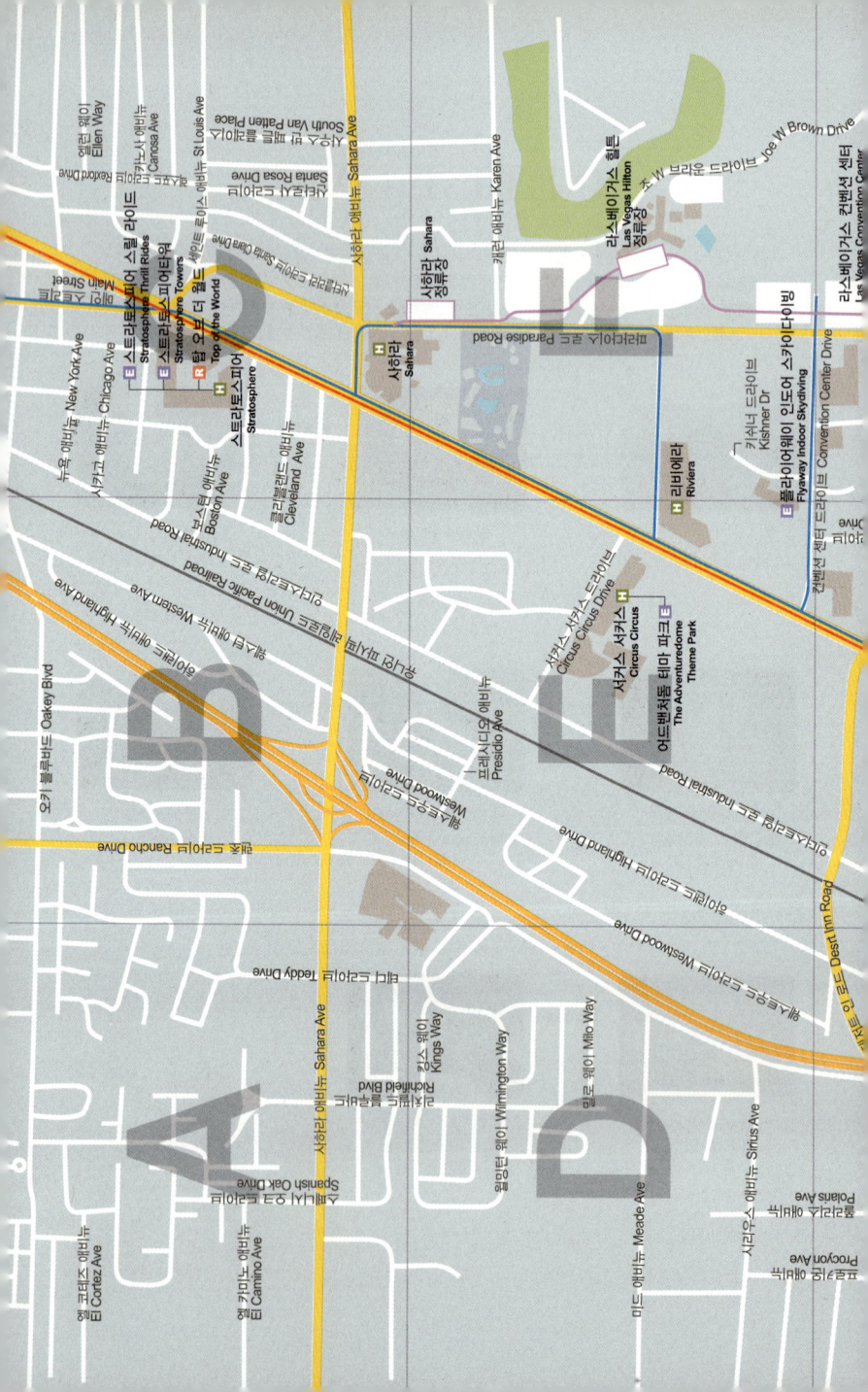

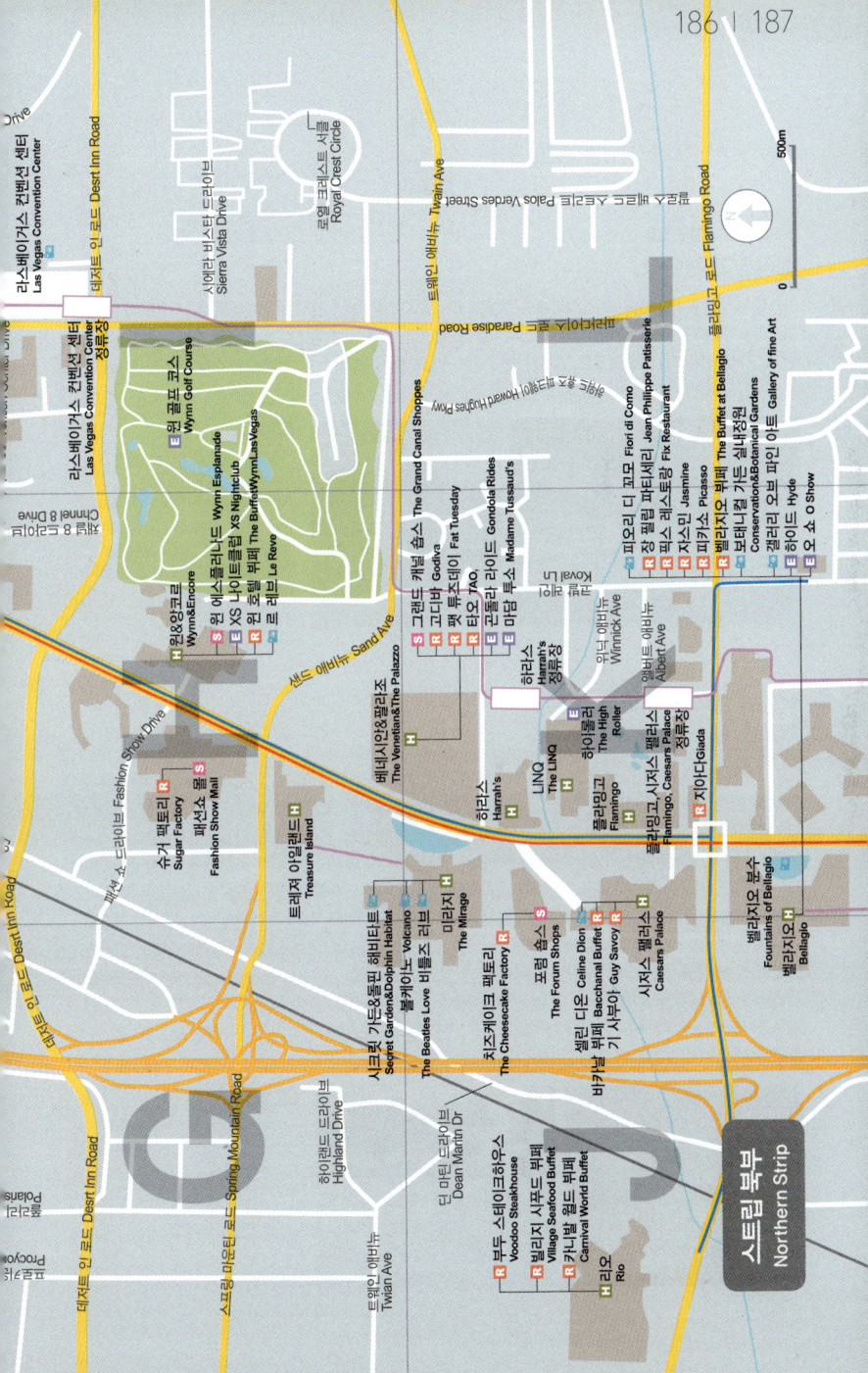

스트립 최초 카지노 호텔
플라밍고 Flamingo

라스베이거스 도심에 생긴 최초의 카지노 호텔이다. '벅시'라는 별명으로 불렸던 뉴욕 출신 마피아 벤자민시걸Benjamin Siegal이 자신의 애인 이름을 따서 지은 호텔이다. 오래된 호텔이지만 스트립 지역 중심에 위치하고 있고, 가격이 저렴해서 숙소로도 인기가 많다. 플라밍고라는 이름답게 호텔 로비 안으로 들어가면 홍학 서식지가 있다. 어린이를 동반한 여행자들은 잠시 들러서 구경해도 좋겠다.

Data Map 187K
Access 듀스버스 타고 플라밍고 Flamingo 정류장 하차
Add 3555 South Las Vegas Blvd, Las Vegas, Nevada
Tel 702-733-3111
Web www.flamingolasvegas.com

모두가 시저 황제처럼 대접을 받는 곳
시저스 팰러스 Caesars Palace

로마 제국을 테마로 만든 최고급 호텔. 로마의 천재적 전략가였던 '율리우스 카이사르Gaius Julius Caeser'의 영어식 이름인 '시저'에서 이름을 붙였다. 고전적이면서도 현대적인 모던함을 더한 건물의 자태가 인상적이다. '궁전'이라는 이름에 걸맞게 크고 웅장한 규모의 초대형 호텔로, 6개의 호텔 타워 중 아우구스투스 타워Augustus Tower와 옥태비우스 타워Octavius Tower가 가장 최근에 건설되었다. 시저가 사랑했던 여인, 클레오파트라Cleopatra 스타일로 목욕이 가능한 '쿠아 스파Qua Spa'와 세계적 스타들의 공연장인 '콜로세움Colosseum'까지 다양한 시설을 갖추고 있다. 그리스와 로마신들을 테마로 꾸민 8개의 수영장도 화려하다. 500여 가지의 음식을 즐길 수 있는 '바카날 뷔페Bacchanal Buffet'는 현재 라스베이거스에서 가장 인기 있는 뷔페이다. 그리스 신화의 여신 의상을 입은 칵테일걸의 모습이 인상적인 카지노에서는 포커 토너먼트인 월드 시리즈 포커World Series of Poker 대회가 열리기도 한다. 호텔 입구의 쪽에는 180여 개의 브랜드를 만날 수 있는 고급 쇼핑가인 포럼 숍스Forum Shops가 위치하고 있다. 호텔 내부와 정원에는 그리스 조각상들이 곳곳에 위치해 마치 고대 예술품을 전시 중인 미술관에 온 듯한 느낌이 든다.

Data Map 187K
Access 듀스버스 타고 시저스 팰러스Caesars Palace 정류장 하차
Add 3570 South Las Vegas Blvd, Las Vegas, Nevada
Tel 702-731-7110
Web www.caesarspalace.com

낭만과 편리함 모두를 겸비한
베네시안&팔라조 The Venetian&The Palazzo

호텔 베네시안과 팔라조는 아름다운 이탈리아의 도시 베니스를 꼭 빼닮은 자태로 화재가 되었던 호텔이다. 두 호텔은 연결되어 있다. 베네시안 외관은 이탈리아 베니스의 산마르코 광장의 두칼레궁전을 모방했으며, 호텔 주위와 내부에 형성되어 있는 운하를 따라 유영하는 곤돌라들이 이국적인 느낌을 자아낸다. 로비의 천장은 화려하고 섬세한 프레스코화로 고급스러움을 뽐낸다. 광장에서는 여름에는 오페라 공연이, 겨울에는 아이스링크가 만들어지는 등 늘 새로운 이벤트들이 있는 곳이다. 객실이 넓고 고급스러운 분위기로 꾸며져 있어서 신혼부부, 가족 단위 여행자들에게 만족도가 높다.

Data Map 187K
Access 듀스버스 타고 베네시안&팔라조 The Venetian& The Palazzo 정류장 하차
Add 3355 South Las Vegas Blvd, Las Vegas, Nevada
Tel 702-414-1000
Web www.venetian.com, www.palazzo.com

차원이 다른 고품격 호텔
윈&앙코르 Wynn&Encore

라스베이거스에 품격과 감각을 불어넣었다고 알려진 호텔의 제왕 스티브 윈Steve Wynn이 자신의 이름을 따서 최고급 럭셔리 전략으로 지은 호텔. 화려하고 고급스러움을 가득 담아서 만들어낸 곳이다. 윈과 앙코르는 쌍둥이처럼 똑같은 모습의 한 두 개의 건물이다. 내부는 서로 연결이 되어있다. 로비에 일 년 내내 생화로 장식되는 실내정원과 나비와 꽃을 모티브로 한 실내 인테리어는 잠시 들러서 감상해볼 만하다. 스트립 지역의 주요 대형 호텔과는 거리가 떨어져 있는 편이지만 오히려 관광객들의 소란스러움을 피할 수 있다는 점에서 장점이 될 수도 있겠다. 라스베이거스 3대 쇼로 불리는 '르 레브Le reve'도 이곳에서 진행된다. 쇼 극장 앞에 21세기 현대 미술계에서 '키치Kitsch의 제왕'으로도 알려져 있는 세계적인 유명 예술작가인 제프 쿤스Jeff Koons의 '튤립Tulip'이란 작품도 잠시 감상하자. 풍선처럼 생겼지만 스테인드 스틸로 만든 작품이다. 키치란 대중적인 취향으로 만들어진 대중예술품들을 지칭하는 용어로 주로 사용된다.

Data Map 187H
Access 듀스버스 또는SDX버스 타고 윈&앙코르Wynn&Encore 정류장 하차
Add 3131 South Las Vegas Blvd, Las Vegas, Nevada
Tel 702-770-7000
Web www.wynnlasvegas.com

스트립 북부

신나는 놀이동산이 있는
서커스 서커스 Circus Circus

1968년 오픈한 호텔로 숙박료가 저렴하다. 하지만 대중교통으로 가기에는 불편하고 다른 호텔로의 이동 거리가 멀다. 주차공간은 넉넉하므로 차량을 이용한 방문객들에게 더 편하다. 도박사 출신의 제이 사노Jay Sano에 의해 지어진 가족 중심적 호텔이다. 호텔의 부속 건물인 '어드밴처돔 테마파크'는 남녀노소 누구나 즐길 수 있는 놀이동산으로 꾸며진 실내공간이다. 아이들을 동반한 여행자들에게 인기가 많다. 하지만 다른 호텔에 비해 오래되어 낡은 편이다. 고급스럽고 깔끔한 숙소를 원하는 사람에게는 적당하지 않다.

Data Map 186E Access 듀스버스 타고 서커스 서커스Circus Circus 정류장 하차 Add 2880 South Las Vegas Blvd, Las Vegas, Nevada Tel 702-691-5950 Web www.circuscircus.com

신기루를 보는 듯 매력 있는
미라지 The Mirage

열대림을 콘셉트로 지어진 라스베이거스 최초의 가족 리조트형 호텔. 호텔 내에 들어서면 프런트의 벽면에 위치한 거대한 어항에서 유영하는 물고기들을 볼 수 있다. 유료 볼거리인 시크릿 가든(성인 15달러, 4~12세 10달러. 11:00~17:30)은 어린이를 동반한 여행자들이라면 한번 들러볼 만하다. 백사자, 백표범, 황금색 호랑이, 표범 등 희귀한 야생동물을 만날 수 있고 돌고래쇼도 볼 수 있다. 해가 진 후 공연을 하는 볼케이노 화산 쇼는 라스베이거스 대표 무료 쇼! 거대한 폭발음과 함께 30m 정도 치솟는다. 4분 정도의 짧은 쇼이지만 그 열기가 후끈하게 온몸으로 전달된다.

Data Map 187K Access 듀스버스 타고 미라지Mirage 정류장 하차. 무료 트램 운행 Add 3400 South Las Vegas Blvd, Las Vegas, Nevada Tel 702-791-7111 Web www.mirage.com

야경 볼 때 최고!
스트라토스피어 Stratosphere

라스베이거스 스트립 지역에서 가장 북쪽에 위치한 호텔이다. 건축물이 370m 높이로 라스베이거스는 물론 네바다주에서도 가장 높은 건축물이다. 전망대에 올라 야경을 보거나 전망대에 위치한 스릴 넘치는 스릴 라이드를 타는 것은 특별한 경험이 될 것이다. 남산타워에 빙글빙글 회전하는 '엔그릴 레스토랑'이 있다면 라스베이거스에는 '탑 오브 더 월드' 레스토랑(www.topoftheworldlv.com/topoftheworld.htm, 11:00~23:00)이 있다. 107층에 위치하고 있어 밤에는 도시를 수놓는 반짝이는 네온사인들이 화려함의 극치를 느끼게 해준다. 라스베이거스의 전경을 발아래에 두고 마시는 칵테일 한 잔, 정말 멋지지 않은가! 바닥이 벨트 형식으로 되어 있고, 조금씩 돌아가기 때문에 도시의 전경을 제대로 감상하며 식사나 칵테일을 즐길 수 있다. 한 바퀴는 도는 데 드는 시간은 80분. 스카이 점프하는 장소 아래에 위치해 있기 때문에 점프하는 사람들도 보인다. 객실이 많이 낡아서 럭셔리한 느낌의 호텔은 아니지만, 호텔 숙박료가 저렴하고, 호텔 이용객에게는 전망대가 무료로 오픈이 된다는 점이 장점이다. 라스베이거스 도시 관광을 다닐 때는 주요 호텔들과 상당히 떨어져 있어서 대중교통으로 다니기에는 불편한 편이니 참고하자.

Data Map 186C **Access** 듀스버스 또는 SDX버스 타고 스트라토스피어Stratosphere 정류장 하차 **Add** 2000 South Las Vegas Blvd, Las Vegas, Nevada **Tel** 702-380-7777 **Open** 일~목 10:00~01:00, 금~토 10:00~02:00 **Cost** 전망대 입장 성인 20달러, 4~12세 10달러, 3세 이하 무료 **Web** www.stratospherehotel.com

보물섬을 찾아 떠나자
트레져 아일랜드 Treasure Island

1993년에 오픈한 호텔로 캐리비언 해적이 테마이다. 지금은 인기가 많이 사그러 들었지만 한때는 중국 부호들이 자주 오던 호텔이었다고 한다. 트레져 아일랜드 앞에서 선보이는 '사이렌 쇼'는 한편의 뮤지컬을 보는 듯 수준 높은 공연으로 많은 사랑을 받았지만, 내부 공사 관계로 당분간 진행되지 않는다. 새 단장을 해서 곧 더욱 멋진 모습을 보여준다고 하니 기대가 된다.

Data Map 187H
Access 듀스버스 타고 트레져 아일랜드 Treasure Island 정류장 하차 **Add** 3300 South Las Vegas Blvd, Las Vegas, Nevada **Tel** 702-894-7111 **Web** www.treasureisland.com

낭만적인 특별한 놀이기구
곤돌라 라이드 Gondola Rides

베니스를 꼭 빼닮은 다리와 붉은색 건물, 그리고 푸른색 물이 흐르는 인공운하의 모습이 아름답다. 이곳의 운치를 더해주는 특별한 기구가 있다. 바로 곤돌라. 곤돌라는 베네치아 시내에 있는 운하를 운항하는 배로 이탈리아어로 '흔들리다'라는 뜻. 고대의 배 모양을 본떠 만들어서 선미가 살짝 위로 올라간 형태를 갖고 있다. 호텔 베네시안에 있는 곤돌라는 실내 쪽과 실외 쪽 2가지를 고를 수 있다. 보통 그랜드 캐널 숍스 내에 조성된 인공 운하를 오가는 실내 쪽 풍경이 더 예쁘고, 덥거나 비 오는 등 날씨에 영향을 받지 않기 때문에 인기가 많다. 승선장 옆에 위치한 매표소에서 티켓 구매가 가능하다. 곤돌라 탑승정원은 4명. 탑승 시간은 10~13분 정도. 프라이빗하게 타기를 원하면 2명 기준 75달러이다. 수심이 낮아서 안전하다. 배를 타고 관광을 하는 동안 사공이 멋진 목소리로 노래도 불러준다. 연인끼리 곤돌라를 함께 타면 영원한 사랑이 이뤄진다는 속설이 있다. 곤돌라를 타고 다리를 지날 때마다 뱃사공은 연인들에게 키스하기를 부추긴다. 살짝 부끄럽긴 하지만 용기를 내어보자! 팁은 별도로 성의껏 내면 된다.

Data Map 187K
Access 베네시안 앞에 곤돌라 실외 정거장 위치. 그랜드 캐널 숍스Grand Canel Shoppes 내 곤돌라 실내 정거장 위치. 듀스버스 타고 베네시안& 팔라조The Venetian&The Palazzo 정류장 하차
Add 3355 South Las Vegas Blvd, Las Vegas, Nevada **Tel** 702-414-4300
Open 실내 10:00~22:45(금, 토 10:00~23:45), 실외 11:00~21:45
Cost 1인당 29달러(한 배에 4명까지 탑승)
Web www.venetian.com/hotel/attractions/gondola-rides.html

세계 유명 인사들의 모습을 한 곳에서 만나는
마담 투소 Madame Tussaud's

너무 견고하고 자연스러워서 실물인지 헷갈릴 정도로 흡사한 밀랍인형들이 전시되어 있다. 머리카락, 피부색, 질감은 물론 실제 인물의 키와 몸의 크기도 원래의 인물과 똑같이 본 떠 만들었다. 전시관은 총 7개의 테마로 나누어졌으며 비욘세, 안젤리나 졸리, 오바마 대통령, 마릴린 먼로, 브래드 피트, 레이디 가가 등 유명한 할리우드, 스포츠 스타, 정치인, 베트맨, 스파이더맨 등의 슈퍼히어로 모습도 볼 수 있다. 마담 투소는 1761년생 프랑스 태생의 여인이었는데 사람들의 데드 마스크Death Mask를 제작하던 사람이었다고 한다. 프랑스 혁명 당시 영국으로 망명하여 유명 인사들을 모델로 인형을 만들어서 런던에 전시관을 오픈한 것이 제1호 전시관이 된 것. 현재 파리, 홍콩, 베를린, 시드니 등 13여 개의 도시에 있다. 라스베이거스 전시관에서는 미국 유명 인사들의 모습을 많이 볼 수 있다. 전시관을 둘러보며 자신이 좋아하는 스타의 모습도 찾아보고 함께 사진도 촬영해보자. 이탈리아 베니스의 산마르코 광장에 있는 종탑을 그대로 본 떠 만든 모습이 인상적인 호텔 베네시안 앞 종탑 2층에 위치하고 있다.

Data **Map** 187K
Access 베네시안 앞 종탑 2층에 위치. 듀스버스 타고 베네시안&팔라조The Venetian&The Palazzo 정류장 하차 **Add** 3377 South Las Vegas Blvd, Las Vegas, Nevada **Tel** 866-841-3739
Open 일~목 10:00~21:00, 금~토 10:00~22:00 **Cost** 성인 30달러, 4~12세 20달러, 2세 이하 무료 (온라인 구입 시 13세 이상 20달러, 4~12세 15달러, 가족 티켓 구입 시 추가 할인 가능)
Web www.madametussauds.com/lasvegas

사막 한가운데의 오아시스 같은
윈 골프 코스 Wynn Golf Course

6km 정도의 길이에 18홀의 골프 코스로 유명 인사들도 자주 즐겨 찾는 곳이다. 라스베이거스는 연 평균 320일 이상의 화창한 날씨와 연평균 13cm 이하의 강수량으로 골프를 치기에도 안성맞춤이다. 사막 한가운데에 조성되었다고 보기 어려울 정도로 잘 관리된 잔디와 그림처럼 펼쳐진 주변 경관이 참 아름답다. 골프 장비를 가져오지 않았더라도 호텔 측에 요청하여 빌릴 수 있다. 윈Wynn 내에 위치하고 있으며 호텔 내의 이정표를 따라가면 쉽게 찾을 수 있다.

Data **Map** 187H **Access** 윈Wynn 내에 위치. 듀스버스 또는 SDX버스 타고 윈&앙코르Wynn&Encore 정류장 하차
Add 3131 South Las VegasBlvd, Las Vegas, Nevada
Tel 702-770-4653 **Cost** 평일 500달러~
Web www.wynnlasvegas.com/Activities Golf/WynnGolfCourse

스릴만점 놀이기구

스트라토스피어 스릴 라이드 Stratosphere Thrill Rides

라스베이거스에서 가장 높은 건물인 스트라토스피어의 꼭대기 층에는 차원이 다른 스릴을 주는 3가지 놀이기구가 있다. 도대체 어떻게 이 꼭대기 층에 놀이기구를 설치할 생각을 했는지, 그 기술력과 상상력에 감탄과 박수가 절로 나온다. 274m 상공에서 즐기는 회전 그네 인서니티Insanity는 크레인처럼 생긴 좌석에 앉으면 22m 정도 밖으로 끌어내어 공중에서 70km 정도의 속도로 회전한다. 롤러코스터형 시소 같은 엑스 스크림X scream은 앞뒤로 축이 되는 스틱이 올라갔다 내려갔다를 하면서 순간 높은 속력으로 앞으로 곤두박질친다. 빅 샷Big Shot은 330m 꼭대기에서 서서히 올라갔다가 급강하하는 자유낙하 라이드, 자이로드롭 같은 것이다. 그냥 서 있기만 해도 다리가 떨리는 고층에서 즐기는 짜릿함이 대단하다. 날씨가 안 좋으면 안전상의 문제로 운행하지 않는 경우도 있으니 미리 홈페이지를 통해 확인하자. 상상 이상의 스릴과 아찔함을 선사할 것이다. 단, 신장 122cm 이상만 이용이 가능하다. 그 외 더 큰 사람을 위한 스카이 번지점프도 있다. 108층 높이의 타워에서 그냥 몸을 던져 뛰어내리는 것이다. 지상 2층 높이 정도에서 멈추기 때문에 그 공포감과 스릴은 이루 말할 수 없다.

Data Map 186C **Access** 스트라토스피어 꼭대기 층에 위치.
듀스버스 또는 SDX버스 타고 스트라토스피어 Stratosphere 정류장 하차
Add 2000 South Las Vegas Blvd, Las Vegas, Nevada
Tel 702-380-7777 **Open** 일~목 10:00~01:00, 금~토 10:00~02:00
Cost 전망대+놀이기구 1종 25달러, 전망대+놀이기구 2종 30달러,
전망대+놀이기구 3종 35달러, 전망대+놀이기구 자유이용권 45달러,
스카이 번지점프119.99달러, 전망대만 이용 시 20달러
Web www.stratospherehotel.com/Activities/Thrill-Rides

고급스러운 분위기의 클럽

XS 나이트클럽 XS Nightclub

실내외 공간 모두를 이용하기 때문에 답답하지 않아서 더 좋다. 클럽과 연결된 야외 수영장 쪽 잔디밭에 앉아 맥주 한잔을 하며 음악을 즐기기도 한다. 실내에서는 최신식의 음향시설에 신이 난다. 세계적인 디제이가 자주 방문한다. 그날그날 담당 디제이가 누구냐에 따라 입장료가 다르므로 홈페이지를 통해서 미리 확인하도록 하자.

Data Map 187H
Access 앙코르 내 위치. 듀스버스 또는 SDX버스 타고 윈&앙코르 Wynn&Encore 정류장 하차
Add 3131 South Las Vegas Blvd, Las Vegas, Nevada
Tel 702-770-0097
Open 금~토 22:30~04:00, 일~월 21:30~16:00
Cost 남성 30~50달러, 여성 20~30달러
Web www.xslasvegas.com

©Jon Fingas

요즘 가장 핫한
바카날 뷔페 Bacchanal Buffett

큰 규모에도 불구하고 기다리는 줄이 있을 정도이니 그 인기가 실감 난다. 2013년 오픈 한 후 라스베이거스에서 가장 인기 있는 뷔페로 등극했다. 9개의 쿠킹 섹션에서는 500여 개의 음식을 제공하고 있으니 정말 놀랍다. 다양한 산해진미가 한자리에 모여 있기 때문에 가격이 비싸지만 만족도가 상당히 높다. 휴일에는 정말 기다리는 줄이 한없이 길다. 심할 때는 3시간 이상 기다리기도 한다. 시간 여유를 가지고 가는 것을 추천한다.

Data **Map** 187K
Access 시저스 팰러스 내 위치. 듀스버스 타고 시저스 팰러스Caesars Palace 정류장 하차 **Add** 3570 South Las Vegas Blvd, Las Vegas, Nevada
Tel 702-731-7928 **Open** 월~금 07:30~22:00, 토~일 08:00~22:00
Cost 월~금 07:30~15:00 40달러, 토~일(샴페인 브런치) 08:00~15:00 55달러, 월~목 15:00~22:00 55달러, 금~일 15:00~22:00 65달러 (뷔페 오브 뷔페 패스 사용 가능. 단, 15~30달러의 추가금 발생)
Web www.caesarspalace.com/restaurants/bacchanal-buffet.html

커다란 잔을 들고 거리를 누비는
팻 튜즈데이 Fat Tuesday

라스베이거스 도심 곳곳에서 볼 수 있는 칵테일 스무디 전문점이다. 네바다주의 특징상 길거리에서 술을 마시는 것이 합법. 그래서 사람들이 긴 컵을 들고 있는 모습을 자주 볼 수 있다. 슬러시 같은 시원한 질감에 여러 가지 과일 향과 럼, 보드카 등의 알코올이 섞인 시원하고 맛도 좋은 칵테일이다. 한 잔 정도 길에 들고 다니면서 라스베이거스를 만끽하는 것! 이 도시에서만 할 수 있는 일 중 하나이다. 호텔 베네시안과 연결되는 그랜드 캐널 숍스 내에 위치하고 있다.

Data **Map** 187K **Access** 그랜드 캐널 숍스 내 위치. 듀스버스 타고 베네시안&팔라조The Venetian&The Palazzo 정류장 하차 **Add** 3377 South Las Vegas Blvd, Las Vegas, Nevada
Tel 702-737-5463 **Open** 10:00~23:00 **Cost** 48온즈의 야드 사이즈 18달러, 라지 머그 사이즈 15달러
Web www.fat-tuesday.com

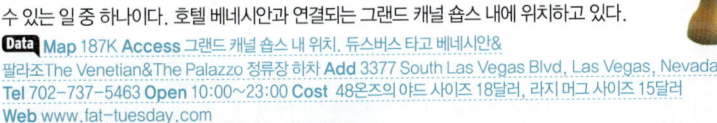

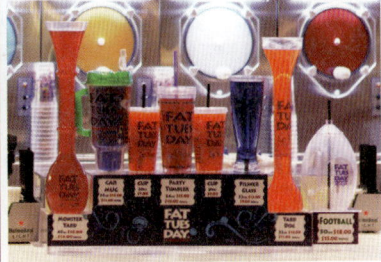

누벨 퀴진의 선구자
기 사부아 Guy Savoy

스타 셰프로 유명한 기 사부아의 미슐랭 별 2개가 빛나는 레스토랑. '새로운 요리'라는 뜻의 누벨 퀴진Nouvell Cuisine 표기의 선구자 같은 사람으로 특히 해산물 요리의 수준을 높인 것으로 유명하다. 누벨 퀴진이란 무겁고 기름진 요리 대신 좀 더 가볍고 신선하게 재료의 맛과 향을 살린 요리 방식으로 1970년대부터 프랑스에서 시작된 새로운 방식의 요리를 말한다. 기 사부아는 요리란 재료의 깊은 이해와 조화를 통해서 할 수 있는 예술이며, 누군가가 온 감각을 담아 요리한 음식은 맛본 순간 요리를 통해 잊고 지냈던 기억을 떠오르게 하고 행복감이나 기쁨이 밀려올 수 있다고 말한다. 다 맛있지만 푸아그라Foie Gras, 아티초크 앤 블랙 트러프 수프Artichoke And Black Truffle Soup는 가장 추천하는 메인 메뉴 중 하나. 레스토랑의 서비스와 분위기 또한 중요한 요소이기 때문에 기 사부아는 레스토랑 안에는 어떤 꽃도 꽂지 않고, 직원들이 향수를 뿌리는 것조차 허용하지 않는다고 한다. 음식의 풍부한 아로마 향을 즐기기에 방해가 될 수 있기 때문. 작은 부분 신경을 쓰는 모습에서 최고의 식사를 위한 섬세함이 느껴진다.

Data **Map** 187K **Access** 시저스 팰리스 내 아우구스투스 타워 2층에 위치. 듀스버스 타고 시저스 팰리스Caesars Palace 정류장 하차 **Add** 3570 South Las Vegas Blvd, Las Vegas, Nevada **Tel** 702-731-7286 **Open** 수~일 17:30~21:30 **Cost** 9코스 시그니처 메뉴 260달러, 3코스 120달러~ **Web** www.caesarspalace.com/restaurants/guy-savoy.html

세련되고 감각적인 레스토랑
슈거 팩토리 Suger Factory

레스토랑 내부에 들어서면 블랙과 화이트 콘셉트로 장식된 인테리어가 눈에 들어온다. 세련미가 넘친다. 브런치부터 요리 메뉴까지 다양하게 제공한다. 질소액체로 연기가 폴폴 나오는 시원한 칵테일류는 시각적으로도 재미있고 맛도 좋아서 마셔볼 만하다. 오션블루Ocean Blue, 화이트 구미White Gummy 칵테일 등을 추천한다. 양이 많아서 2~3명이 나눠 마셔도 된다. 레스토랑 옆 매장에서는 달콤한 사탕들을 판매하고 있다. 알록달록 모양과 색깔이 예뻐서 선물용으로도 좋다. 달콤한 사탕을 하나 물고 라스베이거스의 낭만에 취해보자.

Data **Map** 187H **Access** 듀스버스 또는 SDX버스 타고 패션쇼 몰 Fashion Show Mall 정류장 하차 **Add** 3200 South Las Vegas Blvd, Las Vegas, Nevada **Tel** 702-565-4767 **Open** 월~목 10:00~23:00, 금~토 09:00~24:00, 일 09:00~23:00 **Cost** 파스타류 16달러~, 피자류 15달러~ **Web** www.sugarfactory.com

대중적이고 편안한 체인 레스토랑
치즈케이크 팩토리 The Cheesecake Factory

40여 종의 다양한 치즈케이크를 후식으로 먹을 수 있다. 어떤 것을 먹어도 다 맛있다. 오리지널 치즈케이크는 치즈 본연의 풍미가 가득하다. 상큼함을 좋아한다면 프레시 스트로베리를 추천하며, 진한 초콜릿의 풍미가 있는 고디바 초콜릿 치즈케이크도 맛있다. 가격대비 푸짐한 양이 만족스러워서 식사 장소로도 좋다. 식사를 원한다면 타이식 퓨전 요리인 뱅뱅 치킨 앤 슈림프Bang Bang Chicken&Shrimp, 닭가슴살 위에 소스와 모차렐라치즈가 올려 있는 치킨 마데라Chicken Madeira, 양상추에 닭고기, 국수, 당근, 오이 등을 싸서 먹는 타이 레터스 랩Thai Lettuce Wrap, 바비큐 랜치 샐러드BBQ Ranch Salad 등을 추천한다. 단, 식사 시간대에는 긴 줄을 피하기 어렵다. 예약도 불가능하니 일찍 도착하는 것을 추천한다. 예약 리스트에 이름을 적고 예상 시간까지 쇼핑을 즐기다가 시간 맞춰서 오는 편이 가장 낫다.

Data Map 187K
Access 포럼 숍스 건물 내 위치. 듀스버스 타고 시저스 팰러스 Caesars Palace 정류장 하차
Add 3500 South Las Vegas Blvd, Las Vegas, Nevada
Tel 702-792-6888
Open 월~목, 금~토 11:00~00:30, 일 11:00~23:30
Cost 단품 요리 13~22달러, 케이크 8~9달러 정도
Web www.thecheesecakefactory.com

지역 주민들에게 더 인기 있는
빌리지 시푸드 뷔페 Village Seafood Buffet

호텔 리오에 위치한 뷔페 레스토랑. 빌리지 시푸드 뷔페는 신선한 해산물을 먹을 수 있다는 이유로 인기가 많다. 시푸드 뷔페답게 랍스터, 던지니스 크랩, 킹크랩, 새우, 참치, 굴 등 종류도 정말 다양하게 준비되어있다. 해산물 종류가 그날그날 다른 편이다. 개장 시간 1시간 전부터 기다리는 줄이 길게 세워질 정도이니 그 인기를 실감할 수 있다.

Data Map 187J
Access 리오 내 위치. 듀스버스 타고 발리스Bally's 또는 벨라지오Bellagion 정류장 하차 후 이스트 플라밍고 로드 East Flamingo Road로 가서 서쪽 방면으로 운행하는 202번 타고 리오Rio 정류장 하차. 또는 호텔 파리Paris 옆 호텔 발리스Bally's 앞에서 호텔 리오로 왕복 운행하는 무료셔틀버스를 이용(30분 간격)
Add 3700 West Flamingo Road, Las Vegas, Nevada **Tel** 702-777-7943 **Open** 15:30~21:30
Cost 월~금 15:30~21:30 47달러, 토~일 15:30~21:30 55달러(뷔페 오브 뷔페 패스 이용 가능. 단, 25달러 정도 추가 요금 있음) **Web** www.riolasvegas.com

최고급 호텔에서 맛보는 뷔페
뷔페 윈 라스베이거스 The Buffet Wynn Las Vegas

최고급 재료로 만드는 음식들을 즐길 수 있는 뷔페. 호텔 윈에 있다는 것만으로도 그 퀄리티를 증명하는 듯하다. 최근 건강을 생각하는 호텔 윈의 전략상 채소 위주의 식단이 많아져서 일부에서는 불평이 있기도 하다. 하지만 생화로 센스 있게 장식된 실내 분위기, 천사들이 먹을 것같이 예쁜 자태의 디저트, 친절한 서비스 등은 호텔 윈의 뷔페가 여전히 최고의 뷔페로 손꼽히게 하는 주요 요소들이다. 가격대는 높은 편이다.

Data Map 187H
Access 윈 내 위치. 듀스버스 또는 SDX버스 타고 윈&앙코르Wynn&Encore 정류장 하차 **Add** 3131 South Las Vegas Blvd, Las Vegas, Nevada **Tel** 702-770-3340 **Open** 07:30~21:30 **Cost** 월~금 07:00~11:00 25달러, 월~금 11:00~15:30 28달러, 일~목 15:30~21:30 43달러, 토~일 07:30~15:30 36달러, 금~토 15:30~21:30 50달러 **Web** www.wynnlasvegas.com/Restaurants/CasualDining/TheBuffet

고급스러운 초콜릿의 달콤한 유혹
고디바 Godiva

1926년 벨기에에서 탄생한 프리미엄 초콜릿 브랜드. 고디바라는 브랜드 이름은 11세기경 영국 코벤트리 지방을 다스리던 레오프릭 영주 부인의 이름에서 착안한 것이라고 한다. 영주의 욕심이 과해지면서 과중한 세금으로 백성들을 괴롭히자 그의 부인인 고디바는 남편에게 세금을 줄여 줄 것을 요청하게 된다. 이때 남편은 아내에게 알몸으로 마을 한 바퀴를 돌면 원하는 것을 들어주겠다고 제안한 것. 물론 아내가 하지 못할 것이라고 생각하였기 때문이다. 하지만 그녀는 말을 타고 벌거벗은 채로 마을을 한 바퀴 행진하였다고 한다. 그녀의 마음에 감동한 백성들은 누구도 그녀의 알몸을 보지 않기로 약속하고 창문을 걸어 잠그고 커튼을 내려 그녀의 용기와 희생에 경의를 표했다고 한다. 결국 영주인 남편은 약속을 지켰다고 전해진다. 고디바 부인의 이타심, 관용, 우아함, 아름다운 뜻과 감성을 담은 초콜릿을 생산하자는 취지로 고비다 명칭을 사용한 것이라고 한다. 브랜드 로고에 말을 탄 고디바 부인의 모습을 그려 넣은 것도 이것 때문. 싱싱한 딸기를 초콜릿에 빠뜨려서 만드는 퐁듀 제품과 마시는 초콜릿 셰이크도 맛있다. 품질 좋은 초콜릿은 피로회복과 기분을 좋게 하고 신진대사를 원활하게 해준다고 한다.

Data Map 187K
Access 그랜드 캐널 숍스 내 위치. 듀스버스 타고 베네시안&팔라조The Venetian&The Palazzo 정류장 하차 **Add** 3377 South Las Vegas Blvd, Las Vegas, Nevada **Tel** 702-732-1577 **Open** 일~목 10:00~23:00, 금~토 10:00~24:00 **Cost** 퐁듀식 딸기 초콜릿 6개 42달러 **Web** www.godiva.com

동양적인 콘셉트의 멋진 분위기
타오 TAO

저녁 시간에는 아시안 레스토랑, 밤에는 클럽으로 변신하는 곳. 동양적인 인테리어 콘셉트와 큰 규모로 유명하다. 레스토랑에서는 크리시피 스파이시 롤Crispy Spicy Tuna Roll, 연어회Salmon Sashimi 등 해산물을 이용한 아시안 음식을 제공한다. 음식에 대해서는 호불호가 갈리는 편이라 클럽으로서의 인기가 더 좋은 편이다. 클럽 내부 한 켠에 높이 6m의 커다란 불상이 떡 하니 들어서 있고, 벽면 가득 한자가 쓰여 있어 동양적인 분위기를 물씬 풍긴다. 다른 한쪽에서는 장미꽃 욕조에 몸을 담그고 목욕하는 반라의 여인들이 몽환적이고 에로틱하게 이국적인 분위기를 연출한다. 럼에 크랜베리가 들어가 달콤한 맛의 시그니처 칵테일인 타오 티니Tao Tini가 맛있다. 나이트클럽으로는 목요일이 가장 핫하다고 한다.

Data Map 187K **Access** 베네시안 내 위치. 듀스버스 타고 베네시안&팔라조 The Venetian&The Palazzo정류장 하차 **Add** 3377 South Las Vegas Blvd, Las Vegas, Nevada **Tel** 702-388-8338 **Open** 레스토랑 일~목 17:00~24:00, 금~토 17:00~01:00, 나이트클럽 목~토 22:00~05:00 **Cost** 단품 요리 19달러~, 칵테일 14달러~, 클럽 입장 남자 20~50달러, 여자 10~20달러 **Web** www.taolasvegas.com

---

스타 셰프의 우아한 레스토랑
지아다 Giada

Writer's Pick!

요즘 라스베이거스에서 가장 인기 있는 레스토랑 중 하나. 이탈리안 출신 여성 스타 셰프인 지아다의 모던한 이탈리안 요리를 맛볼 수 있다. 지아다의 요리는 심플하지만, 재료 하나하나가 어우러지면서 미각을 돋우는 요리가 특징. 통유리를 통해 벨라지오 분수 쇼도 조망할 수 있어서 분위기까지 최고다. 담당 서버를 통해 요리를 추천받아서 즐겨보자.

Data Map 187K
Access 크롬웰 호텔 2층에 위치.
듀스버스 또는 SDX버스 타고 파리Paris 또는 벨라지오 Bellagio 정류장 하차 후 도보 9분
Add 3595 S Las Vegas Blvd, Las Vegas, Nevada
Tel 855-442-3271
Open 매일 17:00~23:00, 금~일 09:00~15:00
Cost 브런치 데이스팅 3코스 45달러, 라비올리 36달러, 이탈리안 프라이드 치킨 30달러
Web www.giadadelaurentiis.com/vegas

반짝이는 라스베이거스 스트립 뷰가 한눈에
부두 스테이크하우스 Voodoo Steakhouse

리오 호텔 50층에 위치하고 있어서 근사한 전망을 즐길 수 있는 로맨틱한 분위기의 레스토랑이다. 아름다운 전경에 비해, 음식 맛은 호불호가 갈리는 편. 그래도 농어Sea Bass, 연어와 같은 생선 요리에 대한 평가는 좋은 편이니 참고하자. 식사 후, 같은 호텔에 위치한 스트립 뷰가 한눈에 내려다보이는 부두 나이트클럽에서 시간을 보내도 좋다.

Data Map 156A, 187J
Access 플라밍고Flamingo 정류장에서 202번 버스로 환승해 리오Rio 호텔 하차 **Add** 3700 W Flamingo Road, Las Vegas, Nevada **Tel** 702-777-7800
Open 일~목 17:00~21:00, 금~토 17:00~22:00
Cost 데이스팅 5코스 95달러, 와인 패어링 35달러, 농어요리 42달러
Web www.caesars.com/rio-las-vegas/restaurants/voodoo-steak-and-rooftop-nightclub

황금궁전에 온 듯 화려한
포럼 숍스 The Forum Shops

고대 로마풍의 인테리어가 마치 궁전에 들어온 듯 웅장하고 우아한 느낌을 준다. 여름철에는 뜨거운 태양 빛을 피해 쾌적하고 시원한 환경 속에서 쇼핑할 수 있다는 장점이 있다. 다른 쇼핑몰에 비해 분위기가 화려하고 입점된 매장이 많아서 구경만 하더라도 만족스럽다. 아르마니, 루이비통, 구찌, 불가리 등 고급 브랜드부터 중저가의 브랜드까지 모두 만날 수 있다. 상당히 크다. 가장 강력하게 추천하는 쇼핑몰이다.

Data Map 187K **Access** 시저스 팰리스 옆에 위치. 듀스버스 타고 시저스 팰리스Caesars Palace 정류장 하차 **Add** 3500 South Las Vegas Blvd, Las Vegas, Nevada **Tel** 702-893-4800 **Open** 일~목 10:00~23:00, 금~토 10:00~24:00 **Web** www.caesarspalace.com/things-to-do/forum-shops.html

백화점도 입점되어 있는
패션 쇼 몰 Fashion Show Mall

우주선처럼 생긴 건물 모습이 인상적이다. 스트립에서 가장 큰 규모의 쇼핑몰이다. 고급 브랜드보다는 중저가의 실용적인 브랜드가 많이 입점되어 있다. 미국의 유명 백화점인 메이시스, 노드스트롬, 식스 피프스 애비뉴, 블루밍 데일리 등 7개나 들어서 있어서 다양한 제품을 구매하기 좋다. 2층과 3층에는 식당가가 들어서 있어서 출출해진 배를 채우기에도 적합하다.

Data Map 187H **Access** 듀스버스 또는 SDX버스 타고 패션 쇼 몰Fashion Show Mall 정류장 하차 **Add** 3200 South Las Vegas Blvd #600, Las Vegas, Nevada **Tel** 702-369-8382 **Open** 월~토 10:00~21:00, 일 11:00~19:00 **Web** www.thefashionshow.com

Writer's Pick! 베니스의 고즈넉한 분위기를 느낄 수 있는
그랜드 캐널 숍스 The Grand Canal Shoppes

운하 옆을 따라 길게 이어지는 상점들. 마치 베니스의 거리를 걷는 것처럼 아기자기하게 꾸며진 거리의 모습이 정말 이색적이다. 실내에 위치하고 있지만, 천장에는 푸른 하늘이 그려져 있고 여기가 낮인지 밤인지 헷갈리는 몽환적인 느낌이 든다. 160여 개의 브랜드 매장과 30여 개의 레스토랑, 카페 등이 편의를 돕는다. 라스베이거스 안에 형성된 베니스의 운치를 느낄 수 있기 때문에 굳이 쇼핑하지 않고 구경하며 거닐어도 재밌는 곳이다.

Data **Map** 187K **Access** 베네시안과 연결되어 있다. 듀스버스 타고 베네시안&팔라조The Venetian&The Palazzo 정류장 하차 **Add** 3377 South Las Vegas Blvd, Las Vegas, Nevada **Tel** 702-414-4500 **Open** 일~목 10:00~23:00, 금~토 10:00~24:00 **Web** www.grandcanalshoppes.com

Writer's Pick! 명품 중 최고만을 모은
윈 에스플러나드 Wynn Esplanade

최고의 명품들이 한자리에 모였다. 호텔 윈 내에 쇼핑 골목처럼 형성되어 있는 아케이드에서 최고급 브랜드들을 만날 수 있다. 샤넬, 디올, 알렉산더 맥퀸, 카르티에 등 이름만 들어도 설레는 세계적인 브랜드들을 구매할 수 있다. 이곳에 들어오는 제품라인은 명품 중에서도 최고급 라인이 들어온다고 한다. 영화 〈섹스 앤 더 시티〉의 캘리가 사랑했던 마놀로 블라닉 구두도 입점되어 있다. 스트립 중심가와 약간 떨어져 있는 덕분에 비교적 조용한 분위기에서 쇼핑을 즐길 수 있다는 것도 장점이다.

Data **Map** 187H **Access** 윈 내 위치. 듀스버스 또는 SDX버스 타고 윈&앙코르Wynn&Encore 정류장 하차 **Add** 3131 South Las Vegas Blvd, Las Vegas, Nevada **Tel** 702-770-7000, 702-770-3403 **Open** 10:00~23:00 **Web** www.wynnlasvegas.com/Activities/Shops/Photos

Las Vegas By Area

03

다운타운
DOWNTOWN

신시가지인 스트립이 화려함의 절정이라면 다운타운은 고풍스럽고 정다운 반짝임이 느껴지는 곳이다. 현재 50대 이상인 세대가 기억하는 라스베이거스는 스트립이 아니라 다운타운이라고 한다. 당시 신혼여행으로 각광받던 곳이었기 때문에 그 향수를 느끼고자 하는 것. LED가 아니라 전구로 휘황찬란하게 꾸며진 호텔들의 외관이 푸근하게 느껴진다. 라스베이거스의 옛 정취가 남아있는 지역이다.

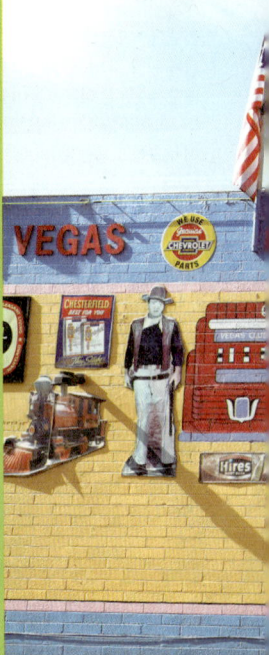

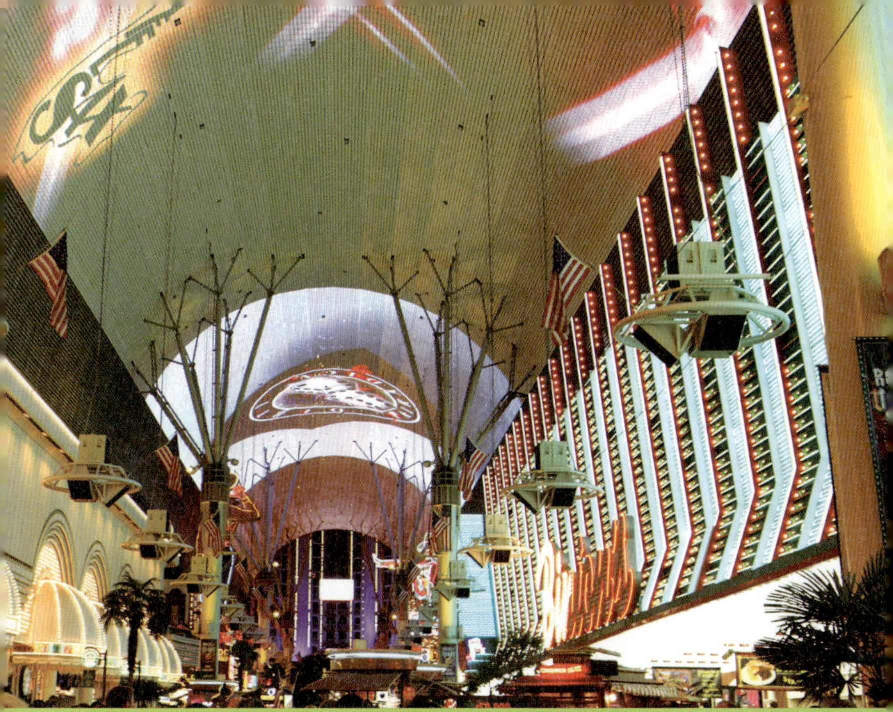

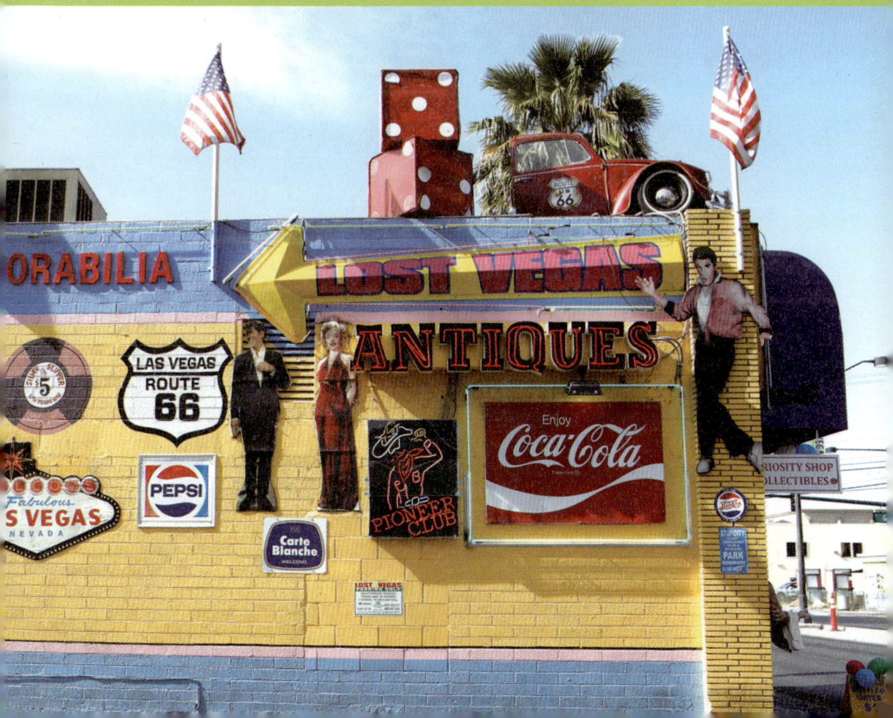
ORABILIA
LOST VEGAS
ANTIQUES
LAS VEGAS
ROUTE
66
PEPSI
Carte Blanche
PIONEER CLUB
Enjoy
Coca-Cola
Fabulous
S VEGAS
NEVADA
RIOSITY SHOP
OLLECTIBLES
PARK

Downtown
PREVIEW

라스베이거스 도시가 시작된 발상지이다.
부담스럽지 않은 가격대로 호텔과 카지노를 즐길 수 있다는 장점이 있다.
해가 진 후에 펼쳐지는 프리몬트 스트리트 익스피리언스가 이 지역의 주요 볼거리이다.
천장 아케이드 위를 수놓는 영상들과 팝송의 조화가 정말 신이 난다.

SEE

다운타운의 손꼽히는 호텔인 골든 너겟 에서는 세계 최대 크기의 금덩어리를 볼 수 있다. 식인 상어들이 있는 수족관을 관통하는 미끄럼틀이 있는수영장 탱크는 세계적으로 유명한 곳이다.

ENJOY

프리몬트 스트리트의 천장 아케이드를 밝게 수놓는 매력적인 전구 쇼가 있다. 라스베이거스에 왔다면 꼭 봐야하는 무료 쇼 중 하나이다. 카지노 가격대가 스트립에 비해 반값이다. 저렴하게 게임을 즐기고 싶은 사람에게 인기가 많다.

EAT

라스베이거스에 왔다면 꼭 먹어봐야 할 만큼 내로라하는 맛집 레스토랑이 있는 지역은 아니다. 패스트푸드나 퀸, 프리몬트 호텔 뷔페를 가볍게 즐긴 후 스트립 지역 레스토랑에서 제대로 즐기는 것을 추천한다.

SLEEP

1960년대에 지어진 호텔들이기 때문에 낡은 느낌은 있지만 오히려 고풍스럽다고 느낄 수도 있다. 비교적 가격이 저렴하다는 것이 장점! 어차피 밖에 나가서 시간을 많이 보낼 예정이라면 고려해볼 만하다. 하지만 신시가지인 스트립지역과는 25~30분 정도로 꽤 떨어져 있는 편이다

어떻게 갈까?

스트립 지역에서 다운타운 지역으로 갈 때는 SDX버스, 듀스버스로 쉽게 이동할 수 있다. 시간은 25분~30분 정도. 공항에서 출발하면 자동차로 40분 정도 소요된다. 만약 미국의 다른 지역에서 출발하는 장거리 버스를 이용하여 라스베이거스에 왔다면 버스터미널이 다운타운에 위치하고 있어서 도보 10분 정도로 찾아가기 편리하다.

어떻게 다닐까?

낮에는 비교적 썰렁한 분위기이다. 해가 진 후 프리몬트 스트리트 익스피리언스가 시작되는 시간대에 가는 것이 좋다. 보통 밤 9~10시 정도에 가는 것을 추천한다. 쇼는 매시간 정각에 시작한다. 시간 여유가 있다면 골든 너겟 안을 둘러보자. 골든 너겟 내 탱크The Tank 수영장에는 식인 상어가 있는 특별한 수족관 미끄럼틀이 있다. 세계에서 가장 큰 금덩어리도 구경해보자. 오래된 듯한 느낌의 카지노 분위기도 재미있다.

Downtown
HALF FINE DAY IN

라스베이거스의 옛 모습이 그대로 느껴지는 지역이다. 다운타운만 돌아볼 예정이라면 2~3시간만 할애해도 충분하다. 보통 낮에는 아웃렛에 가서 쇼핑을 즐기고, 밤에는 화려했던 옛 라스베이거스의 모습을 볼 수 있는 다운타운을 즐기는 사람들이 많다. 다운타운에서 꼭 봐야 하는 프리몬트 스트리트 익스피리언스는 해가 진 후에 시작하니 저녁때 가야 한다는 점을 유의하자.

투숙가능 호텔에서 출발하기

→ 버스 30~50분

로스트 라스베이거스 상점 돌아보기

→ 버스 15분

라스베이거스 노스 프리미엄 아웃렛에서 쇼핑 즐기기

↓ 버스 10분

세계 최대 크기의 금덩이인 골든 너겟 감상하기

← 도보 5분

호텔 골든 너겟 안 탱크 수영장 관람하기

← 도보 5분

프리몬트 스트리트 익스피리언스 관람 및 상점, 거리 콘서트 구경하기

Tip 온전한 하루를 계획한다면?
다운타운은 스트립 지역에 비해서는 볼거리가 적은 편이어서 반나절 일정으로도 충분히 관광이 가능하다. 하지만 아웃렛 규모가 상당히 큰 편이어서 쇼핑을 많이 즐길 예정이라면 오전 일찍부터 출발해서 다녀도 좋다. 어린이를 동반한 여행자들에게는 오전 일정을 디스커버리 어린이박물관, 라스베이거스 자연사박물관으로 잡아도 좋겠다.

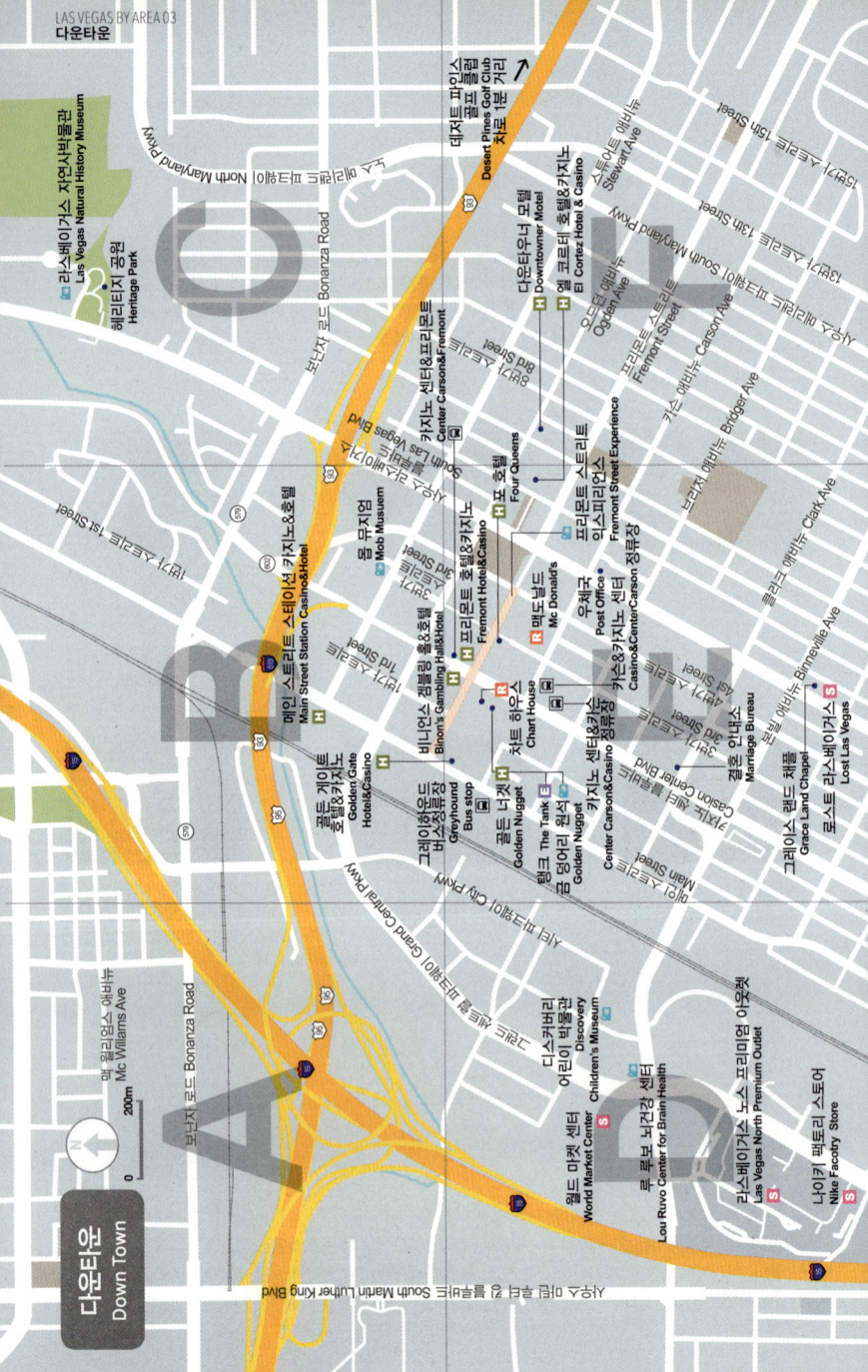

Writer's Pick! 세계에서 가장 큰 황금 덩어리가 번쩍이는
골든 너겟 Golden Nugget

황금을 향해 부흥되었던 골드 러시Gold Rush의 역사적 배경처럼 카지노에서의 일확천금을 기대하는 사람들을 유혹하기 위함일까? 호텔 이름이 황금 덩어리를 뜻하는 '골든 너겟'이다. 골드 러시란 19세기 미서부 지역에서 금광이 발견되자 전 세계에서 금을 찾아온 사람들이 몰려들었던 현상을 말한다. 실제로 이 호텔 안에는 금덩어리가 전시되어 있다. 1980년 호주에서 발견된 27.2kg의 세계 최대크기의 금덩어리로, 호텔 측에서 발견된 소식을 듣자마자 바로 사 온 것이라고 한다. 전시대 앞에는 금을 구매할 수 있는 자판기가 설치되어 있다. 크기별로 가격을 선택하여 지불하면 된다. 기념품으로 꽤 인기가 많다. 이 금덩어리를 휴대폰에 찍어보자. 혹시 아는가? 이 기운에 힘입어 잭팟 하나 터트릴 수 있을지도 모를 일이다. 호텔 수영장인 탱크The Tank는 세계적으로 유명한 곳이다. 식인 상어들이 사는 수족관을 관통하는 미끄럼들이 있기 때문! 어떻게 이렇게 식인 상어들을 가져다 둘 생각을 했는지 기상천외한 발상이 재밌다. 다운타운에 위치한 호텔로 1946년에 지어졌다. 해가 지고 나면 호텔 앞 프리몬트 스트리트에서는 유명한 전구 쇼 '프리몬트 스트리트 익스피리언스Fremont Street Experience'가 펼쳐진다.

Data Map 206E
Access 듀스버스 또는 SDX버스 타고 카슨Carson 정류장 하차, 도보 2분
Add 126 East Fremont, Las Vegas, Nevada
Tel 702-385-7111, 800-634-3454
Web www.goldennugget.com

> **Tip** 단돈 5센트가 이뤄낸 잭팟의 기적
> 2004년 1월 19일 저녁 5시경, 라스베이거스의 택시 운전사인 로버트 베이커Robert Baker는 5센트를 가지고 무려 한화 33억가량의 잭팟을 터트린 일이 있었다. 이 호텔의 황금 덩어리 기운이 마법처럼 통하게 된 것일까? 그렇게 적은 금액의 돈으로 큰 잭팟을 터트린 적은 없었다고 한다. 중년의 사람들은 신시가지인 스트립보다 이곳 다운타운을 선호한다고 한다. 카지노의 게임 이용 시 가격대도 훨씬 저렴하고 옛 추억을 음미하기에 좋기 때문이라고 한다.

수억 년 지구의 역사를 체험할 수 있는
라스베이거스 자연사박물관 Las Vegas Natural History Museum

자연사박물관의 장점은 비교적 짧은 시간 동안 거대한 수억 년의 역사 속으로 들어가서 다양한 생태계 하이라이트를 경험할 수 있다는 점이다. 시청각 자료들을 적절하게 활용하고 교육적인 이해도를 높여주는 전시관으로 현재와 과거의 야생동물 박제를 전시하고, 화석을 관찰할 수 있다. 생태계의 변화를 자세하게 보여주는 영상실 등을 통하여 세계의 생태계를 이해하며 야생동물, 해양동물의 삶과 문화 등을 엿볼 수 있다. 이곳은 지역주민들의 자녀교육을 위해 만들어진 곳으로 규모가 크지는 않지만, 어린이들에게 다양한 경험을 해줄 수 있는 전시관들이 잘 마련되어있다. 입구는 주차장에서 건물 쪽으로 가다 보면 바닥으로 난 공룡 발자국이 보이는데, 그것을 따라가면 된다.

Data Map 206C
Access 듀스버스 타고 스튜어트&4번가Stewart & 4th street 정류장 하차, 도보 15분
Add 900 North Las Vegas Blvd, Las Vegas, Nevada
Tel 702-384-3466
Open 09:00~16:00
Cost 성인 12달러, 3~11세 6달러, 2세 이하 무료, 학생 및 노인 10달러
Web www.lvnhm.org

프랑크게리의 건축물을 좋아한다면
루 루보 뇌건강 센터 Lou Ruvo Center for Brain Health

유동적인 곡선과 무질서적인 곡선의 느낌, 메탈의 외장재가 멀리서 봐도 눈에 띄는 범상치 않은 자태이다. 이곳은 해체주의의 거장, 세계적인 건축가 프랑크 게리Frank Gehry가 설계한 건축물로 퇴행성 뇌 질환의 연구 센터로 사용 중이다. 해체주의 건축물이란 상자 같은 건물의 이미지를 완전히 부숴버리고, 대지 위의 건물을 여러 개의 조각으로 해체한 후 다시 조합하여 만든 건축물을 뜻한다. 마치 피카소의 입체파, 큐비즘 작품처럼 사물을 있는 그대로 평면적으로 그리지 않고, 분해하여 다시 나름대로 재해석한 것과 비슷하다. 건물 외관에는 물고기의 비늘 같은 모양으로 만든 티타늄 금속 패널들이 표면에 붙어 있다. 태양 또는 조명에 의해 은은하게 반짝인다. 외관을 볼 때는 정말 불가능해 보이는 건축 모습이지만 컴퓨터를 이용하여 매우 정확하게 컨트롤 하여 설계와 시공을 했다고 한다. 건물을 한 바퀴 빙 돌아보면 마치 살아 움직이는 듯 역동적으로 느껴진다. 병원 건물로 사용 중이라 일반인들에게는 내부 관람을 허용하지 않는다.

Data Map 206D
Access SDX버스 타고 그랜드 센트럴&심포니 파크Grand Central & Symphony Park 정류장 하차, 도보 5분
Add 888 west Bonneville Avenue, Las Vegas, Nevada
Web www.keepmemoryalive.org

창조적 감각을 키워주는
디스커버리 어린이 박물관 Discovery Children's Museum

어린이들을 동반한 여행자에게 강력하게 추천하고 싶은 박물관. 타워형식으로 이뤄진 뮤지엄 구조로 마치 등산을 하듯 오르내리며 관람하게 된다. 아이들의 두뇌활동과 호기심을 자극하는 각종 과학실험, 기구놀이 등을 할 수 있다. 간단한 기계, 공기압, 비행, 자석, 시각적 인식, 빛 소리, 지구, 전기, 에너지, 우주 과학 등 다양한 테마로 나눠진 총 12개의 레벨 속에서 각기 다른 과학적 개념과 응용 프로그램들을 이해하고 느끼고 경험할 수 있다. 흥미진진하고 창의적인 다양한 활동을 경험할 수 있어서 큰 호응을 얻고 있다.

Data **Map** 206D **Access** SDX버스 타고 그랜드 센트럴&심포니 파크Grand Central&Symphony Park 정류장 하차, 도보 3분 **Add** 360 Promenade Place, Las Vegas, Nevada **Tel** 702-382-3445 **Open** 목~금 09:00~16:00(여름에는 10:00~17:00), 토 10:00~17:00, 일 12:00~17:00 **Cost** 일반 14.5달러, 만 1세 미만 무료 **Web** www.discoverykidslv.org

사막 한가운데서 골프를 칠 수 있는
데저트 파인스 골프 클럽 Desert Pines Golf Club

4천여 그루의 소나무와 야자수 나무가 골프장을 둘러싸여 있어서 마치 숲속에 온 듯한 느낌을 주는 골프 라운드 코스이다. 여러 골프 관련 전문지로부터 추천하는 라스베이거스 골프장 중 하나로 선정되었을 정도로 훌륭한 시설을 자랑한다. 18홀 곳곳에 흰 모래의 벙커들이 위치하고 있어서 상당히 어렵다는 평가가 많다. '네바다주 사막 위에서 치는 골프는 어떤 느낌일까?' 하는 궁금증이 있는 사람이라면 도전해볼 만하다. 일년 내내 날씨가 좋아서 언제 가도 게임을 즐기기에 좋다. 골프 황제인 타이거 우즈가 PGA 대회에서 첫 우승을 거둔 곳으로도 알려져 있다.

Data **Map** 206F **Access** 다운타운에서 차로 5분, 이스트 플라밍고 길 East Flamingo Road에서 202번 버스 타고 이스턴Eastern 정류장 하차 후 길 건너서 111번 버스 타고 보난자Bonanza 정류장 하차, 도보 5분 **Add** 3415 East Bonanza Road, Las Vegas, Nevada **Tel** 702-450-8170 **Cost** 평일 69달러~, 주말 99달러~ **Web** www.desertpinesgolfclub.com

 Writer's Pick!

환상적인 천장 전구 쇼
프리몬트 스트리트 익스피리언스
Fremont Street Experience

다운타운을 방문한 사람들이 꼭 봐야 하는 무료 쇼이다. 환상적이기 때문에 인기가 많다. 1995년 라스베이거스 설립 100주년 기념으로 기획된 쇼. 쇼가 시작되면 220여 개의 스피커에서 흘러나오는 노랫소리에 맞추어 길이 457m, 높이는 27m의 천장이 다양한 색채와 형태들이 나오는 거대한 화면으로 변신한다. 정말 신나는 장면이다. 사람들은 노래를 따라 부르거나 춤을 추는 등 각각의 방법으로 이 순간을 즐긴다. 우리나라 LG전자의 기술로 만들어졌다는 인증마크가 천장 한쪽에 적혀 있다. 해가 진 후 1시간 간격으로 6~8분 정도 쇼가 진행된다.

Data Map 206E
Access 듀스버스 또는 SDX버스 타고 카슨Carson 정류장 하차, 도보 2분 Add 425 Fremont Street, Las Vegas, Nevada
Tel 702-678-5777
Open 일몰 후~24:00 Cost 무료
Web www.vegasexperience.com

BUY

알뜰하게 좋은 물건을 구매할 수 있는
라스베이거스 노스 프리미엄 아웃렛 Las Vegas North Premium Outlet

한국인들에게도 인기가 많은 토리버치, 살바토르 페레가모, 버버리, 라코스테 등 150여 개의 다양한 브랜드의 상점이 입점 되어 있다. 미국 내에서도 물건이 많기로 소문난 아웃렛으로 발품을 팔아가며 잘 찾아보면 놀랄 만큼 저렴한 가격으로 좋은 제품을 구매할 수 있다. 라스베이거스 신시가지인 스트립이나 다운타운 지역에서 대중교통 또는 택시 등으로 쉽게 갈 수 있다. 해당 홈페이지에 무료가입을 하고 VIP 쿠폰을 출력해서 가면 좀 더 알뜰한 쇼핑을 할 수 있다. 쿠폰은 아웃렛 입구 쪽에 위치한 인포메이션 센터에 가져가면 할인 쿠폰북으로 교환을 해준다. 아웃렛 규모가 상당히 큰 편이니 매장 위치를 미리 확인하고 가거나 인포메이션 센터에서 지도를 받아서 다니는 것이 좋다.

Data Map 206D
Access SDX버스 타고 종점에서 하차
Add 875 South Grand Central Parkway, as Vegas, Nevada
Tel 702-474-7500
Open 월~토 09:00~21:00, 일 09:00~20:00
Web www.premiumoutlets.com

시간의 흐름을 거슬러 올라가자
로스트 라스베이거스 Lost Las Vegas

라스베이거스의 옛 모습을 엿볼 수 있는 앤틱한 제품들을 만날 수 있다. 발랄한 색감의 브로치, 귀엽고 특이한 글씨체가 돋보이는 장식용품, 이 도시 어딘가에서 사용되었다는 도로 표지판 등 도시의 역사와 문화를 느낄 수 있는 다양한 제품들이 가득하다. 늘 새것과 유행으로 번쩍번쩍하는 지금의 라스베이거스와는 사뭇 다른 모습을 볼 수 있는 상점이다. 상점 주변으로 소규모 웨딩 채플이 많이 있으니 잠시 둘러봐도 좋겠다.

Data Map 206E Access 듀스버스 또는 SDX버스 타고 카지노 센터&가르스Casino Center&Garces 정류장 하차, 도보 5분 Add 619 South Las Vegas Blvd, Las Vegas, Nevada
Tel 855-443-9418 Open 월~목 10:00~18:00, 금~토 10:00~20:00, 일 12:00~17:00
Cost 앤틱 칼 25달러, 라이터 5달러 Web www.lostvegas.vpweb.com

©Grand Caynon National Park

GRAND CIRCLE BY
AREA

01 그랜드캐니언국립공원
02 브라이스캐니언국립공원
03 자이언국립공원
04 아치스국립공원
05 모뉴먼트 밸리
06 페이지
07 세도나
08 데스밸리국립공원

그랜드 서클, 어떻게 즐길까?

미서부 지역의 대자연을 제대로 즐기기 위해 필요한 정보를 모아 수록하였다.
대지가 넓기 때문에 하루 3~4시간의 운전을 해야 다음 장소에 도착할 수 있다.
각각의 개성이 강한 웅장한 자연의 모습이야말로 형용할 수 없이 멋있다.
직접 본 사람만이 느끼는 특별한 감동이 있는 여행이 될 것이다.

그랜드 서클Grand Circle이란?
그랜드 서클은 네바다Nevada, 유타Utah, 애리조나Arizona, 콜로라도Colorado, 뉴멕시코New Mexico 5개 주에 걸친 지역을 일컫는다. 미국의 3대 캐니언인 그랜드캐니언, 브라이스캐니언, 자이언캐니언과 신비로운 분위기의 앤텔로프캐니언, 기묘한 바윗덩어리인 아치스, 수억 년의 세월이 느껴지는 모뉴먼트 밸리 등 다채롭고 경이로운 자연경관이 모두 모여 있다.

국립공원 입장료는 얼마인가?
미국 내 경치가 뛰어난 곳들은 대부분 국립공원으로 지정되어 있다. 국립공원 입장 시 차 안에 몇 명의 사람이 타고 있든 상관 없이 자동차 1대 기준으로 30~35달러 정도의 입장료가 발생한다. 국립공원마다 입장료가 조금씩 다르다. 입장권은 구입한 날짜로부터 7일간 유효하다. 일 년 내내 사용 가능한 국립공원 연간 패스Annual Pass를 구입할 경우 자동차 1대 기준 80달러로 미국 내 모든 국립공원에 자유롭게 입장할 수 있다. 국립공원 3곳 이상 방문할 계획이라면, 연간 패스를 구매하는 것을 추천. 공원 입구 매표소는 오전 8시부터 오후 6시까지 열고 계절에 따라 변경되기도 한다. 공원은 24시간 열려 있으므로 매표소가 문이 닫힌 시간대에 도착했을 경우 공원에 입장하여 자유롭게 관람하고 나갈 때 입장료를 내면 된다. 입장권은 국립공원마다 위치하고 있는 방문자 센터에서도 구매가 가능하다. 자신에게 맞는 방법으로 입장권을 구매하자.

어떻게 다닐까?
광대한 자연을 경험하기 가장 편리하고 합리적인 수단은 자동차이다. 험준한 산맥 구석구석까지 도로가 잘 만들어져있다. 다만, 워낙 광대한 대륙이다 보니 운전거리가 길어서 피로감이 발생할 수 있다는 것이 단점. 다행히도 길이 쭉 뻗어 있는 경우가 많고, 차량이 많아 가는 내내 달라지는 풍경들을 감상하면서 운전할 수 있다. 특히 트럭 기사들에게도 인기가 많다는 유타주의 길들은 직선코스가 많으며 뛰어난 절경을 뽐낸다. 국립공원 내에서는 내비게이션이 신호를 잘 받지 못하는 경우가 많고, 주요 스폿들은 주소가 없는 경우가 태반이다. 따라서 지도와 이정표에 의지해서 다녀야한다. 차를 렌트할 예정이라면 국제운전면허증과 국내운전면허증 모두 챙겨 와야 한다. 그 외에 버스, 경비행기 등의 이동수단이 있다.

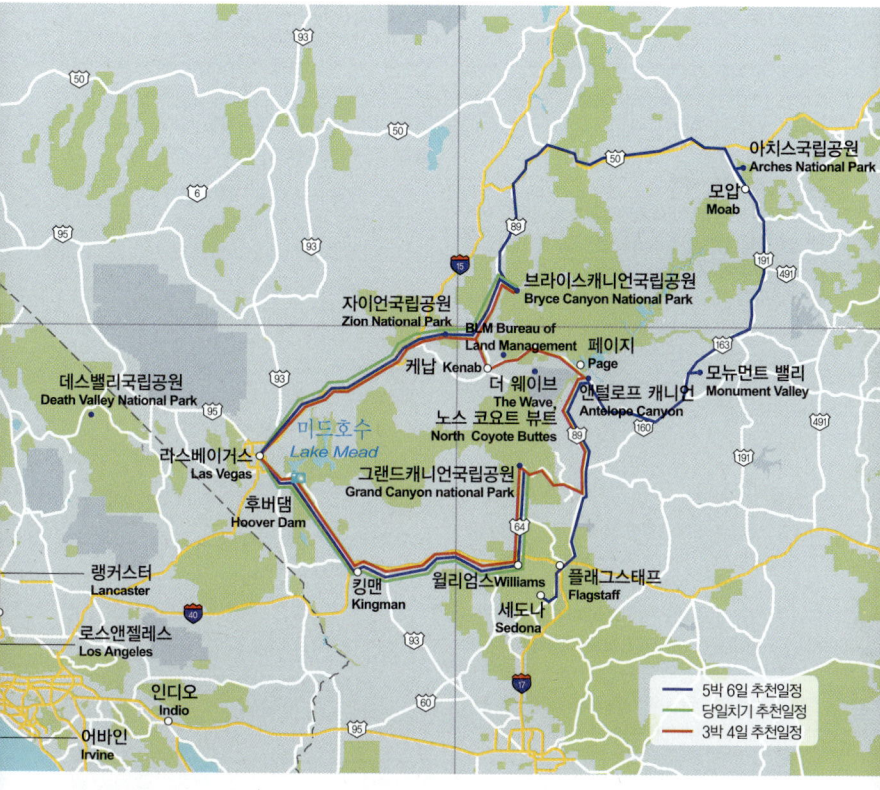

여행 일정은?

■ **보통 5박 6일 코스로** 라스베이거스 → 그랜드캐니언국립공원 → 세도나 → 앤털로프캐니언 → 모뉴먼트 밸리 → 아치스국립공원 → 브라이스캐니언국립공원 → 자이언국립공원 → 라스베이거스 순으로 계획을 세운다. 여행자의 취향에 따라 기착지는 달라질 수 있다. 라스베이거스에서 출발하여 'O 자'형 코스가 가장 효율적이다.

■ **라스베이거스에서 당일치기로** 다녀오고 싶다면 그랜드캐니언국립공원만 다녀오거나 브라이스캐니언국립공원과 자이언국립공원을 엮어서 다녀오면 좋다. 라스베이거스를 기점으로 두고 당일치기 일정을 2번 하거나 국립공원 내 숙소에서 하루 숙박을 하고 다른 국립공원으로 이동하면 된다.

■ **3박 4일의 일정으로는** 라스베이거스 → 그랜드캐니언국립공원 → 앤털로프캐니언 → 브라이스캐니언국립공원 → 자이언국립공원 → 라스베이거스 순으로 코스를 계획하면 된다.

5박 6일 코스 선택 시 운전 거리는 총 2,500km 정도. 일정 내내 하루도 빠짐없이 300~420km 정도는 운전해서 다음 스폿으로 이동해야 한다. 하지만 모든 스폿의 개성과 느낌이 달라서 여행을 좋아하는 사람이라면 절대 실망하지 않을 것이다.

그랜드캐니언국립공원

언제 가는 것이 좋을까?
봄, 여름, 가을, 겨울 언제 가도 각각 다른 매력이 있지만, 편의를 고려한다면 일조량이 길고, 기온도 다니기에 적합한 4월 중순부터 6월, 9월부터 10월 중순을 가장 추천한다.

어떤 옷을 입을까?
고도가 높은 지역이 많기 때문에 낮과 밤의 일교차가 크다는 점을 염두에 두고 두꺼운 옷을 준비하는 것이 좋다. 현지의 날씨, 기온 등이 궁금하다면 날씨 채널 홈페이지(www.weather.com)에서 검색하면 된다. 가볍고 땀 흡수를 잘하고, 통기성이 좋은 기능성 옷이 유용하다. 뜨거운 태양을 가려줄 모자와 선글라스, 물을 넣어 다닐 작은 배낭은 필수! 등산화와 두꺼운 양말을 신으면 트레일을 걸을 때 한결 피로감이 덜하다.

시차를 고려하자
그랜드 서클에서 5개의 주를 돌려면 서로 다른 시차를 고려해야 한다. 그리고 일명, 서머타임(3월 둘째 주 일요일 오전 2시부터 11월 첫째 주 일요일 오전 2시) 기간도 고려해야 한다. 네바다주와 한국과의 시차는 -17시간, 서머타임 때에는 16시간이 느리다. 애리조나주의 경우 서머타임이 없다. 서로 다른 주를 이동할 때는 두 지역 간의 시차를 파악한 후 예상 도착 시간을 계획하면 된다.

하이킹할 때 주의사항은?
국립공원 트레일을 걸어보는 것은 자연을 제대로 감상하는 방법 중 하나다. 뷰포인트에서 감상하는 자연도 아름답지만 직접 두 다리로 걸어보면 더욱 다양한 각도에서 감상하고 숲의 향을 즐기는 등 다각도로 볼 수 있다. 하이킹 시 주의사항을 알아두자.

- 본인의 안전을 위해서 등산화를 착용하자.
- 안전해 보이더라도 하이킹 코스가 아닌 곳에서는 낙석의 위험이 있다. 절대 트레일을 벗어나지 말자.
- 식수는 늘 충분히 준비하자.
- 국립공원은 대게 고도가 높아 조금만 움직여도 구토나 어지럼증이 생길 수 있으니 주의하자.
- 트레일을 걷는 도중 말이나 노새를 만나게 되면 옆으로 물러서서 말들이 지나갈 수 있도록 하자.
- 야생동물에게 먹이를 주지 말자. 먹이를 먹은 야생동물은 지나치게 사나워진다.
- 소리치거나 고함을 치지 말자.
- 쓰레기를 함부로 버리지 말자.
- 여름철에는 갑작스럽게 비가 올 수 있으니 우산, 재킷 등을 챙기자.
- 국립공원 안에서 공원을 관리하는 직원들을 레인저Ranger라 부른다. 방문자 센터에서 레인저들이 진행하는 프로그램에 대한 안내를 받을 수 있다. 특히, 어린이를 동반한 여행자라면 프로그램들 잘 활용하는 것을 추천한다.

국립공원 주요 포인트는 어떻게 찾을까?

국립공원의 주요 포인트는 따로 주소가 없는 경우가 많지만, 곳곳에 이정표가 잘 되어 있다. 지도와 이정표를 잘 보고 찾아가면 어렵지 않다. 〈라스베이거스 홀리데이〉 지도를 참고하거나 공원 입구 매표소를 통과할 때 무료로 받으면 된다.

어디서 잘까?

① 캠핑장

자연을 아주 밀접하게 느낄 수 있는 방법이다. 캠핑은 미국에서 대중화된 여행방식이다 보니 화장실, 샤워실 등 시설이 잘 갖춰져 있는 편이다. 대부분의 국립공원 안에 캠핑장이 갖춰져 있다. 화로가 있어서 모닥불을 피울 수 있고, 숯불로 고기를 구울 수 있는 바비큐 시설이 있어 편리하다. 모닥불을 피워놓고 즐기는 별빛이 낭만적이다. 단, 야생동물이 나타날 수 있는 지역에서는 잠을 자거나 관광 등을 위해 캠핑장 자리를 비울 때는 음식물과 화장품 등의 냄새나는 모든 물건들을 철제 캐비닛 또는 자동차 트렁크 안에 넣어야 한다. 곰과 같은 야생 동물들이 인간의 음식을 먹게 되면 사람들이 다치는 사고가 발생할 수 있으니 주의해야 한다. 캠핑장 체크인 시 레인저에 의해 안내를 받게 된다. 장작은 캠핑장에서도 판매하지만, 시내의 슈퍼마켓 등에서 미리 사서 차에 싣고 다니는 것이 편리하다. 캠핑장 내에 설거지 공간이 따로 마련되어 있지만, 편의를 생각해서 접시, 포크 등은 일회용품을 사용하는 경우도 많다.

캠핑장 어떻게 예약할까?

캠핑장 예약은 사이트(www.recreation.gov)통해서 할 수 있다. 사이트에 접속 후 'Where'이라고 적힌 란에 '원하는 캠프장의 이름 또는 국립공원 명칭'과 '날짜', '머물고자 하는 날짜 수' 등을 입력하면 예약 가능한 상황이 뜬다. 예약 시 신용카드가 필요하며 캠핑하는 자리를 선택할 수 있다. 그 외에는 국립공원마다 먼저 오는 방문자들에게 자리를 배정해주는 선착순으로 이용 가능한 캠핑장도 있다. 가격대는 텐트 1자리당 18~25달러로 캠핑장마다 다르다. 텐트 1자리를 예약하면 실제로는 그 장소에 2~3개 텐트 설치할 수 있으니 일행이 있다면 참고하자.

캠핑장을 이용하려면 필요한 준비물은?

캠핑장을 이용하려면 꼭 필요한 준비물들이 있다. 국립공원 내에는 가격이 비싸고 제품 종류도 다양하지 않다. 가능하면 대도시 쪽에서 미리 구입하기를 추천한다. 웬만한 큰 도시에는 모두 있는 월마트Walmart, 타겟Target에서 비교적 저렴하게 구입이 가능하다. 한국으로 가져갈 정도로 좋은 퀄리티의 제품을 구매할 예정이라면 스포츠 어소리티Sports Authorit, REI, 딕스 스포팅 굿즈Dick's Sporting Goods 등 전문용품점에서 구입하면 된다.

기본사항
텐트, 깔개, 요가매트, 침낭, 손전등

취사도구
버너, 코펠, 부탄 또는 프로판가스, 식기류(일회용품), 키친타월, 식수, 라면, 스프

바비큐 준비물
목장갑(낚시장갑), 꼬치, 집개, 은박호일

선택사항
비상약, 핫팩, 쌍안경, 바닥에 까는 비닐시트, 슬리퍼

> **Tip** 라스베이거스 도심에서 컵라면, 햇반 등을 구입하고 싶다면 한인마트를 찾아가자!
>
> **에이마켓 A Market**
> Add 953 South Sahara Ave, Las Vegas
> Tel 702-734-7653
>
> **오리엔탈마켓 Oriental Market**
> Add East Sahara Ave, Las Vegas
> Tel 702-735-2788
>
> **그린랜드마켓 Greenland Market**
> Add Spring Mountain Road, Las Vegas
> Tel 702-459-7878
>
> **현대할인마트 Hyundai Mart**
> Add East Sahara Ave , Las Vegas
> Tel 702-437-2233

② 국립공원 내 숙박 업소
국립공원마다 숙박 시설이 있는 곳도 있고 없는 곳도 있다. 국립공원 내 호텔이나 캐빈들은 대부분 가격대가 높고, 가격 대비 시설이 좋지 않은 경우가 많다는 점을 참고하자. TV나 냉장고는 없는 곳이 대부분이다. 공원 내에 위치하고 있으므로 이동 시 소모되는 시간이 절약되고, 대자연의 풍경을 바로 앞에서 즐길 수 있다는 점에서 인기가 많다. 성수기에는 경쟁이 아주 치열해지므로 미리 예약하도록 하자.

③ 코아KOA 캠핑장
침낭만 있으면 오케이! 캐빈 형태의 캠프 사이트(koa.com)에서 국립공원 이름을 검색하면 가장 가까운 캠핑장이 나온다. 보통 국립공원 근교에 위치하고 있다. 오두막처럼 생긴 캐빈 형태의 숙소를 제공하는 곳으로 가격대는 위치마다 다르지만 보통 40~80달러 정도이다. 캐빈 안에 나무로 만든 침대가 있어서 개인 침낭만 있으면 잘 수 있다. 호텔보다 안락함이 떨어지지만 비교적 가격이 저렴하고 취사가 가능하다.

④ 호텔이나 모텔 등의 숙박 업소
국립공원 인근 마을이나 도시에 위치한 숙박 업소를 이용하면 된다. 호텔 예약 전문 사이트로 가격을 비교해서 예약하면 된다. 호텔, 모텔 등의 숙박 시설을 이용할 경우 팁은 하루 2~3달러 정도 침대 옆 탁자 위에 올려두면 된다. 룸서비스를 시킨 경우 음식 가격의 15~20%가 적당하다.

호텔 예약 전문 사이트
부킹 www.booking.com
익스피디아 www.expedia.com
카약 www.kayak.com
호텔즈 www.hotels.com
아고다 www.agoda.com
호텔 트레블 www.hoteltravel.com
핫 와이어 www.hotwire.com

⑤ 현지인의 집을 빌리는 게스트하우스
현지인의 집을 빌릴 수 있도록 중간 역할을 해주는 서블렛 전문 사이트이다. 검색명에 '국립공원 이름' 또는 '도시' 이름을 검색하여 찾을 수 있다. 대부분 취사가 가능하다는 점에서 어린아이를 동반한 여행자들에게 인기 있다.

서블렛 전문 사이트
에어비앤비 www.airbnb.co.kr
윔두 www.wimdu.com
VRBO www.vrbo.com
홈어웨이 www.homeaway.co.uk

|Theme|
미국에서 안전하게 운전하기

근교 여행을 계획 중이라면 대중교통보다 자가용이 편리하기 때문에 운전이 가능한 사람은 차를 빌리는 것을 추천한다. 우리나라 교통 법규와 다른 점들이 몇 가지 있으니 한 번쯤 읽어보고 내용을 숙지해두면 좋다.

렌터카 빌리기
1. 원하는 렌트 장소, 날짜와 기간, 예산을 정한다.
2. 렌터카 사이트 이용해서 예약한다. 차량의 등급을 정하고 보험을 정한다. 보험은 필수적으로 가입해야 하며, 보험 범위는 대인, 대물, 상해, 도난 모두 포함된 것을 선택하는 것이 좋다. 20kg 이하의 어린이의 경우 카시트 사용도 필수항목이다. 25세 미만의 운전자의 경우 에이비스Avis, 버짓bodget 등 규모가 큰 렌터카 회사에 전화 또는 직접 방문해야 예약할 수 있다. 단, 가격대는 25세 이상 운전자의 경우보다 많이 높아진다는 점을 참고하자.

추천 렌터카 홈페이지
에이비스 www.avis.co.kr
허츠 www.hertz.co.kr
알라모 www.alamo.co.kr
익스피디아 www.expedia.com
카약 www.kayak.com
버짓 www.bodget.com
엔터프라이즈 www.enterprise.com
달러 www.dollar.com

추천 캠핑카 홈페이지
크루즈아메리카 www.cruiseamerica.com
엘몬티알비 www.elmonterv.com

> **Tip** 같은 급의 차량이더라도 일정에 따라 가격이 다르므로 여러 개의 사이트를 비교해서 고르도록 하자. 예약 시 차량을 빌리는 사람의 신용카드가 필요하며, 예약이 끝나면 이메일로 확인 메일이 온다. 가능하다면 확인 메일을 미리 프린트 해 두자. 차량을 빌리는 운전자가 만 25세 이하라면 추가금이 발생하며 인터넷상에서는 예약이 불가능해서 상담원과의 전화 연결해야 하는 사이트도 많다.

3. 예약 당일 예약한 위치의 렌터카 회사에 방문한다. 가능하다면 이메일로 받은 확인 내용을 프린트해서 가져가도록 하자. 국제운전면허증과 국내운전면허증, 제시할 운전면허증 소유자의 이름과 동일하게 발급된 신용카드, 여권이 필요하다. 반납 시간을 재확인하고 반납 방법에 대한 안내를 미리 숙지하자.

운전 중 주의사항
1. 주행 중 사람이 나타나면 어떤 상황에서도 양보하자. 무조건 보행자 우선이다.
2. 스톱 표지판이 나오면 3초 정지 후 출발한다. 교차로에서는 먼저 도착한 순서로 출발한다. 만일, 동시에 도착했다면 오른편에 위치한 운전자가 우선이다.
3. 제한속도를 준수하자.

프리웨이 Free Way
신호등이 없는 무료 자동차 전용도로로 속도는 65~70마일이다.

하이웨이 High Way
제한속도가 보통 45~50마일.

> **Tip 만약 경찰이 사이렌을 켜고 당신을 따라온다면?**
> 일단, 안전해 보이는 갓길에 주차하도록 한다. 차에서 내리지 말고 두 손을 핸들 위에 올려두고 가만히 기다린다. 경찰관이 다가와서 "Can you show me your drive license?(당신의 면허증을 보여줄 수 있나요?)"라고 물으면 그때 경찰관이 보는 앞에서 면허증을 천천히 꺼내도록 한다. 그리고 경찰관이 레지테이션Registration을 찾는다면 자동차 등록증을 찾는 것이니 보여주면 된다. 국제운전면허증과 국내허증, 자동차 등록증, 여권, 자동차 보험카드는 반드시 찾기 쉬운 곳에 보관하도록 하자. 제한속도에서 5마일 이상을 달리면 경찰에 의해 단속이 될 수 있는 점을 알아두자.

그랜드캐니언국립공원

> **Tip 자동차 여행 중 문제가 생겼을 때 유용한 멤버십 카드**
>
> 자동차 협회 멤버십 카드는 땅덩어리 넓은 미국 내에서 장거리 운전을 해야 할 경우 정말 유용하다. 연료가 떨어졌을 때, 자동차에 열쇠를 두고 내렸거나 배터리 방전, 타이어 교체 등 문제가 생겼을 때 전화만 하면 24시간 무료 서비스를 받을 수 있다. 또한 렌터카, 호텔 등의 할인 혜택까지 있다. 자동차 협회 멤버십 카드로 미국에서는 AAA(American Automobile Association), 한국에서는 KAA(Korea Automobile Association)으로 불린다. 가입비만 내면 웹사이트로도 가입할 수 있으며, 신청 시 기재한 주소로 회원카드가 배달되어 온다. 미국자동차협회 AAA카드는 1년 기준 57달러, 91달러, 119달러 중에서 선택 가능하고, 혜택이 가입금액별로 다르다. 한국자동차협회 KAA의 경우 1년 기준 6만원, 5년 기준 20만원, 10년 기준 40만원 중 선택할 수 있다.
>
> 미국자동차협회 www.aaa.com
> 한국자동차협회 www.kaa21.or.kr

주유하기

미국 내 대부분의 주유소는 본인이 직접 기름을 넣는다. 신용카드 또는 체크카드로 지불할 예정이라면 기계에 카드를 넣어서 인식시킨 후 기름 종류를 선택하여 주유하면 된다. 만약 현금 지불을 원한다면 주유소에 있는 편의점에 들어가서 본인의 차가 주차되어 있는 주유 기계 번호를 말하고 원하는 금액을 지불한 후 다시 차로 돌아와서 주유하면 된다. 경유와 휘발유 종류를 잘 확인하고 자기 차에 맞게 주유하도록 하자. 주유소에 나와 있는 휘발유 가격은 항상 갤런 단위이다. 1갤런=3.7853리터.

사고 대처 요령

사고가 났다면 일단 차를 그대로 멈추고 최대한 현장을 보존한 후 즉시 911에 신고해서 사고 현장 보고를 의뢰하자. 사고 경위서를 작성해야 하기 때문이다.

©Frank Jania

- 차를 움직일 수 있는 상태이더라도 교통에 방해가 되지 않는다면 경찰이 올 때까지 현장을 보존하는 것이 좋다. 만약 교통에 방해가 되거나 위험한 곳이라면 증거물이 될 수 있도록 여러 방향에서 동영상 촬영 또는 사진 촬영을 한 후 안전한 곳에 차량을 옮겨서 경찰을 기다리자.

- 부상자 발생 시 즉시 구급차 911를 불러야 한다. 차가 불타는 등의 긴급 상황을 제외하고는 부상자의 몸을 최대한 움직이지 않도록 한다. 도와주려고 이리저리 부상자를 옮기다가 더 심한 부상을 초래할 수 있다.

- 경찰관이 도착한 후 상황에 관해 물어볼 것이다. 보고서 작성이 끝나면 보고서 번호와 경찰서와 경찰관의 이름을 적어 두는 것이 좋다. 객관적인 사실만 이야기하고 과실에 대해서는 확실하지 않을 경우 인정하지 않도록 한다.

- 상대 차량의 운전면허증과 보험증을 교환하고 운전자의 신원과 보험회사를 확인하도록 한다. 이때 상대 차량의 모델, 연도, 차량등록번호 등을 적어두고 사진도 촬영해둔다.

- 사고 현장의 모습 등 증거를 최대한 사진을 찍고, 사고를 목격한 사람들의 이름과 주소, 전화번호를 받아두자. 만약 상대 운전사가 음주 등으로 신체적으로 온전하지 않다는 의심이 된다면 경찰관에게 음주운전 테스트를 요구할 수 있다.

- 보험회사에 연락하여 정확한 정보와 보고를 한 후 상대 보험회사, 운전사 이름, 차량번호 등을 알려주자. 사진 등의 증거물들이 있다면 보험회사에 보내면 된다.

자동차 사고 시 절대 해서는 안 되는 말!

1. I'm sorry.
예의 바르고 공손하게 행동을 하되 책임지게 될 말은 하지 말자. 섣불리 미안하다고 하면 나중에 불리하게 적용이 될 수 있기 때문이다.

2. I'm not hurt.
큰 외상이 없더라도 '아직은 잘 모르겠다.'라고 말을 하고, '다치지 않았다.'라는 확언은 하지 말자. 추후에 의료 행위가 필요할 때 문제가 될 수 있다.

3. I think. I guess.
사고가 나면 경찰이 와서 보고서를 쓴다. 그때 추측성의 발언은 하지 말자. 잘못된 진술을 하면 본인에게 피해가 올 수 있다. 기억이 잘 나지 않는다면 차라리 말을 하지 않는 것이 낫다.

자동차 사고 시 절대로 하지 않아야 하는 행동!

1. 싸우지 말자.
자동차 사고가 나면 목소리가 큰 사람이 이긴다는 말이 있는데 미국에서는 이러한 싸움은 절대 피하는 것이 좋다. 혹시 상대방이 시비를 걸어오더라도 '보험회사가 처리할 일이다.'라고 하고 싸움을 피하는 것이 현명하다.

2. 직접 합의하지 말자.
보상 금액의 적절함을 잘 모르는 경우 직접 합의하지 말자. 나중에 추가적으로 문제가 발견될 수 있다. 보험회사에서 전문적으로 잘 처리를 해주니 믿고 맡기자.

3. 아무 곳에나 사인하지 말자.
어떤 것인지 정확하게 설명을 듣고 사인하도록 해야 한다. 상대방 보험회사로부터 사인을 요청받았다면 정확한 내용을 파악하기 위해 통역관을 불러 달라고 할 수 있다.

GRAND CIRCLE BY AREA

01

그랜드캐니언 국립공원
GRAND CANYON NATIONAL PARK

죽기 전에 꼭 봐야 할 풍경 1위에
손꼽히는 그랜드캐니언국립공원은 광활하고
웅장하며 비현실적인 풍경을 지닌 곳이다.
공간에 압도당하고 그 세월의
무게가 신비롭고 경이롭다.
수억 년 동안 층층이 쌓여있는 지층들의
다채로운 색감과 너무나도 거대해서
어떻게 해야 할지 모르는
크기의 자연이 놀랍고 또 놀랍다.

Grand Canyon National Park
PREVIEW

그랜드캐니언국립공원은 사우스 림, 이스트 림, 노스 림 이렇게 세 지역으로 나뉜다. 라스베이거스에서 차로 5시간 정도 걸리며, 주요 볼거리가 많은 사우스 림의 뷰포인트 위주로만 다닌다면 2~3시간 정도 소요된다. 이스트 림은 블루라인 셔틀버스 정류장까지 레드라인 셔틀버스로 이동하거나 개인 차량을 이용하여 갈 수 있다. 이스트 림 뷰포인트들은 비교적 사람이 적고, 경관이 수려하여 다녀볼 만하다. 주요 뷰포인트들을 모두 방문할 경우 왕복 2시간~2시간 30분 정도 소요된다.

SEE

콜로라도강 줄기가 굽이치는 협곡이 동쪽과 서쪽으로 길게 이어진다. 깊게 패인 협곡 덕분에 그랜드캐니언국립공원은 남쪽과 북쪽 지역으로 나뉜다. 지구 20억 년 역사를 보여주는 지층이 한눈에 펼쳐진다. 남쪽에는 사우스 림, 웨스트 림, 이스트 림이 있고, 북쪽에는 노스 림이 있다. 남쪽 지역과 북쪽 지역은 차로 약 4시간 30분 걸린다. 일 년 내내 오픈하며, 주요 뷰포인트들이 모여 있는 사우스 림은 사람들이 가장 많이 찾는 곳이다.

ENJOY

브라이트 엔젤 트레일이나 케이밥 트레일을 걸어보자. 뷰포인트에서 보는 것과는 사뭇 다른 각도로 풍광을 즐길 수 있다. 헬기를 타고 하늘에서 대자연을 감상하거나 나귀를 타고 트레일을 걸어보는 것도 좋겠다. 그랜드캐니언국립공원은 일출과 일몰 때 색감이 아름답다. 국립공원 내 숙박한다면 놓치지 말자. 단, 이른 아침은 상당히 쌀쌀하니 보온에 신경 쓰자. 일출과 일몰 시간은 방문자 센터 또는 국립공원 입장 시 받을 수 있는 국립공원 신문에 나와 있다. 주요 스폿에 주소가 없는 경우가 많으니 지도를 참고해서 다니자.

EAT

국립공원치고는 레스토랑이 많다. 하지만 가격대가 높다는 것이 단점. 엘 토버 다이닝, 브라이트 엔젤 레스토랑에서 식사를 즐길 수 있고, 야바파이 로지 내의 델리 앳 마켓 플레이스나 캐니언빌리지에 위치한 매점에서 식료품을 구매할 수도 있다. 라스베이거스, 플래그스태프 등 근처 도시에서 출발할 때 식료품을 사서 오는 것이 좋다.

SLEEP

국립공원 안에 위치한 숙소를 이용하고자 한다면 홈페이지(www.grandcanyonlodge.com)에서 예약하면 된다. 브라이트 엔젤 캐빈, 엘 토버 호텔, 야바파이 로지 등이 인기숙소다. 캠핑장 예약을 원한다면 www.recreation.gov에서 예약하면 된다. 매더 캠프그라운드의 위치가 좋은 편이다. 공원 입구 밖 인근 도시인 윌리엄스Williams나 투사얀Tusayan, 플래그스태프Flagstaff 등의 숙소는 1~2시간 차를 타고 가야 한다.

> **Tip 그랜드캐니언국립공원 캠핑 장비 렌터 가능!**
> 한국에서부터 모든 캠핑 장비를 가져가거나 현지에서 장비를 구매하는 것이 부담스럽다면 대여해보자. 사우스 림 방문자 센터 쪽에 위치한 캐니언 빌리지 마켓Canyon Village Market(**Add** Market Plaza Road, Grand Canyon Village, Arizona **Tel** 928-638-2262 **Open** 08:00~19:00)에서 캠핑 장비를 렌트할 수 있다. 장비 빌리는 가격은 텐트 14달러, 침낭 12달러 정도이며, 일정 금액의 보증금을 내야한다.

Grand Canyon National Park
ONE FINE DAY IN

1908년 루즈벨트 대통령의 노력으로 내셔널 모뉴먼트에 지정되었고, 1919년 국립공원으로 승격되어 1979년 유네스코 세계유산으로 등재된 곳. 미국인들에게도 꼭 가고 싶은 여행지, 죽기 전에 꼭 가야 하는 여행지로 불리는 말이 필요 없는 곳이다. 20억 년 지구의 역사와 속살을 보는 듯한 느낌의 깊은 협곡을 다양한 각도로 감상해보자. 자가용으로 방문할 경우 오전 6시에 출발하여, 11시 이전에 그랜드캐니언국립공원에 도착하면 다양한 매력의 그랜드캐니언을 경험할 수 있다.

그랜드캐니언 사우스 림의 매더 포인트 전경 감상하기

Tip 매더 포인트에서 일출을 보고 싶다면 라스베이거스에서 새벽 1시 30분에서 2시쯤에는 출발해야 한다.

→ 자동차 3분

야바파이 지질학 뮤지엄 방문하고 뷰포인트 전경 감상하기

→ 자동차 7분

브라이트 엔젤 로지 근처 또는 빌리지 루트 트랜스퍼 지역에 차를 주차한 후 9개의 뷰포인트 전망대를 연결하는 '허미츠 레스트 레트라인' 셔틀버스 타러가기

↓ 도보 5분

콜브 스튜디오, 룩아웃 스튜디오, 호피 하우스 등을 차례로 방문하여 구경한 후 주차한 차로 돌아가기

← 도보 10분

'허미츠 레스트 레트라인' 셔틀버스 탑승 후 마리코파 포인트부터 허미츠 레스트까지 주요 뷰포인트 돌아보면서 웨스트 림 감상하기 (11월~2월은 개인 차량 출입 가능)

Tip 8개의 모든 뷰포인트 감상 시 2~3시간 소요. 시간 여유가 없다면 뷰포인트에 내리지 말고, 차에서 풍경을 감상하며 웨스트 림을 돌아보자. 소요 시간은 총 80분 걸린다.

> **Tip 일정이 2일 이상이라면?**
> 위의 일정에서 이스트 림인 데저트 뷰, 데저트 와치 타워, 야키 포인트를 추가하면 된다. 또는 콜로라도강 유역까지 내려가는 하이킹을 추천한다. 브라이스 엔젤 트레일 또는 케이밥 트레일을 통해서 내려갈 수 있으며 완주할 경우 10시간 정도 소요된다. 완주가 어렵다면 중간 지점까지만 내려갔다가 다시 올라오는 식으로 해도 된다. 단, 식수와 비상식량을 반드시 넉넉하게 준비하고, 등산화 등 기본 장비를 갖추는 것이 좋다. 캐니언 빌리지 마켓 Canyon Village Market에서 트레킹폴, 등산화 등의 장비 렌트가 가능하며 일정 금액의 보증금을 내야 한다.

Grand Canyon National Park
GO AROUND

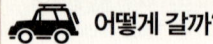 어떻게 갈까?

| 사우스 림 |

가장 많은 방문객이 찾는 사우스 림은 라스베이거스에서 차로 4~5시간 정도 소요된다. 짐이 많거나 인원이 많은 경우 자가용을 이용하는 것이 가장 편리하고 비교적 저렴한 방법이다. 라스베이거스에서 출발하는 여행사 버스 투어도 한 명당 80~100달러로 합리적인 가격대이다.

예약은 그랜드캐니언 투어 컴퍼니Grand Canyon Tour company(www.grandcanyontourcompany.com), 올 그랜드캐니언 투어All Grand Canyon Tours(www.allgrandcanyontours.com) 등의 여행사에서 하면 된다. 경비행기나 헬리콥터를 이용하면 비용은 비싸지만 라스베이거스에서 그랜드캐니언국립공원까지 편도 45분 정도 걸리기 때문에 반나절이면 그랜드캐니언을 돌아보고 올 수 있다.

메브릭 헬리콥터Maverick Helicopter(www.maverickhelicopter.com), 파피용Papillon(www.papillon.com), 에어 베가스 에어라인Air vegas Airline(www.airvegas.com), 시닉 에어라인Scenic Airline(www.scenic.com) 등에서 예약 가능하다. 가격은 210~370달러 정도.

대중교통을 원한다면 서부 지역 대도시와 국립공원을 연결하는 버스인 번두버스(www.bundubus.com)를 이용하면 되지만 편도 90~150달러로 생각보다 비용이 그리 저렴하지 않다.

Data Add Grand Canyon National Park, Grand Canynon, Arizona
Web www.nps.gov/grca

자동차 추천 노선
라스베이거스 출발 93번 South → 후버댐 → 40번 East → 64 North → 그랜드캐니언 사우스 림

| 노스 림 |

라스베이거스에서 출발하면 차로 4시간 40분 정도 걸린다. 그랜드캐니언국립공원 사우스 림에서 노스 림은 차로 4시간 30분 정도 걸린다. 거대한 협곡을 사이에 두고 있기 때문에 이동 시간이 오래 걸린다.

트랜스 캐니언 셔틀은 사우스 림과 노스 림을 연결하는 셔틀버스이다. www.trans-canyonshuttle.com 홈페이지를 통하여 셔틀버스를 예약할 수 있다. 비용은 85달러 정도. 5월 15일부터 10월 15일까지 노스 림의 모든 시설이 오픈한다. 보통 10월 말경이나 11월 초에 내리는 첫눈 이후로는 공원 출입이 폐쇄된다.

자동차 추천 노선
라스베이거스 출발 15번 North → 9번 East → 59번 South → 89번 Souht → 67번 South → 그랜드캐니언 노스 림
사우스 림 출발 64번 East → 89번 North → 89 A번 North → 67번 South → 그랜드캐니언 노스 림

어떻게 다닐까?

국립공원 입장료는 자동차 1대당 35달러(1주일간 유효), 국립공원 연간 패스(1년간 유효, 80달러) 소지 시 무료입장. 자유여행의 경우 본인만의 루트를 정해서 다니면 된다. 국립공원 내에 셔틀버스 시스템이 잘 되어 있어서 상당히 편리하다. 또는 주요 뷰포인트를 개인 차량을 이용해 다녀도 좋다. 뷰포인트에서는 그랜드캐니언국립공원을 위에서 내려다보는 식으로 관람하게 된다. 시간 여유가 된다면 협곡으로 내려가는 브라이트 엔젤 트레일이나 사우스 케이밥 트레일을 걸어보면 좋다. 뷰포인트와는 다른 각도로 자연경관을 감상할 수 있다. 택시를 이용하려면 928-638-2822로 전화하면 된다.

| 그랜드캐니언국립공원 셔틀버스 주요 노선도 |

셔틀버스는 국립공원을 편안하고 효율적으로 돌아볼 수 있으며 4월 초에서 9월 말까지 운행한다(p.228 참조).

• 빌리지 루트 Village Route 블루라인
방문자 센터, 마켓 플라자, 호텔, 캠핑장, 매더 포인트 등 사우스 림 내 주요 포인트를 연결하는 핵심적인 노선. 서쪽은 허미츠 레스트 트랜스퍼 정류장, 동쪽은 그랜드캐니언 방문자 센터 정류장이 위치하고 있다.
Data Open 3~11월 06:00~20:30(15분 간격 운행), 04:30~06:00, 20:30~22:00(30분 간격 운행) / 12~2월 08:00~18:00(15분 간격 운행), 06:15~08:00, 18:00~21:00(30분 간격 운행)

• 허미츠 레스트 루트 Hermit's Rest Route 레드라인
3월에서 11월 사이에만 운행한다. 호피, 피마, 모하비 포인트 등 9개의 뷰포인트 전망대를 연결하며 허미츠 레스트를 최종 목적지로 도착한다. 한번 도는 데에 80분 정도 소요된다. 뷰포인트를 모두 들를 예정이라면 2~3시간 정도 소요된다. 이 루트의 도로는 셔틀버스 운행 기간 동안 개인 차량 출입 금지 구역이다. 또한 일몰 후 30분 이내에 모든 방문객은 버스에 탑승하여 나와야 한다. 12~2월에는 셔틀버스 운행을 하지 않는 기간에는 개인 차량의 출입이 가능하다.
Open 3~11월 04:30~6:30(30분 간격 운행) / 06:30~일몰(15분 간격 운행) / 일몰~일몰 1시간 후(30분 간격 운행)

• 케이밥 루트 Kaibab Trail Route 오렌지라인
그랜드캐니언국립공원 방문자 센터에서 서쪽 지역으로는 야바파이 뮤지엄을, 동쪽 지역에는 야키 포인트, 피파 크릭 비스타 등의 정류장을 거쳐 운행한다. 한번 도는 데에 50분 정도 소요된다. 보통 오전 7시부터 9시 사이에는 사우스 케이밥 트레일 입구까지 빠르게 운행하는 익스프레스 셔틀버스가 운행한다. 그 외의 시간에는 야키 포인트에 내려서 사이스 케이밥 트레일 입구로 가면 된다. 일몰 후 30분 내에 모든 방문객은 버스에 탑승하여 나와야 한다.
Data Open 06:00~일몰 1시간 이후(15분 간격 운행) / 04:30~06:00(30분 간격 운행)

피마 포인트
Pima Point
허미츠 레스트
Hermit's Rest
허미츠 로드 Hermit Road
모뉴먼트 크리크 비스타
Monument Creek Vista
더 애비스
The Abyss
모하비 포인트
Mohave Point
허미츠 로드 Hermit Road
호피 포인트
Hopi Point
허미츠 레스트 루트 트랜스퍼
Hermits Rest Route Transfer
빌리지 루트 트랜스퍼
Village Route Transfer
매스윅 푸드 코트
Maswik food court

모뉴먼트
크리크 비스타
Monument Creek
Vista
모하비 포인트
Mohave Point
마리코파 포인트
Maricopa Point
피마 포인트
Pima Point
애비스
The Abyss
호피 포인트
Hopi Point
파웰 포인트
Powell Point
트레일 뷰 오버룩
Trailview Overlook
허미츠 레스트
Hermit's Rest
Westbound
Eastbound
빌리지 루트 트랜스퍼
Village Route Transfer
피마 포인트
Pima Point
모하비 포인트
Mohave Point
파웰 포인트
Powell Point

• 허미츠 레스트 루트

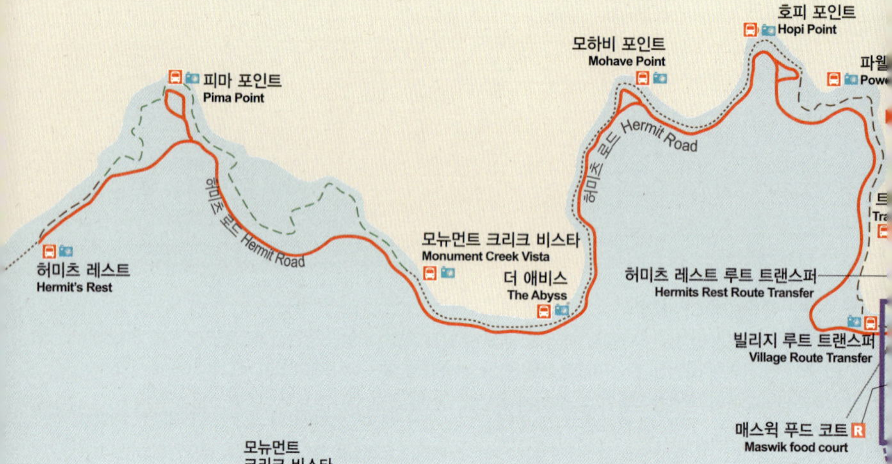

허미츠 레스트 루트
트랜스퍼
Hermits Rest Route
Transfer
브라이트 엔젤 로지
Bright Angel Lodge
트레인 디폿
Train Depot
시린 오브 더 에이지
Shrine of the Ages
마켓 플라자 웨스트바운드
Market Plaza Westbound
Westbound
Eastbound
그랜드캐니언
방문자 센터
Grand Canyon
Visitor Center
매스웍 로지
Maswik Lodge
센터 로드
Center Road
시린 오브 더
에이지
Shrine of the
Ages
트레일러
빌리지
Trailer Village
블랙컨트리
인포메이션 센터
Blackcountry
Information Center
빌리지 이스트
Village East
매더 캠프그라운드
Mather Campground
마켓 플라자
웨스트바운드
Market Plaza Westbound

• 빌리지 루트

그랜드캐니언
방문자 센터
Grand Canyon
Visitor Center
매더 캠프그라운드
Mather Campground
파이프 크리크 비스타
Pipe Creek Vista
야바파이 포인트
Yavapai Point
Westbound
Eastbound
야키 포인트
Yaki Point
그랜드캐니언 방문자 센터
Grand Canyon Visitor Center
사우스 케이밥 트레일헤드
South Kaibab Trailhead

• 케이밥 루트

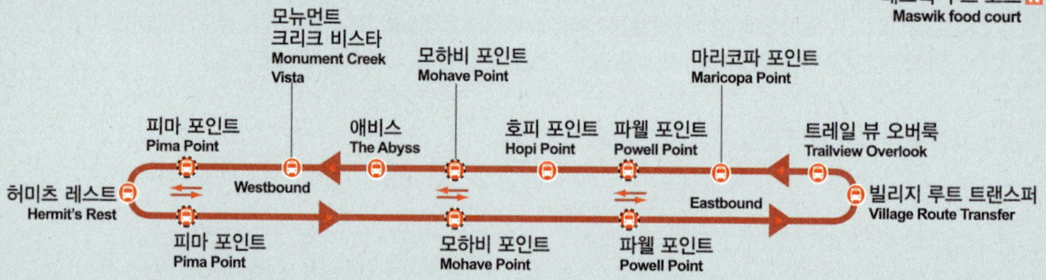

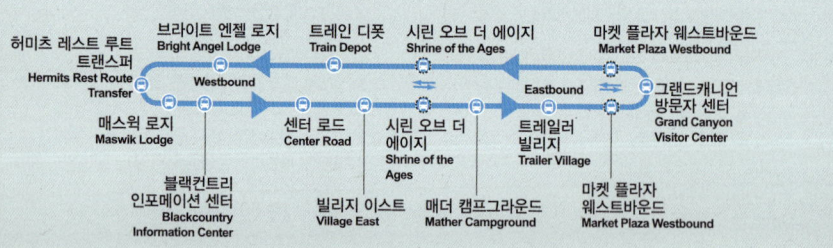

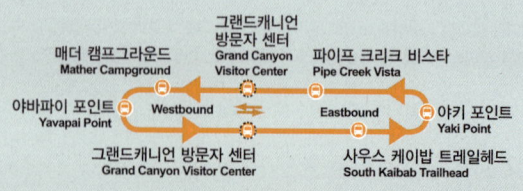

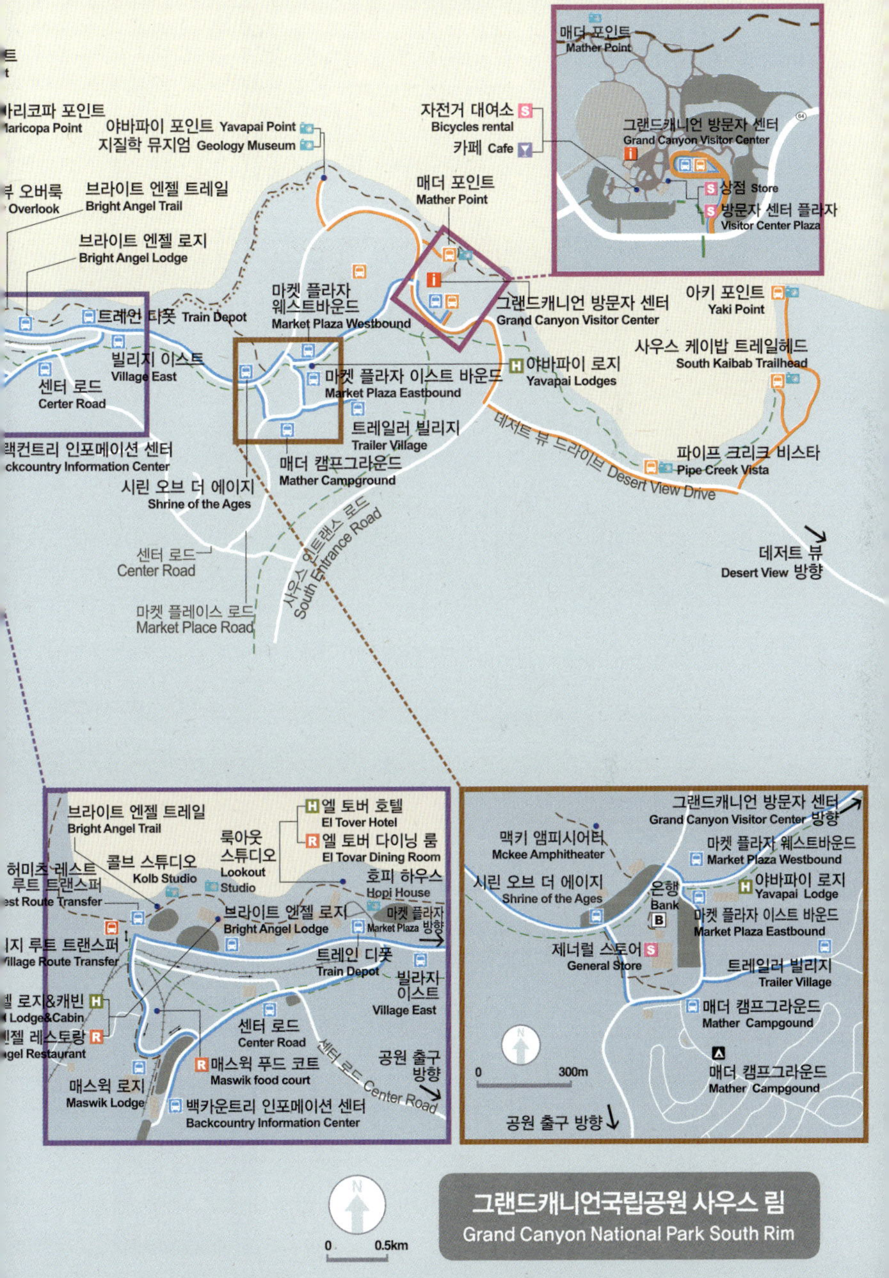

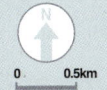

그랜드캐니언국립공원 사우스 림
Grand Canyon National Park South Rim

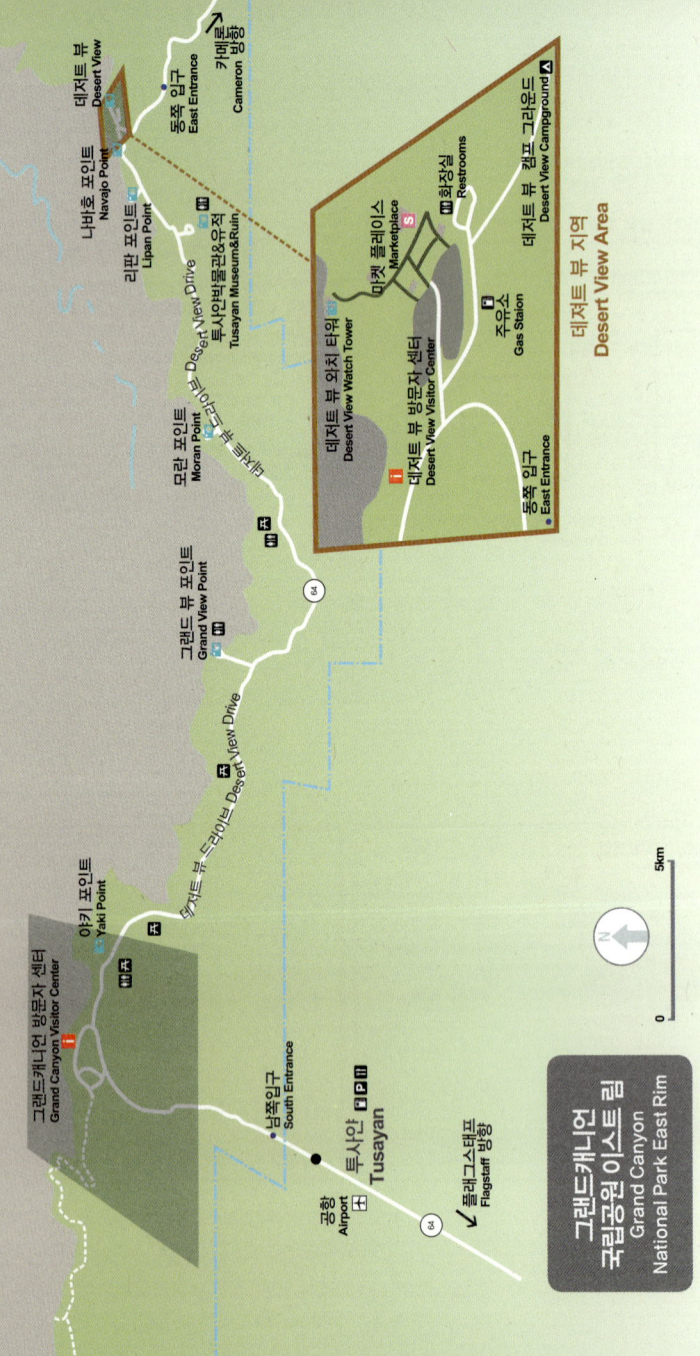

사우스 림 South Rim

그랜드캐니언국립공원의 중심이라고 불리는 곳이다. 그랜드캐니언 빌리지가 속한 지역이다. 방문자 센터, 은행, 우체국 등의 편의시설이 있고, 매더 포인트, 야바파이 포인트 등 주요 뷰포인트들이 모여 있어서 짧은 시간 동안 효율적으로 관람할 수 있다.

Writer's Pick!

협곡의 자태가 파노라마처럼 펼쳐지는
매더 포인트 Mather Point

방문자 센터가 있는 그랜드캐니언 빌리지에 있다. 넓은 주차장이 있어서 편리하다. 대형 관광버스가 진입할 수 있어서 늘 단체 관광객으로 붐빈다. 고즈넉한 분위기에서 풍경을 감상하고 싶다면 부적절하다. 불쑥 튀어나온 절벽 위에 전망대가 마련되어 있다. 이곳에서 보는 일출, 일몰 풍경은 눈이 부시게 아름답다. 매더 포인트는 광산 사업가이자 자연 애호가, 국립공원 초대 책임자였던 스테판 매더Stephen Mather 이름을 따서 지었다. 방문자 센터에서 도보로 7분 정도면 도착한다.

Data Map 229 Access 데저트 뷰에서 서쪽으로 36.5km(35분 정도 소요), 사우스 림 그랜드캐니언 빌리지 내 위치

웅장한 암석을 마주대하는 장소
야바파이 포인트 Yavapai Point

이곳에서 보는 일출과 일몰이 아주 멋있다. 광활하게 펼쳐져 있는 협곡을 바라보면 수십억 년의 시간 동안 자연이 만들어낸 지구의 속살을 마주한 것 같아 두근거린다. 매더 포인트에서 서쪽으로 1km 정도 떨어져 있는 포인트이다. 이곳에는 1828년 건축가 허버트 메이어Herbert Maier가 설계한 건물인 지질학 뮤지엄Geology Museum도 있다. 그랜드캐니언의 역사와 생성 과정 등을 볼 수 있는 지질학적 정보와 모형들이 전시되고 있어서 지형 이해에 도움을 준다.

Data Map 229 Access 사우스 림 그랜드캐니언 빌리지에 위치. 데저트뷰에서 서쪽으로 37.5km(40분 정도 소요). 셔틀버스 이용 시 케이밥 루트 오렌지라인 타고 '야바파이 지질학 뮤지엄Yavapai Gedogy Museum' 정류장 하차

호피 인디언의 수공예품을 볼 수 있는
호피 하우스 Hopi House

그랜드캐니언국립공원 곳곳에 건축물을 설계한 여류작가 메리 콜터Mary Colter가 1905년에 1월에 완성한 기념품 판매점. 그녀는 애리조나주에 있는 오라이비Oraibi라는 호피 인디언 보호구역을 직접 방문한 후 전통적인 가옥을 참고하였고, 그랜드캐니언의 석회암과 모래암석을 이용하여 지었다고 한다. 현재 호피 인디언이 직접 만든 수공예품, 예술품, 보석류, 액세서리 등을 구매할 수 있다. 선물로 구매할 만한 제품들도 제법 많다. 호피는 인디언 말로 '태양의 집House of the Sun'을 의미한다.

Data Map 228
Access 사우스 림 그랜드캐니언 빌리지에 위치. 야바파이 포인트에서 서쪽으로 3km(5분 정도 소요)
Tel 928-638-2631
Open 08:00~17:00
(여름에는 2시간 정도 연장 운행됨)

절벽 위의 멋진 전경
룩아웃 스튜디오 Lookout Studio

깎아지르는 절벽 위에 세워졌으며 돌로 만든 건물 내부는 통나무로 지어졌다. 메리 콜터Mary Colter가 1914년에 완공했다. 날씨가 좋은 날에는 전망대로 나가서 그랜드캐니언의 장관을 감상할 수 있으며 브라이트 엔젤 트레일이 한눈에 내려다보인다. 스튜디오 내부에 들어서면 전망대로 나갈 수 있는 문이 보인다. 그랜드캐니언 관련 책, 사진과 기념품, 엽서 등을 판매하고 있다. 1년 내내 오픈한다.

Data Map 229
Access 사우스 림 그랜드캐니언 빌리지에 위치. 호피 하우스에서 도보 15분 거리
Open 08:00~17:00(여름에는 2시간 정도 연장 운행됨)

절벽 위의 멋진 집
콜브 스튜디오 Kolb Studio

절벽 위에 세워져 있어서 주변 경관이 한눈에 들어온다. 탐험가였던 콜브Kolb 형제가 이곳에 거주했다. 그들은 당시 불모지처럼 여겨지던 그랜드캐니언의 아름다움을 담은 영상과 사진을 세상에 공개해 사람들에게 이 지역의 아름다움을 알렸다고 한다. 당시 그들의 촬영 현장이 담긴 사진들이 전시되고 있다. 현재는 예술작품 전시장과 기념품 판매점으로 이용되고 있다. 브라이트 엔젤 트레일Bright Angel Trail 입구 옆에 위치하고 있다.

Data Map 229 **Access** 사우스 림 그랜드캐니언 빌리지에 위치, 룩아웃 스튜디오에서 도보 2분 거리
Open 08:00~17:00(여름에는 2시간 정도 연장 운행됨)

웨스트 림 West Rim

그랜드캐니언국립공원 서쪽에 위치하며 총 길이 12.5㎞ 정도 된다. 12월부터 2월을 제외한 기간에는 허미츠 레스트 행 레드라인 무료 셔틀버스를 타고 돌아보면 된다. 셔틀버스 운행 기간에는 개인 차량은 출입이 제한된다. 총 9개의 뷰포인트 정류장이 있다. 뷰포인트 정류장은 파웰 포인트, 호피 포인트, 모하비 포인트, 허미츠 레스트가 가장 유명하다. 되돌아올 때는 3개의 정류장에만 정차한다.

Writer's Pick! 그랜드캐니언 계곡 바닥까지 내려갈 수 있는

브라이트 엔젤 트레일 Bright Angel Trail

계곡 바닥인 콜로라도강Colorado River 유역까지 다녀오는 하이킹 코스. 브라이트 엔젤 트레일 입구는 고도가 높은 곳에 위치해 내려갔다가 다시 올라오는 형태의 등산로이다. 시간을 안배할 때에는 내려갈 때 걸린 시간의 2배로 생각하자. 자신의 몸에 맞춰서 여유 있게 트레일을 걷는 것을 추천한다. 한여름에는 강 바닥 쪽으로 내려갈수록 기온이 40℃ 이상 높아진다는 점을 참고하자. 식수와 비상식량을 넉넉하게 준비하고, 안전을 위해 기본적인 등산 장비를 구비하는 것이 좋다. 지그재그로 난 Z자형의 등산로를 따라 내려가면 된다. 비현실적으로만 느껴졌던 그랜드캐니언을 다른 각도에서 감상할 수 있는 방법이다. 협곡 바닥에 위치한 팬텀 랜치Phantom Ranch(**Web** www.grandcanyonlodges.com/lodging/phantom-ranch **Cost** 캐빈형방 138달러~, 도미토리 48달러~)에는 캐빈, 오두막, 도미토리 형태의 숙박 시설이 있다. 숙박은 자리가 한정되어 있으므로 미리 예약하자. 반나절의 시간이 있다면 왕복 4.8km 정도 걸리는 1.5마일 레스트하우스1.5mile Resthouse까지 다녀오는 코스(2~4시간 소요)를, 하루 종일의 시간이 있다면 왕복 14.4km로 인디언 가든Indian Garden까지 다녀오는 코스(6~9시간 소요)를 많이 선택한다. 트레일을 노새를 타고 내려갔다가 올라오는 뮬 트립Mule Trip(p.240)도 인기가 많다. 최소 8개월 전에 전화해서 예약해야 하며 기본적인 영어가 가능해야 투어에 참여할 수 있다.

Data **Map** 229 **Access** 매더 포인트가 있는 사우스 림 중심가인 캐니언 빌리지 출발 기준 도보 50분 소요. 셔틀버스 이용 시 빌리지 루트 블루라인 셔틀버스 타고 '허미츠 레스트 트렌스퍼' 정류장 하차 후 도보 5분이면 브라이 엔젤 트레일 입구

브라이스 엔젤 트레일이 보이는
마리코파 포인트 Maricopa Point

굽이치는 듯 형성된 암반층의 아름다운 전경이 눈에 들어온다. 오른편으로는 지그재그로 협곡까지 내려가는 브라이트 엔젤 트레일의 모습이 보인다. 1891년부터 구리, 우라늄 등을 캐내던 올판 로드Orphan Road 광산의 흔적이 있다. 1967년에 폐광되었으며, 현재는 생태 복원작업의 일환으로 광산 시설을 모두 철거하고 자연으로 되돌리는 작업이 진행 중이다. 마리코파 포인트부터 허미츠 레스트까지 걸어볼 수 있는 10㎞ 정도의 림 트레일Rim Trail이 형성되어 있다. 트레일을 걸을 예정이라면 충분한 식수와 비상식량을 준비하고 고도가 높은 지역인 만큼 무리하지 말고 체력을 조절하며 다니는 것을 추천한다.

Data **Map** 229 **Access** 셔틀버스 이용 시 허미츠 레스트 루트 레드라인 타고 '마리코파 포인트' 정류장 하차

다양한 모습의 지층을 관찰하자
파웰 포인트 Powell Point

수억 년의 세월 동안 다양한 퇴적작용과 침식작용으로 만들어진 지층들이 손에 잡힐 듯 펼쳐져 있다. 19세기 미국 군인이자 지질학자 존 파웰John Wesley Powell의 이름을 딴 뷰포인트이다. 존 파웰은 1869년 보트로 콜로라도강을 최초로 여행한 탐험가이다. 협곡들을 통과하는 콜로라도강을 따라 일주한 후 탐험한 자료를 토대로 상세한 지도를 제작하고 많은 기록을 남겼다. 지질학계에 크게 이바지한 그의 업적을 기리기 위해 지은 이름이다. 1919년 인디언들의 제단을 형상화한 모양의 기념비가 세워졌다.

Data **Map** 228 **Access** 셔틀버스 이용 시 허미츠 레스트 루트 레드라인 타고 '파웰 포인트' 정류장 하차

 Writer's Pick! 넓은 각도로 전망을 감상할 수 있는
호피 포인트 Hopi Point

아메리카 인디언 원주민인 호피족의 이름을 따온 전망 포인트. 해발 2,155m에 위치하고 있다. 서쪽으로 시야가 탁 트인 전망이 멋진 장소이다. 270°정도로 펼쳐지는 장엄한 파노라마 뷰는 장대하고 환상적인 일출과 일몰을 감상할 수 있어 사진작가들의 촬영 포인트로도 많은 사랑을 받고 있다. 서쪽으로는 콜로라도강이 흐르는 것이 보이고, 건너편으로 그랜드캐니언 노스 림 지역 일부가 보인다. 쿠프왕의 피라미드Cheops Pyramid라고 불리는 바위산도 보인다. 화장실이 있으니 참고하자.

Data **Map** 228 **Access** 셔틀버스 이용 시 허미츠 레스트 루트 레드라인 타고 '호피 포인트' 정류장 하차

다양한 바위의 모습을 볼 수 있는
모하비 포인트 Mohave Point

호피 포인트와 함께 웨스트 림에서 가장 멋진 일몰을 볼 수 있는 곳. 전망은 호피 포인트가 더 웅장한 편이지만 이곳에서는 다양한 모양의 바위들이 인상적이다. 쿠프왕의 피라미드Cheops Pyramid로 불리는 1,500m 높이의 뾰족한 바위산과 악어The Alligator라 이름 붙여진 붉은 사암바위 등이 있어서 앞서 감상한 전경들과는 사뭇 다른 매력이 있다. 일반적으로 방문자도 적은 편이어서 고요하게 풍경을 감상할 수 있다. 멀리 콜로라도강의 모습과 다나 뷰트Dana Butte의 모습이 정면으로 눈에 들어온다.

Data Map 228
Access 셔틀버스 이용 시 허미츠 레스트 루트 레드라인 타고 '모하비 포인트' 정류장 하차

콜로라도강의 소리를 들어보는
피마 포인트 Pima Point

허미츠 레스트 종점에 가기 전, 마지막에 위치한 장소로 뷰포인트의 최종지점이다. 협곡의 가장자리를 조밀하게 뒤덮고 있는 나무들의 모습이 인상적이다. 때때로 콜로라도강의 급류 소리가 협곡에 부딪혀서 메아리처럼 확장되어 들리기도 한다. 이 포인트부터 허미츠 레스트까지 이어지는 림 트레일은 유모차나 휠체어 이용자가 다닐 수 있을 정도로 평지로 되어 있다. 소요 시간은 도보 20분 정도이다.

Data Map 228
Access 셔틀버스 이용 시 허미츠 레스트 루트 레드라인 타고 '피마 포인트' 정류장 하차

Writer's Pick!

여행자들의 쉼터
허미츠 레스트 Hermit's Rest

셔틀버스의 종점 지역이다. 예전에는 마차로 여행을 하던 사람들의 쉼터 역할을 했던 곳이라고 한다. 1914년 그랜드캐니언의 유명 건축가인 메리 콜터가 지은 곳으로 돌을 쌓아 올린 외관이 운치 있게 느껴진다. 현재는 기념품, 책 등을 파는 판매코너와 출출한 배를 달래줄 스낵코너가 있다. 화장실도 있으니 참고하자.

Data Map 228 **Access** 셔틀버스 이용 시 허미츠 레스트 루트 레드라인 타고 '허미츠 레스트' 정류장 하차 **Add** West Rim Drive, Grand Canyon National Park, Arizona **Open** 08:00~20:00

이스트 림 East Rim

사우스 림의 중심지인 캐니언 빌리지에서 동쪽으로 뻗어있는 지역이다. 오렌지색 노선인 케이밥 루트 셔틀버스로 케이밥 트레일, 야키 포인트 등을 돌아볼 수 있다.

사막과 캐니언을 한 번에
데저트 뷰 Desert View

공원 동쪽 입구 근처에 위치하고 있는 뷰포인트. 뷰포인트 오른편으로는 사막이 펼쳐지고, 왼편에는 그랜드캐니언의 협곡이 보인다. 상당히 다른 두 가지 풍경이 공존하는 특이한 광경을 감상할 수 있다. 동쪽에 위치하고 있으므로 그랜드캐니언 국립공원 내에서 가장 먼저 일출을 볼 수 있는 지역이다. 셔틀버스가 운행하지 않는 지역이므로 개인 차량을 이용해서 방문해야 한다.

Data Map 230
Access 공원 동쪽 입구 근처에 위치. 64번 도로 선상에 위치
Add Desert View, Grand Canyon Village, Arizona

돌로 쌓아 만든
데저트 뷰 와치 타워 Desert View Watch Tower

데저트 뷰포인트에 있다. 첨성대처럼 돌을 쌓아서 만든 특이한 모양인 와치 타워는 원래 인디언들이 만든 것이 아니다. 1150년대 이곳에 살았던 원주민 투사얀 푸에블로 인디언Tusayan Pueblo Indian의 생활과 유적지 유물, 역사를 재현하여 만든 타워라고 한다. 건축가 매리 콜터Mary Colter가 설계한 전망대이다. 그녀는 이 주변 환경과 완벽하게 잘 어울리는 건축물을 만들고자 실제로 이 지역에서 6개월을 살았다고 한다. 21m 높이로 강렬한 색감을 가진 타워로 1932년에 완공했다. 주차장에서 전망대까지는 300m 정도 소요된다. 주유소, 식당, 매점 등의 편의시설이 있다. 타워 안쪽 벽은 인디언 전통문양과 그림으로 장식되어 있어서 더욱 이국적인 분위기를 자아낸다. 개인 차량을 이용해 방문해야 한다.

Data Map 230
Access 공원 동쪽 입구 근처에 위치. 64번 도로 선상에 위치
Add Desert View, Grand Canyon Village, Arizona
Open 08:00~19:00
Cost 무료

케이밥 트레일의 시작점
야키 포인트 Yaki Point

계곡으로 툭 튀어나온 지형이기 때문에 바라보는 풍경이 손에 잡힐 듯 펼쳐진다. 거친 바람, 물의 침식 등으로 형성된 기묘한 모양의 바위들이 인상적이다. 캐니언 위로 떠다니는 구름의 그림자가 마치 협곡 위로 물결이 일렁이는 것 같은 느낌을 주기도 한다. 2억5천 년 전 지층의 융기 작용과 600만 년의 콜로라도 급류가 깎아 만들어진 협곡에서 웅장한 감동이 그대로 전해져온다. 셔틀버스의 종점이다. 이곳보다 더 동쪽에 있는 뷰포인트는 개인 차량으로만 갈 수 있다. 포인트에서 도보 8분 거리에 유명한 트레일인 사우스 케이밥 트레일 South Kaibab Trailhead 입구가 있다.

Data Map 229/230 **Access** 데저트 뷰에서 서쪽으로 35km(차로 30분 정도 소요), 64번 도로 선상에 위치. 셔틀버스 이용 시 케이밥 루트 오렌지 라인 타고 '야키 포인트' 정류장 하차

한 걸음 한 걸음 대자연속으로
사우스 케이밥 트레일 South Kaibab Trail

브라이트 엔젤 트레일과 나란히 그랜드 캐니언의 콜로라도강 유역까지 내려갈 수 있는 트레일이다. 협곡 아래로 내려갈수록 지층의 색이 변한다는 것을 느낄 수 있는데, 협곡의 가장 윗부분은 2억7천만 년 전 형성된 것이지만 협곡의 가장 아래쪽은 12억 년에서 18억 년 사이에 형성된 지층이라고 한다. 이 지역에 거주하던 인디언들에 의해 1924년에 만들어졌으며, 1891년에 서부 개척자들에 의해 만들어진 브라이트 엔젤 트레일에 비해 가파른 편이다. 케이밥 트레일은 전체 길이 11.4km, 왕복 약 12시간 걸린다. 내려갈 때보다 올라올 때 약 2배의 시간을 안배하자. 하루에 사우스 케이밥 트레일과 브라이트 엔젤 트레일을 모두 걸어보고 싶다면 새벽 5시 30분부터 사우스 케이밥 트레일에서 걷기 시작해 콜로라도강까지 내려간다. 블랙 브리지, 실버 브리지를 건넌 후 브라이트 엔젤 트레일의 이정표를 따라 올라오는 방법이 있다. 총 20km 구간으로 약 12시간 소요된다. 기본 장비를 갖춘 중급 이상의 등산가들에게 추천한다.

Data Map 229
Access 데저트 뷰에서 서쪽으로 35km(차로 30분 정도 소요), 64번 도로 선상에 위치. 셔틀버스 이용 시 케이밥 루트 오렌지 라인타고 '야키 포인트' 정류장 하차, 도보 8분. 오전 5~8시 사이에는 사우스 케이밥 트레일 헤드 South Kaibab Trailhead 바로 앞에서 익스프레스 셔틀버스 운행

GRAND CIRCLE BY AREA 01
그랜드캐니언국립공원

멋진 일출을 볼 수 있는
그랜드 뷰포인트 Grand View Point

1540년 스페인 탐험대가 처음 발견했던 포인트. 셔틀버스가 운행하지 않는 지역이기 때문에 개인 차량을 이용해서 가야 한다. 굽이쳐 흐르는 콜로라도강의 소리까지 들리는 듯하다. 계곡의 아래에 있는 오아시스 '인디언 가든Indian Garden'을 주의 깊게 살펴보면 콜로라도강에 걸려 있는 현수교도 보인다. 언제 가도 멋지지만, 특히 일출이 유명한 곳이다.

Data Map 230
Access 데저트 뷰에서 서쪽으로 22km(차로 20분 정도 소요). 64번 도로 선상에 위치

푸에블로 인디언의 유적을 보는
투사얀박물관&유적 Tusayan Museum&Ruin

1930년대 지어진 건물로 현재는 박물관으로 운영 중이다. 800여 년 전, 그랜드캐니언에 살았던 인디언 부족인 푸에블로Pueblo의 유적이 있는 곳이다. 인근에서 발굴된 도자기, 화살촉, 가정용 도구 등 유물이 전시되고 있다. 규모는 그리 크지 않지만, 주변에 실제 거주지로 활용되었던 장소들의 터가 보존되어 있어서 당시의 모습을 짐작하도록 도와준다. 셔틀버스로는 갈 수 없는 지역이니 개인 차량으로 가도록 하자.

Data Map 230 **Access** 데저트 뷰에서 서쪽으로 5.5km(차로 7분 정도 소요). 64번 도로 선상에 위치 **Add** Grand Canyon National Park, Grand Canyon Village, Arizona **Tel** 928-638-7888 **Open** 09:00~17:00 **Cost** 무료

한 폭의 아름다운 그림 같은
모란 포인트 Moran Point

콜로라도강의 계곡과 협곡의 멋진 풍경을 감상할 수 있는 곳. 1873년 방문한 후 그랜드캐니언의 아름다움을 자신의 작품으로 널리 알린 예술가 토마스 모란Thomas Moran의 이름을 따서 지은 뷰포인트이다. 그는 영국 출신으로 주로 미국의 대자연을 화폭에 담았던 화가로 1908년 그랜드 캐니언이 내셔널 모뉴먼트로 지정되는 것에 큰 공헌을 했다고 한다. 이곳의 고도는 2,182m로 한라산보다 높다. 건너편에 위치한 노스 림이 가까운 것처럼 느껴진다. 셔틀버스 운행지역이 아니기 때문에 개인 차량을 이용해 갈 수 있다.

Data Map 230 **Access** 데저트 뷰에서 서쪽으로 11.5km(차로 15분 정도 소요), 64번 도로 선상에 위치

노스 림 North Rim

사우스 림에서 차로 약 5시간 가야하는 지역이다. 직선거리로는 16km이지만, 깊은 협곡을 둘러서 갈 수 밖에 없다. 사우스 림에 비해 고도가 300m 더 높아서 11월 중순부터 5월 중순까지는 폐쇄한다. 교통이 불편해서 방문객 수는 비교적 적다. 소나무, 케이밥 나무 등이 군락을 이루고 있다. 대중교통으로는 트랜스 캐니언 셔틀(Web www.trans-canyonshuttle.com)에서 운행하는 셔틀버스(편도 85달러 정도)로 이동 가능하다. 해발 2,343m 전망대인 케이프 로열, 해발 2,684m로 노스 림에서 가장 높은 포인트 임피리얼Point Imperial 등이 관광 포인트이다. 그랜드캐니언 로지(Web www.grandcanyonlodgenorth.com), 노스 림 캠프그라운드 등에서 머물면 된다.

Data Access 그랜드캐니언국립공원에서 4시간 30분 정도 소요

그랜드캐니언국립공원 가는 길에 들러보자! 후버댐

사막의 휘황찬란한 네온사인을 본 사람들은 신기하다는 얘기를 많이 한다. 사막 한가운데에 어떻게 이렇게 많은 전력이 공급될 수 있을까? 그 이유는 바로 후버댐 덕분! 라스베이거스의 역사는 후버댐으로부터 시작했다고 해도 과언이 아닐 정도. 사막이었던 이곳에 누구나 다 불가능하다고 했던 위대한 건축물 설계가 시작된다. 때는 미국 경제 대공황 시절, 경제 위기 탈출을 위한 뉴딜정책의 일환으로 1929년 댐의 건설계획을 수립된다. 1931년 착공한 후 1935년에 완공하였다. 높이 221m, 길이 411m, 아치형의 엄청난 규모의 이 건축물은 당시 토목기술로서는 대단히 어려웠던 공사였지만 획기적인 기술개발과 공학자들의 연구로 예상보다 2년이나 당겨서 완공하였다. 완공 당시 지역 이름을 따서 볼더댐Boulder Dam으로 불렸으나 1967년 31대 미국 대통령 이름인 후버를 따서 개칭되었다. 댐의 건설로 만들어진 미드호수Lake Mead는 길이 190km, 깊이 149m, 면적 640㎢로 서울특별시 크기와 비슷한 거대한 인공호수이다.
현재 국립레크레이션 지역으로 지정되어 수상스포츠를 즐기는 휴양지로도 사랑받고 있다. 댐 위에 위치한 방문자 센터에서 후버댐 투어 안내를 받을 수 있다. 엘리베이터로 댐 하부까지 내려가 발전기, 송수관 등을 볼 수 있다. 현재 후버댐은 20세기 공학이 이뤄낸 뛰어난 성과로 꼽히며, 미국 7대 현대건축물에 속하여 1985년 국립사적지로 지정되어 보호되고 있다. 라스베이거스에서 그랜드캐니언으로 가는 길에 잠시 들러서 보고 오면 좋다. 유료 주차장 이용 시 10달러, 무료 주차장은 후버댐 지나 언덕 쪽에 위치한 메모리얼 브리지 플라자Memorial Bridge Plaza를 이용하자.

Data Map 012E
Access 라스베이거스 도심에서 30분 소요. 93번 도로 이용 후 172번 도로로 연결
Add 93 Hwy, Boulder City, Nevada
Tel 702-494-2517 Open 09:00~17:00
(단, 티켓 구입은 16시 15분까지 가능)
Cost 투어 비용 성인 15달러,
4~16세, 62세 이상은 12달러, 3세 이하 무료

|Theme|
그랜드캐니언국립공원 투어 즐기기

다양한 방법으로 그랜드캐니언의 매력을 탐험할 수 있다. 단, 미리 예약해야 하는 등의 불편함이 있지만 뮬트립, 경비행기 또는 헬리콥터를 이용하면 입체적으로 캐니언을 감상할 수 있어 좋다.

노새 타고 트레일을 걸어보는
뮬 트립 Mule Trip

뮬 트립은 천 길 낭떠러지가 있는 그랜드캐니언의 브라이트 엔젤 트레일, 케이밥 사우스 트레일 등을 노새를 타고 다니는 투어다. 노새는 당나귀와 말을 교배하여 탄생한 종으로, 성격이 온순하고 겁이 많은 편이라 길들이기 쉽고, 영특해서 훈련하면 사람의 지시를 잘 따른다. 3시간 당일 코스, 1박 2일 코스 등 선택이 가능하다. 단, 키 138cm 이상, 체중 91kg 이하의 신체조건이 필수다. 가이드 말을 이해할 수 있는 영어 실력도 필요하다. 인기가 많은 투어이니 가능하면 8개월 전에 예약하는 것을 권한다. 전화로 예약 가능하며 웹페이지를 통한 예약은 불가능하다.

Data Map 229 Access 보통 브라이트 엔젤 캐빈 쪽에서 투어 출발 Open 출발 시간은 투어에 따라 다름 Tel 888-297-2757 Cost 당일 코스 125.27달러~, 1박 2일 코스(숙박 포함) 548.84달러~ Web www.grandcanyonlodges.com/things-to-do/mule-trips

가장 입체적으로 캐니언을 즐기는 방법
헬리콥터&경비행기 투어 Helicopter&Air Tour

길이 446km, 깊이 1,600m의 협곡, 그랜드캐니언을 하늘에서 바라보며 즐기는 투어. 경비행기는 앞 좌석을 기준으로 3~4번째 자리가 사진을 찍기에 가장 좋다. 50분 정도 소요되는 짧은 코스부터 3시간 이상 되는 투어도 있다. 투어 회사 홈페이지를 통해서 예약하면 된다. 가격대는 259달러부터이다. 투어 시 모터보트를 타고 콜로라도강을 내려가는 급류 타기 등의 옵션을 추가할 수 있다. 각 투어 회사 홈페이지를 통해 예약하면 본인이 정한 호텔로 지정된 시간에 픽업을 온다. 라스베이거스 출발 기준으로 가격은 259~280달러 정도이다.

Data
메브릭 헬리콥터
www.maverickhelicopter.com

파피용 그랜드캐니언 헬리콥터스
www.papillon.com

비아토 투어
www.viator.com

시닉항공
www.scenic.com

기차로 즐기는
그랜드캐니언 레일웨이 Grand Canyon Railway

앤티크한 분위기의 증기기관차를 타고 미서부의 대자연을 즐기며 그랜드캐니언국립공원에 갈 수 있는 방법이 있다. 근교 도시인 윌리엄스에서 출발하여 그랜드캐니언 사우스 림까지 왕복하는 기차 투어이다. 가격대는 높지만 색다른 경험을 얻고자 하는 사람들에게 추천할만하다. 기차 투어로 국립공원을 갈 때도 국립공원 입장료는 따로 내야 한다(1인당 12달러). 하지만 국립공원 연간입장권을 소지 할 경우 입장료는 면제된다.

추천 루트
09:00 티켓 수령하기 → 09:30 윌리엄스에서 출발 → 11:45 그랜드캐니언 도착 후 그랜드캐니언국립공원 사우스 림 즐기기 → 15:30 그랜드캐니언에서 출발 → 17:45 윌리엄스 도착

Data Map 12F Access 라스베이거스에서 윌리엄스까지 차로 3시간 20분 소요. 대중교통은 비용도 비싸고 번거로워서 추천하지 않는다 Add 233 N Grand Canyon Blvd, Williams, Arizona Tel 303-843-8724 Cost 풀맨 클래스(1923년대에 운행하던 스타일의 차량, 에어컨은 없고, 창문 열림) 65달러+국립공원 입장료, 코치 클래스(에어컨 있고 창이 커다란 좌석) 79달러+국립공원 입장료, 퍼스트 클래스(에어컨, 커다란 창, 간이탁자가 있는 좌석, 간단한 음료와 간식 제공) 152달러+국립공원 입장료. 단, 시즌에 따라 가격 변동 있음 Web www.thetrain.com

아찔하게 하늘 위를 걷는
스카이워크 Skywalk

절벽으로 22m 정도 튀어나온 U자형의 강철 구조물이다. 절벽 아래가 보이도록 설치된 특수 강화 유리 덕분에 마치 하늘 위를 걷는 듯한 착각을 준다. 이곳은 국립공원이 아니라 인디언들의 자치지구이기 때문에 국립공원 연간회원권이 있더라도 별도로 입장료를 내야 한다. 내부에서 개인 카메라로 촬영하는 것은 금지이고, 상주하고 있는 전문 사진사를 통해 찍은 후 1장당 30달러 정도로 구매할 수 있다. 개인 차량으로 갈 때는 정해진 곳에 주차한 후 입장료를 구매하면 된다. 셔틀버스를 탄 후 포인트로 이동하면서 돌아보면 된다. 라스베이거스 출신의 비지니스맨 데이비 진Davis Jin과 인디언 부족인 후알라파이족과 합작하여 2007년에 만든 조형물이다. 웨스트 림에 위치하고 있다.

Data Map 012E
Access 라스베이거스에서 출발 시 2시간 40분 소요. 93번 도로 이용해서 가다가 모하비 컨트리Mohave Country 방향으로 피어스 페리 로드Pearce Ferry oad 진입 후 직진
Add Diamond Bar Road, Grand Canyon West, Arizona Tel 888-868-9378
Open 09:00~17:00
Cost 44달러 정도. (입장료 수시로 변동)
Web www.grandcanyonskywalk.com

그랜드캐니언에서 즐기는 고급 요리

엘 토버 다이닝 룸 El Tovar Dining Room

우아한 분위기의 고급 레스토랑으로 수준 있는 식사를 경험할 수 있다. 호피, 아파치, 모하비, 나바호 등 아메리칸 원주민들의 관습을 보여주는 벽장식도 특이하다. 테디 루스벨트, 빌클린턴 대통령 등 유명인사들도 방문했던 곳으로 지난 20년 동안 많은 사람들에게 사랑받고 있는 국립공원 내 최고의 레스토랑이다. 커다란 창을 통하여 그랜드캐니언의 전망을 감상할 수 있는 것도 장점이다. 전식으로는 모차렐라 치즈의 새로운 맛을 느낄 수 있는 모차렐라 루러드 Mozzarella Roulades, 본식으로는 샐러드류와 함께 서빙되는 연어 요리인 샐먼 토스타다 Salmon Tostada, 안심스테이크를 맛볼 수 있는 버팔로 필레 미뇽 Buffalo Filet Mignon이 가장 인기 있는 메뉴다. 고급 레스토랑인 만큼 너무 캐주얼한 옷보다는 재킷, 원피스 등의 단정한 옷을 입고 가는 것을 추천한다.

Data Map 229
Access 그랜드캐니언 사우스 림에 위치. 매더 포인트에서 서쪽으로 도보 20분
Add 1 El Tovar Rosd, Grand Canyon Village, Arizona
Tel 928-638-2631, 6432
Open 06:30~10:45, 11:15~14:00, 16:30~22:00 (겨울에는 ~21:00)
Cost 모차렐라 루러드 11달러, 샐먼 토스타다 26달러, 버팔로 필레 미뇽 35달러
Web www.grandcanyonlodges.com/dining/el-tovar-dining-room-and-lounge

캐주얼한 분위기의
브라이트 엔젤 레스토랑 Bright Angel Restaurant

브라이트 엔젤 로지 내 위치하고 있는 캐주얼 레스토랑. 맛이 뛰어나다는 평가보다는 전통적인 미국 스타일의 음식인 스테이크, 버거, 팬케이크, 비스킷 등을 편안하게 즐길 수 있다는 장점을 가진 레스토랑이다. 본인의 입맛에 맞는 패티(닭고기, 칠면조, 쇠고기 등)를 넣는 버거 메뉴를 고른 후 베이컨, 토마토, 체다치즈, 버섯 등의 토핑을 2개 선택해서 주문한다. 더 많은 토핑을 원한다면 75센트의 가격을 추가해서 주문하면 된다. 매디트레니언 투나 샐러드 Mediterranean Tuna Salad는 전식으로 인기가 있다.

Data Map 229 **Access** 그랜드캐니언 사우스 림에 위치. 매더 포인트에서 서쪽으로 도보 40분
Add 9 North Village Loop Drive, Grand Canyon Village, Arizona **Tel** 928-638-2631(예약불가)
Open 06:30~22:00 **Cost** 아침 단품 요리 10~14달러, 저녁 단품 요리 11~18달러
Web www.grandcanyonlodges.com/dining/bright-angel-restaurant

입맛대로 골라먹는
매스윅 푸드 코트 Maswik food court

남녀노소 모두 만족할 만한 다양한 음식을 제공하는 푸드 코트 스타일의 레스토랑이다. 간편하고 빠른 식사를 원하는 사람에게 추천할 만하다. 샌드위치, 햄버거, 피자, 샐러드 등의 식사메뉴가 제공된다. 푸드 섹션에 진열되어 있는 음식을 직접 보고, 원하는 대로 골라 먹을 수 있어서 편리하다. 특별하게 맛이 좋은 편은 아니지만 캐주얼한 분위기 속에서 부담 없이 편안하게 음식을 즐길 수 있다는 점에서 인기가 많은 레스토랑이다. 가격대는 음식 당 8~13달러 정도이다.

Data Map 229
Access 사우스 림의 그랜드 캐니언 빌리지 매스윅 로지 내 위치
Add 1 Main Street, Grand CanyonNational Park, Arizona
Tel 888-297-2757
Open 06:00~22:00
Cost 샌드위치 8달러~, 피자 8~13달러
Web www.grandcanyonlodges.com/dining/maswik-food-court/

SLEEP

향이 좋은 소나무 숲속
매더 캠프그라운드 Mather Campgound

웹사이트를 통해 미리 예약할 수 있으며, 주요 뷰포인트와 가까워서 가장 인기가 많은 캠핑장이다. 소나무 숲에 위치하고 있어서 공기가 상쾌하다. 화장실과 식수대를 갖추었다. 샤워장은 캠핑장에서 도보 5분 정도 걸리는 캐니언 빌리지 마켓 Canyon Village Market(**Add** Market Plaza Road, Grand Canyon Village, Arizona **Tel** 928-638-2262 **Open** 08:00~19:00)에서 2달러 정도로 이용 가능하다. 캐니언 빌리지 마켓에서는 식료품 구입이 가능하며, 캠핑, 등산 장비 렌트도 가능하다. 장비 빌리는 가격은 2인용 텐트 기준 하루당 14달러, 침낭 12달러, 등산화 7달러 정도이다. 일정 금액의 보증금을 내야 한다는 점을 참고하자.

Data **Map** 229 **Access** 사우스 림의 그랜드캐니언 빌리지 내 위치 **Add** 1 Village Loop Road, Canyon Village, Arizona **Open** 연중 내내 **Cost** 텐트 1자리 당 18달러 **Web** www.recreation.gov

조용한 분위기의
데저트 뷰 캠프그라운드 Desert View Campground

동쪽 이스트 림 East Rim에 위치한 캠핑장이다. 5월 중순에서 10월 중순에만 오픈을 한다. 선착순으로만 이용이 가능하고, 예약은 불가하다. 화장실과 식수대를 갖추었다. 캠핑장 내 샤워장은 따로 없고, 캠핑장에서 차로 40분 정도 걸리는 사우스 림 South Rim에 위치한 캐니언 빌리지 마켓 Canyon Village Market에서 이용 가능하다. 식료품은 데저트 뷰 마켓 플레이스(**Add** Hwy 64 Canyon Village, Arizona **Tel** 928-638-2393 **Open** 09:00~17:00)를 이용하면 된다. 캠핑카를 이용해서 오거나 텐트, 침낭 등의 캠핑 장비를 갖춘 방문자에게 추천한다.

Data **Map** 230 **Access** 공원 동쪽 입구 근처, 그랜드캐니언 이스트 림에 위치 **Add** Desert View Campground, Grand Canyon Village, Arizona **Open** 5월 중순~10월 중순 **Cost** 텐트 1자리당 12달러 **Web** www.nps.gov/grca/planyourvisit/cg-sr.htm

소박하고 편안한 잠자리
브라이트 엔젤 로지&캐빈
Bright Angel Lodge&Cabin

1935년, 그랜드캐니언의 곳곳에 건축물을 지었던 유명 건축가인 메리 콜터가 설계한 로지로 소박하지만 편안한 농가 분위기의 숙소이다. 소박하게 깔끔하게 꾸며진 편이고, 다른 곳에 비해 숙박료가 저렴한 편이라 인기가 많으니 서둘러 예약하는 것이 좋다. 일반 객실은 공용 욕실 사용인지, 개인 욕실 사용인지에 따라 가격대가 다르고, 캐빈형의 숙소는 작은 오두막 형태로 개인 욕실이 딸려 있다. 그랜드캐니언의 유명 트레일인 브라이트 엔젤 트레일 입구 바로 앞에 있어서 다니기에 좋다. 가정식을 맛볼 수 있는 캐주얼한 레스토랑도 운영하고 있어서 편의를 더한다. 로비에서 무료 인터넷 사용이 가능하다.

Data Map 229
Access 사우스 림과 웨스트 림 경계 지역에 위치
Add 9 Village Loop Drive, Grand Canyon Village, Arizona **Tel** 928-638-2631, 888-297-2757
Cost 일반 객실 95달러~, 캐빈형 객실 160달러~
Web www.grandcanyonlodges.com/lodging/bright-angel

규모가 크고 깔끔한 숙소
야바파이 로지 Yavapai Lodges

그랜드캐니언국립공원 사우스 림의 중심지로 불리는 캐니언 빌리지 지역에 위치한 숙박 시설이다. 358개의 객실을 제공하고 있다. 개인 차량 또는 셔틀버스를 이용하여 주요 뷰포인트와 이동하기가 수월하고 식품점, 레스토랑, 기프트숍 등 편의시설을 잘 갖추고 있다. 소박하고 깔끔하게 정리되어 있는 객실이 편안한 휴식을 돕는다. 모든 객실은 금연이며, 만약 흡연을 하다가 적발될 경우에는 175달러의 벌금을 물어야하니 주의하도록 한다. 웹사이트를 통해 예약이 가능하다.

Data Map 229 **Access** 사우스 림에 위치. 매더 포인트에서 차로 5분 거리 **Add** Market Plaza Road&South Entrance Road, Grand Canyon Village, Arizona **Tel** 928-638-2631 **Cost** 일반 객실 142~176달러 **Web** www.grandcanyonlodges.com/lodging/yavapai-lodge

고급스러운 분위기의
엘 토바르 호텔 El Tover Hotel

사우스 림에서 가장 고급스럽고 우아한 호텔이다. 1905년대 오픈 한 후 100년이 넘는 시간 동안 여행자들에게 편안하고 고급스러운 잠자리를 제공해 왔다. 1987년 내셔널 히스토릭 랜드마크 National Historic Landmark로도 지정되었던 유서 깊은 곳. 호텔 발코니에서 협곡의 멋진 풍경이 한눈에 보인다. 깔끔한 침구, 욕조, 텔레비전, 에어컨 등 편의시설이 완벽하게 갖추어진 객실이 있다. 인기 많은 호텔이므로 서둘러 예약하기를 추천한다. 홈페이지에서 예약할 수 있다.

Data Map 229 **Access** 사우스 림에 위치. 매더 포인트에서 도보 20분 소요 **Add** 1 El Tovar Road, Grand Canyon Village, Arizona **Tel** 888-297-2757, 928-638-2631 **Cost** 일반 객실 188달러~, 스위트룸 382~466달러 **Web** www.grandcanyonlodges.com/lodging/el-tovar

GRAND CIRCLE BY AREA

02

브라이스캐니언 국립공원
BRYCE CANYON NATIONAL PARK

불꽃 같기도 하고 촛대 같기도 하고
어떤 것은 춤을 추는 듯 사람의 형상을
띄기도 한다. 첨탑처럼 가늘고 길지만
다양한 모습으로 서 있는 후두들.
브라이스캐니언은 수천 년의 세월 동안 바람과
물, 시간을 통해 빚어낸 후두들이 수천,
수만 개 이상으로 빼곡하게 들어서 있는
놀라운 풍광을 즐길 수 있는 곳이다.
트레일을 걷고 뷰포인트에서 풍경을 감상하며
광대한 자연, 그 신비로운 매력에 푹 빠져보자.

Bryce Canyon National Park
PREVIEW

브라이스캐니언은 다른 국립공원에 비해 비교적 규모가 작지만
신비로운 후두들의 기묘한 풍경을 볼 수 있는 곳이다.
첨탑처럼 생긴 다양한 형상의 후두들이 셀 수 없이 펼쳐지는 장관은 언제 봐도 감동적이다.
고도가 높아 기온 차가 많이 난다. 10월부터 눈이 내려 4월 초까지도 눈이 오는 경우가 많으니
보온에 특히 신경을 쓰자. 여름철에는 번개를 동반한 소나기가 내리기도 하니
우비 등을 준비하고, 번개가 칠 경우에는 방문자 센터 또는 차 안으로 즉시 피신하자.

SEE

선셋 포인트, 선라이즈 포인트, 인스퍼레이션 포인트는 놓치지 말자. 시간의 여유가 된다면 트레일을 걸어보는 것을 강력히 추천한다. 보는 각도에 따라 달라 보이는 지형들은 직접 걸어볼 때 감동이 더욱 커진다. 낮에는 녹고, 밤에는 얼어붙는 작용을 수백 년, 수천 년 반복하면서 만들어낸 기이한 풍경들을 감상해보자. 자연이 위대한 조각가라는 사실을 인정하지 않을 수 없게 만드는 풍경이다.

ENJOY

추천 트레일은 나바호 루프 트레일, 퀸즈 가든 트레일이다. 2~3시간 정도의 코스로 초보자가 걷기에도 무리가 없다. 단, 충분한 식수는 필수. 고도가 높은 지역이므로 무리하지 않고 천천히 다니는 것을 추천한다. 말을 타고 트레일을 걸어보는 것도 특이한 경험이 될 수 있다. 브라이스캐니언 로지에서 출발하며 사전 예약 필수이다.
(**Tel** 435-679-8665 **Cost** 60~80달러 **Web** www.canyonrides.com).

EAT

국립공원에 들어오기 전 다른 마을에서 패스트푸드 등을 먹거나 테이크아웃해서 가져오는 것을 추천한다. 버너와 코펠 등의 장비가 있다면 국립공원 내 피크닉 구역을 이용해도 좋다. 식료품은 공원 내의 매점에서는 간단한 식료품 정도는 구입할 수 있지만, 보유하고 있는 종류가 많지 않다. 브라이스캐니언 로지 내에 레스토랑이 위치하고 있어서 피자, 커피 등의 간단한 식사는 할 수 있다.

SLEEP

브라이스캐니언 안에 캠핑장이 잘 마련되어 있다. 단, 미리 예약할 수 없고 선착순으로 이용이 가능하다. 매점과 샤워장 등의 시설이 잘 되어 있어서 편리하다. 공원 내에 있는 노스 캠핑장, 선셋 캠핑장을 이용하거나 브라이스캐니언 로지를 예약하면 된다. 공원 외곽에는 케납Kenab, 트로픽Tropic, 캐넌빌Cannonville 등의 비교적 저렴한 모텔들이 자리 잡고 있다. 브라이스캐니언 로지나 모텔에서 숙박할 예정이라면 일찍 예약하는 것이 좋다.

Bryce Canyon National Park
GO AROUND

어떻게 갈까?
대중교통으로 가는 것은 상당히 불편하기 때문에 자동차로 여행하는 것을 추천한다. 브라이스캐니언국립공원은 라스베이거스와 솔트레이크 시티 중간 정도의 지점에 위치하고 있다. 소요 시간은 라스베이거스에서 출발 시 4시간(411km), 그랜드캐니언국립공원 사우스 림에서 5시간 30분(460Km), 아치스국립공원에서 4시간 10분(435Km), 로스앤젤레스에서 9시간(850Km)을 가야 한다. 단, 겨울에는 도로가 얼어붙어서 일부 구간이 폐쇄되기도 한다. 이 점을 감안해서 시간 안배를 하자.
대중교통으로 가기를 원할 경우 번두버스를 이용할 수 있다. 서부 지역의 대도시와 국립공원들을 연결하는 버스이다. 홈페이지(www.bundubus.com)에서 버스 시간과 탑승권 가격 검색이 가능하다.

Data **Add** Hwy 63, Bryce Canyon, Utah **Web** www.nps.gov/brca

자동차 추천 노선
라스베이거스 출발
15번 North → 15번 57 Exit → 14번 East → 89번 North → 12번 East → 63번 South → 브라이스캐니언국립공원
솔트레이크 시티 출발
15번 South → 15번 59 Exit → 14번 East → 89번 North → 12번 East → 63번 South → 브라이스캐니언국립공원

어떻게 다닐까?
주요 볼거리들은 브라이스 엠피시어터Bryce Amphiteater라고 불리는 지역에 모여 있다. 5~10월에 방문하였다면 무료로 이용 가능한 셔틀버스를 적극 이용하자. 주차 걱정이 없고 배차 간격이 짧아서 편리하다. 셔틀버스 탑승지 지역에 주차할 수 있다. 다양한 각도로 브라이스캐니언의 후두들을 감상하는 방법은 직접 트레일을 걸어보는 것이다.
추천 트레일은 나바호 트레일과 퀸즈 트레일을 연결하여 돌아보는 것이다(두 개 트레일 연결 시 5km, 3시간 소요). 시간이 없다면 나바호 트레일(2.2km, 1~2시간 소요)과 퀸즈 트레일(2.9km, 1~2시간 소요) 둘 중 하나만 선택해도 된다. 선라이즈 포인트에서 인스피레이션 포인트(1.5km, 35분 소요)도 경관이 좋기로 유명하다.

국립공원 입장료 자동차 1대 당 35달러(1주일 유효), 국립공원 연간패스(1년간 유효, 80달러) 소지 시 무료입장

> **Tip** **브라이스캐니언국립공원 셔틀버스**
> 브라이스캐니언 셔틀버스는 5월 초부터 10월 초까지 운행된다. 보통 오전 8시부터 저녁 8시까지 10~15분 간격으로 무료로 운행된다. 방문자 센터, 선셋 포인트, 선셋 캠프장, 브라이스 포인트, 인스퍼레이션 포인트, 브라이스캐니언 로지, 선라이즈 포인트, 북부 캠프장, 공원 밖 탑승 지역 루비 호텔, 루비 캠프장에 정차한다.

브라이스캐니언 국립공원 주변
Bryce Canyon National Park Around

- 브라이스캐니언 공항 / Bryce Canyon Airport
- 셔틀 보딩 구역 / Shuttle Boarding Area
- 루비스 인 / Ruby's Inn
- 모시 케이스 / Mossy Cave
- 루비스 캠프그라운드 / Ruby's Campground
- 페어리랜드 포인트 / Fairyland Point
- 노스 캠프그라운드 / North Campground
- 브라이스캐니언 방문자 센터 / Bryce Canyon Visitor Center
- 제너럴 스토어 / General Store
- 선라이즈 포인트 / Sunrise Point
- 브라이스캐니언 로지 / Bryce Canyon Lodge
- 선셋 캠프그라운드 / Sunset Campground
- 선셋 포인트 / Sunset Point
- 인스퍼레이션 포인트 / Inspiration Point
- 림 트레일 / Rim Trail
- 브라이스 포인트 / Bryce Point
- 스왐프캐니언 루프 / Swamp Canyon Loop
- 파레이아 뷰 / Paria View
- 스왐프 캐니언 / Swamp Canyon
- 언더 더 림 트레일 / Under the Rim trail
- 파뷰 포인트 / Farview Poitn
- 네추럴 브리지 / Natural Bridge
- 아구아캐니언 / Agua Canyon
- 홀스 마운틴 / Horse Mountain 2305m
- 폰데로사캐니언 / Ponderosa
- 블랙 버치 캐니언 / Black Birch Canyon
- 레인보우&요빔파 포인트 / Rainbow&Yocimpa Points

0 1km

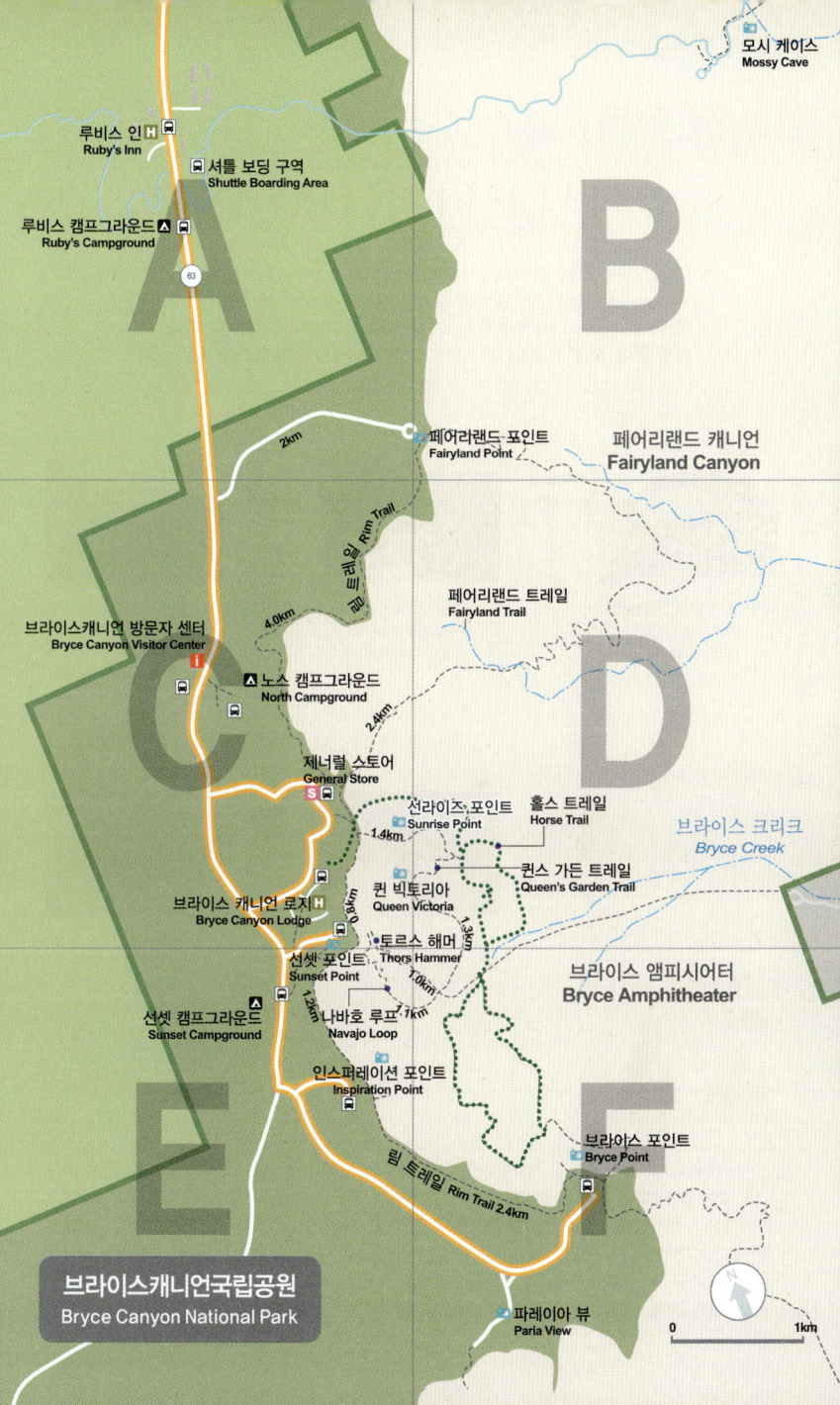

Bryce Canyon National Park
HALF FINE DAY IN

브라이스캐니언국립공원을 둘러볼 때는 브라이스 엠피시어터 지역 위주로 일정을 짜는 것이 좋다. 주요 뷰포인트 선셋 포인트, 선라이즈 포인트, 인스퍼레이션 포인트, 브라이스 포인트가 모여 있는 지역이고 주요 하이킹 코스가 이곳에서 시작하기 때문이다. 후두라 불리는 바위기둥이 다양한 모습으로 셀 수 없이 세워져 있어서 숨 막히는 장관을 만들어낸다.

브라이스캐니언국립공원 방문자 센터에서 영상 관람하기

셔틀버스 8분

선라이즈 포인트, 선셋 포인트에서 풍경 구경하기

도보 2분

브라이스캐니언을 제대로 즐길 수 있는 나바호 트레일과 퀸즈 가든 트레일 걷기

셔틀버스 5분

브라이스 포인트에서 후두가 펼쳐지는 경관 바라보기

셔틀버스 8분

인스퍼레이션 포인트에서 아름다운 후두 풍경 감상하기

Tip 라스베이거스에서 브라이스캐니언국립공원을 방문하는 경우 자이언국립공원과 묶어서 일정을 짜는 것이 일반적이다. 새벽 4시에 라스베이거스에서 떠날 경우 두 지역을 모두 돌아보는 일정이 당일치기로 가능하다. 하지만 운전 길이 고불고불한 산길이 많으므로 번갈아 가며 함께 운전할 사람이 있을 경우에만 추천한다. 그 외에는 1박 2일 일정으로 계획하면 된다. 1박 2일 일정인 경우 먼저 브라이스캐니언국립공원에 도착해 주요 뷰포인트와 트레일 1~2군데를 돌아본 후 1박을 하고 다음 날 일출을 보고 자이언국립공원으로 출발해 관광한 후 라스베이거스로 돌아오는 일정을 추천한다.

후두에 대한 궁금증을 해결하는
브라이스캐니언 방문자 센터 Bryce Canyon Visitor Center

각종 정보를 제공하는 방문자 센터를 들러서 영상 한 편을 감상하기를 추천한다. 콜로라도 고원의 단면도, 후두가 만들어지는 과정 등 브라이스캐니언국립공원 관련한 내용으로 만들어진 22분짜리 영상이다. 이 지역의 생성 과정에 대한 이해도를 높여준다. 매 30분 또는 1시간 간격으로 17시 30분까지 상영한다. 상영관 옆에는 패널로 지역에 관해 설명한 자료들과 서식하는 야생동물 위주로 박제한 전시장과 서점, 기념품점도 있다. 추수감사절, 크리스마스, 1월 1일을 제외하고 매일 개방한다. 시간 여유가 된다면 잠시 들러보자.

Data **Map** 251C **Add** Hwy 63, Bryce Canyon, Utah **Tel** 435-834-5322
Open 5~9월 08:00~20:00, 4·10월 08:00~18:00, 11~3월 08:00~16:30 **Web** www.nps.gov/brca

💬 후두Hoodoo란 무엇일까?

오렌지색을 뿜어내며 첨탑처럼 생긴 길쭉길쭉한 돌들을 일컫는 지질학적 용어이다. 상상력을 자극하는 여러 가지 모양의 후두가 만들어질 수 있었던 것은 이 지역의 약한 지질 때문이다. 고도가 높아 밤낮의 일교차가 큰 지형 때문에 대략 1년, 많게는 200회 이상 눈 녹은 물이 돌 틈에 스며드는데, 물의 결빙과 해빙을 통해 침식작용이 활발하게 일어난다. 거센 바람과 1년에 한 번씩 내리는 거센 비 역시 섬세하게 후두를 다듬어 나가는 일에 한몫하며 신비로운 풍경을 만든다. 물이 얼음이 되면서 원래 부피보다 110% 팽창되고 단단해지는데, 이것이 바위에 압력을 가해 균열을 생기게 한다.
바위가 깎여나가는 자연의 섭리 작용 중 하나인 것이다. 다시 말하면 후두는 영원하지 않다. 1년에 1m 이상씩 깎여져 나간다고 하니 언젠가는 균열로 무너져 내릴 수도 있다는 것. 침식, 풍화작용을 통해서 만들어진 신비로운 돌기둥은 다른 지역에서는 쉽게 찾아볼 수 없는 자연의 걸작품이 아닐 수 없다. 아침, 점심, 저녁으로 달라지는 빛, 보는 이의 시선에 따라 다양한 모양들이 발견된다. 일출, 일몰 때에 특히 후두들의 붉은색이 진하게 보여 더욱더 아름답다.

일몰이 아름다운 뷰포인트
선셋 포인트 Sunset Point

일몰 때가 가장 아름답다고 붙여진 이름이지만 언제 가도 멋진 장소이다. 브라이스캐니언국립공원의 대표적인 뷰포인트. 마치 캐니언 바닥에서 솟아오른 듯 촘촘하게 세워진 후두의 모습이 감동적이다. 긴 시간 속에서 물과 기온, 시간이 만든 자연의 조각품들은 신비로운 자태를 뽐낸다. 초보자에게도 큰 무리가 없는 트레일 '나바호 루프Navajo Loop'가 시작되는 지점이기도 하다. 브라이스캐니언 로지 바로 아래에 자리 한다.

Data Map 251C Access 방문자 센터에서 차로 8분 정도 소요. 셔틀버스 이용 시 '선셋 포인트' 정류장 하차

일출 때 더욱 화려한 색감을 보여주는
선라이즈 포인트 Sunrise Point

일출이 가장 아름다운 포인트. 일출 시 빛의 대비로 인하여 후두들의 색이 더욱 진하게 보인다. 이 때문에 일출을 촬영하려는 이들이 삼각대 전쟁을 벌일 정도. 퀸즈 가든 트레일의 시작 지점이기도 하다. 겨울에는 하얀 눈과 어우러지는 풍경을 볼 수 있다. 후두 색을 보면 붉고, 노랗고, 오렌지빛 등을 띠는데 그 이유는 철 산화물이 지층에 많이 포함되기 때문이라고 한다. 여름철에는 가끔 내리는 폭우 덕분에 후두들이 물에 젖어 더 진한 붉은빛을 띤다. 브라이스캐니언국립공원의 최저 고도는 2,018m, 최고 고도는 2,778m로 상당히 높은 지역이다. 여름철에도 낮의 평균 온도가 26℃, 밤은 13℃ 정도로 일교차가 큰 편이며, 10월부터 4월까지 눈이 내린다. 선라이즈 포인트에서 인스퍼레이션 포인트까지 도보로 편도 35분 정도(1.5km) 소요된다.

Data Map 251C Access 방문자 센터에서 차로 6분 정도 소요. 셔틀버스 이용 시 '선라이즈 포인트' 정류장 하차

역동적인 느낌의 풍경
인스퍼레이션 포인트 Inspiration Point

촘촘한 수직 후두들로 구성된 사일런스 시티Silent City가 한눈에 들어온다. 사일런스 시티는 나바호 루프 트레일을 통해 갈 수 있다. 클라론 포메이션Claron Foramtion의 작용으로 인하여 붉은색과 얇은 흰색의 띠를 가진 모습을 볼 수 있다. 5억 년 전 클라론 포메이션에 거대한 클라론 호수Lake Claron가 있었을 때 이 지역을 이루던 다양한 색의 석회암들이 오랜 세월 쌓여 형성된 지층. 하단 바위에는 철 성분이 오랜 시간 산화되어 오렌지색 또는 붉은빛을 띄는데, 이를 '핑크 구조Pink Member'라고 한다. 상단 부분은 빙하가 흐르고 호수가 생겼던 시대의 침전물에 다른 광물질이 포함되지 않아서 흰색의 석회암이 된 것이다.

Data Map 251E
Access 방문자 센터에서 차로 10분 소요.
셔틀버스 이용 시 '인스퍼레이션 포인트' 정류장 하차

 광활하고 거대한 뷰포인트
브라이스 포인트 Bryce Point

해발 2,539m에 위치한다. 원형 경기장을 연상시키는 거대한 풍경이 펼쳐진다. 광활하고 촘촘하게 후두들의 모여 있어 선셋 포인트, 선라이즈 포인트에서 본 풍경보다 스케일이 크다. 특히 일출 때에는 오렌지색의 후두들이 불기둥이 타오르는 듯한 환상적인 광경을 볼 수 있다. 이곳에는 2000년 전에는 푸에블로Pueblo 인디언족이 살았고, 그 후 파이우트Paiute 인디언족이 거주했다. 1870년대에는 지금의 명칭인 '브라이스캐니언'의 유래가 된 선박 제조공 출신이었던 에네베저 브라이스Ebenezer Bryce라는 사람이 이 지역에서 거주했다. 브라이스는 5년간 이 지역에 살면서 수로 공사를 하였고 고원의 꼭대기에서 물을 끌어오고 도로를 정비하는 등 초기 몰몬교의 개척자들이 이 지역 근교에 정착할 수 있도록 도왔다. 당시 사람들은 이 계곡을 '브라이스의 계곡Bryce's Canyon'이라고 부른 것이 현재 명칭의 유래가 되었다. 1928년 국립공원으로 지정 되었다.

Data Map 251F **Access** 방문자 센터에서 차로 10분 소요. 셔틀버스 이용 시 '브라이스 포인트' 정류장 하차

브라이스캐니언 속살을 들여다보는
나바호 루프&퀸즈 가든 트레일 Navajo Loop & Queen's Garden Trail

 Writer's Pick!

브라이스캐니언을 제대로 즐기려면 트레일을 직접 걸어봐야 한다. 위에서 내려다봤을 때와는 다른 빛과 각도에 의해 기묘한 느낌의 후두들을 감상할 수 있기 때문이다. 불꽃이 일렁이고 타오르는 듯한 모양부터 망치나 말, 사람의 형상, 고층 건물 등 후두들의 자태를 통해 연상되는 다양한 모양들을 찾아보는 재미가 쏠쏠하다. 추천 트레일인 나바호 루프 트레일과 퀸즈 가든 트레일. 출발 지점은 다르지만 트레일 아래 지점에서 연결이 된다. 따라서 두 개의 트레일을 한꺼번에 보면 다양한 모습을 느낄 수 있어서 좋다. 트레일 이용 방법은 선셋 포인트에서 차를 주차하고 나바호 루프 트레일 입구에서 걷기 시작한다. 지그재그로 놓인 내리막길을 따라 풍경을 감상하며 내려간다. 엠피시어터 바닥까지 내려가면 퀸즈 가든 트레일로 이어지는 표지판이 나온다. 표지판을 따라 퀸즈 가든 트레일을 따라 올라오면 선라이즈 포인트가 나온다. 차를 세워둔 선셋 포인트까지는 약 800m 정도 평지이므로 어렵지 않게 갈 수 있다. 총 5km로 2~3시간 정도 소요된다. 나바호 루프 트레일의 지면이 비교적 가파르므로 내려가는 코스로 이용하고, 퀸즈 가든 트레일은 완만한 편이므로 올라오는 코스로 이용하기를 추천한다. 그늘이 많지 않으니 반드시 모자를 쓰고 식수를 충분히 준비해 가자. 시간 여유가 없다면 나바호 루프 트레일과 퀸즈 가든 트레일 중 하나를 선택해서 돌아본 후 올라와도 좋다. 나바호 루프 트레일은 겨울과 이른 봄에는 길이 얼고 낙석의 위험이 있어서 폐쇄된다.

Data Map 251D, 251E **Access** 선셋 포인트에서 출발

SLEEP

숲속의 오두막집
브라이스캐니언 로지 Bryce Canyon Lodge

3월 말에서 11월 초에만 개관한다. 선셋 포인트와 선라이즈 포인트 사이에 위치. 1920년대 스타일로 지어진 오두막집과 모텔 형태의 객실이 있다. 깔끔한 느낌으로 정리가 잘되어 있고, 브라이스캐니언의 주요 트레일과 거리가 멀지 않아서 오갈 때 편리하다. 인기 많은 시설인 만큼 예약은 필수. 승마투어 접수도 로비에서 할 수 있다. 피자, 커피 등을 제공하는 레스토랑, 기프트숍 등의 편의시설도 있다.

Data Map 251C Access 방문자 센터에서 차로 8분 소요
Add Bryce Canyon National Park, Utah
Tel 877-386-4383, 435-834-8700
Cost 일반 객실 150~200달러
Web www.brycecanyonforever.com

자연을 좀 더 가깝게 느낄 수 있는
노스 캠프그라운드 North Campground

연중 내내 오픈한다. 텐트와 침낭 등 기본적인 캠핑 장비를 가져오는 방문자들 또는 캠핑카 이용자들에게 추천한다. 식수대와 화장실 등 기본 시설이 잘되어 있다. 식료품은 도보 5분 거리에 위치한 제너럴 스토어에서 구매하면 된다. 제너럴 스토어 건물에 있는 샤워실 이용이 가능하며, 2달러 정도 비용이 든다. 캠핑장은 선착순으로 이용이 가능하다. 고도가 높은 지역이라 일교차가 상당히 심하고, 밤과 새벽에는 상당히 춥다는 점을 참고하자.

Data Map 251C
Access 방문자 센터에서 도보 3분 소요
Open 연중 내내
Cost 텐트 1자리당 20달러

시설 좋고 깔끔한
루비스 인 Ruby's Inn

국립공원 밖에 위치하지만 숙소에서 브라이스캐니언국립공원 방문자 센터까지는 차로 약 5분 거리. 무료인터넷 사용이 가능하고, 작은 냉장고, 커피메이커 등이 객실에 구비되어 있다. 호텔 내에 실내수영장까지 완비하고 있다. 숙소 주변으로 캠핑, 등산 장비, 기념품숍, 식료품, 레스토랑, 주유소 등이 있어서 편의를 돕는다. 숙소 옆에서는 4월 초에서 10월 말까지는 캠핑장도 운영한다. 텐트 자리는 30~35달러 정도, 캠핑카 자리는 42~60달러 정도. 브라이스캐니언국립공원에서 운행하는 셔틀버스가 이 숙소까지 운행하니 이용에 참고하자.

Data Map 251A Access 63번 도로 선상에 위치. 브라이스캐니언국립공원 입구에서 공원 밖으로 5분 거리에 위치
Add 20 So Mian, Bryce Canyon City, Utah Tel 866-866-6616 Cost 일반 객실 80~120달러
Web www.rubysinn.com

GRAND CIRCLE BY AREA
03

자이언국립공원
ZION NATIONAL PARK

붉은 사암으로 이루어진 거대한 수직 절벽들은 마치 이 세상이 아닌 듯한 인상을 준다. 신선들이 살 것 같은 바로 그곳, 자이언캐니언. 버진강이 수천 년의 시간 동안 깎아 만든 비경이다. 자이언이란 히브리어로 성지, 피난처의 뜻으로 성경에서는 하나님이 계신 곳으로 쓰였다. 이 지역을 처음 발견한 몰몬교도 사람들이 이곳의 아름다움에 반하여 붙인 이름이라고 한다. 그 덕분에 이 지역을 '신의 정원'이라고 부르기도 한다. 콜로라도강이 그랜드캐니언을 만들었듯 버진강이 붉은 사암 바위 지역을 지나가며 깎아서 만든 거대한 협곡은 놀랄 만큼 아름답다.

Zion National Park
PREVIEW

수억 년 전 얕고 따뜻한 바다가 있었던 지역이 시간이 흘러 3,000m 높이로 융기되어 솟아올랐다. 그 단단한 지반 사이로 수백만 년 동안 버진강의 거센 물결이 지나가면서 24km의 협곡을 만들어냈다. 일반적으로 자이언캐니언으로도 불리지만 정식 명칭은 자이언국립공원이다.

SEE

거대한 바위산의 웅장함이 압도적이다. 자이언캐니언 시닉 드라이브 길을 따라 주요 뷰 포인트가 있어서 찾기에 수월하다. 수억 년 동안 쌓아 올려진 다양한 지층들의 자국이 선명하게 나 있는 거대한 바위산들이 우뚝 서 있다. 그 옆을 지나가는 버진강의 물소리는 신비로움을 고조시킨다.

ENJOY

협곡의 신비롭고 아름다운 속살을 들여다볼 수 있는 트레일을 반드시 걸어보자. 리버사이드 워크, 위핑 록, 에메랄드 풀 등이 비교적 완만해서 부담 없이 걸어볼 수 있는 추천 트레일이다. 체력과 시간 여유가 된다면 환상적인 전경을 볼 수 있는 엔젤스 랜딩 트레일(왕복 5시간)과 내로우스(왕복 8~12시간)를 추천한다.

EAT

국립공원 남쪽 입구 밖으로 도보 5분 거리에 있는 식료품점 마켓(95 Zion Park Blvd, Springdale, Utah)에서 식료품 구입이 가능하다. 공원 안 자이언 로지 내 레스토랑을 이용하거나 공원 밖 마을 스프링데일의 레스토랑을 이용하면 된다.

SLEEP

공원 내에서 머물고 싶다면 와치맨 캠프그라운드 또는 사우스 캠프그라운드를 이용하거나 자이언 로지를 이용하면 된다. 고즈넉한 분위기 속에서 편안한 휴식을 취할 수 있다. 단, 고도가 높아 일교차가 있으니 보온에 신경을 쓰자. 공원 남쪽 입구 밖에 위치한 스프링데일 지역에는 모텔, 호텔 등의 숙박 시설이 있다. 비교적 저렴하고 가격대비 시설이 깔끔한 곳이 많다. 공원까지 셔틀버스가 운행되기도 하니 예약 시 체크해보자.

Zion National Park
GO AROUND

 어떻게 갈까?

자동차로 여행하는 것을 추천한다. 자이언국립공원은 라스베이거스에서 출발 시 2시간 30분 정도(245km), 브라이스캐니언국립공원에서 1시간 20분(116Km), 그랜드캐니언국립공원 사우스 림에서 4시간 25분(382Km), 아치스국립공원에서 5시간(500Km), 로스앤젤레스에서 6시간 20분(675Km) 정도 걸린다. 대중교통으로 가기를 원할 경우 번두버스를 이용할 수 있다. 서부 지역의 대도시와 국립공원들을 연결하는 버스이다. 홈페이지(www.bundubus.com)에서 버스 시간과 탑승권 가격 등을 검색할 수 있다.

Data **Add** 479 Zion Park Blvd, Springdale, Utah **Web** www.nps.gov/zion

자동차 추천 노선
라스베이거스 출발 15번 North→9번 East→자이언국립공원
솔트레이크 시티 출발 15번 South→17번 South→9번 East→자이언국립공원
브라이스캐니언국립공원 출발 63번 North→12번 West→89번 South→9번 West→자이언국립공원

 어떻게 다닐까?

수직 절벽의 협곡 사이 자이언캐니언 시닉 드라이브 Zion Caynon Scenic Drive 길을 따라 올라가면 양옆으로 주요 뷰포인트와 트레일 입구가 위치하고 있다. 4~10월에는 방문자 센터 앞 또는 휴먼 히스토리 뮤지엄 앞 주차장에 차를 세운 후 천연가스로 운행하는 무료 셔틀버스를 이용하면 된다. 교통체증과 환경오염을 막기 위해 개인 차량의 진입을 제한하는 것이다. 단, 자이언캐니언 로지에서 숙박 예정인 차량은 로지 주차장까지 차로 가는 것이 허가된다.

셔틀버스는 원하는 정류장에서 내리고 구경한 후 다시 타는 식으로 하면 된다. 5~15분 간격으로 배차 간격이 짧아서 이동하는 데에 편리하다. 봄, 가을은 선선해서 쾌적하며, 9~10월의 단풍도 멋지다. 여름에는 기온이 후덥지근하고 한겨울에는 눈이 내린다. 겨울철에는 개인 차량으로 다닐 수 있고 날씨에 따라 트레일의 통행이 제한되는 경우가 있다는 점을 참고하자. 어느 계절에 가도 각각의 개성이 느껴지는 경치를 만끽할 수 있다.

국립공원 입장료 자동차 1대 당 35달러(1주일간 유효), 국립공원 연간패스(1년간 유효, 80달러) 소지 시 무료입장

Tip 자이언국립공원 셔틀버스 운행 시간

4~5월 중순, 9~10월 중순
자이언국립공원 노선(북쪽으로 올라가는 방향) 운행 시간 06:45~21:30(배차 간격 7~15분),
스프링데일 노선(남쪽으로 내려오는 방향) 운행 시간 06:30~10:00(배차 간격 10~15분)

5월 중순~9월 중순
자이언국립공원 노선(북쪽으로 올라가는 방향) 운행 시간 05:45~10:30 (배차 간격 6~15분),
스프링데일 노선(남쪽으로 내려오는 방향) 운행 시간 05:30~11:00(배차 간격 10~15분)

Zion National Park
HALF FINE DAY IN

1919년 유타주에서 처음으로 지정된 국립공원으로 연간 300만 명이 방문하는 인기장소이다. 신의 정원이라고도 불리며 신비롭고 장엄한 풍경에서 전율이 느껴지는 듯하다. 아스팔트가 붉은색으로 포장되어 있다면 그때부터 자이언국립공원이 시작된다. 아래의 추천 루트는 자이언국립공원에서 머물 시간이 4~6시간 정도인 방문자를 위한 것이다. 체력이 약한 경우 셔틀버스를 타고 뷰포인트 위주로 돌아보고, 트레일을 완주하는 것은 위핑 록과 리버사이드 워크만 도전하자.

셔틀버스 30분

셔틀버스 15분

방문자 센터 앞 주차장에 주차한 후 방문자 센터를 돌아보고 천연가스로 운행하는 셔틀버스 타기

템플 오브 시나와바 정류장에 내려서 리버사이드 워크 트레일 걷기

Tip 시간이 된다면 리버사이드 워크 트레일 끝에서 시작되는 내로우스 하이킹 코스(왕복 8~12시간) 걷기. 소요시간은 총 80분.

빅밴드 정류장에 내려서 엔젤스 랜딩, 오르간 등 커다란 바위들 전경 감상하기

셔틀버스 5분

셔틀버스 5분 또는 도보 10분

차가 주차되어 있는 방문자 센터로 돌아오기

위핑 록 정류장에 내린 후 위핑 록 트레일 걷기

Tip 난이도가 낮은 추천 등산로(트레일)

트레일 이름	소요 시간	버스 정류장
위핑 록 트레일 Weeping Rock Trail	왕복 30분	위핑 록 Weeping Rock
리버사이드 워크 Riverside walk	왕복 1시간 30분	템플 오브 시나와바 Temple of Sinawava 북쪽 종점
로어 에메랄드 풀 트레일 Lower Emerald Pool Trail	왕복 1시간	자이언 로지 Zion Lodge

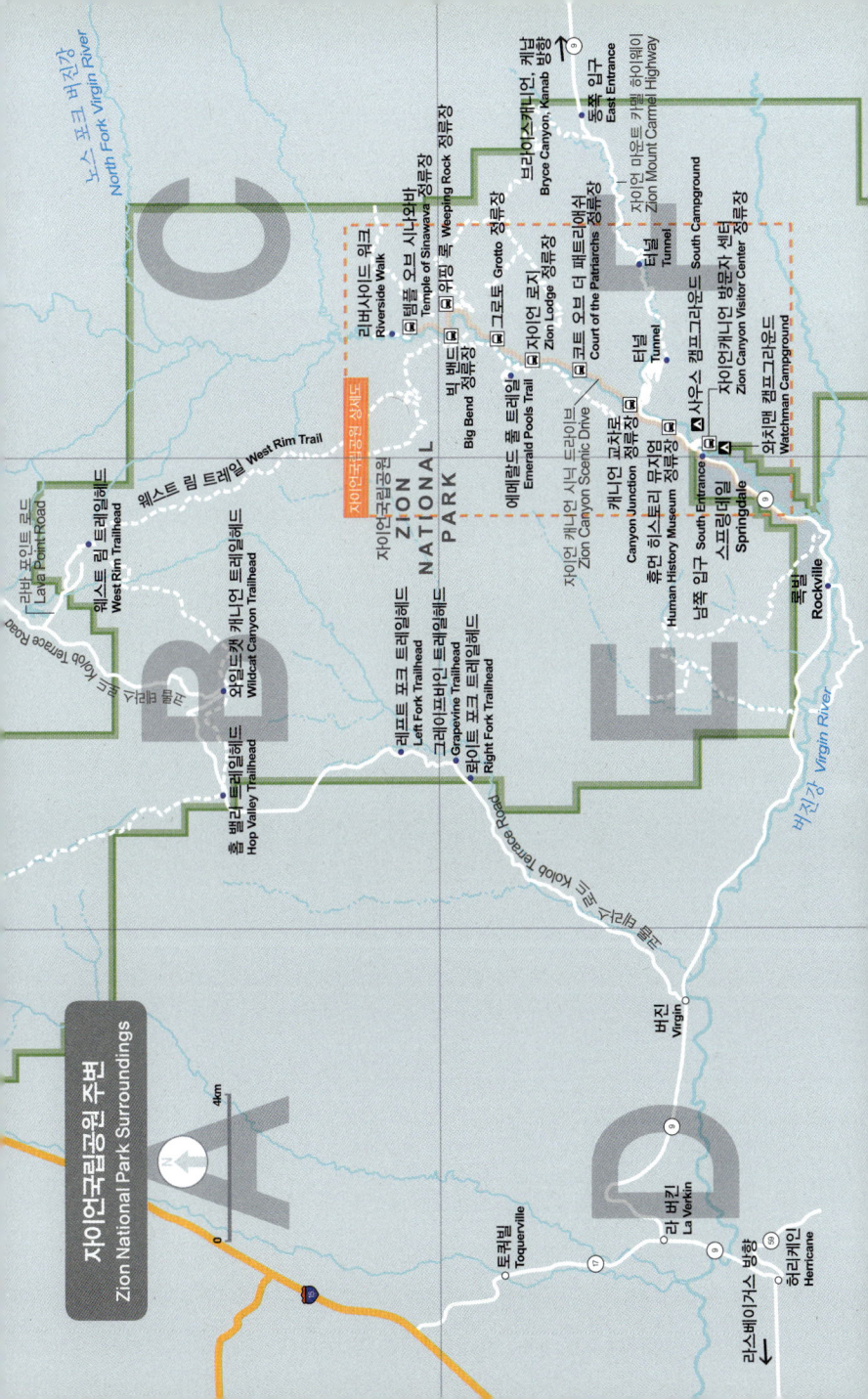

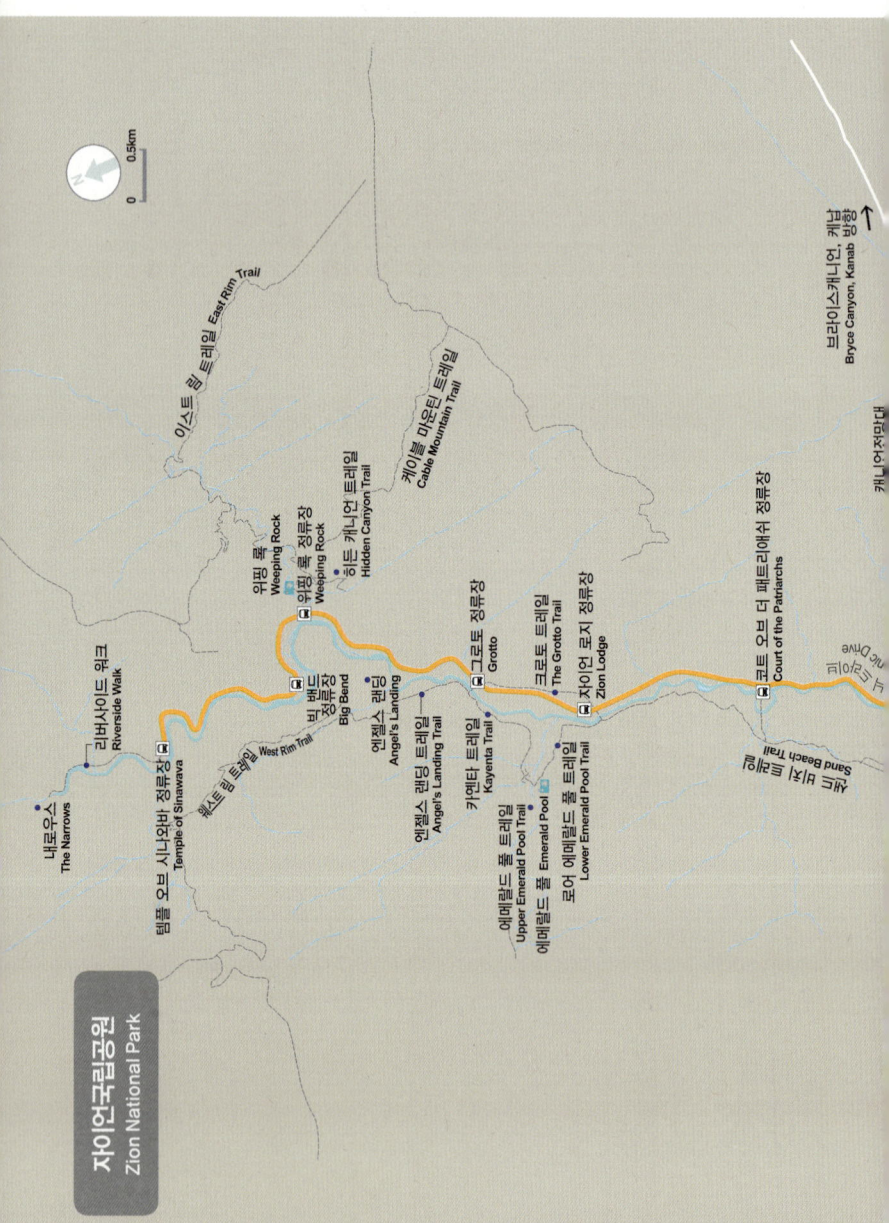

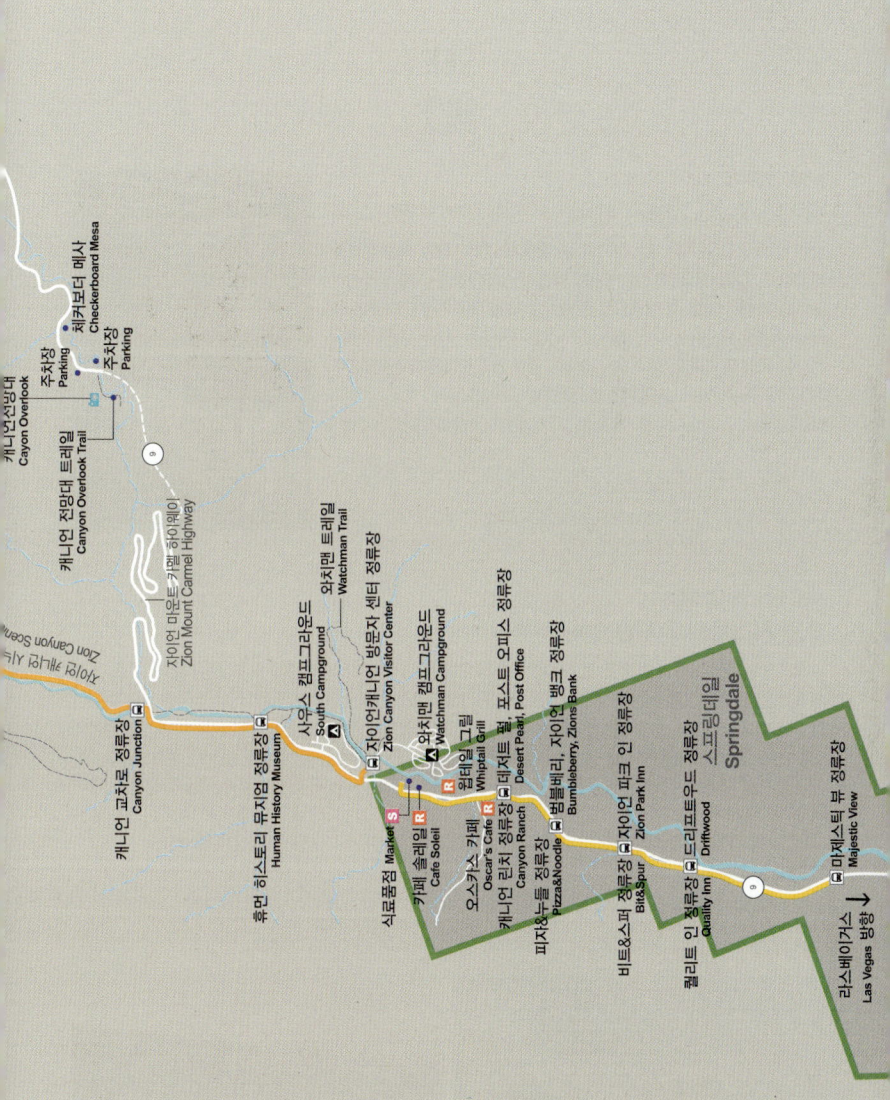

자이언국립공원

SEE

트레일 관련 최신 정보가 모두 있는
자이언캐니언 방문자 센터 Zion Canyon Visitor Center

공원 남쪽 입구 근처에 위치하고 있는 방문자 센터. 각종 최신 정보를 제공하고, 캠핑, 트레일 이용 허가를 받을 수 있다. 좁은 지형의 특성상 홍수의 위험이 있을 수 있으므로 트레일을 걸을 예정이라면 이곳에 들러서 날씨를 체크하는 것이 좋다. 그 외에 기념품점, 서점, 지형모형도 전시장 등이 위치하고 있다. 4~10월에 방문했다면 방문자 센터 앞 주차장에 차를 주차하고 셔틀버스를 이용하여 다니면 된다.

Data Map 265 Access 공원 동쪽 입구 근처에 위치. 셔틀버스 타고 '자이언 캐니언 방문자 센터' 정류장 하차
Add Zion Visitor Center, Springdale, Utah Tel 435-772-3256
Open 4, 10월 08:00~18:00, 5~9월 08:00~19:00, 11~3월 08:00~17:00 Web www.nps.gov/zion

자연, 문화, 역사를 탐험하는
휴먼 히스토리 뮤지엄 Human History Museum

아메리칸 인디언 문화의 발전 과정, 자이언국립공원의 생성과 배경, 특징 등을 소개하는 다양한 자료가 전시되고 있다. 어린이를 동반한 여행자들은 국립공원 관리직원인 레인저로부터 자이언국립공원 관련 이야기를 듣는 레인저 토크 Ranger Talk에 참여하거나 박물관에서 상영되는 자이언국립공원 22분짜리 영상을 감상해 보는 것도 좋겠다. 시즌에 따라서는 지역 예술가들의 전시도 이뤄진다. 뮤지엄 내 북스토어에서 지도, 책, 기념품 등을 구매할 수 있다. 박물관 뒤편에 위치한 9개 정도의 바위산에서는 다양한 색감과 질감, 단층이 비교적 뚜렷하게 관찰된다. 자이언국립공원 내에서 많이 볼 수 있는 나바호 사암층 Navajo Sandston으로 붉은 갈색, 크림색, 흰색, 분홍색 등이 어우러진 특이한 암반이다. 바위산의 자태도 잠시 감상해보자.

Data Map 265 Access 셔틀버스 타고 '자이언 휴먼 히스토리 뮤지엄' 정류장 하차
Add Human History Museum, Springdale, Utah Tel 435-772-0168
Open 10:00~17:00(7~9월은 19:00까지, 11~2월, 주요 공휴일 휴무) Cost 무료
Web www.nps.gov/zion/historyculture/zion-human-history-museum.htm

시원한 물방울이 흩날리는
에메랄드 풀 트레일 Emerald Pool Trail

트레일 내 에메랄드 물빛의 연못이 있다고 해서 붙여진 이름이다. 연못 위치에 따라 로어Lower, 미들Middle, 어퍼 풀Upper Pool 코스로 나뉘어져 있다. 가장 편안하게 다녀올 수 있는 코스는 로어 에메랄드 풀 코스로 입구에서 편도 30분 정도(약 1km) 소요되며, 길이 평평한 편이어서 어린이를 동반한 여행자도 다녀올 만하다. 로어 에메랄드 풀 종착 지점에 위치한 이정표를 따라 가파른 길을 800m 정도 더 올라가면 미들을 지나 어퍼 에메랄드 풀에 도착할 수 있다. 돌아갈 때는 왔던 길로 되돌아갈 수도 있지만, 시간 여유가 있다면 카엔타 Kayenta 트레일을 걸어봐도 좋겠다. 이정표가 잘 되어 있어서 길을 찾는 데에는 문제가 없다. 절벽을 타고 떨어지는 가느다란 폭포와 연못, 나무 등의 아름다움을 감상하며 걸어보자. 에메랄드 풀은 맑은 날 하늘이 반사되면 푸른빛을 느낄 수 있다고 하지만 흐린 날 또는 평소의 물빛은 에메랄드와 같은 고운 색이 아니란 점이 아쉽다. 여름철에는 길 곳곳의 가느다란 폭포 덕분에 바람에 흩날리는 시원한 물방울을 느낄 수 있어서 더 인기 있는 트레일이다.

Data Map 264 **Access** 셔틀버스 타고 '자이언 로지' 정류장 하차 후 트레일 이정표를 따라가면 된다

Writer's Pick! 일년 내내 눈물 흘리는 바위
위핑 록 Weeping Rock

산 위에서 물이 흘러 바위를 타고 떨어지는 모습이 마치 '바위가 울고 있는 것 같다'고 하여 이름이 붙여졌다. 1년 내내 떨어지는 물들은 절벽에 이끼와 양치류의 식물들로 정원을 만들었다. 바위의 상층부가 사암으로 형성되어 있어서 비나 눈에 의해 머금어진 수분들이 바위틈 사이로 흘러내려 오는 것이다. 이때 바위 중간 부분에는 화강암으로 형성되어서 물이 가던 길로 흐르지 못하고 밖으로 밀려 나가게 되는데, 이때 밀려 나간 물들이 뚝뚝 떨어지며 위핑 록이 된 것이다. 기온 차에 의하여 물이 얼고 다시 녹으면서 바위의 안 쪽 부분을 움푹 깎아낸 모습도 인상적이다. 트레일은 약간 가파른 편이지만 입구에서 편도 15분 정도 (800m) 소요되는 비교적 짧은 길이다.

Data Map 264
Access 셔틀버스 타고 '위핑 록' 정류장 하차 후 트레일 이정표를 따라가면 된다

거대한 암벽바위의 모습과 강의 자태

빅 밴드 Big Bend

버진강이 구부러지는 모습과 붉은 암벽들의 조화로운 경치를 감상할 수 있다. 높이 1,500m나 되는 거대한 오르간 모양의 바위와 거대한 천사가 내려앉은 곳이란 이름의 엔젤스 랜딩Angel's Landing 산 등의 자태가 인상적이다. 이 뷰포인트에서는 오래 머물기보다는 잠시 경치를 감상하고 출발하자. 만약 세계적으로 유명한 엔젤스 랜딩 트레일을 걷고 싶다면 그로토Grotto 정류장에서 내리면 된다. 왕복 4~5시간(8.7km)이 소요되는 트레일로, 정상에 오르면 1,737m에서 내려다보이는 멋진 풍경을 만날 수 있다. 하지만 경사가 심해 어린이나 노약자에게는 추천하지 않는다.

Data Map 264
Access 셔틀버스 타고 '빅 밴드' 정류장 하차

 신선들이 사는 무릉도원을 닮은

리버사이드 워크 Riverside Walk

붉은색의 거대한 바위산들 사이로 흐르는 버진강은 마치 신선들이 살 것 같은 풍경이 펼쳐진다. 자이언국립공원의 진면목을 감상할 수 있다. 유모차나 휠체어를 이용해서 다닐 수 있을 정도로 평평해서 노약자, 아이들을 동반한 여행자들에게도 인기 있는 코스다. 왕복 1시간 30분 정도(3.5km) 소요되는 트레일. 이 트레일 끝에 유명한 하이킹 코스인 내로우스The Narrows가 시작되는 입구가 나온다. 암벽 등반가들이 1,300m가 넘는 거대한 바위인 템플 오브 시나와바Temple of Sinawava 산의 수직 절벽에 매달려 있는 아찔한 모습도 볼 수 있다.

Data Map 264
Access 셔틀버스 타고 '템플 오브 시나와바' 정류장 하차, 바로 앞에 리버사이드 워크 트레일 입구

자이언캐니언의 드라이브 코스

자이언 마운트 카멜 하이웨이 Zion Mount Carmel Highway

공원 동쪽 입구를 잇는 도로다. 이 도로가 만들어짐에 따라 방문이 쉬워졌다. 깎아지르는 절벽 사이로 지그재그 도로 위를 달리다 보면 자이언국립공원의 웅장함과 아름다움을 한껏 느낄 수 있다. 이 도로에는 자이언캐니언의 아름다움이 한눈에 보이는 캐니언전망대까지 올라갈 수 있는 트레일 입구가 있다. 전망대까지 왕복 1시간(1.6km) 소요. 가로, 세로줄 무늬가 돌에 촘촘하게 난 모습이 인상적인 체커보더 메사Checkerboard Mesa는 울퉁불퉁한 돌산처럼 보인다. 세로줄 무늬는 일교차에 의해 바위에 스며든 물이 얼고, 녹는 과정이 반복되며 생긴 것이고, 가로줄 무늬는 북에서 남으로 부는 바람으로 인한 풍화 작용으로 형성되었다. 그 외 다양한 뷰포인트들이 있으니 전망대마다 가다 서기를 반복하며 풍경을 감상하자. 1927년 착공하여 1930년 개통한 자이언 마운트 카멜 하이웨이와 터널 공사는 당시 토목 기술로는 불가능한 프로젝트였다고 한다.

Data Map 265
Access 캐니언 교차로Caynon Junction에서 동쪽으로 올라가는 9번 도로 이용해서 올라가면 된다

Writer's Pick! 자이언의 속살을 만나는
내로우스 The Narrows

자이언국립공원의 진수를 느낄 수 있는 트레일 코스. 하이킹하기에 가장 좋은 시기는 늦여름부터 가을이다. 버진강을 거슬러 올라가면서 자이언 협곡 깊숙이 들어가게 된다. 길이는 15km 정도지만 물속을 걷기 때문에 실제로 12시간 이상 소요되는 고난이도 코스이다. 전체 트레일을 완주하려면 하루 전날 공원 관리국으로부터 사전허가를 받아야 한다. 사전 허가는 방문자 센터에서 할 수 있다. 캠핑허가증을 추가로 받게 되면 내로우 트레일에 1박을 할 수 있다. 햇빛도 제대로 들어오지 않는 좁은 계곡을 지나다 보면 가슴이나 목까지 차오르는 강물을 지나기도 하고, 협곡 내부의 다양한 신비로운 풍경을 만나게 된다. 하지만 위험이 존재하기 때문에 상당히 주의를 기울여야 한다. 예기치 못한 홍수와 저체온증의 위험이 발생할 수 있기 때문이다. 방문자 센터를 통해 일기예보를 반드시 미리 체크하도록 하자. 물속에서 오랜 시간 걷게 되면 자기도 모르게 체온이 내려갈 수 있으니 방수가 잘 되는 복장과 강바닥 돌에 미끄러지지 않는 신발, 물속에서 다닐 때 넘어지지 않도록 도와주는 등산스틱, 비상식량 등 주요 장비를 꼼꼼하게 챙기는 것이 중요하다. 잠깐 걸을 예정이라면 신발은 샌들이나 아쿠아슈즈를 신어도 괜찮지만 트레일을 완주할 예정이라면 등산화를 추천한다. 전체 트레일을 걸을 예정이 아니라 2시간 정도 올라갔다가 다시 되돌아오는 식으로 트레일을 오른다면 허가증을 별도로 신청할 필요는 없다. 트레일 내에는 화장실이 없다. 하이킹 시작 전에 리버사이드 워크 트레일 입구 쪽에서 화장실 이용이 가능하다.

Data Map 264
Access 자이언국립공원의 셔틀버스 종점 지역인 '템플 오브 시나가와'에 있는 리버사이드 워크 트레일을 따라 45분 정도 가면 내로우 트레일 코스 입구

EAT

커피향이 좋기로 유명한
카페 솔레일 Cafe Soleil

자이언국립공원 남쪽 입구 근처에 위치한 카페 겸 레스토랑. 멕시칸 스타일의 부리토, 샌드위치, 피자, 파니니, 홈메이드 수프 등을 판매하고 있다. 가격도 저렴한 편이고 맛도 좋아서 부담스럽지 않다. 커피의 맛도 상당히 좋은 편. 이 카페에서 사용하고 있는 원두를 판매하고 있으니 커피향이 마음에 들면 문의해보자. 카페 한쪽에는 지역 아티스트들의 작품을 전시하고 있다.

Data Map 265 **Access** 자이언국립공원 입구에서 차로 2분 정도 소요 **Add** 205 Zion Park Blvd, Springdale, Utah **Tel** 435-772-0505 **Open** 07:00~19:00 **Cost** 피자 10달러~, 샌드위치 9달러~ **Web** www.cafesoleilzionpark.com

캐주얼한 분위기에서 즐기는 식사
윕테일 그릴 Whiptail Grill

샐러드, 피자, 부리토 등 메뉴가 다양하다. 염소 치즈와 고추를 속에 넣어 튀긴 요리에 토마토 칠리 소스와 오이 샐러드 등이 같이 나오는 고트치즈 칠리 레레노 Goat Cheese Chili Relleno, 옥수수 토르티야에 양파, 마늘, 구운 페퍼, 고트치즈, 자른 스파게티면 등으로 요리한 스파게티 스쿼시 엔칠라다 Spaghetti Squash Enchiladas 등이 인기 메뉴이다. 메뉴판에 카르네 아사다 Carne Asada는 쇠고기를 뜻한다.

Data Map 265 **Access** 자이언국립공원 입구에서 차로 3분 정도 소요 **Add** 445 Zion Park Blvd, Springdale, Utah **Tel** 435-772-0283 **Open** 12:00~22:00 **Cost** 베이컨 블루버거 14달러, 아보카도 샐러드 13달러 **Web** www.whiptailgrillzion.com

다양한 메뉴로 입맛을 만족시키는
오스카스 카페 Oscar's Cafe

자이언국립공원으로 들어가기 전에 위치한 스프링데일 지역에 있다. 다양한 메뉴를 제공하고 있으며 특히 버거류가 맛있다고 소문이 났다. 구운 파인애플, 베이컨, 토마토, 양상추, 양파, 피클과 함께 나오는 마우이 버거 Maui Burger, 녹인 체다치즈, 바비큐, 각종 채소가 들어있는 BBQ 버거 BBQ Burger 등 종류가 다양하다. 버거 주문 시 사이드 메뉴로는 감자 튀김보다는 고구마튀김 Sweet Potato Fries을 추천한다. 푸짐한 식사를 원한다면 돼지고기 갈빗대 요리인 킬러 립 Killer Ribs 메뉴를 먹어보자.

Data Map 265 **Access** 자이언국립공원 입구에서 차로 4분 정도 소요 **Add** 948 Zion Park Blvd, Springdale, Utah **Tel** 435-772-3232 **Open** 07:00~22:00 **Cost** 버거, 샌드위치 12~15달러, 샐러드 15달러~, 스테이크 27달러~ **Web** www.cafeoscars.com

SLEEP

평화로운 분위기의
와치맨 캠프그라운드 Watchman Campground

텐트 자릿수가 185개 정도인 캠핑장으로 화장실과 식수대 등 기본 시설을 잘 갖추고 있다. 붉은색 사암바위들로 둘러싸인 아름다운 풍경이 고즈넉하다. 식료품 구매는 공원 남쪽 입구 밖 도보 10분 거리에 위치하고 있는 식료품점 마켓(**Add** 95 Zion Park Blvd, Springdale, Utah)에서 가능하다. 같은 건물 내에 샤워장이 위치하고 있으며 별도의 요금이 부과된다. 연중 내내 오픈을 하고 웹사이트를 통해 예약할 수 있다. 텐트, 침낭 등의 기본 캠핑 장비를 가져왔다면 이용해볼 만하다.

Data **Map** 265 **Access** 공원 남쪽 입구 근처에 위치. 방문자 센터에서 도보 5분 **Open** 연중 내내 **Tel** 877-444-6777 **Cost** 20달러 **web** www.recreation.gov

자연을 가까이 느낄 수 있는
사우스 캠프그라운드 South Campground

예약은 받지 않고 선착순으로 이용할 수 있는 캠핑장이다. 텐트, 침낭 등의 기본 캠핑 장비를 가져온 사람들에게 유용하다. 식료품 구매는 공원 남쪽 입구 밖 도보 10분 거리에 위치하고 있는 식료품점에서 가능하다. 샤워장 이용도 같은 건물에서 가능하며 별도의 요금이 추가된다. 샤워장 이용 문의는 식료품점에서 하면 된다.

Data **Map** 265 **Access** 공원 남쪽 입구 근처. 방문자 센터에서 도보 10분 **Open** 4월 초~10월 말 **Cost** 20달러

운치 있는 아름다운 숙소
자이언 로지 Zion Lodge

캐빈, 스위트룸, 모텔룸 등 다양한 타입의 숙소를 제공한다. 공원 내에 위치하고 있으며 레스토랑, 카페 등의 편의시설도 갖추고 있다. 침구와 청소 상태가 깨끗하다. 최소 3개월 전에 예약하자. 4~10월에는 일반 차량이 자이언캐니언 시닉 드라이브 도로를 올라갈 수 없지만 자이언캐니언에서 숙박 예정인 차량은 로지 주차장까지 차로 가는 것이 허가된다.

Data **Map** 264 **Access** 공원 남쪽 입구에서 북쪽으로 20분 정도 소요 **Add** 1 Zion Canyon Scenic Drive, Springdale, Utah **Tel** 888-297-2757 **Cost** 캐빈 154달러~, 일반 객실 140달러~ **Web** www.zionlodge.com

> **Tip** 공원 남쪽 입구 밖에 위치한 스프링데일 지역에는 모텔, 호텔 등의 숙박 시설이 있다. 주요 호텔 사이트(www.booking.com, www.hotels.com)를 통해 예약할 수 있다.

GRAND CIRCLE BY AREA
04
아치스국립공원
ARCHES NATIONAL PARK

수억 년의 장구한 세월이 만들어 낸 아치와
기암괴석이 늘어선 모습이 기묘하고 경이롭다.
물과 공기가 빚어낸 자연의 조각공원.
이곳은 기묘한 모습을 한 아치가 세계에서
가장 보존이 잘 되어 있는 곳으로 유명하다.
경이로운 풍경들을 감상하는 트레일을
걸으며 자연의 아름다움을 흠뻑 취해보자.

Arches National Park
PREVIEW

유타주에서 가장 규모가 큰 국립공원이다. 9,300만 평이 넘는 대지 위에 붉은 흙으로 만들어진 크고 작은 아치들이 늘어서 있다. 1776년 스페인 선교사들이 탐험하던 중 발견하였고 1885년 몰몬교인들이 다시 찾아보면서 이곳의 아름다움이 세상에 알려지게 되었다. 수천 년의 세월이 공들여 다듬은 돌들의 자태가 정말 예술이다.

SEE

공원 도로가 Y자처럼 생겼다. 올라가는 방향 오른편으로 뷰포인트들이 자리 잡고 있다. 오른쪽으로 들어가서 감상 후 나오는 방식으로 여행을 하면 특별한 혼돈 없이 다닐 수 있다. 2천 개가 넘는 아치들이 곳곳에 위치해 있다. 당장 무너져 내릴 것 같은 기다란 아치부터 건물 5층 높이의 거대하고 당당한 위용을 뽐내는 아치, 사람 키만한 아치 등 크기와 모양도 각양각색. 가장 유명한 델리케이트 아치, 랜드스케이프 아치, 윈도즈 아치들은 꼭 보도록 하자. 다른 행성, 다른 세상에 온 듯 이국적인 풍경들이 우리를 반긴다. 사막기후에 잘 적응된 식물들을 관찰해보자. 280여 종의 조류, 양서류, 파충류 등과 사슴, 코요테, 산토끼, 노새 등 50여 종 포유류도 살고 있다.

ENJOY

아치스국립공원 내에서 유명한 아치로 향하는 주요 트레일을 걸어보자. 짧게는 500m부터 길게는 6.8km까지 다양하다. 지형 특성상 그늘이 별로 없으므로 반드시 식수를 넉넉하게 준비해서 다니도록 하자. 산업이 발달하면서 등장한 각종 조명들 덕분에 별빛을 제대로 보기가 어려워졌다고 하지만 아치스국립공원은 광공해가 없는 청정광해지역으로 유명하다. 마치 세월을 거슬러 올라가 구석기시대의 인간이 된 것처럼 쏟아지는 별빛들을 감상하며 느껴보자.

EAT

공원 내에 제대로 된 레스토랑이 없다. 공원 입구에서 차로 10분 정도 떨어진 모압 지역의 레스토랑을 이용하거나 상점에서 식료품 구입하면 된다. 버너와 코펠 등의 장비가 있다면 국립공원 내에 피크닉 지역에서 라면과 같은 간단한 음식을 취사할 수 있다.

SLEEP

공원 내에 위치한 데빌스 가든 캠프그라운드를 이용하자. 또는 공원 입구에서 10분 정도 떨어져 있는 모압 지역에는 비교적 저렴한 모텔들이 자리 잡고 있다. 모텔에서 숙박할 예정이라면 예약하는 것이 좋다. 공원 입구에서 밖으로 12분 정도 떨어져 있는 빅 밴드 캠프그라운드도 추천할만하다.

Arches National Park
GO AROUND

🚙 어떻게 갈까?
대중교통을 이용하여 갈 수 있는 방법이 없으므로 자동차를 이용하는 것을 추천한다. 아치스 국립공원은 라스베이거스 기준으로 차로 7시간(730km), 솔트레이크 시티에서 4시간(370km), 브라이스캐니언국립공원에서 4시간(435km) 정도 걸린다.

Data **Add** Arches National Park, Utah **Web** www.nps.gov/arch

자동차 추천 노선
라스베이거스 출발 15번 North→70번 East→191번 South→아치스국립공원
솔트레이크 시티 출발 15번 South→6번 South→191번 South→아치스국립공원

🚶 어떻게 다닐까?
차를 이용하여 주요 포인트들을 돌아보고 트레일을 걸어보도록 하자. 주요 뷰포인트들만 돌아본다면 소요 시간은 보통 4시간 정도. 가장 유명한 델리케이트 아치를 보기 위해서는 왕복 2시간 30분 정도 소요되는 트레일을 걸어야 한다. 따라서 트레일을 걸으려면 공원에서 6시간 30분 이상의 시간이 걸리는 것을 예상해야 한다. 전형적인 사막기후이고 일교차가 상당히 크다.

성수기인 7~8월에는 낮 최고기온이 40℃에 육박하는 타는 듯한 더위가 있다. 그늘 안에서는 시원하지만, 지형의 특성상 그늘이 별로 없다. 모자와 선글라스 등을 반드시 준비하고 식수를 충분히 준비해 가자. 해가 진 후에는 15℃ 이상 떨어진다. 7~8월에는 낮 최고 기온이 40℃까지 올라가므로, 트레일을 많이 걸을 예정이라면 20℃ 내외의 온화한 날씨인 봄, 가을에 가도록 하자. 밤에는 일교차를 대비하여 보온에 특히 신경을 쓰는 옷차림을 하고, 낮에는 통풍이 잘되는 옷을 입자. 강한 모래바람이 부는 것을 대비하여 모자와 마스크도 챙기는 것이 좋다. 12월에서 2월 사이에는 대부분 영하의 날씨로 눈이 쌓여 있다. 강수량은 연간 200mm 정도로 고른 편이다.

국립공원 입장료 자동차 1대 당 30달러(1주일간 유효), 국립공원 연간 패스(1년간 유효, 80달러) 소지 시 무료입장

> **Tip** **별을 감상하기 좋은 아치스국립공원**
> 하룻밤 아치스국립공원 내 또는 근처 도시에 머무른다면 은하수는 물론 별 하나하나가 또렷하게 보이는 밤하늘을 꼭 감상하자. 국립공원은 24시간 오픈한다. 아치스국립공원 내에서도 솔트 밸리 지역이 별을 보기에는 최적의 장소로 유명하다.

Arches National Park
ONE FINE DAY IN

비와 바람이 바윗돌에 부딪히며 깎인 아치들의 모양과 크기는 다양하다. 바윗돌에 스며든 빗물, 이슬 등이 밤이 되면 얼고 낮이 되면 다시 녹는 과정은 바윗돌의 모양을 다듬어 갔다. 이렇게 수천 년의 공을 들여 만든 아치들은 감탄을 자아낸다.

공원 입구에서 아치스 시닉 드라이브 길을 이용하여 공원 북쪽으로 올라가기

자동차 25분

코트하우스 타워 하차 후 주변 전경 감상하기

자동차 10분

밸런스드 록 하차 후 주변 전경 구경하기

자동차 7분

데빌스 가든으로 이동한 후 트레일 걷기
(왕복 2~3시간 소요)

자동차 25분

울프 랜치로 가서 델리케이트 아치 트레일 걷기
(왕복 2~3시간 소요)
Tip 트레일을 걸을 시간이 없다면 델리케이트 아치 전망대에서 델리케이트 아치를 감상하자.

자동차 10분

윈도즈 섹션 하차 후 트레일 걷기
(30분~1시간 소요)

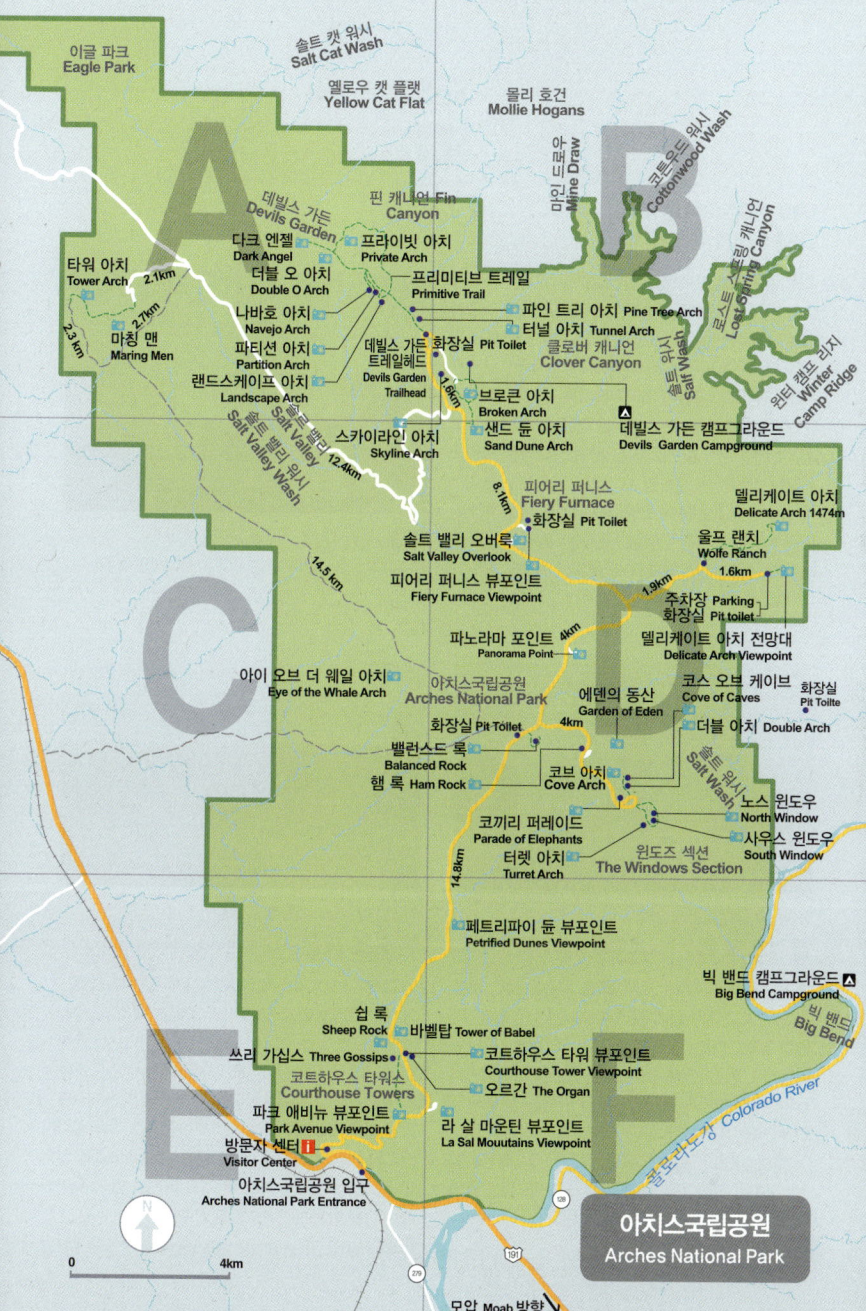

아치스국립공원

거대한 바위들이 마치 빌딩같은
파크 애비뉴 Park Avenue

공원 입구에서 북쪽으로 올라갔을 때 가장 먼저 만나게 되는 뷰포인트. 거대한 바위들이 마치 대도시의 빌딩 숲이 연상된다. 거대한 바위벽이 장대하게 기세를 뽐내는 코트하우스 타워Courthouse Tower, 오르간Organ, 3명의 사람들이 이야기를 나누는 것처럼 보이는 쓰리 가십스Three Gossips, 양을 닮은 쉽록Shiprock, 바벨탑Tower of Babel 등으로 이름 붙여진 다양한 모양의 거대한 바위들을 감상할 수 있다. 3,877m 높이의 라 살La Sal 산과 한눈에 조망되는 경치도 환상적이다. 파크 애비뉴 트레일 주차장 전망대에 잠시 차를 주차해두고 풍경을 감상해보자. 트레일을 걸어도 좋다.

Data Map 277E
Access 공원 입구에서 북쪽 방향으로 차로 10분 정도

아슬아슬 균형 잡힌 모습의
밸런스드 록 Balanced Rock

22m 정도의 탑 위에 당장이라도 떨어질 듯한 횃불의 모양의 거대한 돌이 올려져 보이는 형상이다. 타원형 돌의 크기는 17m, 무게는 3,500t이나 된다고 한다. 비, 바람이 부드러운 지층 부분을 깎아내면서 단단한 부분만이 남은 형태이다. 균형을 잡고 당당히 서 있는 자연의 작품이 기묘하고 신비로워 탄성이 절로 나온다. 밸런스 록을 감상한 후 에덴의 동산, 코끼리 퍼레이드, 더블 아치, 윈도즈 섹션 등의 뷰포인트 순으로 감상 후 나오면 된다.

Data Map 277D
Access 공원 입구에서 북쪽 방향으로 차로 18분 정도

거대한 아치들의 매력적인 자태
윈도즈 섹션 The Windows Section

어마어마한 크기의 아치들을 감상할 수 있는 뷰포인트. 아치의 구멍 높이가 사람 키의 10배는 족히 넘는다. 따라서 트레일을 걸어서 아치 가까이 가보자. 트레일 입구에서 왼쪽 길을 따라가면 노스North 윈도즈를 볼 수 있고, 그 옆에 사우스South 윈도즈가 있다. 트레일 끝쪽으로 터렛 아치Turret Arch가 있다. 트레일이 비교적 평탄하고 왕복 총 30분(1.5km) 정도로 짧은 편이다. 45m 높이로 두 개의 아치가 불쑥 튀어나온 더블 아치Double Arch도 감상해보자.

Data Map 277D **Access** 밸런스드 록에서 윈도우 로드로 진입하여 차로 5분 정도

|Talk|
아치는 어떻게 만들어질까?

높이가 1m 정도인 작은 아치부터 90m가 넘는 거대한 아치까지 크기도 각양각색. 건물 만한 크기의 바위의 가운데가 뻥 뚫린 모양의 아치는 상당히 신기하고 경이롭다. 아치의 탄생 배경에 대해 알아보자.

콜로라도 고원의 탄생

이 신비로운 자연의 조각품은 어떻게 탄생한 것일까? 먼 옛날 300만 년 전쯤 이곳은 깊은 바닷속 심해였다고 한다. 어느 날 바닷속의 지층들이 지상으로 융기되면서 물은 증발하고 두꺼운 소금층이 쌓였다. 그 후 세월이 흐르면서 소금층 위로 모래 퇴적물들이 쌓이게 된다. 이렇게 쌓인 모래 퇴적암은 하부층의 소금 퇴적층을 강하게 누르게 되고 소금층은 뒤틀리게 된다. 지질이 약한 부분을 뚫고 소금, 모래가 반죽이 된 퇴적암들이 솟아 나온 것이다. 이것이 콜로라도Colorado 고원지대가 되었다.

침식작용으로 인해 탄생한 아치

해발 1,700m가 넘는 높은 고도의 사막지형에서 일어나는 극단적인 밤낮의 기온 차는 기둥들 사이사이에 틈을 만들었다. 바윗돌 내에 스며든 빗물, 이슬 등이 밤에 기온이 뚝 떨어지면서 얼고, 낮이 되면 다시 녹는 과정을 통해 틈이 생긴다. 그 틈 사이로 오랜 세월 동안 거센 바람과 빗물들이 파고들면서 모래알들이 하나 하나 떨어져 나갔다. 물이 스며든 자리에서 녹았다 얼었다 하는 작용이 반복되면서 침식작용은 가속화되었고, 계속된 침식작용들로 인하여 제일 힘을 많이 받는 중앙 부분이 얇아지다가 구멍이 뚫리게 된 것이다. 결국 가장자리만 남아 경이로운 아치의 모습이 된 것이다. 가혹한 침식 작용을 견디지 못한 암석들은 무너져 내렸고, 결국 힘의 강도와 균형을 가진 극소수의 암석만이 남게 되어 지금의 아치들을 형성하게 된 것. 아치가 만들어진 주요 원리는 침식작용인 것이다.

아치들은 계속 만들어진다

아치들은 만들어지고 무너지기를 반복한다. 수천 년 동안 깎아져 완벽한 아치의 모습을 갖춘 것도 있고, 계속되는 침식작용으로 무너진 아치도 있는 것이다. 자연의 이치인 건 위풍당당해 보이는 아치들도 바람과 결빙 등으로 인한 침식작용으로 언젠가는 가냘픈 자태가 되고, 결국 무너지게 되는 것이다.

아치스국립공원

유타주의 명물

델리케이트 아치 Delicate Arch

델리케이트 아치는 미국 유타주를 상징하는 명물 중 하나다. 윈도즈 섹션에서 볼 수 있는 더블 아치Double Arch, 데빌스 가든의 랜드스케이프 아치Landscap Arch와 함께 아치스국립공원의 3대 아치로 꼽힌다. 델리케이트 아치를 만나는 방법은 두 가지가 있다. 첫 번째는 그늘 없는 붉은 사암지대를 한참 걸어가 가까이에서 보는 것. 두 번째는 적게 걷는 대신 멀리서 바라보는 것이다. 가능하면 첫 번째 방법을 권하는데 그 이유는 높이 16m, 폭 10m 정도로 5층 건물과 맞먹는 크기의 거대한 델리케이트 아치의 위풍당당한 모습을 제대로 볼 수 있기 때문이다. 아치 뒤편으로 펼쳐지는 라 살La Aal 산과 주변 경관도 인상적이다. 울프 랜치Wolfe Ranch에 주차한 후 표지판을 따라 트레일을 걸어 올라가면 된다. 왕복 4.8km의 길이며 2~3시간 정도 소요된다. 성수기에는 사람들을 피해 일찍 다녀오는 것이 주차 전쟁에서 벗어나는 비결이다. 해 질 무렵이 가장 아름답다. 한낮에는 그늘이 없으므로 가능하면 아침, 저녁 시간을 이용하고 식수를 충분히 가져가자.

울프 랜치는 1800년대 후반 미국 남북 전쟁에 참전했던 재향군 존 웨슬리 울프John Wseley Wolfe가 10년간 살았던 거주지이다. 좀 더 들어가면 미국 원주민들이 그려놓은 암각화를 볼 수 있다. 울프가 살기 수천 년 전, 푸에블로, 프리몬트, 우트족 등 인디언들이 남긴 흔적이다. 그들은 식물 채집, 도구, 무기를 만들기 위해 돌을 찾아 들어왔다가 떠나면서 암석을 쪼거나 얇게 파내고 색을 칠해 상형문자를 남겼다. 4~7월에는 야생화가 곱게 핀 모습을 볼 수 있다. 두 번째 방법으로 울프 랜치 지나서 차로 1.6km 더 들어가면 나오는 델리케이트 아치 전망대 주차장으로 가는 방법이다. 전망대는 로어, 어퍼 2군데가 있는데, 로어(왕복 10분 소요)는 휠체어로도 접근이 가능할 정도로 평평하고, 어퍼(왕복 15분 소요)는 돌계단을 따라 올라가야 한다.

Data **Map** 277D **Access** 밸런스 록에서 북쪽으로 차로 5분 정도 올라가면 두 갈래 길이 나온다. 이때 오른쪽 길로 진입하여 3분 정도 가면 울프 랜치 주차장

아름다운 아치들이 있는

데빌스 가든 Devis Garden

공원 북쪽으로 이어지는 시닉 드라이브 길 끝에 위치하고 있다. 세계에서 가장 긴 랜드스케이프 아치 Landscape Arch와 더블 오 아치 Double O Arch를 직접 볼 수 있는 트레일이 있는 곳이다. 아치스국립공원 내에서 가장 긴 코스인 프리미티브 루프 Primitive Loop(4시간 정도 소요)도 있다. 이 트레일을 모두 돌아보면 8개의 유명한 아치들을 감상할 수 있다. 데빌스 가든 트레일 안에는 식수가 없으므로 넉넉하게 물을 챙겨가야 한다. 93m의 거대한 크기의 랜드스케이프 아치는 세계에서 가장 긴 길이를 자랑한다. 가늘고 긴 자태를 보고 있노라면 아슬아슬 당장이라도 무너질 것 같다. 1990년대에 3번이나 큰 돌덩이가 떨어져 나갔다고 한다. 바로 옆에 있었던 월 아치 Wall Arch가 2008년 8월 4일 밤에 무너졌다는 사실을 미루어 볼 때 수명이 다한 아치들은 무너지는 것이다. 1970년 이후 43개의 아치들이 침식되어 붕괴됐다. 때가 되면 다 사라지고 또 생겨날 테니 지금의 풍경을 마음껏 즐기자. 데빌스 가든 입구에서 30분 정도(1.6Km)이고, 더블 오 아치까지는 그 2배인 3.2Km다. 시간 여유가 있다면 데빌스 가든 트레일 입구에서 도보 7분 거리에 있는 사암바위에 구멍이 나 있는 터널 아치 Tunnel Arch, 파인 트리 아치 Pine Tree Arch 등도 감상하자.

Data Map 277A **Access** 공원 입구에서 북쪽으로 차로 40분 정도 올라가면 '데빌스 가든'이란 이정표가 나온다. 이곳에 주차를 하고 트레일을 걸으러 가면 된다

> **Tip 고개를 들어 별이 쏟아지는 하늘을 보자**
>
> 아치스국립공원은 세계에서 가장 별을 잘 볼 수 있는 지역으로 유명하다. 주변 도시들은 아치스국립공원의 광공해 보호를 위해 도시의 간판, 조명 등을 제한하고, 가로등도 조도가 낮은 전구를 사용하는 등의 노력을 한다고 한다. 아치스국립공원의 캠핑장에서 하룻밤을 보내게 된다면 손전등을 끄고 밤하늘을 감상해보자. 그 순간, 별빛을 제대로 볼 수 있는 세계 인구 10%에 속하게 되는 것이니 이 얼마나 가슴 두근거리는 경험인가!
>
>

아치스국립공원

타오르는 듯한 절경의
피어리 퍼니스 Fiery Furnace

불타는 용광로라는 뜻을 가진 피어리 퍼니스. 석양이 질 때 노을이 물드는 바윗돌들의 모습이 불기둥이 연상되어 붙여진 이름이다. 가능하면 일몰 때에 방문하는 것이 좋다. 좁이 모여 있는 끝이 둥그스름한 수십 개 바윗돌들의 모습이 독특하다. 바람에 의해 깎여서 길게 서 있는 것과 같은 돌덩어리를 핀Fin이라 부른다. 상어 지느러미 같다고 해 붙여진 이름이다. 돌의 겉면을 자세히 보면 마치 겹겹이 쌓인 것처럼 물결 모양으로 바람의 침식 흔적을 발견할 수 있다. 핀은 극단적인 밤낮의 기온 차가 바윗돌 사이사이에 틈을 만들고, 그 틈에 오랜 시간 동안 바람이 파고들어 만들어낸 모양이다. 핀 모양인 돌덩어리가 중앙 부분에 틈이 생기고 침식작용이 계속되어 구멍이 뚫리면 아치가 된다. 따라서 핀은 아치가 되기 전 단계인 것이다.

사암으로 된 핀 돌덩어리가 가득한 피어리 퍼니스 지역을 직접 들어가 볼 수 있는 하이킹 코스가 있다. 상당히 어려운 코스로 알려져 있지만 마치 다른 행성에 온 듯한 신비로움을 느낄 수 있는 트레일이다. 트레일 바닥을 이루는 사암들이 생각보다는 무른 편이므로 반드시 등산화를 신어야 한다. 트레일을 걷기 위해서는 허가증(성인 4달러, 5~12세 2달러)이 따로 필요하다. 방문자 센터에서 발급받을 수 있으며, 유의사항과 트레일 정보 등이 나오는 간단한 오리엔테이션 영상을 봐야 한다. 처음 방문했다면 공원 레인저와 함께 하는 트레킹 투어를 참여해보자. 투어 시간은 보통 아침 9~10시 사이, 오후 2시 또는 4시에 시작하며 월마다 일정이 조금씩 다르다. 트레킹 시간은 총 3시간이 소요되며 비용은 성인 10달러, 5~12세는 5달러이다. 5세 이하는 이 트레일을 걸을 수 없다. 홈페이지에서 'FIERY FURNACE TOUR'를 검색해서 원하는 시간에 투어를 예약할 수 있다.

Data Map 277D Access 밸런스드 록에서 북쪽으로 차로 5분 정도 올라가면 두 갈래 길이 나온다. 이때 왼쪽 길로 진입하여 5분 정도 가면 피어리 퍼니스 뷰포인트 주차장. 여기에 주차한 후 이정표를 따라 가면 된다
Web www.recreation.gov

SLEEP

아치스국립공원 유일의 캠핑장
데빌스 가든 캠프그라운드
Devils Garden Campground

공원 입구에서 40분 정도 북쪽으로 올라가면 캠핑장이 나온다. 고도가 높기 때문에 일교차가 크다. 이용 가능한 텐트 자리가 50개 정도로 규모가 작아서 예약 경쟁이 치열하다. 홈페이지에서 예약할 수 있다. 편의시설로는 화장실, 식수대가 있다. 식료품 구매는 공원 밖 모압Moab 지역에 있는 마트와 편의점을 이용하면 된다. 캠핑카 또는 텐트와 침낭 등 기본 캠핑 장비를 가지고 있는 방문자에게 추천한다.

Data Map 277B Access 공원 입구에서 북쪽 방면으로 28km, 차로 40분 정도 소요
Add Arches National Park, Utah
Open 연중 내내 Cost 텐트 1자리당 25달러
web www.recreation.gov

굽이치는 강을 바라보는
빅 밴드 캠프그라운드
Big Bend Campground

아치스국립공원을 둘러싼 콜로라도강을 따라 형성된 캠핑장. 거대한 석벽 사이에 위치해, 강물 흐르는 소리를 들으며 하룻밤을 보내기에 안성맞춤이다. 공원 입구에서도 멀지 않다. 예약은 받지 않으며, 선착순으로 입장한다. 캠핑 입구 쪽에 봉투와 편지함이 마련되어 비어 있는 자리를 찾은 후 캠핑비를 넣은 봉투를 편지함에 넣고 영수증을 자신의 캠핑사이트에 꽂아두면 된다. 캠핑장이 강가를 따라 쭉 이뤄져 있어서 해 질 녘 풍경이 아름답다.

Data Map 277F Access 공원 입구에서 191번 도로를 타고 직진하다가 128번 도로가 나오면 좌회전을 해서 협곡 사이로 들어간다. 계속 직진하다보면 왼편에 캠핑장
Open 연중 내내 Cost 20달러

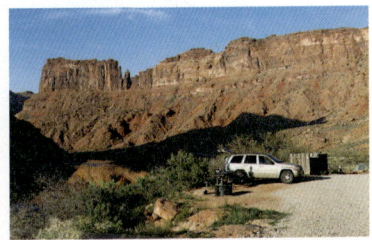

깔끔하고 편안한
캐니언랜즈 인 Canyonlands Inn

아치스국립공원에서 가까운 모압Moab 지역에 위치해 있다. 공원 입구에서 10분 정도 걸린다. 소박하지만 최근에 리노베이션을 해서 모던한 인테리어가 깔끔한 편이다. 아침 식사는 뷔페로 제공되고, 수영장, 자쿠지, 유료 세탁기 등의 편의시설이 잘되어 있다. 빨리 예약하면 각종 할인 혜택으로 훨씬 더 저렴해진다.

Data Map 277F Access 아치스국립공원에서 차로 10분 정도 소요
Add 16 South Main Street, Moab, Utah
Tel 800-649-5191, 435-259-2300 Cost 일반 객실 98~250달러
Web www.canyonlandsinn.com

GRAND CIRCLE BY AREA
05
모뉴먼트 밸리
MONUMENT VALLEY

끝없이 펼쳐진 붉은 흙의 대지 위로
우뚝 솟은 듯한 거대한 바위산.
억겁의 세월 동안 부드러운 암석의 부분들이
깎이고 깎여서 만들어졌다. 기괴한 모양의 깎아
지르는 암석들, 붉은색의 샌드 스톤 조각의 향연.
수억 년의 세월의 무게가 신비롭고 경이롭다.

GRAND CIRCLE BY AREA 05
모뉴먼트 밸리

Monument Valley
PREVIEW

미국 유타주와 애리조나주 접경지대에 위치한 나바호 인디언족의 성지. 나바호어로 거대한 돌들의 계곡이란 뜻의 '테 비 닛쯔가이Tse' Bii' Ndzisgaii'라고 불리는 곳으로 정식 명칭은 모뉴먼트 밸리 나바호 부족 공원Monument Valley Navajo Tribal Park이다. 해발 1,676m의 고원지대에 위치한 모뉴먼트 밸리 지역은 황무지처럼 광활한 대지 위에 거대한 기암괴석의 바위기둥들이 인상적인 곳이다. 억겁의 시간이 만들어낸 작품에 감동이 밀려온다.

SEE

거대한 기념비 같은 적색의 바위기둥이 웅장하게 펼쳐지는 곳. 자연이 공들여 만든 작품을 마주하는 감동이 있다. 방문자 센터의 전망대에서는 3개의 주요 모뉴먼트들을 감상하는 최적의 장소다. 특히 해 뜰 무렵과 해 질 무렵은 적색의 바위기둥을 더욱더 붉게 물들이고 환상적인 풍경이 펼쳐진다. 이 지역은 이정표가 제대로 없는 경우가 많고 내비게이션이 위치 신호를 제대로 못 잡기도 한다. 스폿마다 주소가 없는 경우도 있으니 지도를 참고해서 다니는 것을 추천한다.

ENJOY

모뉴먼트 밸리 안쪽으로 들어가서 기암괴석들을 감상하는 17마일 시닉 드라이브는 꼭 다녀보자. 비포장도로에 흙먼지가 폴폴 날리는 지역이라 운전도 까다롭지만 멋진 풍경을 감상할 수 있는 곳이다. 개인 차량 또는 투어를 이용해서 다닐 수 있다.

EAT

방문자 센터 안에 나바호족이 운영하는 레스토랑에서 식사를 할 수 있다. 이 지역은 나바호족의 성지답게 술 반입이 금지되며 무알콜 맥주만 판매한다.

SLEEP

뷰 호텔은 방문자 센터 바로 옆에 붙어 있어서 편안하게 방 안에서 일출을 감상할 수 있다는 점에서 인기 많은 곳이다. 예약 필수. 모뉴먼트 밸리에서 차로 10분 정도 떨어진 굴딩스 로지, 굴딩스 캠프그라운드를 이용할 수도 있다. 근처 도시인 남쪽의 카옌타, 튜바 시티 지역에도 숙박 시설이 있다.

> **Tip 모뉴먼트 밸리의 특별한 규칙**
> 첫 번째, 사전협의와 허락 없이 인디언들이 생활하는 모습을 촬영할 수 없다. 두 번째, 술 반입이 금지된다. 세 번째는 방문객 전용도로로만 다녀야 한다. 거주자 전용 길에 마음대로 들어가면 안 된다.

Monument Valley
GO AROUND

🚗 어떻게 갈까?

유타주와 애리조나주의 접경지대에 위치하고 있다. 자동차로 여행하는 것을 추천한다. 라스베이거스, 샌프란시스코 등 주요 대도시와 거리가 많이 떨어져 있어서 당일치기 여행은 불가능하다. 이 지역만 단독으로 가는 것보다는 최소 2박 3일 일정으로 계획한 후 다른 지역들과 함께 루트를 짜서 다니도록 하자. 근처 도시 페이지에서 출발 시 2시간 10분 정도(202km), 아치스국립공원에서 2시간 50분(250Km), 그랜드캐니언국립공원 출발 기준 3시간 20분 정도(290km) 소요된다.

Data Add Monument Valley Navajo Tribal Park, Monument Valley, Utah **Tel** 435-727-5870
Open 4/1~9/30 06:00~20:00, 10/1~03/30 08:00~17:00(추수감사절, 1/1, 12/25 휴무)
Web www.navajonationparks.org, www.nps.gov/nava

자동차 추천 노선
아치스 국립공원 출발 191번 South→163번 South→모뉴먼트 밸리
페이지 출발 98번 East→160번 East→163번 North→모뉴먼트 밸리
그랜드캐니언국립공원 출발 64번 East→89번 North→160번 East→163번 North→모뉴먼트 밸리

🚶 어떻게 다닐까?

모뉴먼트 밸리 방문자 센터의 전망대는 3개의 모뉴먼트를 볼 수 있는 최고의 뷰 포인트다. 이곳에서 전체적 전망을 감상하고, 기념품숍을 둘러본 후 시닉 드라이브 코스(2~3시간 소요)를 돌아보며 광활한 사막지대에 서 있는 다양한 기암괴석들이 감상하자. 기후는 전형적인 사막기후로 일교차가 매우 심하다. 연간 강수량은 251mm. 보통 11월에서 1월에도 포근한 편이며 비가 많이 내린다. 고원지대이므로 한여름에도 많이 덥지 않다.

모뉴먼트 밸리 입장료
성인 20달러, 6세 이하 어린이 무료, 자동차 1대 당 20달러(4명까지), 추가 1명 당 6달러 추가
(미국의 국립공원과 별개로 관리를 하고 있는 곳이므로 국립공원 연간이용권이 있더라도 따로 입장료가 부과된다)

> **Tip 모뉴먼트 밸리 날씨가 궁금하다면?**
> 홈페이지(www.weather.com)에 접속한 후 오른쪽 상단에 위치한 검색창에 'Monument Valley, UT'를 입력하면 날씨가 안내된다.

Monument Valley
HALF FINE DAY IN

광활한 대지 위에 수억 년의 세월이 고스란히 느껴지는 거대한 뷰트들의 모습이 강한 인상과 감동을 준다. 시간과 빛에 따라 다르게 보이는 색채가 인상적이다. 자동차로 '17마일 시닉 드라이브'를 돌아보면 다양한 각도로 다양한 기암괴석을 볼 수 있다. 미국 서부영화에 자주 나왔던 지역이라 더욱 반갑다. 붉은색 흙먼지가 폴폴 날리는 비포장도로를 달리며 모뉴먼트 밸리의 매력을 발견해보자.

모뉴먼트 밸리 방문자 센터 전망대에서 전경 감상 및 기념품점, 뮤지엄 구경하기

→ 자동차 2분

17마일 시닉 드라이브 코스를 다니며 11개의 뷰포인트 돌아보기(2~3시간 소요)

→ 자동차 30분

영화 〈포레스트 검프〉 촬영 포인트에서 모뉴먼트 밸리 지역의 풍경 감상하기

> **Tip** 라스베이거스 출발 기준으로 모뉴먼트 밸리는 차로 7시간 30분 정도 걸린다. 이 지역만 단독으로 가기에는 운전 거리가 너무 멀고, 가는 여정 동안 만날 수 있는 주옥같은 다른 풍경들을 놓치게 되는 것도 너무 아쉽다. 그랜드캐니언국립공원→앤텔로프캐니언→모뉴먼트 밸리→아치스국립공원→브라이스캐니언국립공원→자이언국립공원 식으로 주변 지역과 엮어서 4박 5일, 또는 5박 6일 일정으로 계획하는 것이 좋다.

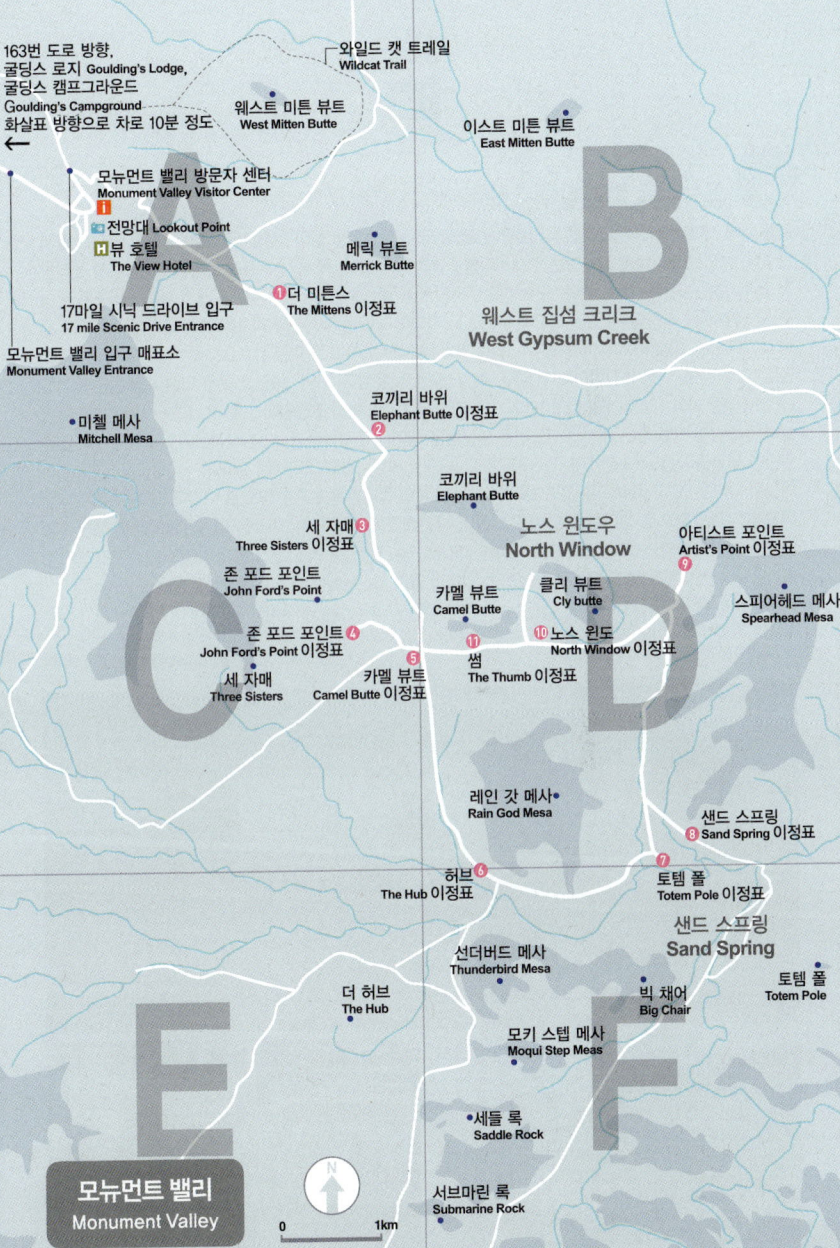

3개의 바위가 보이는 최고의 전경
Writer's Pick! 모뉴먼트 밸리 방문자 센터 Monument Valley Visitor Center

건물 내에 기념품숍과 레스토랑, 나바호족 관련 뮤지엄, 레스토랑 등이 위치하고 있다. 규모가 크지는 않지만 잠시 돌아보며 나바호족이 만든 액세서리를 구매하거나 엽서, 책 등을 구경해도 좋다. 이 방문자 센터를 꼭 들려야하는 이유는 따로 있다. 모뉴먼트 밸리의 인상적인 풍경을 연출해주는 3개의 거대한 바윗돌인 미튼스The Mittens를 바라볼 수 있는 최고의 뷰포인트 자리이기 때문이다. 방문자 센터에서 바라본 기준으로 왼편 부터 웨스트 미튼 뷰트West Mitten Butte, 메릭 뷰트Merrick Butte, 이스트 미튼 뷰트East Mitten Butte의 거대한 모뉴먼트가 삼각형을 이루며 장엄하게 서 있다. 수억 년 전, 낮은 분지 지역이었던 이곳은 오랜 세월 동안 퇴적물이 쌓여 붉은색의 사암이 되었다고 한다. 그후 대지가 융기되면서 고원지대가 된 것. 5천만 년의 세월 동안 불어온 바람과 빗물 등은 대지의 부드러운 부분들을 깎아내기 시작했고, 그 침식작용에도 깎여나가지 않는 단단한 부분들이 남아 그것이 마치 솟아오른 듯 보이는 거대한 바위기둥이 된 것이다.

이곳은 나바호 인디언족의 성지로, 그들의 조상들로부터 물려받은 소중한 땅으로 여긴다. 비옥한 토지 대신 이곳을 부족의 땅으로 선택한 것도 바로 그 이유 때문이었으리라. 또한, 이곳은 예술가들에게 영감을 주었다. 〈황야의 무법자〉, 〈트랜스포머 3〉, 〈미션인파서블 3〉, 〈버티칼 리밋트〉, 〈델마와 루이스〉, 〈포레스트 검프〉 등 수많은 영화와 광고 촬영지가 되었다. 일몰과 일출 시간대에는 더욱더 환상적인 풍경이 펼쳐진다.

Data **Map** 289A **Access** 163번 도로에서 모뉴먼트 밸리 로드Monument Valley Road로 들어온 후 입구 매표소 통과해 그대로 직진하면 주차장. 주차 후 바로 앞에 보이는 건물이 방문자 센터 **Add** Indian Route 42 East, Oljato-Monument Valley, Utah **Open** 5/1~9/30 06:00~22:00, 10/1~4/30 08:00~17:00 **Cost** 무료

 기암괴석들의 자태를 감상하는
17마일 시닉 드라이브 17 mile Scenic Drive

모뉴먼트 밸리 안쪽을 직접 돌아볼 수 있는 총 28km 길이의 드라이브 코스로 P자 형태이다. 밸리 드라이브 Valley Drive라고도 불린다. 코끼리, 낙타, 사람의 형상을 한 거대한 기암괴석의 모습을 감상할 수 있다. 신이 내려준 조상들의 땅이 훼손되는 일은 상상할 수 없다는 나바호족은 먼지가 폴폴 날리는 비포장도로를 고수하고 있다. 일반 세단 등의 승용차보다는 SUV 차량 등 사륜구동 차량을 이용하는 것이 좋다.

방문자 센터, 매표소 앞에서 호객행위를 하는 투어 상품을 이용할 수도 있다. 뷰포인트를 표시해주는 팻말과 지도를 보고 다니면 된다. 단, 허가 없이 원주민들의 도로를 방문하거나 지정된 도로 이외의 길로 다니는 것은 불법이다. 부족의 생활공간에는 가이드 투어로만 방문할 수 있다. 드라이브 코스 안에서 만난 원주민을 대상으로 촬영을 하고 싶다면 사전에 양해를 구하고 1~2달러 정도의 팁을 반드시 지불하자. 드라이브 코스의 뷰포인트를 돌아보면 2~3시간 정도 소요된다. 더 많은 시간 여유가 있다면 차를 주차해두고 주변을 거닐면서 감상하는 것도 좋은 방법이다.

Data Map 289A Access 방문자 센터를 등지고 3개의 거대한 모뉴먼트로 가까이 가다보면 밸리 드라이브 Valley Drive'라는 표지판과 내려가는 길이 있다. 그때부터 17마일로 이어지는 드라이브 코스 시작 Open 5~9월 06:00~20:30, 10~4월 08:00~16:30 Cost 개인 차량으로 이용 시 무료입장

> **Tip** 광고용 전단지, 버리지 말고 모아두세요~
> 11개의 뷰포인트를 가다 서다를 반복하며 차를 오르내리다 보면 어느새 붉은 흙으로 차 안이 가득해진다. 특히 비가 내린 후 질퍽한 땅은 바닥을 쉽게 더럽힌다. 여행 중간중간 들르게 되는 주유소, 마트 등의 광고용 전단지를 모아두자. 차 안 바닥에 깔아놓고 나중에 흙이 묻은 종이를 버리는 식으로 하면 차 안 관리가 훨씬 수월하다.

|Theme|
17마일 시닉 드라이브 뷰포인트

모뉴먼트 밸리 안쪽으로 들어가서 다양한 각도로 기암괴석의 모습을 감상할 수 있는 약 27km 길이의 드라이브 코스. 포인트마다 번호와 포인트 이름이 적힌 이정표가팻말로 세워져 있다. 이정표를 따라서 차를 타고 가다 서기를 반복하며 절경을 감상하면 된다., 총 소요 시간은 2~3시간 정도 된다.

❶ 미튼스 The Mittens
방문자 센터 가까이에 위치한 대표적인 3개의 바위를 일컫는다. 300m나 되는 바위의 웅장한 크기가 실감난다. 왼쪽부터 웨스트 미튼 뷰트, 메릭 뷰트, 이스트 미튼 뷰트로 불린다. 미튼Mitten은 벙어리장갑이란 뜻으로 바위의 모양이 장갑 같다고 해서 붙여진 이름이다. 뷰트Butte는 꼭대기가 평평한 산을 의미한다. 지각변동으로 인해 솟아오른 대지가 비, 바람, 물에 의해 침식을 받아 생긴 것으로 단단한 바위가 약한 바위 위에 얹혀 있어서 약한 바위가 침식되는 것을 막으면서 만들어진 것. 뷰트보다 규모가 큰 것을 메사Mesa라고 한다. 메사가 조금씩 무너져 내려 작아지면 뷰트가 된다. 미서부 고원지대에서 많이 볼 수 있다. 메릭은 이 지역의 은광을 발견한 사람의 이름을 따서 붙인 이름이라고 한다.

❷ 코끼리 바위 Elephant Butte
거대한 바위산의 앞부분이 마치 코끼리 코처럼 보인다고 해서 붙여진 이름이다.

❸ 세 자매 Three Sisters
3개의 가느다랗고 긴 바위의 모습이 마치 손을 모으고 있는 세 자매 또는 베일을 쓰고 있는 수녀와 두 자매의 모습 같다고 하여 이름 붙여진 곳. 바위의 높이가 256m 정도 된다.

❹ 존 포드 포인트 John Ford's Point
아카데미 감독상을 수상한 유명한 서부 영화 감독인 존 포드의 이름을 딴 뷰포인트이다. 그는 이 지역을 배경으로 한 영화를 많이 제작하였으며, 그의 작품을 통해 전 세계인들에게 모뉴먼트 밸리 지역이 알려지게 되었다. 그의 히트작으로는 영화 <역마차(1939)>가 있다. 포인트 입구에는 마구간과 인디언들의 수공예품 액세서리를 판매하는 가판대가 있으니 기념품을 구매해도 좋겠다. 주차장에서 서쪽 방면으로 100m 정도 걸어 들어가면 전망 포인트가 나온다. 말을 한 번 타는 데에는 2달러 정도의 요금을 지불해야 한다.

❺ 카멜 뷰트 Camel Butte
낙타의 형상을 한 거대한 바위산의 모습이 인상적이다.

❻ 허브 The Hub
나바호족에게는 주요 광장처럼 활용되었던 곳. 허허벌판의 대지에 서면 멀리 작은 산처럼 생긴 뷰트가 보인다.

❼ 토템 폴 Totem Pole
135m 정도의 높이로, 침식작용으로 인해 마치 우리나라의 장승 모양으로 절묘하게 깎여있는 가느다란 자태의 바위이다.

❽ 샌드 스프링 Sand Spring
토템 폴 앞에 위치한 모래사막으로 물이 솟는 지역이다. 샌드 스프링에서 물이 솟는 모습까지 보려면 안쪽 지역으로 깊숙이 들어가야 하는데, 일반인에게는 출입이 금지된 곳이다. 안쪽 지역은 가이드 투어로만 갈 수 있다. 뷰포인트에서는 샌드 스프링까지의 거리가 멀기 때문에 주변 경관 위주로 감상하면 된다.

❾ 아티스트 포인트 Artist's Point
한 폭의 작품을 보는 듯 정말 아름다운 풍경에 숨이 막힌다. 광활한 대지 위에 뷰트와 메사가 있는 풍경이 아주 멋진 곳이다.

❿ 노스 윈도우 North Window
왼편은 코리끼 뷰트가 오른쪽은 클리 뷰트 Cly Butte가 자리 잡고 있다. 클리는 유명한 나바호 전통의료인이었는데, 그의 무덤이 이 뷰트 아래에 있다고 하여 이름 붙여진 곳이다.

⓫ 썸 The Thumb
카멜 뷰트에서 떨어져 나온 일부분의 암석이 침식작용에 의해 마치 치켜세운 엄지손가락처럼 생겼다. 암석 아랫부분을 연결해서 보면 카우보이 부츠의 형상처럼 보인다는 의견도 있다.

|Talk|
가슴 아픈 역사를 안고 살아가는 나바호족 이야기

예로부터 모뉴먼트 밸리는 인디언들이 살던 곳이었다. 1863년 원주민 섬멸 작전을 통한 크고 작은 전쟁으로 수많은 원주민들은 죽음을 당했다. 포로가 된 자들은 560km가 넘는 거리에 위치한 뉴멕시코주 포로수용소로 강제 이주를 하였다. 5년 후 미국 정부가 나바호족에게 사과하고 협정을 체결하면서 3곳의 선택지를 주었고 나바호족은 고대로부터 내려온 신성한 땅인 모뉴먼트 밸리를 선택했다. 그들에게는 비옥한 농토를 갖는 것보다 이 지역을 지키는 것이 더 우선시 되었던 것이다. 모뉴먼트 밸리 1958년 7월부터 일반 관광객의 출입이 허용된다.

현존하는 미국 최대의 인디언 부족인 나바호 인디언들의 나바호 인디언 보호구역Navajo Indian Reservation은 유타, 콜로라도, 뉴멕시코, 애리조나 4개의 주를 걸쳐서 자리 잡고 있으며 18만 명 정도의 나바호족이 거주하고 있다. 현재 미국정부와는 별개로 나바호 국가Navajo Nation가 세워져 있으며, 나바호 사람들이 세운 자치 정부가 인디언 보호 구역을 소유·운영하고 있다. 그들만의 국기, 법체계, 지역 대표자도 있는 것이다. 인디언이란 콜럼버스가 아메리카 대륙 발견하고, 이곳을 인도India라고 착각하여 이곳에 사는 원주민들을 인디오Indio(스페인어로 인도인)라고 부른 것에 기인하여 유래되었다. 나바호족의 언어는 발음에 기교가 많고 복잡해 외국인이 배우기에 불가능에 가깝다고 할 정도로 어렵다. 제2차 세계대전 당시 나바호 인디언 부족 고유의 언어로 해독이 절대 불가능한 암호를 개발하여 미국의 승리에 크게 기여한 바 있다. 인디언 나바호족은 우리에게도 잘 알려진 3D 영화 〈아바타〉에 나오는 나비족의 모티브가 된 부족이다.

|Theme|
모뉴먼트 밸리에서 즐기는 투어

나바호족이 안내하는 전문 투어를 신청하면 인디언들의 전통가옥인 호건Hogan, 샌드 스프링, 암각화, 아치, 윈도우 등 일반 방문객이 갈 수 없는 지역에 들어갈 수 있다. 방문자 센터 전망대 쪽에 여러 회사의 투어 가이드들이 손님을 기다리고 있으니 문의하면 된다. 투어는 1시간 30분, 반나절, 1박 2일 등으로 다양하다. 나바호족의 생활을 자세히 보고 싶다면 2시간 30분 이상 진행하는 투어를 선택하자. 2시간 30분 기준 가격대는 65~75달러 정도. 지프차나 말을 타고 공원 이곳저곳을 자세하게 구경하게 되는데, 이동 시 흙먼지가 많이 날리기 때문에 마스크를 쓰는 것이 좋다. 이 외에 경비행기를 이용하여 하늘에서 내려다보는 투어를 해볼 수 있다. 항공 투어는 모뉴먼트 밸리에서 차로 2시간 정도 떨어져 있는 도시인 페이지Page공항에서 출발하는 경우가 많다. 예약 시 꼼꼼하게 확인하자. 열기구를 타는 것도 상당히 인기 있다.

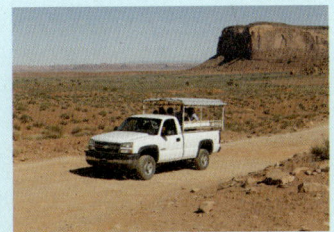

투어 종류	예약 가능 여행사
모뉴먼트 밸리 지프 투어 (지프차로 17마일 시닉 드라이브를 돌아보는 투어) 1시간 30분 투어 선택 시 55달러 정도	트레일 핸들러 투어 www.trailhandlertours.com 샌드스톤 투어 www.sandstonetours.com 모뉴먼트 밸리 사파리 www.monumentvalleysafari.com
항공 투어 1시간 30분 투어 선택 시 1인당 250달러~	시닉 www.scenic.com 파피용 www.papillon.com
열기구 투어 1시간 소요. 1인당 395달러~	모뉴먼트 밸리 벌룬 컴퍼니 www.monumentvalleyballooncompany.com

Tip 영화 <포레스트 검프> 어떻게 찾을까?

알리바마에서 출발하여 뛰기 시작한 포레스트 검프가 3년 2개월 14일 16시간 달린 후 '나는 너무나 피곤하다.'라는 말 한마디 남기고 돌아서는 그 장면을 기억하는가? 이국적인 풍경이 인상 깊었던 그 장면의 배경이 바로 모뉴먼트 밸리이다. 이곳에 가려면 모뉴먼트 밸리 외곽 쪽에 있는 163번 도로 선상으로 나가야 한다. 모뉴먼트 밸리에서 163번 도로를 타고 유타주 쪽으로 올라가는 방향, 또는 유타주 쪽에서 모뉴먼트 밸리로 163번 도로로 내려오는 방향으로 가다 보면 찾을 수 있다. 정확한 포인트가 적혀 있는 것은 아니지만, 길옆에 있는 '포레스트 검프Forrest Gump' 팻말이 뷰포인트를 짐작하게 도와준다.

모뉴먼트 밸리의 일출을 방 안에서 볼 수 있는
뷰 호텔 The View Hotel

모든 객실이 모뉴먼트 밸리의 대표적인 3개의 거석을 향해 있는 전망 좋은 호텔이다. 특히 밤에는 쏟아지는 별을 감상할 수 있고, 새벽에는 여명의 다채로운 색감이, 그리고 일출 시에는 숨이 멎을 듯한 화려하고 아름다운 풍경을 감상할 수 있다는 점에서 가히 최고라고 표현할 수 있겠다. 이러한 특별함 덕분에 시설 면에서는 평범함에도 95개의 객실은 늘 인기가 많다. 총 3층으로 지어진 건물로 전망이 좋은 쪽일수록 좀 더 가격이 비싸다. 보통 4개월 전에는 예약해야 하며, 성수기나 공휴일 기간에는 1년 전에 예약이 꽉 차기도 하니 가능하면 서둘러서 예약하길 추천한다. 나바호 인디언족의 수공예품, 그림 등으로 꾸며진 로비와 객실의 분위기가 특색 있게 느껴진다. 소박하지만 깔끔하게 정리되어 있는 객실이 편안한 잠자리를 보장한다. 로비에서 무료 인터넷 사용이 가능하다. 호텔 숙박 시 호텔 레스토랑에서 사용할 수 있는 조식 할인쿠폰도 제공받을 수 있으니 참고하자. 호텔 건물은 방문자 센터와 연결되어 있다. 나바호 인디언족의 성지답게 호텔 내에서는 술을 팔지 않는다.

Data **Map** 289A **Access** 모뉴먼트 밸리 방문자 센터 옆에 위치
Add Indian Route 42 East, Oljato-Monument Valley, Utah **Tel** 435-727-5555
Cost 일반 객실 130~250달러 **Web** monumentvalleyview.com

©Larry Lamsa

©Yasuke Kawasaki

붉은 모래바람이 부는
굴딩스 캠프그라운드 Goulding's Campground

모뉴먼트 밸리 방문자 센터에서는 차로 15분 정도 걸리지만 가는 길이 허허벌판과 같은 황야이기 때문에 캠핑장에서도 모뉴먼트 밸리가 한눈에 보인다. 경치 좋은 캠핑장으로 알려져 있다. 무료 인터넷 사용이 가능하고, 샤워실, 식수대, 간단한 식료품을 구매할 수 있는 상점이 있어서 편리하다. 단, 바람이 불면 붉은색의 고운 모래바람이 날린다는 점이 단점이다. 텐트 이용자를 위한 자리를 이용할 경우 침낭, 텐트 등이 기본적으로 필요하며, 간단한 라면 등의 식사를 원한다면 버너와 코펠, 간단한 식기 도구가 필요하다. 캠핑카의 경우 상수도, 전기, 하수도를 제공하는 풀 훅업 Full hook up 자리를 제공한다. 이 지역 주변에 풀 훅업을 제공하는 캠핑장이 별로 없기 때문에 캠핑카 이용자는 이곳에서 캠핑하기를 추천한다.

Data Map 289A **Access** 룰딩스 로지 Goulding's Lodge에서 캠프그라운드 Campground 표지판을 따라 간다
Add 2000 Main Street, Oljato-Monument Valley, Utah
Tel 435-727-3353 **Open** 연중무휴
Cost 텐트 자리 이용 시 1명 또는 2명 기준 25달러, 3명 기준 33달러, 4명 기준 42달러 정도(시즌에 따라 가격이 3~5달러 정도 변동). 캠핑카 자리 이용 시 25~50달러(시즌과 전기콘센트 유무에 따라 가격이 달라진다)
Web www.gouldings.com/campground

고즈넉한 분위기 속에서 휴식을
굴딩스 로지 Goulding's Lodge

뷰 호텔이 지어지기 전에는 최고의 숙박 시설로 알려졌던 곳이다. 시설이 오래되었지만, 가격대비 만족스럽다는 평이 대부분이다. 객실 타입에 따라 다르지만 발코니 또는 객실 안에서 모뉴먼트 밸리의 거대한 바위의 모습을 볼 수 있도록 설계되었다. 최고의 경관으로 손꼽히는 일출을 객실 안에서 만끽할 수 있다는 점이 가장 큰 장점이다. 호텔 내에서는 술을 팔지 않는다는 점을 참고하자. 호텔 주변에 ATM기기, 식료품 가게 등이 위치해 있어서 편리하다.

Data Map 289A
Access 모뉴먼트 밸리 방문자 센터에서 모뉴먼트 로드로 직진. 차로 10분 거리
Add 1000 Main Street, Oljato-Monument Valley, Utah
Tel 435-727-3231
Cost 일반 객실 82달러~
Web www.gouldings.com

GRAND CIRCLE BY AREA
06

페이지
PAGE

작지만 내실이 있는 도시 페이지.
도시의 규모는 작지만,
결코 그냥 지나칠 수 없는 보석
같은 비경들이 있는 곳이다.
나바호족의 성지인 신비로운 곳
앤털로프캐니언과 콜로라도강이
만들어낸 말발굽 형상의 홀슈 밴드,
거대한 규모의 글랜캐니언댐과
파웰 호수의 아름다움이
오랫동안 마음에 남는다.

Page
PREVIEW

페이지는 작지만 주변 지역의 연결 도시로 많이 이용된다. 앤털로프캐니언의 신비로운 풍경을 직접 감상하며 거닐어 보고, 천 길 낭떠러지의 절벽 아래로 콜로라도강이 검푸르게 보이는 홀슈밴드도 꼭 가보자. 깊은 협곡에 위치한 덕분에 불가능에 가까웠던 글랜캐니언댐은 설계한 지 무려 10년 만에 완공되었다. 인간의 노력과 집념의 결실을 여실히 보여주는 건축물인 것! 댐의 건설로 인해 물이 가둬지면서 만들어진 파웰 호수에는 사시사철 휴양을 즐기기 위해 온 사람들이 방문한다.

SEE

앤털로프캐니언은 굽이치는 강물이 만들어낸 환상적인 작품이다. 앤털로프캐니언에 빛이 비추면 암석이 다양한 색감을 뿜어낸다. 태양 빛이 수직으로 협곡 안쪽을 비출 때 보이는 빛줄기는 그야말로 경이로운 풍경이다. 말발굽 모양의 홀슈밴드는 언제 가도 멋지지만 오후나 해 질 녘에 가면 더욱더 다채로운 색감으로 멋진 풍경을 볼 수 있다.

EAT

페이지는 음식으로는 그다지 유명하지 않은 소도시이다. 크게 기대하지 않는 것이 좋다. 식사는 맥도날드, 버거킹과 같이 패스트푸드점을 이용하는 것이 무난하다. 도시 내에 월마트, 세이프웨이 등의 대형 슈퍼마켓에서 간단한 식사류를 구매할 수 있다.

SLEEP

페이지 도시 내에 모텔, 호텔 등이 즐비하다. 주요 호텔 검색사이트 www.booking.com, www.hotels.com을 통해 예약하도록 하자. 캠핑카를 이용하고 있거나 캠핑 장비가 있다면 글랜 캐니언 휴양 지구에 위치한 와윕 캠프그라운드 또는 페이지 도심 안에 있는 페이지 레이크 파웰 캠프그라운드를 선택하면 된다.

어떻게 갈까?

페이지는 애리조나주에 위치하고 있다. 라스베이거스에서 자동차로 5시간 정도 걸린다. 페이지에서 앤털로프캐니언 입구로 가려면 98번 도로로 10분 정도 걸린다. 앤털로프캐니언은 어퍼 Upper와 로어Lower 두 부분으로 나뉘어있다. 두 곳 모두 하루에 볼 수 있으나 투어로만 입장이 가능하고 낮에만 관람이 가능하다. 라스베이거스에서 출발할 경우 자이언국립공원→브라이스캐니언국립공원→앤털로프캐니언→그랜드캐니언국립공원 순으로 묶어서 3박 4일, 또는 다른 지역을 추가한 후 5박 6일 일정으로 계획해서 다니면 더욱더 알차게 구경할 수 있다.

자동차 추천 노선
그랜드캐니언국립공원 출발 64번 East→89번 North→앤털로프캐니언
아치스국립공원 출발 191번 South→160번 West→98번 West→앤털로프캐니언

어떻게 다닐까?

어퍼 앤털로프캐니언은 반드시 투어로만 볼 수 있다. 현장에서 신청을 해도 되지만 투어 인원이 제한이 되어 있어서 홈페이지를 통해 예약하는 것이 좋다. 현장 신청 시 현금만 받는 경우가 있으므로 미리 준비하자. 투어는 좀 더 비싸더라도 프라임타임인 오전 11시에서 정오 사이를 선택하는 것이 좋다. 시간 여유가 있다면 홀슈밴드와 글랜캐니언댐도 다녀오자.

Page
HALF FINE DAY IN

자연이 만들어낸 환상적인 곡선과 빛의 마법을 볼 수 있는 앤털로프캐니언은 비현실적인 느낌의 신비로운 장소이다. 놓칠 수 없는 웅장한 자연의 협곡을 볼 수 있는 홀슈밴드, 대단한 토목 기술을 보여주는 글랜캐니언댐과 파웰 호수까지 잘 알려지지 않았지만 다양한 볼거리가 있는 지역이다.

글랜캐니언댐, 파웰 호수 구경하기

→ 자동차 15분

홀슈밴드 전경 감상하기

→ 자동차 15분

어퍼 앤털로프캐니언 투어 참여하기

로어 앤털로프캐니언 돌아보기

→ 자동차 1분

물과 시간이 만들어낸 아름다운 곡선
앤털로프캐니언 Antelope Canyon
Writer's Pick!

나바호 부족의 성지이자 현재 나바호 인디언 보호구역에 속한 지역이다. 애리조나주에서 가장 아름다운 곳으로 손꼽힌다. 강물이 바위 사이로 흐르면서 만들어낸 기묘하고 신비로운 협곡은 수백만 년 동안 사암으로 이뤄진 바위를 뚫고 지나가면서 독특한 무늬를 가진 곡선의 표면으로 다듬어졌다. 그래서 인디언들은 이곳을 물이 바위 사이로 흐르는 지역이라는 뜻의 '테 비그하니리니 Tse' bighanilini'라 부른다. 현재 불리는 이름인 앤털로프는 영어로 '영양(사슴과의 동물)'을 뜻하는 것으로 이 지역에 영양들이 살았던 계곡이란 의미로 붙여졌다.

협곡의 폭은 그리 넓지 않다. 어떤 통로는 겨우 한 사람이 다닐 정도로 비좁고, 넓어도 대여섯 사람이 사람들이 겨우 지나갈 정도다. 이렇게 폭 좁고 길이가 길게 이뤄진 협곡을 슬롯 캐니언Slot Canyon이라 하는데, 전 세계의 슬롯 캐니언 중 가장 멋진 장소로 손꼽히며, 빛이 더해지면 감동은 몇 배가 된다. 특히 천장의 바위 사이로 빛이 들어와 빛줄기를 만들 때 신비로움이 고조된다. 이것을 '빔Bim'이라고 부른다. 돌 틈 사이사이로 쏟아지는 빛을 받으면 캐니언은 다채로운 색을 보여준다. 하트 모양, 촛불 모양, 사람의 옆모습 등 바위들의 모양으로 추측이 되는 형상들을 찾아보는 재미도 있다.

앤털로프캐니언은 위치에 따라 어퍼 앤털로프캐니언 Upper Antelope Canyon과 로어 앤털로프캐니언Lower Antelope Canyon으로 두 곳으로 나뉜다. 두 지역은 차로 1분 거리에 위치한다. 고로 어퍼 앤털로프캐니언을 방문한다면 12시 전후의 시간대의 투어를 신청하는 것이 좋고, 로어 앤털로프캐니언은 이른 아침이나 늦은 오후가 더 아름답다. 포토 투어를 참여한다면 삼각대가 필수이고, 예약하는 것이 좋다. 가격대는 높지만, 일반 투어보다 참여 인원이 적고 투어 시간이 길기 때문에 좋은 사진을 촬영할 확률이 높다. 어퍼 앤털로프캐니언이 인기가 더 많다. 하루에 두 곳 모두 방문할 경우 공원 입장료는 한 번만 내면 된다.

Data Map 301
Access 모뉴먼트 밸리에서 올 경우 163번 South→160번 West→98번 West 도로를 타고 들어오게 된다. 오른편에 나바호 발전소가 보이면 거의 다 온 것이다 **Add** 5975 Highway 98, Page, Arizona **Tel** 928-698-2808 **Open** 3월 말~11월 1일 08:00~17:00, 11월 2일~3월 초 09:00~15:00 **Cost** 공원 입장료 8세 이상 8달러, 7세 이하 무료(나바호 인디언 보호 구역에 속한 지역이므로 국립공원 연간 이용권이 있더라도 따로 입장료가 부과된다. 현금을 준비할 것)
Web www.navajonationparks.org

|Theme|
어퍼 앤털로프 캐니언과 로어 앤털로프 캐니언 어떻게 다를까?

어퍼 앤털로프캐니언 Upper Antelope Canyon

캐니언의 윗부분에 해당하는 곳. 가이드 투어로만 들어갈 수 있다. 투어는 약 75분 진행. 지프차를 타고 7~8분 정도 비포장도로를 달리면 캐니언 입구에 도착한다. 달리는 동안 모래 먼지가 일어나니 마스크나 스카프로 얼굴을 감싸자. 평지로 이뤄진 평평한 지대에서 관람하는 것이기 때문에 다니기에 불편함이 없다. 천장의 바위틈 사이로 들어오는 빛줄기를 만드는 시간대는 12시 경이다. 신비로움의 극치를 보여준다. 빔 현상은 4월 초에서 9월 초 정오에 가장 잘 보인다고 한다. 그러므로 12시 전후인 프라임 타임 시간대가 투어 비용이 가장 비싸다. 투어 비용은 회사마다 조금씩 다르지만 보통 일반 타임 선택 시 60달러, 프라임 타임 선택 시 80달러 정도이다. 성수기에는 홈페이지를 통해 예약하는 것을 추천한다.

투어 회사
나바호 투어 www.navajotours.com
앤털로프 슬롯 캐니언 www.antelopeslotcanyon.com
앤털로프캐니언 www.antelopecanyon.com

로어 앤털로프캐니언 Lower Antelope Canyon

캐니언 아래쪽에 해당한다. 매표소에서 조금만 걸어가면 입구가 나온다. 입구에서 철제사다리를 타고 내려간 후 구경하면 된다. 지하로 내려갔다가 지상으로 올라오는 식으로 코스가 마련되어 있다. 비좁은 바위틈이 많고 오르막 내리막 구간이 있다. 비가 올 경우 금세 물이 차올라 위험하다. 위험이 예측되는 날에는 출입을 통제하고 문을 닫는다. V자 계곡 형태이기 때문에 대부분 빛이 잘 들어온다. 정오에는 빛이 너무 많이 들어와서 오히려 신비로움이 덜하다. 이곳의 아름다움을 제대로 느낄 수 있는 시간대는 이른 아침이나 늦은 오후. 투어 신청을 미리 할 필요 없이 표를 구매한 선착순으로 입장하면 된다는 점이 편리하다. 매표소에서 입장권을 살 때 입장 시간을 배정받은 후 해당 시간에 인솔자가 동굴 앞까지 데려다주면 자유롭게 관람하는 방식이다. 표 구매 시 현금만 가능하니 미리 준비하자. 공원 입장료 8달러에 로어 앤털로프 입장료 40달러로 총 48달러. 단, 같은 날에 로어 앤털로프캐니언, 어퍼 앤털로프캐니언을 둘 다 입장할 경우 투어 비용은 따로따로 부과되지만, 공원 입장료는 한 번만 내면 된다. 입장 시 받는 티켓을 잘 소지하자.

협곡을 가로지르는 거대한 건축물
글랜캐니언댐 Glen Canyon Dam

미국 북쪽 애리조나에 위치한 콘크리트로 만든 아치형 댐. 콜로라도강 바닥에 퇴적물이 쌓이면서 자주 홍수의 피해가 생기자 필요에 의해 설계되었다. 글랜캐니언댐의 건설로 강물의 수량 조절이 가능해지면서 강 하류에는 농경지대가 만들어졌다. 1956년 10월 15일 공사를 착공하여 1966년까지 10년의 세월이 걸렸다. 댐의 높이는 220m, 길이 480m로 후버댐과 비교하자면 높이가 1.4m 낮고, 길이는 101m 더 길다. 1957년 착공하여 1959년에 완성한 협곡을 가로지르는 아치형의 다리는 높이 210m에 세워져있다. 건설 당시 세계에서 가장 높은 다리였다. 방문자 센터 안에는 댐의 역사와 모습을 보여주는 자료들이 전시되어 있다.
이 공사에 사용된 콘크리트의 양은 피닉스, 애리조나, 시카고를 연결하는 4차선 고속도로를 건설할 수 있는 양으로 어마어마하다. 댐의 내부를 돌아보고 싶다면 투어를 신청하면 된다. 방문자 센터 건물에서 신청할 수 있다. 입장료는 5달러 정도. 댐 투어 시 핸드백이나 카메라 등을 소지할 수 없다. 글랜캐니언댐 건설에 성공하면서 미국에서 두 번째로 큰 인공호수인 파웰 호수가 만들어졌다.

Data Map 301 Access 글랜캐니언으로 들어가는 89번 도로 상에 위치 Add Hwy 89 North Page, Arizona Tel 928-608-6072 Open 08:00~17:00(5월 중순~9월 중순 18:00 마감, 11~2월은 16:30 마감) Cost 댐 투어 성인 5달러, 7~16세 2.5달러, 6세 이하 무료, 62세 이상 4달러 Web www.glencanyonnha.org

기가 막힌 풍경의 천 길 낭떠러지
홀슈밴드 Horseshoe Bend

말발굽 모양으로 생긴 거대한 협곡 아래에는 검푸른 콜로라도강물이 휘감아 흐르고 있다. 붉은색 사암으로 이뤄진 바위 끝에는 460m 정도 높이의 낭떠러지가 형성되어 있다. 절묘하게 형성된 협곡의 풍경에 감탄이 절로 나온다. 주차장에서부터 언덕길을 따라 0.8km 걸어야 한다. 먼 거리는 아니지만 작은 사암 모래 알갱이들로 이뤄진 길이라 신발이 푹푹 빠져서 걷기 힘들다. 그늘이 별로 없으니 모자와 선글라스를 쓰고 식수를 충분히 준비해서 가도록 하자. 완전한 말발굽 형태를 감상하려면 절벽 끝으로 가야 하는데 안전장치가 하나도 없다. 낮은 포복으로 기어가서 사진 촬영을 하는 사람들이 많다. 실제로 추락사고도 일어나는 곳이니 늘 안전에 유의하자. 석양 무렵은 가장 아름다운 색감을 볼 수 있는 시간대로 알려져 있다.

Data Map 301 Access 89번 도로 상에 위치 Add Coconino County, Arizona Tel 928-679-8000 Cost 무료

협곡을 가르며 형성된 거대한 인공 호수
파웰 호수 Lake Powell

유타주와 애리조나주 북부를 걸쳐 뻗어있는 호수이다. 글랜캐니언댐의 건설로 인해 만들어진 인공 호수이다. 굽이굽이 형성된 협곡들 사이로 물이 채워진 모습이다. 파웰 호수에 물을 채우는 데에만 17년이란 시간이 걸렸다고 한다. 파웰 호수의 와윕 마리나 Wahweap Marina 선착장에는 리조트, 캠핑장, 보트 투어, 수상스포츠 즐길 수 있는 시설들이 마련되어있다. 가장 인기 있는 보트 투어로는 '레인보우 브리지 Rainbow Bridge 투어'가 있다. 강의 상류 쪽으로 80km 거슬러 올라가서 돌이 된 무지개라는 별명을 가진 아치 레인보우 브리지까지 다녀오는 투어이다. 시간은 5시간 정도 소요되며, 가격은 13세 이상 기준 117~125달러, 3~12세 기준 85~90달러 정도이다.

Data Map 301
Access 글랜캐니언댐에서 북쪽으로 약 7km. 이정표가 잘되어 있어서 그대로 따라가면 된다
Add Lake Powell, Page, Arizona
Web www.lakepowell.com, www.canyon-country.com/lakepowell

|Theme|
페이지 근교의 비경, 웨이브

현실 속에 있는 지역이라고 믿기 어려운 수천 겹의 유연한 곡선으로 된 붉은 사암층. 그 모습이 마치 굽이치는 파도처럼 물결 모양으로 되어 있다. 오랜 시간 동안 퇴적하여 만들어진 사암층이 지각 활동으로 인해 휘어지고, 바람과 물의 풍화작용을 거쳐 아름다운 곡선이 만들어졌다. 이 지역에 방문하기 위해서는 특별한 절차를 거쳐야 한다. 쉽게 부서질 수 있는 사암으로 된 지형이기 때문에 이 장소를 보호하기 위하여 하루에 총 20명에게만 방문이 허락된다. 온라인 추첨으로 10명, 현장 추첨으로 10명이 허가증을 받을 수 있다. 보통 8대 1, 성수기에는 15대 1이 넘는 경쟁률을 자랑한다. 허가증이 있더라도 웨이브 지역을 보기 위해서는 모래와 자갈, 돌이 난무하고, 발이 푹푹 빠지는 모래가 있는 왕복 10km가 넘는 사막 길을 걸어가야 한다. 덥고 건조한 사막 지역이기 때문에 많은 양의 물, 비상식량, 등산화, 나침반, 선크림 등은 필수이다. 만약 허가증 없이 들어갔다가 적발될 경우 수백 달러의 벌금과 평생 입장이 금지된다. 트레일 입구인 와이어 패스 트레일 헤드Wire Pass Trailhead까지는 13km 정도의 비포장도로를 달려야 하므로 가능하면 사륜구동 차량을 이용하는 것을 추천한다.

Data Map 012F
Add The Wave, Coyote Buttes North, Arizona
Web www.thewave.info

Tip 허가증 받는 방법!

현장 추첨 방법
국토관리공단에 해당하는 케납Kanab 지역의 비엘엠BLM(Bureau of Land Management) 사무국에 방문해 참여할 수 있다. 3월 15일부터 11월 15일까지는 매일 오전 8시 30분부터 9시까지 신청자 접수를 받는다. 당일 9시 정각이 되면 다음 날 입장 허가증 추첨(11월 16일부터 3월 15일까지는 평일에만 진행, 금요일에는 주말 허가증까지)한다. 당첨되면 수수료를 내고 허가증을 발부받게 된다. 웨이브는 코요트 뷰트 노스Coyote Buttes North 지역에 속하니 코요트 뷰트 사우스Coyote Buttes South로 신청하지 않도록 유의하자.

온라인 추첨 방법
원하는 달의 4개월 전 온라인 추첨 웹사이트에 접속하여 신청하면 된다. 해당 월에서 원하는 날짜를 입력하고 수수료 5달러를 지불하면 추첨에 응모하게 된다. 날짜는 3개까지 선택 가능하다. 신청을 한 다음 달 1일, 당첨자 10명이 발표되고 이메일로 당첨 여부와 결제 과정에 대한 안내문이 메일이 온다. 추첨에 당첨되었다면 수수료를 추가로 지불하면 허가증을 발부받게 된다.

Data Map 012F
Access 페이지에서 차로 1시간 10분 정도 소요. 웬디스Wendy's와 주유소 워커스Walkers 건너편에 위치
Add 745 East Highway 89, Kanab, Utah **Tel** 435-644-4680, 435-644-1300
Open 08:00~16:30
Cost 허가증 수수료 7달러

Data **Cost** 추첨응모 수수료 5달러, 허가증 수수료 7달러
Web www.blm.gov/az/paria/obtainpermits.cfm?usearea=CB

파웰 호수 전경을 즐기는
와윕 캠프그라운드 Wahweap Campground

캠핑장 바로 앞에 파웰 호수가 있어서 경치가 아주 좋다. 화장실, 식수대, 샤워장이 구비되어있는 시설 좋은 캠핑장이다. 국립공원 연간이용권 소지 시 무료입장이 가능하다. 캠핑카 이용자 또는 텐트, 침낭 등의 캠핑 장비를 가지고 여행하는 사람들에게 추천한다. 식료품은 페이지 도시 내에 위치한 월마트, 세이프웨이 등의 대형 슈퍼마켓을 이용하면 된다.

Data Map 301 Access 글랜캐니언댐에서 북쪽으로 약 7km, 이정표가 잘되어 있어서 그대로 따라가면 된다 Add 100 Lake Shore Drive, Page, Arizona Tel 800-528-6154 Open 3월 중순~10월 말 Cost 텐트 1자리당 35달러 Web www.lakepowell.com

도심 속에 위치하고 편의시설 좋은
페이지 레이크 파웰 캠프그라운드
Page Lake Powell Campground

페이지 도심 속에 위치한 캠핑장이다. 국립공원과 같은 운치는 없지만 깔끔하고 편리하게 텐트를 설치할 수 있는 자리가 비교적 잘 되어 있는 편이라 하룻밤을 지내기에는 괜찮다. 그랜드 서클을 도느라 피곤한 여행자들을 위한 편안한 휴식공간이 된다. 수세식 화장실, 샤워 시설, 세탁기까지 완비되어 있어서 편리하다. 식료품은 페이지 도시 내에 위치한 월마트, 세이프웨이 등의 대형 슈퍼마켓을 이용하면 된다. 캠핑카 이용자 또는 텐트, 침낭 등의 캠핑 장비를 가지고 여행하는 사람들에게 추천한다.

Data Map 301 Access 유타주에서 오는 방향으로 98번 West 도로로 직진하다가 코퍼마인 로드 진입 시 우회전 Add 849 South Coppermine Road, Page, Arizona Tel 928-645-3374 Open 연중 내내 Cost 텐트 1자리당 20달러 Web www.pagecampground.com

GRAND CIRCLE BY AREA

07

세도나
SEDONA

붉은 바위가 병풍처럼 둘러쳐진 형태라고
해서 '레드 록 컨트리'라고도 불리는 세도나!
삶을 예술처럼 살고 휴식과 명상으로
스스로를 재충전하는 건강한 삶을 원하는
은퇴자들에게 인기 있는 도시 중 하나다.
초자연적인 현상으로 알려진 볼텍스가
도시 전체를 감싸고 있기 때문일까.
세도나는 뭔가 모를 포근함과 안락함이
느껴지는 문화 예술 힐링의 도시이다.

Sedona
PREVIEW

일 년 내내 온화한 기후와 아름다운 자연환경 덕분에 은퇴 후의 생활을 이곳에서 지내고 싶어 하는 사람들이 많아 인구의 평균연령이 50대라고 한다. 볼텍스라고 하는 전기적 에너지가 검출되는 곳으로 잘 알려져 있으며, 수 천년 전부터 이 지역을 거주하던 아파치, 나바호, 야바파이 등 인디언 원주민들에게는 성지라고 불리던 곳이다. 세도나라는 도시 이름은 1902년 초기 정착인 중 우체국을 설립했던 테오르도 칼톤의 아내 이름인 세도나 밀러 슈네블리에서 따왔다고 한다.

SEE

볼텍스라고 불리는 전기적 자기장이 나오는 장소에 가보자. 에어포트 메사, 벨 록, 보이튼캐니언, 대성당 바위는 꼭 가보도록 하자. 특이한 건축물이 인상적인 홀리 크로스 채플도 놓치지 말자.

ENJOY

정말 기가 좋은 곳은 에너지가 어떻게 다른지를 느껴보며 트레일을 걸어보자. 핑크 지프 투어, 해머 투어, 헬기 투어 등 다양한 투어가 있다.

EAT

오크 크리크 강변을 따라 조성된 세도나의 업타운 지역과 골목을 따라 오밀조밀 형성되어 있는 쇼핑 공간 틀라케파케 아트&크래프트 빌리지에 있는 레스토랑에서 식사를 하면 된다. 개성 있는 상점도 있으니 식사 후 잠시 들러 봐도 좋겠다.

SLEEP

세도나에서 차로 20분 정도 떨어진 오크 크릭 캐니언 지역에 맨자니타, 케이브 스프링, 파인 플랫 캠핑장들이 있다. 세도나 도시 내에 호텔, 모텔, 게스트하우스 등 다양한 숙박 시설이 있다. 자신의 예산에 맞는 숙박 시설을 고르도록 하자.

어떻게 갈까?

도시 곳곳에 볼거리들이 흩어져 있어서 렌터카, 투어 등으로 방문하는 것이 가장 효율적이다. 대중교통으로 다니려면 상당히 불편하다. 그랜드캐니언국립공원 사우스 림에서 2시간 10분(218km), 근교 도시인 플래그스태프에서 1시간(80km), 라스베이거스에서 5시간(480km), 로스앤젤레스에서 7시간(762km) 정도 걸린다.

Data Add 331 Forest Road, Sedona
Web www.visitsedona.com

자동차 추천 노선
라스베이거스 출발 15번 South→215번 West→93번 South→40번 East→17번 South→89번 South→세도나
로스앤젤레스 출발 15번 North→215번 West→93번 South→40번 East→17번 South→89번 South→세도나

어떻게 다닐까?

별도의 입장료는 없다. 하지만 볼텍스가 나오는 트레일 등을 걷기 위해서는 소정의 주차료가 발생한다. 각 트레일 입구에 주차료가 안내되어 있는 표시판이 있다. 보통 주차료가 든 봉투를 통에 넣고 대쉬보드Dashboard 위에 영수증 종이를 올려두면 된다. 국립공원 연간이용권 소지 시 주차료가 면제되는 곳이 많다. 특히 유명한 트레일은 모두 면제. 밖에서 잘 보이도록 차의 대쉬보드 위에 연간 회원권을 올려놓고 주차 후 트레일을 걸어보도록 하자.

Sedona
ONE FINE DAY IN

'그랜드캐니언은 신의 작품, 그리고 신이 사는 곳은 세도나'라는 말이 있을 정도로 신과 교감하기에 가장 좋은 곳으로 이름난 곳이다. 현재는 명상센터, 요가센터, 예술가, 종교인이 많이 거주하고 활동하고 있다. 볼텍스가 나오는 트레일들을 걸어보고 붉은 바위와 다채로운 색감의 지층들이 인상적인 풍광을 마음껏 즐겨보자.

자연과 조화로운 건축물이 인상적인 홀리 크로스 채플 가보기

→ 자동차 10분 →

벨 록 트레일 걷기 (왕복 2시간)

→ 자동차 5분 →

대성당바위 트레일 걸어보기 (왕복 2시간)

↓ 자동차 15분

세도나아트센터에서 예술가들의 작품 감상하기

← 자동차 18분 ←

보이튼캐니언 트레일 걷거나 뷰포인트에서 감상하기 (왕복 3시간)

← 자동차 15분 ←

에어포트 메사 트레일 걸어보기 (왕복 30분)

> **Tip** 세도나에 머무르는 시간이 반나절 정도라면 홀리 크로스 채플 → 에어포트 메사 트레일 또는 벨 록 트레일 → 세도나아트센터 순으로 돌아보는 것을 추천한다.

SEE

Writer's Pick! 주변경관이 멋져서 더 좋은
에어포트 메사 Airport Mesa

명상할 때 느끼는 전자파와 유사한 남성적인 양에너지가 흘러나오고 있는 곳으로 유명하다. 이곳에서는 기분이 좋고 의식의 확장을 가져와 자신과의 교감이 잘 되는 곳이라고 한다. 주차장에서 정상까지는 500m 정도로 짧은 거리이지만 길은 매우 가파른 편이다. 해가 뜨고 지는 시간대에는 기암절벽이 강한 오렌지와 붉은색을 띤다. 위풍당당하게 서 있는 거대한 레드 바위의 웅장한 풍경과 대성당바위, 업타운 등 세도나 도심의 전경이 한눈에 들어온다.

Data Map 312E
Access 89번 도로 타고 가다가 에어포트 로드 길이 나오면 진입 후 2분 정도 직진하면 도착
Add 1105 Airport Road, Sedona, Arizona

Tip 에너지가 느껴지는 볼텍스 스폿 Vortex Spot

볼텍스는 '소용돌이', '회오리'라는 뜻으로 지구의 파장, 즉 깊은 내부의 에너지가 흘러나오는 것을 말한다. MIT에서 생화학을 전공했던 팻 샌더스 Pate Sanders가 볼텍스 이론을 제기하여 학계에 관심을 끌었다. 에너지의 핵심이라고도 불리는 볼텍스는 크게 두 종류가 있다.

첫째는 위로 향하여 신과 하나가 되는 영적 능력을 깨워주는 에너지, 둘째는 내면으로 향하여 육체적, 정신적 고통의 문제를 해소하도록 도와주는 에너지라고 한다. 양에너지를 띠는 일렉트리컬 볼텍스 Electrical Vortex, 음에너지를 띠는 마그네틱 볼텍스 Magnetic Vortex, 중성 에너지를 띠는 일렉트로 마그네틱 볼텍스 Electromagnetic Vortex 이렇게 세 가지 볼텍스는 각각의 역할과 특징이 다르다.

이 초자연적 세 가지 에너지가 세도나에서 뿜어지며 도시를 감싸고 있다. 그래서 세도나 도시에는 유독 명상 센터가 많이 자리 잡고 있다. 이러한 볼텍스 기운이 활발한 곳이 세도나에서는 네 군데가 있다. 벨 록 Bell Rock, 에어포트 메사 Airport Mesa, 대성당바위 Cathedral Rock, 보이튼캐니언 Boynton Canyon이다. 정확하게 어디에서 가장 강한 기가 나오는지 알고 싶다면 아래 사이트를 참고해서 찾아가자.

Data Web www.lovesedona.com/vortmap3.pdf.

 위풍당당 위엄 있는
대성당바위 Cathedral Rock

유럽 대성당의 모습을 닮은 듯하다. 여성적인 에너지와 상승, 하강 에너지가 동시에 있어 내면의 성찰을 할 때 좋다고 한다. 트레일이 가파른 편이지만 많은 사람들이 올라간다. 트레일을 올라가고 싶다면 백 오 비욘드Back o' Beyond 길로 진입하여 트레일 입구로 가고, 바위 전체의 모습을 조망하고 싶다면 크레센트 문 랜치Crescent Moon Ranch 쪽 길에서 전체를 보는 것을 추천한다. 국립공원 연간 이용권이 없을 경우 별도의 주차료가 발생한다.

Data Map 312E Access 170번 도로 타고 가다가 백 오 비욘드 로드에 진입 후 1.2km(약 2분) 직진하면 왼편에 위치 Add 277 Back O Beyond Road, Sedona, Arizona

 일렉트리컬 볼텍스가 한껏 느껴지는
벨 록 Bell Rock

뜨거운 태양이 있으므로 여름에는 되도록 일찍 가는 것이 좋다. 가장 많은 자기장이 흐르는 바위로, 다른 볼텍스 스폿들에 비해 가장 남쪽에 자리 잡고 있다. 세도나 지역에서 가장 기가 센 바위로 알려져 있다. 남성적인 전기적 에너지와 위로 상승하는 에너지가 흘러 나온다고 한다. 공원 내에 주차하려면 별도의 주차권 구입해야 하지만 국립공원 연간 이용권을 가지고 있다면 따로 살 필요가 없다. 바로 옆에 거대한 크기로 코드하우스 뷰트Courthouse Butte가 있으니 함께 둘러봐도 좋겠다.

Data Map 312F Access 179번도로 선상, 도시남쪽에 위치 Add 55 Bell Rock Trail, Sedona, Arizona

신비로운 느낌의 거대한 바위산
보인튼캐니언 Boynton Canyon

중성적 에너지, 상승하는 에너지와 하강하는 에너지가 모두 있는 곳이라고 한다. 자신의 내면에 집중하면서 행복과 평화에 대한 마음을 모으면 사사로운 문제나 질병들이 치유된다고 하여 가장 신비로운 장소로 알려져 있다. 현재의 과학으로 설명하기 어려운 초자연적인 경험담들이 속속들이 들려오는 지역이다. 주차장에서 트레일 끝까지 편도로 1시간 30분 정도 걸린다.

Data Map 312A
Access 89A 도로 따라서 서쪽으로 가다가 드라이 크릭 로드Dry Creek Road 진입 후 직진해서 보인튼 패스 로드 길로 계속 직진, 삼거리에서 좌회전하면 왼편에 주차장 Add Boynton Pass Road, Sedona, Arizona

세도나의 특별한 건축물
홀리 크로스 채플 Chapel of the Holy Cross

거대하고 붉은 사암 바위 군에 둘러싸여 있는 가톨릭 예배당. 뉴욕 엠파이어스테이트에서 영감을 얻어 지었다는 27m 높이의 성당은 유명 건축가 프랭크 로이드 라이트Frank Lloyd Wright의 제자인 마게리타 브룬스윅 스타우드Marguerite Brunswig Staude의 작품으로 1956년 완공했다. 주변 자연을 최대한 훼손시키지 않고 보존하여 지은 모습이 상당히 인상적이다. 1957년 미국 건축디자인 최고상을 수상하였으며, 2007년에는 애리조나주의 7대 명소로 선정된 세도나의 주요 건축물이다. 자동차로 성당 앞까지 올라갈 수 있다. 단, 성수기에는 방문객이 많아 주차공간이 꽉 차기도 하니 가능하면 일찍 도착하는 것이 편리하다.

Data Map 312F **Access** 89A 도로 타고 남쪽으로 내려오다가 179번 South 도로 진입 후 로터리에서 3번째 출구로 나가면 채플로드 진입
Add 780 Chapel Road, Sedona, Arizona **Tel** 928-282-4069
Open 월~토 09:00~17:00, 일 10:00~17:00 **Web** www.chapeloftheholycross.com

 지역 예술가의 작품을 감상해보자
세도나아트센터 Sedona Art Center

아름다운 자연환경이 예술혼을 불러일으키는 것일까? 세도나에는 예술가가 참 많다. 자신만의 개성을 표현하는 작가들의 작품을 감상할 수 있다. 그림, 사진, 공예, 조각 등 매체도 다양하다. 안목이 좋다면 훌륭한 작품을 합리적인 가격대로 구매할 수도 있다. 일 년 내내 예술 관련 강좌가 진행되는 아트 스쿨도 있다. 세도나의 자연을 사랑하고 편안한 느낌의 예술적 분위기를 제대로 느낄 수 있는 아트센터이다. 센터가 위치한 업타운Uptown 지역은 특색 있는 상점, 레스토랑, 카페, 호텔 등이 밀집한 번화가이다.

Data Map 312C **Access** 세도나 방문자 센터에서 89번 North 따라 직진. 6분 소요
Add 15 Art Barn Road, Sedona, Arizona
Tel 928-282-3865 **Open** 10:00~17:00
Cost 무료 **Web** www.sedonaartscenter.org

친절하고 따뜻한 느낌의
세도나 방문자 센터 Sedona Visitor Center

방문자 센터 직원들에 의해 세도나의 이모저모를 안내받을 수 있는 곳이다. 레스토랑, 숙박 시설, 투어, 명상 센터, 요가 센터 등 다양한 정보를 얻을 수 있다. 이곳에 처음 방문한 사람들에게는 볼텍스가 나온다고 알려져 있는 벨 록Bell Rock, 에어포트 메사Airport Mesa, 대성당바위Cathedral Rock, 보이튼캐니언Boynton Canyon 트레일을 걸어보는 것이 가장 인기있다. 만약 세도나에 오래 머물 수 있는 시간 여유가 된다면 방문자 센터에서 경치 좋은 길을 안내받아 다녀도 좋겠다.

Data Map 312C
Access 89번 도로 선상에 위치
Add 331 Forest Road, Sedona, Arizona
Tel 800-288-7336
Web www.visitsedona.com

핑크 지프 투어 Pink Jeep Tour

핑크색 지프차로 세도나 도시 곳곳에 위치한 바위산을 구석구석 누비는 투어이다. 일반 차량으로 다니기 어려운 비포장도로뿐만 아니라 암석 위를 직접 달리며 아름다운 자연경관을 감상할 수 있다.

Data **Map** 312C **Access** 세도나 북동쪽인 업타운 89번 도로상에 위치 **Add** 204 Arizona 89A, Sedona, Arizona **Tel** 928-282-5000 **Cost** 2시간 30분 기준 성인 79달러, 12세 이하 59.25달러 **Web** www.pinkjeep.com

세도나 에어 투어 Sedona Air Tours

붉은색의 사암이 인상적인 세도나의 모습을 하늘에서 보면 어떨까? 궁금해하는 사람들을 위한 투어이다. 보통 헬리콥터는 15~20분, 경비행기는 40분 동안 운항한다. 그랜드캐니언국립공원과 모뉴먼트 밸리 등 근교 도시까지 왕복 운항하는 프로그램도 있다. 세도나 공항은 특이하게도 고원지대에 위치해있다. 공항 앞 전망대에서는 세도나 도시의 모습을 한눈에 내려다볼 수 있으니 시간이 되면 잠시 들러도 좋겠다.

Data **Map** 312C **Access** 투어 회사의 위치는 세도나 북동쪽인 업타운 89번 도로상에 위치 **Add** 250 N State Route 89A, Sedona, Arizona **Tel** 928-204-5939 **Cost** 헬리콥터 투어 89달러~ **Web** www.sedonaairtours.com

트롤리 Trolley

알록달록한 귀여운 차를 타고 55분 정도 걸리는 명소를 다녀오는 투어 상품이다. 2가지 코스가 있다. 산꼭대기에 위치한 홀리 크로스 채플 Chapel of the Holy Cross을 다녀오거나 보이튼캐니언 Boynton Canyon 지역을 다녀오는 코스다. 트롤리 차로 신랑, 신부, 손님들을 웨딩 채플까지 이동하거나 사진을 촬영하는 웨딩 이벤트 상품도 인기가 많다. 웹사이트를 통해 예매가 가능하다. 세도나 북동쪽인 업타운 89번 도로 상에서 투어가 출발한다. 자세한 것은 홈페이지를 참고하자.

Data **Map** 312C **Access** 세도나 북동쪽인 업타운 89번 도로상에 위치 **Add** 276 North SR 89A, Suite B, Sedona **Tel** 928-282-4211 **Open** 08:30~18:00 **Cost** 성인 17달러, 12세 이하 12달러 **Web** www.sedonatrolley.com

©Terry Donaghe

SLEEP

업타운에 위치한
베스트 웨스턴 호텔 Best Western hotel

세도나에서 가장 번화한 업타운Uptown 지역에 위치하고 있다. 레스토랑, 명상 센터, 갤러리, 기념품숍, 옷가게, 여행사 등 다양한 편의시설이 자리 잡고 있다. 호텔 앞에 카페도 많아서 지역 주민이 된 듯 거리를 산책하며 구경해봐도 좋겠다. 호텔이 위치한 지역은 상당히 활기찬 느낌이다. 숙소의 청결 상태 등은 무난한 편이다. 빨리 예약하면 좀 더 저렴한 가격으로 묵을 수 있다.

Data Map 312C Access 도시의 북동쪽인 업타운 89번 도로상에 위치
Add 1200 West Highway 89A, Sedona, Arizona
Cost 일반 객실 139달러~ Web www.bestwestern.com

취사 가능한 콘도식 숙소
하얏트 피논 포인트 Hyatt Pinon Pointe

세도나 방문자 센터 바로 옆에 위치해 있는 콘도식 호텔. 객실에서 간단한 취사를 할 수 있도록 전자레인지, 미니 냉장고, 커피메이커, 식기 등이 준비되어 있다. 이 지역 특유의 붉은 사암의 산으로 둘러싸여 있으며 편안한 휴식을 도와준다. 하얏트라는 브랜드답게 객실의 청소, 침구 상태 등이 깔끔한 편이다. 도보 10분 거리에 업타운이 위치하고 있어서 레스토랑, 상점 등을 다니기에 좋다. 주요 볼거리와는 차로 10~20분 정도로 이동이 수월하다.

Data Map 312C Access 방문자 센터 바로 옆에 위치. 89번 도로상에 위치
Add 1 North Highway 89A, Sedona, Arizona Tel 928-204-8820
Cost 스튜디오 콘도 180달러~, 1베드룸 콘도 230달러~ Web www.hyattpinonpointe.hyatt.com

> **Tip** **캠프그라운드** Campground
> 세도나에서 북쪽으로 20분 정도 떨어진 오크 크릭 캐니언Oak Creek Canyon 지역에 맨자니타Manzanita, 케이브 스프링Cave Springs, 파인 플랫Pine Flats 등의 캠핑장들이 위치해 있다. 홈페이지에서 영문으로 각 캠핑장의 이름을 넣고 원하는 날짜와 숙박 일수를 넣으면 된다. 거리는 멀지 않지만 각 캠핑장의 규모가 작은 편이다. 보통 코인을 넣어서 이용하는 샤워실이 있는 경우도 있다. 화장실이 푸세식이라는 점이 아쉽다. 자세한 시설 관련 내용은 웹사이트를 참고하자. 캠핑장 이용을 원할 경우 개인적으로 텐트, 침낭 등을 구비해야 한다.
>
> **Data** Map 312C
> Access 도시의 북쪽으로 난 89번 도로 위에 캠핑장이 쭉 있다
> Cost 텐트 1자리당 29달러 Web www.recreation.gov

GRAND CIRCLE BY AREA

08

데스밸리국립공원
DEATH VALLEY NATIONAL PARK

2억 년 전에는 이곳은 바닷속이었다.
지금은 북미에서 가장 고도가 낮은 땅으로
바다보다 더 낮다. 짐작하기도 어려운
긴 세월 동안 변해온 지형과 기후의
환경 속에서 살아 숨 쉬는 동식물들의
모습이 가슴을 뭉클하게 한다.
초기 방문자들에 의해 '죽음의 계곡'이란
뜻의 데스밸리로 불리었지만
실제로 사람들이 죽는 일은 없었다고 한다.
다만, 그만큼 이 지역의 환경이 불편하고
고통스러웠다는 뜻이었으리라 생각된다.

데스밸리국립공원

Death Valley National Park
PREVIEW

2억 년 전 바닷속 땅이었던 이곳은 지각변동을 통해 산맥들이 위로 솟구치면서 만들어진 지형이다. 데스밸리의 지형은 단층 활동에서 융기된 쪽이 아니라 하강한 쪽이 길게 퍼져 나타난 형태다. 계속된 침식작용으로 해수면보다 86m나 더 낮아지게 되었으며 지금도 융기와 침강작용은 계속되고 있다. 보통 국립공원들의 성수기인 여름 시즌은 뜨거운 태양이 이글거려 가능하면 피하는 것이 좋다. 겨울 시즌이 성수기인 곳이다. 한여름 온도는 50℃에 육박하기도 한다. 미국 국립공원 중 가장 크며 1994년 국립공원으로 지정되었다.

SEE

고운 모래사막 위를 걸어보며 그림 같은 풍경을 감상해보자. 금속성을 띤 토양 덕분에 다양한 색채를 뽐내는 아티스트 팔레트는 놓칠 수 없는 아름다운 풍경을 만날 수 있다. 14km 정도 되는 아티스트 드라이브 길을 따라가면 볼 수 있다. 오르락내리락 드라이브 길을 즐기는 것은 보너스이다. 나쁜 물이라는 뜻의 베드 워터의 소금층 위를 걸어보는 것도 잊지 말자. 하얀 소금 위로 햇빛이 쏟아지면 뜨거운 열기가 느껴지지만, 햇살이 반사되는 눈부신 풍경이 환상적이다.

ENJOY

수영복을 준비했다면 스토브파이프 웰스 빌리지, 퍼니스 크리크 랜치에서 수영장 이용이 가능하다. 시원하게 더위를 식히도 좋다. 한낮의 뜨거운 열기가 식은 저녁에는 달빛을 조명 삼아, 별을 친구 삼아 모래사막을 걷거나 소금층 위를 걸어보는 것 모두 특별한 경험이 될 것이다. 하지만 야행성인 야생 동물들이 활발해지는 시간대이므로 안전에 주의를 기울이자.

EAT

퍼니스 크리크 리조트, 스토브파이프 웰스 빌리지 등에 있는 레스토랑을 이용하거나 근처 도시 상점에서 식료품을 구입하여 피크닉 장소에서 간단히 먹을 수 있다.

SLEEP

국립공원 안에서의 숙박을 원한다면 퍼니스 크리크 리조트 스토브파이프 웰스 빌리지 등의 숙박 시설을 이용하자. 근교 도시인 라스베이거스에서 머물면서 당일치기로 다녀올 수도 있다. 텐트, 침낭 등의 캠핑 장비를 가지고 있거나 캠핑카로 여행 중이라면 퍼니스 크리크 캠핑장을 이용하면 된다.

Death Valley National Park
GO AROUND

어떻게 갈까?
라스베이거스에서 출발 시 편도로 2시간 10분 정도(200km), 로스앤젤레스에서 4시간 30분 정도(467km) 소요된다. 규모가 큰 국립공원이다 보니 입구도 5개나 된다. 너무 광활해서 내비게이션도 제대로 작동하지 않는 경우가 있고, 스폿마다 주소가 없으니 지도를 참고해서 다니는 것을 추천한다. 공원 안에는 기름값이 비싸고 주유소도 많지 않으니 미리 차에 연료를 채우고 들어오자.

Data **Add** 328 Greenland Blvd, Death Valley, California **Web** www.nps.gov/deva

자동차 추천 노선
로스앤젤레스 출발 395번 North → 190번 East → 데스밸리국립공원
라스베이거스 출발 160번 West → 190번 West → 데스밸리국립공원

어떻게 다닐까?
자동차로 여행하는 것을 추천한다. 데스밸리라는 이름답게 한여름에는 타는 듯한 더위가 있는 곳이다. 6월에서 9월 사이에는 낮 최고 기온이 50℃까지 올라가니 가능하면 10월에서 4월 사이에 방문하도록 하자. 여름에 방문 예정이라면 차 안에 냉각수가 충분한지 반드시 미리 체크하고 식수를 넉넉하게 준비하자. 선크림, 모자, 선글라스 등 태양 빛을 차단할 수 있는 대책을 세우도록 하자. 데스밸리국립공원 안 휘발유 가격은 시중 가격에 1.5배 정도로 놀랄 만큼 비싸다. 미리 기름을 채우고 들어가자. 11월에서 2월은 선선한 기후 덕에 좋고, 4~5월은 야생화들을 볼 수 있어서 사막 안에서 특유의 아름다움을 느낄 수 있다.

국립공원 입장료 자동차 1대 당 30달러(1주일간 유효), 국립공원 연간패스(1년간 유효, 80달러) 소지 시 무료입장

데스밸리 왜 이렇게 더울까?
정답은 푄Fon 현상 때문이다. 한낮의 햇빛이 내리쬐면서 바위와 땅으로 스며든 열기가 다른 곳으로 배출되지 못하고 계곡 속에 갇히게 된다. 높고 가파른 산들로 둘러싸여 있고, 계속된 침식작용으로 인해 해수면보다 지대가 더 낮기 때문이다. 공기 일부분은 더워지면서 하늘 위로 올라갔다가 식으면 지상으로 내려오는데, 지상이 낮은 고도에 위치하고 있다보니 공기의 압력은 더욱 압축되고 더 더워지는 것이다. 뜨거워진 공기의 흐름이 배출되지 못하고 계속 정체되고 있어서 더욱 더위가 가속화되는 것.

데스밸리 왜 이렇게 건조할까?
구름이 높이 올라가면 공기는 차가워지고 습기를 머금게 되면서 비나 눈이 내리게 된다. 한편, 산맥을 넘은 구름은 습기를 간직하지 못하게 되는데 데스밸리와 태평양 연안 사이에는 4개의 큰 산맥이 있다. 이 지역에 오기 전에 비나 눈을 뿌리며 수분을 소비했기 때문에 이 지역의 강우량이 적은 것이다. 요즘에는 강우량이 연간 3cm가 채 되지 않는다. 여성들은 미스트, 크림 등으로 수분 공급은 필수이다.

데스밸리국립공원

Death Valley National Park
ONE FINE DAY IN

미국 국립공원 내에서 가장 큰 규모를 자랑하는 데스밸리국립공원. 죽음의 사막처럼 뜨거운 태양 빛이 내리쬐고 입이 쩍쩍 마르는 건조한 공기가 있는 이곳에서도 생명력을 가진 동물과 식물이 살고 있다는 사실이 놀랍다. 자연의 다채로운 색감을 자랑하는 곳곳의 뷰포인트를 감상하며 거친 사막 속 생명체들의 숨결을 느껴보자.

파더 크라울리 포인트 감상하기

→ 자동차 50분

메스키트 플랫 샌드 듄 걸어보기(30분 소요)

→ 자동차 15분

솔트 크리크 산책로 걷기

↓ 자동차 20분

다양한 색이 멋진 아티스트 팔레트 드라이브 코스 돌아보기

← 자동차 25분

베드 워터 베이슨 지역의 반짝반짝 빛이 나는 소금층 걸어보기

← 자동차 30분

퍼니스 크리크 방문자 센터를 둘러보고 잠시동안 휴식 취하기

Tip 스코티 캐슬 투어

시간 여유가 된다면 자브리스키 포인트Zabriskie Point와 단테스 뷰Dante's View(Map 235I)에 올라가서 풍경을 감상하자. 또는 주요 볼거리에서 1시간 20분 정도 떨어져 있는 스코티 캐슬Scotty's Castle에 들러서 성 내부를 볼 수 있는 가이드 투어 하는 것도 좋다. 가이드 투어는 성 입구에서 입장료 구매 시 안내받으면 된다.

Data Add 123 Scottys Castle Road, Death Valley, California
Open 08:30~16:15(무더위가 기승을 부리는 5~11월에는 유동적)
Cost 성인 15달러, 6~15세 7.5달러
Web www.nps.gov/deva/historyculture/house-tour.htm

스토브파이프 웰스 Stovepipe Wells

로스앤젤레스에서 자동차로 움직일 경우 데스밸리국립공원 내에서 가장 먼저 들어가는 지역이다. 교통의 요지이다. 예전에 이 지역에 우물이 있었다는 의미로 이름에 스토브파이프가 붙여졌다.

해 질 무렵 더 아름다운
파더 크라울리 포인트 Father Crowley Point

패너민트 밸리 지역에 위치. 소금 호수인 패너민트 호수 이름을 따왔다. 395번 도로를 타고 오다가 190번 도로로 들어오는 로스앤젤레스에서 국립공원 방향으로 들어올 때 맨 처음 만나는 지역이다. 패너민트 밸리 지역을 감상하는 전망 포인트이다. 해가 질 무렵의 풍경이 인상적인 곳으로 알려져 있다. 190번 도로와 인접해 있어서 잠시 풍경을 보며 쉬었다가 갈 만하다.

Data Map 325G Access 190번 도로 위에 위치. 로스앤젤레스에서 4시간 30분 정도 소요

고즈넉한 분위기의 산책로
솔트 크리크 Salt Creek

여름을 제외한 계절에는 작은 시냇물이 흐르는 모습을 볼 수 있다. 특히 우기인 이름 봄철에는 데스밸리에서 서식하는 희귀 물고기인 펌피쉬 Pupfish를 관찰할 수 있다. 현재 정부에서 서식지를 보호하고 있다. 나무 데크로 만들어진 산책로를 따라 걸어보자. 이곳이 바닷속이었음을 증명하듯 소금물에 적응하며 살아가고 있는 식물들의 잎의 모습은 마치 산호 조각같이 단단하다.

Data Map 324E Access 파더 크라울리 포인트에서 190번 도로를 이용하여 차로 1시간 10분 소요

 고요한 분위기, 고운 모래로 이뤄진
메스키트 플랫 샌드 듄 Mesquite Flat Sand Dune

데스밸리국립공원 내에서 가장 큰 모래사막이다. 땅속 깊이 뿌리 내리는 메스키트 나무가 많다. 3월부터 4월에는 나무가 꽃을 피운 모습도 볼 수 있다. 이렇게 고운 모래가 있는 사막은 전 세계의 사막 중 10% 정도에 불과하다. 주차장에서 가장 높은 언덕까지는 편도 3km 정도. 보기에는 가까워 보이지만 모래 속에 발이 빠져 힘이 들고, 바람에 모래가 날리면 뜨끈한 열기가 올라온다. 일출, 일몰 시각은 빛의 각도가 낮아서 더욱더 다채로운 색을 뽐낸다. 아침에는 밤새 활동했던 야생 동물의 발자국을 관찰할 수 있으며, 달빛이 비치는 밤에는 사막의 신비로움이 가득하다.

Data Map 324E Access 파더 크라울리 포인트에서 190번 도로를 이용하여 차로 50분 소요

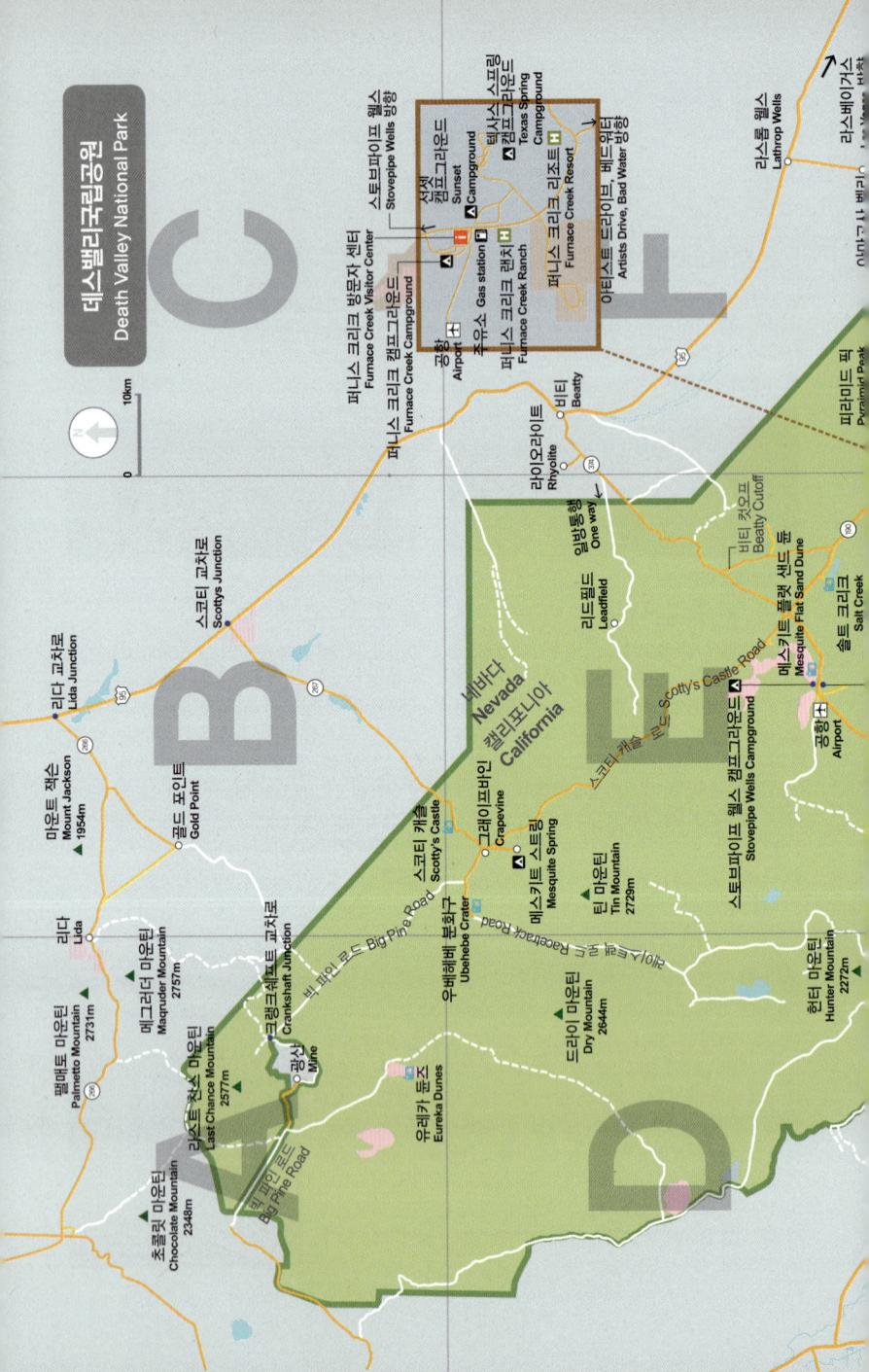

퍼니스 크리크 Furnace Creek

데스밸리국립공원의 중앙부 지역으로 유명한 볼거리들이 밀집되어 있다. 평균 30℃의 지하수가 흘러 이 지역의 이름은 '용광로'라는 뜻을 지녔다. 실제로 기온이 상당히 높고 건조한 바람이 부는 지역이다.

해수면보다 낮은 땅
베드워터 베이슨 Badwater Basin

북미에서 가장 뜨겁고 건조하며, 가장 낮은 곳이다. 주차장 건너편에 위치한 산의 절벽에는 고도를 가늠할 수 있는 '해수면Sea Level' 표시가 있다. 베드워터 분지 지역으로 내려서면 바다보다 무려 86m 아래에 서게 되는 것이다. 이곳은 2억 년 전에는 바닷속이었다. 수많은 지각변동으로 산맥들이 위로 솟구치며 거대한 산들이 둘러싸게 되었다. 계속된 침식작용으로 바닥은 더욱 낮아지며 현재와 같이 평균 해수면보다 낮은 지대가 된 것이다. 북미에서 가장 낮은 지대이기 때문에 물이 한 번 들어오면 다른 곳으로 나갈 수 없지만, 주변 산들로 인해 공기들이 뜨거워지는 '푄Fon' 현상으로 수분이 모조리 증발한다. 그래서 현재와 같이 소금층만 남아있게 된 것. 베드워터 베이슨의 땅은 빗물을 제대로 흡수하지 못하기 때문에 비가 많이 내리면 잠시 호수가 만들어지기도 한다.
1800년대에 데스밸리를 지나가던 사람들이 목마름에 지쳐서 이 지역의 고인 소금물을 마셔보고는 '에잇~ 베드워터Badwater(나쁜 물)!'라고 말한 것에서 이름이 유래되었다. 한쪽 편에서는 하얀 소금 외에도 진회갈색의 거친 질감으로 된 소금자갈을 볼 수 있다. 진흙과 소금이 엉겨 붙은 후 뜨거운 태양열로 갈라지고 뒤틀려서 만들어진 것이다. 차로 30분 정도 거리에 위치한 데빌 골프 코스Devil Golf Course에서도 소금자갈이 쫙 깔린 특이한 지형의 모습을 볼 수 있다.

Data Map 325l Access 퍼니스 크리크 방문자 센터에서 출발 시 190번 도로로 가다가 삼거리가 나오면 오른쪽 길을 선택 후 직진. 차로 30분 소요

지질학적 현상들이 이뤄낸 색의 향연
아티스트 팔레트 Artists Palette

수백 만 년 동안 다양한 금속 성분의 산화작용으로 만들어진 형형색색 바윗돌을 뒤덮고 있는 다양한 색깔이 아름답다. 보라색은 망간, 초록은 운도, 빨강, 노랑, 분홍색은 철 성분이 만들어냈다고 한다. 일몰 때 더욱 화려한 색깔을 뽐내는 지역이다. 이곳을 보려면 남쪽으로 진입해서 북쪽으로 나오는 14.5km 정도 되는 일방통행 도로로 들어가야 한다. 암벽 사이를 지나며 오르락내리락하는 경사가 심한 일방통행 도로를 따라가다가 중간쯤에 설치된 전망대에서 하차하면 된다. 다른 행성에 온 듯 신비로운 모습은 영화 〈스타워즈〉 촬영장으로도 사용되었다. 일방통행이므로 데빌 골프 코스와 베드워터 베이슨을 먼저 보고 올라가는 길에 들르는 것이 더 효율적이다.

Data Map 325l Access 베드워터 베이슨에서 베드워터 로드 Badwater Road 따라 북동쪽으로 간 후 아티스트 팔레트 이정표가 보이면 우회전. 차로 25분 소요

SLEEP

일 년 내내 이용 가능해서 편리한
퍼니스 크리크 캠프그라운드 Furnace Creek Campground

홈페이지에서 예약할 수 있으며, 일 년 내내 오픈하기 때문에 이용에 편리하다. 주요 볼거리와 가까운 편이다. 화장실과 식수대가 기본 시설이며, 샤워장은 퍼니스 크리크 랜치(도보 10분 거리)에 가서 별도의 요금을 내고 이용할 수 있다. 텐트, 침낭 등 기본 장비를 구비하거나 캠핑카를 이용해서 이 지역에 들른 사람들에게 추천할 만하다. 캠핑장 옆에 퍼니스 크리크 방문자 센터가 도보 3분 거리에 위치하고 있다. 낮에 더위를 피할 그늘을 찾는다면 방문자 센터에서 잠시 쉬어가도 좋겠다.

Data Map 324H
Access 퍼니스 크리크 방문자 센터 근처
Add Furnace Creek, Death Valley, California
Tel 760-786-2441
Open 연중 내내
Cost 텐트 한자리 당 18달러
Web www.recreation.gov

선착순으로 이용 가능한
선셋 캠프그라운드 Sunset Campground

10월에서 4월까지만 오픈하며 선착순으로만 이용이 가능한 캠핑장이다. 아침 일찍 도착할 예정이라면 이용해 볼 만하다. 단, 공휴일이 있는 기간은 아침에도 자리 잡기가 쉽지 않다는 점을 참고하자. 화장실과 식수대가 기본 시설이며, 샤워장은 퍼니스 크리크 랜치(도보 10분 거리)에 가서 별도의 요금을 내고 이용할 수 있다. 텐트, 침낭 등 기본 장비를 구비하거나 캠핑카를 이용해서 왔다면 추천할 만하다. 볼거리 많은 퍼니스 크리크 지역에 위치하고 있다. 이 지역은 대류가 안정적이고 공기가 건조하기 때문에 밤하늘의 별이 아름답기로 유명하다.

Data Map 324H
Access 퍼니스 크리크 방문자 센터 근처
Add Sunset Campground, Death Valley, California
Tel 760-786-3200
Open 10~4월 말
Cost 텐트 1자리 당 12달러

교통의 요지에 위치한
스토브파이프 웰스 캠프그라운드
Stovepipe Wells Campground

캠핑 자리가 넉넉한 편이라 예약하지 않아도 웬만하면 자리를 잡을 수 있다. 텐트, 침낭 등 기본 장비를 갖추거나 캠핑카를 이용해서 온 사람들에게 추천한다. '메스키트 플랫 샌드 듄'을 걸을 예정이라면 차로 5분 거리이기 때문에 편리하다. 화장실 식수대가 기본 시설이고, 샤워장은 스토브 파이프 웰스 호텔에서 이용하면 된다. 간단한 제품들을 구매할 수 있는 상점이 있어서 편리하다.

Data Map 324E **Access** 스토브파이프 웰스 지역 내 위치 **Add** 51880 California 190, Death Valley, California **Tel** 706-786-2387 **Cost** 일반 객실 130~200달러 **Web** www.deathvalleyhotels.com

합리적인 가격대인 숙소
스토브파이프 웰스 빌리지
Stovepipe Wells Village

가격이 합리적이어서 인기가 많은 숙소이다. 식당, 주유소, 상점 등의 시설이 완비되어 있다. 퍼니스 크리크 지역보다 저렴한 편이다. 방 타입은 세 가지로 필요에 맞게 고르면 된다. 숙소 앞에 캠핑장이 마련되어 있다. 밤이나 아침에 '메스키트 플랫 샌드 듄'을 걸을 예정이라면 차로 5분 거리이므로 편리하다. 일찍 예약할수록 가격이 저렴하다.

Data Map 324E **Access** 스토브파이프 웰스 지역 내 위치 **Add** 51880 California 190, Death Valley, California **Tel** 706-786-2387 **Open** 10~4월 말 **Cost** 텐트 1자리당 12달러, 캠핑카 1자리당 33달러 **Web** www.deathvalleyhotels.com

고급스러운 시설의 숙소
퍼니스 크리크 리조트 Furnace Creek Resort

일 년 내내 지하수가 나오는 시설 좋은 고급 리조트이다. 사막 한가운데 오아시스처럼 상점, 레스토랑, 카페 등 다양한 편의시설이 갖춰져 있다. 골프장도 운영하고 있으므로 관심이 있다면 전화 또는 메일로 문의하면 된다. 홈페이지에서 예약할 수 있으며, 방 타입도 고를 수 있다. 퍼니스 크리크 지역에 위치한다.

Data Map 324H **Access** 퍼니스 크리크 방문자 센터에서 190번 East 도로 남쪽 방면으로 가다가 삼거리가 나오면 왼쪽 길. 차로 5분 소요 **Add** 328 Greenland Blvd, Death Valley, California **Tel** 706-786-2345 **Cost** 일반 객실 120~400달러 **Web** www.furnacecreekresort.com

여행 준비 컨설팅

낯선 곳을 여행한다는 것은 언제나 두려움 반, 설렘 반! 처음은 누구나 다 막막하다. 하지만 걱정 대신 열정으로 시작해보자! 준비한 만큼 알찬 여행이니까. 지금부터 하나하나 날짜에 맞춰 여행 준비를 제대로 시작해보자. 라스베이거스 여행은 공항에서부터 시작되는 게 아니라 여행을 준비하는 그 날부터 이미 시작되는 것이다.

D-50
MISSION 1 여행일정을 계획하자

1. 여행의 형태를 결정하자

이미 정해진 일정을 단체로 움직이는 것이 편한 사람인지, 내 맘대로 혼자 다니는 것이 편한 사람인지 스스로에게 질문부터 던져보자.
단체 패키지여행은 개별여행보다 저렴하고 특별한 준비 없이 가이드만 따라다니면 된다는 게 장점. 다만, 시간 분배에 있어서 자유롭지 못하다는 단점이 있다. 그래도 단체 패키지여행을 선택했다면 항공권과 호텔 옵션 투어 등 포함 조건을 꼼꼼히 살펴보자. 용감하게 자유여행을 결심했다면 항공권에서 숙소까지 결정해야 할 것들이 앞으로 태산이다. 세상에서 가장 즐거운 고민, 놀러 갈 고민이 이제 시작이다.

2. 출발 일을 결정하자

아무 때나 출발할 수 있는 자유인이라면 라스베이거스 날씨와 예산에 따라서 출발일이 결정된다. 태양이 늘 내리쬘 것 같은 라스베이거스이지만 봄, 여름, 가을, 겨울 사계절이 있다.
뜨거운 태양이 있는 여름, 추운 겨울도 각각의 매력이 있지만 날씨가 선선해서 봄, 가을이 다니기에 가장 좋다. 해가 긴 4월 초~6월 초, 또는 9월 초~11월 초를 추천한다.

3. 여행 기간을 결정하자

며칠을 머물러야 라스베이거스를 다 볼 수 있을까? 이 질문의 답은 개개인의 성향에 따라 천차만별이다. 도시의 구석구석 다 돌아보려면 몇 달도 모자라지만 그런 계획을 세울 리는 만무할 터. 도시의 주요 유명한 호텔을 구경하고 쇼핑몰을 구경한다면 2박 3일도 가능하다. 바쁜 일정의 방문자들은 2박 3일 라스베이거스 여행을 하고, 1일은 그랜드캐니언 국립공원을 다녀오는 식으로 총 3박 4일을 계획하기도 한다. 하지만 라스베이거스의 수영장에서 여유 있게 햇살을 즐기며 아침을 맞이하고, 쇼와 주요 호텔의 분위기도 보고, 밤늦게 나이트클럽을 가거나 겜블링도 즐기고 싶다면 3박 4일 정도가 좋다.
그랜드 서클에는 엄청난 자연환경을 자랑하는 그랜드캐니언국립공원, 자이언국립공원, 브라이스캐니언국립공원 등이 위치하고 있다. 그랜드 서클을 갈 예정이라면 최소한 4박 5일 이상을 계획하는 것이 제대로 보는 방법이다. 도시와 근교 모두를 섭렵하려면 직장인 휴가의 마지노선인 7박 8일 정도의 일정을 잡는 게 좋다.

D-47

MISSION 2 여행 예산을 짜자

1. 항공권은 얼마나 할까?

항공권은 성수기와 비수기에 따라서 달라진다. 특히 우리나라는 여행객이 많은 여름 휴가철과 방학 기간, 연말연시를 전후로 요금이 급상승하는 추세. 이코노미 클래스, 경유 표의 경우 초특가 100만원대에서부터 250만원까지 가격 차가 매우 크다. 비수기의 경우 대략 140만~170만원 정도가 보통이다. 대한항공 직항은 주 3일(월·수·금) 출발한다. 요일이나 시즌에 따라 항공요금이 달라지므로 서두르면 좀 더 저렴하게 구매할 수 있다. 수화물, 날짜변경 등에 대한 비용이 추가로 발생하는지 이모저모 잘 따져보자.

2. 숙박비는 얼마나 들까?

배낭여행자라도 라스베이거스에서는 호텔에서 묵는 호사를 누려보자. 카지노가 주요 수입원인 라스베이거스의 호텔들은 다른 도시들에 비해 같은 등급이더라도 가격대가 훨씬 저렴하다. 평일 기준으로 3성급 호텔의 경우 30달러부터 시작한다. 4성급은 50달러, 5성급 고급 호텔도 80~100달러대에 예약이 가능하다. 단, 주말이나 연말에는 가격대가 2~4배 이상 높아진다는 점을 참고하자.

가족 단위의 여행객에게는 카지노가 없고 취사 시설이 가능한 호텔이 인기 있다. 가격대는 천차만별. 다니기에 위치가 편리하고, 여행 예산에 맞는 숙소를 선택하는 것이 중요하다.

3. 식비는 얼마나 들까?

여행자의 취향에 따라 식사 가격은 천차만별이다. 슈퍼마켓에서 식료품을 구입하는 물가는 저렴한 편이지만 레스토랑에서 식사를 하게 되면 음식값에 세금과 팁까지 더해서 내야 하므로 비용이 상당하다. 라스베이거스에 왔다면 호텔 뷔페는 필수! 뷔페와 레스토랑, 패스트푸드를 적절히 섞어서 식사를 하면 비용을 합리적으로 소비할 수 있다. 간단한 패스트푸드 식사는 6~8달러 정도. 호텔 뷔페의 경우 30~50달러, 꼭 한번 이용하고 싶은 고급 레스토랑은 100~200달러 정도 예상하면 된다.

4. 교통비는 얼마나 들까?

라스베이거스의 대중교통은 편리한 편이다. 대중교통을 하루 종일 이용할 수 있는 패스권은 하루 8달러, 3일에 22달러이다. 지역이 크지 않아서 택시를 타도 부담이 없다. 보통 10달러 정도면 웬만한 도시 내의 주요 지점들을 연결해서 다닐 수 있다.

렌터카를 이용한다면 렌트 비용과 보험, 주차비, 주유비 등을 고려해야 한다. 차종에 따라 다르겠지만 25세 이상 운전자의 경우 보통 일일 50~80달러 정도로 예상하면 된다. 단, 렌트 기간이 길어질수록 하루 당 적용되는 비용은 좀 더 저렴해진다.

5. 미술관, 나이트클럽, 놀이기구 등의 입장료는 얼마나 들까?

개인의 취향에 따라 다르겠지만 여러 가지 활동이나 문화 감상을 좋아한다면 꽤 든다. 박물관, 미술관은 12~15달러 정도. 전망대 12달러 정도. 주요 놀이기구를 즐기기 원한다면 1회당 15달러 정도로 예상하자. 하루에 30~50달러 정도 예상하면 된다.

6. 비상금은 얼마나 필요할까?

여행을 하다 보면 예기치 못한 지출이 발생한다. 다치거나 아파서 병원을 가거나 도난을 당할 수도 있다. 비상금은 총 경비의 약 10%를 챙겨두자. 또 만약을 위해 신용카드를 준비하자. ATM기계에 따라 오류가 발생하기도 하므로 현금카드는 2개 이상 가져가는 것이 좋다.

MISSION 3 여권을 확인하자

1. 어디에서 만들까?

여권은 외교통상부에서 주관하는 업무이지만 서울에서는 외교통상부를 포함한 대부분의 구청에서, 광역시를 비롯한 지방에서는 도청이나 시구청에 배치된 여권과에서 편리하게 발급받을 수 있다.
인터넷 포털 사이트에서 '여권 발급 기관'을 검색하면 서울 및 각 지방 여권과에 대해 자세한 안내 받을 수 있으니 가까운 곳을 선택해 방문하자.

2. 어떻게 만들까?

전자여권은 타인이나 여행사의 발급 대행이 불가능하기 때문에 본인이 신분증을 지참하고 직접 신청해야 한다.
→ 여권 종류에 따른 필요 서류와 여권 사진을 챙긴다.
→ 거주지에서 가까운 관청의 여권과로 간다.
→ 발급 신청서 작성하기.
→ 수입인지 붙이기.
→ 접수 후 접수증 챙기기.
→ 3~7일 후 신분증 들고 여권 찾기.

전자여권 발급 신청 준비물
여권 발급 신청서(해당 기관에 구비되어 있음), 촬영한지 6개월 이내의 여권용 사진 1매(가로 3.5cmX세로 4.5cm), 신분증, 발급수수료(48면 10면 53,000원 / 5년 45,000원)

여권을 잃어버렸거나 기간이 만료됐다면?
재발급 신청을 한다. 절차는 여권 발급 때와 비슷하지만 재발급사유를 적는 신청서가 더 추가되고, 분실했을 경우 분실 신고서를 구비해야 한다. 25세 이상의 군 미필자는 병무청 홈페이지에서 신청서를 작성해야 하며, 신청 2일 후 홈페이지에서 국외여행 허가서와 국외여행 허가증명서를 출력할 수 있다. 국외여행 허가서는 여권 발급 신청 시 제출하고, 국외여행 허가증명서는 출국할 때 공항에 있는 병무신고센터에 제출한 후 출국신고를 마치면 된다.

만18세 미만의 미성년자는 부모의 동의하에 여권을 만들 수 있다. 여권을 신청할 때는 일반인 제출 서류에 가족관계증명서를 지참해 부모나 친권자, 후견인 등이 신청할 수 있다.

3. 전자여행허가제ESTA

비자VISA
2008년 11월부터 실행된 미국 비자 면제 프로그램 덕분에 관광 목적이라면 최대 90일간 비자 없이 방문이 가능해졌다. 단, 유효기간이 6개월 이상 남은 전자여권을 소지해야 하며 전자여행허가제ESTA를 신청한 후 승인받아야 한다.

비자 면제 프로그램Visa Waiver Program 이용하는 순서
❶ 전자여권 발급받기(유효 기간이 6개월 이상 남은 전자여권을 소지하고 있다면 이 단계는 생략 가능). 개인정보가 전자 칩의 형태로 내장된 여권이다. 대리 신청이 불가능하므로 직접 신분증을 가지고 가까운 여권 신청 기관에서 발급받을 수 있다.
❷ 전자여행허가제ESTA 홈페이지(https://esta.cbp.dhs.gov) 접속 후 절차에 따라 전자여행허가 승인 신청하기(1인당 10달러, ESTA 신청서 처리 수수료 4달러).
❸ 입국 승인 받기. 입국승인허가서는 2년 동안 유효하다(만약 미국 입국 거부, 추방되었거나 비자가 거절된 적이 있는 여행자는 비자 면제 프로그램을 이용할 수 없다. 주한 미국대사관 korean.seoul.usembassy.gov에서 비자를 직접 받아야 한다).
❹ 신청 번호 확인 및 해당 내용 프린트하기.

D-40
MISSION 4 항공권을 확보하자

1. 어떻게 살까?

같은 항공권이라도 항공사나 여행사마다 판매가격이 다르다. 항공권을 구입할 때는 항공사와 여행사 사이트 등을 두루 살피는 것이 한 푼이라도 아끼는 방법이다. 여러 여행사에서 내놓은 항공권 가격을 한꺼번에 비교해볼 수 있는 사이트도 있다.

대기자 명단에 들어간다면 2~3개의 항공사에 이름을 올려놓고 확약 되기를 기다리는 것이 좋다. 단, 예약하는 여행사가 다르더라도 동일 항공사에 이중으로 예약을 하면 사전 경고 없이 예약이 취소되므로 주의하자.

2. 어떤 표를 살까?

가장 단순하고 편리한 노선은 직항편이다. 현재 인천국제공항과 라스베이거스를 바로 연결하는 직항편으로는 대한항공이 있다. 경유표를 이용하는 것이 더 저렴하다. 여름방학, 겨울방학 시즌과 같은 성수기와 비수기 때의 항공료 차이가 2배 이상 나기도 한다. 가능하면 비수기 시즌 항공권을 미리 구입하는 것이 저렴하게 표를 구매하는 방법이다.

3. 표를 살 때의 주의할 점은?

티켓의 조건을 확인하자
항공권의 유효 기간을 확인하고 날짜 변경이나 귀국일자 변경에 대한 조건을 미리 확인하자. 저렴하게 나온 항공권일수록 출발과 귀국일 변경이 불가능하거나 많은 수수료를 요구하는 경우가 많다.

공항세 TAX를 확인하자
항공사와 경유지에 따라서 공항세 차이가 많이 난다. 액면가는 저렴하지만 공항세까지 합하고 나면 오히려 비싸지는 경우도 많다.

경유지에서의 체류 시간을 확인하자
경유 표의 경우 항공사에 따라서는 당일 연결이 어려운 경우도 있다. 이때 경유지에서 들어야 할 숙박비와 공항 이동 비용 등을 항공권 가격과 비교해보도록 하자. 배보다 배꼽이 더 큰 경우가 생길 수도 있다.

발권일을 지키자
아무리 예약을 해두었어도 발권하지 않았다면 내 표가 아니다. 특히 좌석이 넉넉하지 않은 성수기에는 발권을 미루다가 좌석 예약이 취소될 수도 있으니 주의하자.

좌석 확약을 받았는지 확인하자
좌석 확약이 안 된 상태로 출국하면 돌아오는 항공편을 구하기가 어려울 수 있다. 항공권의 'Statue'란에 OK라고 적혀 있는지 확인하고, 미심쩍으면 해당 항공사에 직접 전화해 좌석 확약 여부를 확인하자.

항공권의 이름을 확인하자
항공권의 이름은 반드시 여권상의 이름과 일치하여야 한다. 만약 이름을 잘못 입력하였다면 반드시 해당 항공사에 연락하여 변경을 요청하자.

할인 항공권 취급업체
온라인투어 www.onlinetour.co.kr
웹투어 www.webtour.com
에어몰 www.airmall.co.kr
투어익스프레스 www.tourexpress.com
인터파크투어 tour.interpark.com
여행박사 www.tourbaksa.com

# D-35

MISSION 5 숙소를 예약하자

1. 라스베이거스에는 어떤 숙소가 있나?

호텔 Hotel
라스베이거스에 오는 방문객들이 가장 일반적으로 지내는 숙소이다. 다른 지역에 비해 라스베이거스의 호텔은 퀄리티 대비 이용금액이 상당히 저렴하다. 호텔에는 등급이 별로 매겨져 있다. 호텔 방의 시설뿐만 아니라 레스토랑, 바Bar가 구비되어 있는 호텔인지, 주변 환경 등에 따라서 등급이 결정된다.
신혼부부나 출장자들은 1박에 120~300달러대의 별 5개 등급의 호텔을 주로 이용하고, 일반 싱글 여행자들은 별 3~4개의 30~80달러대의 호텔을 많이 이용한다. 주말(금, 토) 호텔 가격은 평일보다 2~3배 정도 비싸진다. 스트립 지역에 있는 유명 호텔들은 대부분 리조트 피Resort Fee라는 명목으로 1박당 추가 이용 금액(18~28달러)이 발생한다.

현지 주민의 집 빌리기
요즘 많이 이용되고 있는 숙박 형태이다. 현지인이 된 것처럼 거주하면서 지내보고자 하는 사람들에게 인기. 호텔보다 가격이 저렴하고 취사가 가능하다는 것이 큰 장점이다.
현지인들의 집을 빌릴 수 있도록 중간 역할을 해주는 사이트에서 예약하면 된다. 검색창에 '도시명'을 입력하면 선택 가능한 다양한 집이 소개된다.
윔두 www.wimdu.com
에어비앤비 www.airbnb.co.kr
VRBO www.vrbo.com

한인 커뮤니티 사이트 이용하기
라스베이거스 한인 커뮤니티 사이트에는 주로 유학생들이 사용하는 서블렛(월세로 집을 얻은 후 다른 사람에게 방 또는 집을 일시적으로 세놓는 것) 형태의 집이 자주 나온다. 단, 기간이 맞아야 사용이 가능하며 개인 간의 분쟁이 있기도 하니 주의해서 이용하도록 하자. 2주 이상 장기로 머문다면 집을 빌리는 것이 괜찮은 선택일 수 있다.

아이러브 라스베이거스
http://cafe.daum.net/ilovelasvegas

한인민박
싱글룸, 더블룸, 가족룸으로 꾸며진 방을 빌리는 숙박 형태이다. 주로 한국 사람들이 모이기 때문에 언어가 통하여 정보 공유가 쉽고, 유사시에 도움 요청하기가 편하다는 점이 장점이 있다. 메인 거리인 스트립까지 도보로 가는 것은 불가능하다.
민박월드 www.minbakworld.com
한인텔 www.hanintel.com

2. 어떻게 예약할까?

Check1 가격 비교 사이트, 호텔 가격 경매 사이트 적극 활용. 잘 찾아보면 저렴하게 이용 가능하다.
Check2 호텔 내 자체 프로모션 항상 체크!
Check3 영어와 흥정 실력이 된다면 호텔 세일즈 매니저와 직접 협상! 생각보다 만족스러운 형태로 흥정이 되는 경우가 있다.

숙소 할인 예약 사이트
부킹닷컴 www.booking.com
호텔즈닷컴 www.hotels.com
익스피디아 www.expedia.com
아고다 www.agoda.com
스마트 라스베이거스 www.smartervegas.com

호텔 가격 경매 사이트
호텔 가격 경쟁 입찰 사이트를 이용하자. 구매자가 원하는 '호텔의 위치'와 '등급'만을 정한 후 본인이 원하는 '가격'을 제시하여 입찰에 들어간다. 가능한 숙소가 있을 때 랜덤으로 호텔이 결정된다.
보통 호텔의 원래 가격보다 60~70% 정도 저렴한 가격으로 이용 가능하다. 단, 경매낙찰 후에는 취소가 어려우니 신중하게 결정하자.
프라이스라인 www.priceline.com
핫와이어 www.hotwire.com

D-15

MISSION 6 여행정보를 수집하자

1. 책을 펴자

'라스베이거스'라는 주제로 가장 집약된 정보를 담은 것이 가이드북이다. 가이드북을 통해 '라스베이거스' 지역에 대한 기본 줄기를 잡고, 관심이 가는 부분은 추가로 다른 서적을 찾아보자.
라스베이거스에 호기심을 가지다보면 호텔 문화, 건축물, 미술품, 카지노, 갬블링, 휴식, 맛집 등 다양한 키워드들이 생긴다.

2. 인터넷을 켜자

다수의 사람들이 실시간으로 쏟아내는 정보가 넘쳐나는 인터넷 공간. 본인들이 직접 체험한 생생한 느낌을 전해 들을 수 있어서 도움이 된다. 단, 개인 블로그의 특성상 지극히 주관적인 경험이나 선입견에 기반한 경우가 많다는 점을 알아두자.
여행 정보를 얻을 수 있는 인터넷 카페에도 가입하자. 여행사들이 운영하는 홈페이지나 카페에도 좋은 정보들이 많다.

3. 사람을 만나자

그곳을 미리 체험한 이들의 조언도 무시할 수 없다. 책이나 인터넷으로 상상하는 것과는 또 다른 차원의 라스베이거스 이야기를 들을 수 있다. 인생은 어떤 사람을 만나느냐에 따라 달라지는 법. 소소하게 놓치기 쉬운 준비 사항부터 폭넓은 여행 정보에 이르기까지 즐겁게 대화하면서 삶과 여행을 배워보자.

4. 영화를 보며 기대감을 높여보자

라스베이거스를 배경으로 한 영화를 여행 전에 미리 챙겨보자. 여행의 감동이 두 배가 될 것이다.
도시를 여행할 때 들을 음악도 선곡해서 스마트폰, MP3에 저장해두자. 수영장에서 시간을 보내거나 도시 간의 이동 시 유용하게 사용할 수 있다.

5. 스마트폰에 유용한 앱(어플)을 다운받자

내비게이션 앱
차로 여행 시 사용할 수 있다.

Google Maps   **Navfree**   **Waze**

> **Tip** 차량 운전 시 렌터카를 빌릴 때 내비게이션을 옵션으로 추가할 수 있다. 만약 본인의 스마트폰을 내비게이션으로 이용할 예정이라면 스마트폰 차량용 거치대와 차량용 충전기를 한국에서 구입해서 가는 것이 편리하다.

구글 번역 앱
완벽하지는 않아도 급하게 번역이 필요할 경우 큰 도움이 된다.

Google Translate

D-10

MISSION 7 각종 증명서를 발급받자

1. 국제학생증

국제학생증의 종류에는 ISIC, ISEC 두 가지 종류가 있다. 두 가지 모두 세계공통으로 사용이 된다. 미국 내에서는 ISEC이 좀 더 유용하다고 알려져 있다. 학생인 경우 박물관 등의 할인혜택이 있을 수 있으므로 미리 준비하도록 하자. 발급은 온라인 신청이나 대리점 방문을 통해 가능하다.
ISEC www.isecard.co.kr
필요 서류 재학증명서 등의 학생증명 서류, 주민등록증, 증명사진
수수료 1년짜리 18,000원, 2년짜리 28,000원

2. 국제운전면허증

여행 일정 중에 렌터카를 이용할 계획이라면 국제운전면허증은 필수이다. 국제, 국내운전면허증을 함께 가지고 다녀야하므로 두 개 모두 챙기도록 하자. 유효 기간은 발급일로부터 1년이다.
발급 장소 운전면허시험장 또는 지정된 경찰서에서 발급가능
필요 서류 신청서, 국내운전면허증, 여권, 여권용 사진 또는 증명사진 1매, 수수료 8,500원

3. 여행자 보험

미국의 의료비는 매우 비싸다. 만약을 생각해 가입하는 것이 좋다. 여행 시에는 보험증서 사본을 지참하는 것이 좋다. 해외에서 질병, 또는 사고로 병원에서 치료를 받을 경우 보통 진단서와 영수증 등을 귀국 후 보험회사에 제출해야 보험금 지급이 된다. 또한 휴대품 도난이나 파손 시 20만원 정도 보상되는 경우가 있는데, 이때에는 경찰서의 리포터가 필요할 수 있다. 보험회사마다 규정이 다르니 콜센터를 통해 문의하도록 하자.

여행자 보험은 왜 들까?
낯선 곳에서 여행을 하면서 어떤 일을 겪게 될지는 누구도 예측할 수 없는 일. 더구나 야외 활동이 많아지는 만큼 다치거나 아파서 병원에 가게 될 확률도 높아진다. 예상치 않게 귀중품을 도난 당하는 일도 생길 수 있다.
이런 경우를 대비하는 것이 바로 여행자 보험이다. 미국에서 보험 없이 병원을 가게 된다면 사소한 진료라도 깜짝 놀랄 만큼 비싸다는 것을 잊지 말자.

보상 내역을 꼼꼼하게 따져보자
패키지여행 상품을 신청하면 보통 포함되는 것이 '1억원 여행자 보험'. 얼핏 대단해 보이지만 사망할 경우 1억원을 보상한다는 뜻일 뿐 도난이나 상해 보상금이 1억원이라는 뜻은 아니다. 사실 여행자가 겪게 되는 일은 도난이나 상해가 대부분. 이부분에 보장이 얼마나 잘 되어 있는가를 꼼꼼히 확인해보자. 보험비가 올라가는 핵심 요소는 바로 도난보상 금액! 보상금액의 상한선이 올라가면 내야 할 보험비도 비싸진다.

보험 가입은 미리하자
여행자 보험은 인터넷이나 여행사를 통해 신청할 수도 있고 출발 직전 공항에서 가입할 수도 있다. 당연히 공항에서 드는 보험이 가장 비싸다. 미리 여유 있게 가입해서 한 푼이라도 아끼자.
항공사 마일리지 적립 등 보험에 들면 혜택을 주는 상품도 많다. 보험사의 정책에 따라서 보험 혜택이 불가능한 항목들(고위험 액티비티 등)도 있으니 미리 확인할 것.

증빙 서류는 똑똑하게 챙기자
보험증서와 비상연락처는 여행 짐 가방 안에 잘 챙겨두자. 도난을 당하거나 사고로 다쳤을 경우 경찰서나 병원에서 받은 증명서와 영수증 등은 잘 보관해야 한다. 도난을 당했다면 가장 먼저 경찰서에 가서 도난증명서부터 받을 것. 서류가 미비하면 제대로 보상받기 어렵다.

MISSION 8 알뜰하게 환전하자

현금 Cash

신분증을 확인하거나 수수료 붙는 일 없이 지갑에서 바로 꺼내 쓸 수 있다. 한국의 은행에서는 환율 우대쿠폰을 적용할 수도 있다. 급격한 환율 상승 시기라면 미리 확보해 둔 현금 덕을 여행 중에 볼 수 있다. 그러나 분실이나 도난 등의 사고를 당하면 보상 받을 길이 없으니 각별히 주의하자.

여행지에 도착하자마자 사용할 현금은 한국에서 미리 환전해오는 것이 좋다. 사용하기에는 100달러짜리의 고액 지폐보다는 10달러, 20달러 지폐가 편리하다. 달러의 크기는 모두 동일하다. 사용 시 헷갈리지 않도록 유의하자. 호텔, 택시에서 팁으로 사용할 1달러 지폐도 여러 장 준비하자.

신용카드 Credit Card

안전하고 부피도 작다. 상점에서 물건을 사는 것뿐만 아니라 ATM에서 현금서비스를 받을 수도 있다. 환율 하락 시기에는 내가 쓴 금액보다 적은 금액이 청구되기도 한다. 하지만 해외에서는 신용카드 복제의 위험에 노출되기 쉽다. 환율 상승 시기에는 내가 쓴 금액보다 더 많은 금액이 원화로 청구되며, 해외에서 사용한 금액에 비례해서 은행에서 정한 요율(보통 1~2.5%)로 수수료가 부과되니 미리 체크하자. 렌터카를 이용할 경우라면 반드시 필요하다.

신용카드 사용 시에는 금액이 제대로 찍혀있는지 확인을 한 후 영수증에 사인을 해야 한다. 영수증을 꼭 챙겨두도록 하자. 해외에서 사용할 수 있는 카드로 준비하자. 만약 현지에서 도난, 분실한 경우에는 바로 해당 카드사에 신고해야 불상사를 막을 수 있다.

신용카드 관련 긴급번호
비자Visa카드 1-303-967-1096
마스터Master카드 1-800-627-8372
아메리칸 익스프레스American Express
1-800-333-2639

현금카드 Debit Card

내 통장에 있는 현금을 현지 화폐로 바로 인출할 수 있다. 해외에서 사용할 수 있는 비자VISA나 마스터MASTER 등의 마크가 찍힌 국제 현금카드를 준비하자. 카드 뒷면에 'PLUS, CIRRUS'가 있는지 확인하고, 해당 은행에 해외 인출 가능 여부를 한 번 더 문의하면 확실하다.

인출 ATM 기계에 따라서 1회당 2~5달러의 수수료가 붙는다. 1회 인출 가능 금액은 기계마다 다르지만 보통 1,500달러까지 가능하다. 마그네틱 선이 손상되거나 비밀번호 입력 오류로 정지될 수도 있으니 2장 이상의 카드를 분산 보관하는 것이 좋다. 인출수수료를 아끼고 싶다면 EXK서비스를 이용하면 좋다. 발급 가능한 은행, 현금카드 정보는 홈페이지에 자세하게 나와 있다. 금융결제원에서 제공하는 서비스로 MYCE 마크가 있는 ATM에서 인출하면 네트워크 수수료가 면제되어 수수료가 적은 편이다.

여행자 수표 Traveler's Check

도둑맞거나 분실했을 때 재발급이 가능하다. 한국에서는 현찰보다 조금 더 좋은 환율로 환전할 수 있다. 여행자 수표는 주로 고액권이고, 작은 가게나 식당에서는 받지 않기 때문에 사용 시 불편함이 있다. 주로 대형 상점, 호텔에서 사용하거나 은행에 가서 환전을 통해 현금화한 후 사용해야 한다. 이 점이 약간 번거롭다.

여행자 수표에는 2개의 사인 공간이 있다. 한 곳은 수표를 구입하자마자 서명해두는 자리, 다른 한 곳 Countersign은 사용하거나 환전할 때에 서명하는 자리. 이 두 서명과 여권 서명이 일치해야만 환전할 수 있다. 신분증 지참도 필수! 수표의 일련번호를 적어서 따로 보관하고 수표를 사용할 때 마다 하나씩 지워가며 사용하자.

D-1

MISSION 9 완벽하게 짐 꾸리기

꼭 가져가야 하는 준비물

여권 사진 부분의 복사본을 2~3장 따로 보관해 두고, 여권용 사진도 몇 장 챙긴다. 자신의 이메일에 여권 스캔본을 보내놓으면 비상시에 유용하다.
항공권 전자티켓 예약확인서를 미리 출력해 두자.
여행 경비 현금, 여행자 수표, 신용카드, 현금카드 등 빠짐없이 준비하자.
각종 증명서 국제운전면허증, 국내운전면허증, 국제학생증, 여행자 보험 등.
의류&신발 햇빛이 강렬한 여름철에도 아침, 저녁의 바람은 꽤 쌀쌀하다. 반팔, 긴팔 골고루 준비하자. 가벼운 바람막이 점퍼나 바바리류의 겉옷도 챙기자.
가방 여권, 지갑, 책, 카메라 등을 넣어 다닐 수 있는 가볍고 작은 가방도 별도로 준비하자.
우산 우기라면 3단으로 접는 가벼운 우산 필수.
전대 도미토리를 주로 이용할 배낭여행자라면 필요하다. 여권과 현금을 보관하기에 숙소 사물함은 100% 안전하지 않다.
세면도구 호텔에서 묵으면 샴푸, 바디 샤워젤, 비누 등을 기본적으로 제공한다. 세안젤, 칫솔, 치약만 챙겨도 된다.
화장품 필요한 만큼 작은 용기에 담아서 가져가자.
비상약품 감기약, 소화제, 진통제, 지사제, 반창고, 연고 등 기본적인 약 준비.
생리용품 평소 자신이 사용하던 것을 발견하기가 쉽지 않다.
카메라 충전기를 빠뜨리기 쉬우니 다시 한번 확인하자. 메모리 카드도 넉넉하게 준비하자.
어댑터 미국에서 사용하는 플러그 모양은 우리나라와 다른 11자 모양이다. 110/220v 겸용인 노트북, 휴대전화 등을 충전하기 위해서는 별도의 변압기는 필요 없지만 '돼지코' 모양의 어댑터는 반드시 필요하다.
가이드북 정보가 없으면 여행이 힘들어진다.

가져가면 편리한 준비물

휴대전화 로밍을 해가면 비상시에 편리하다. 알람시계로 쓰기에도 좋다.
모자&선글라스 강한 햇빛을 막는 데 유용하다.
자외선차단제 햇빛이 강렬하기 때문에 날씨가 선선해도 피부가 쉽게 그을린다.
수영복 호텔에서 수영장 이용 시 필요하다.
반짇고리 단추가 떨어지거나 가방이 망가졌을 때 유용하다.
소형자물쇠 소매치기 방지를 위해 가방의 지퍼 부분을 잠가 두면 든든하다.
지퍼백 젖은 빨래거리나 남은 음식 보관 등 용도는 무궁무진하다.
손톱깎이&면봉 없으면 꽤 아쉽다.
물티슈 작은 것으로 준비하면 급할 때 유용하게 쓴다.
기내용 목베게&안대 항공기 안 10시간이 넘는 비행시간 동안 편안한 수면을 도와준다.
소형 변압기 프리볼트(100~240V에 자유롭게 사용 가능)가 아닌 가전제품을 사용할 예정이라면 필요하다.
소음제거 귀마개 호스텔의 도미토리를 이용하거나 비행기 안에서 잠을 청할 경우 유용하다.
핫팩 일교차가 심한 근교 여행을 할 때 유용하다.

MISSION 10 라스베이거스로 입국하기

인천국제공항에서 출국하기

1. 항공사 카운터 확인
출발 3시간 전까지는 공항에 도착해 3층으로 간다. 운항 정보안내 모니터를 보면 해당 항공사 체크인 카운터를 확인할 수 있다.

2. 탑승 수속
자신이 탈 예정인 항공사의 카운터로 가서 여권과 전자 항공권을 제출하고 탑승권Bording Pass을 받는다. 카운터는 이코노미 클래스와 비즈니스 클래스, 퍼스트 클래스 등으로 구분되어 있다. 원하는 좌석이 있다면 이때 요구할 것. 마일리지 적립도 확인하자.

3. 짐 부치기
미국으로 가는 일반적인 이코노미 클래스의 항공 수하물은 보통 23kg까지 허용한다. 항공기마다 다르니 미리 확인하자. 칼이나 송곳, 면도기나 발화물질, 100㎖가 넘는 액체나 젤 등 기내에 들고 탈 수 없는 물건들은 미리 구분해서 항공 수하물 안에 집어넣자.

4. 보안 검색
여권과 탑승권이 있는 사람만 출국장 안으로 들어갈 수 있다. 보석이나 고가의 물건을 휴대하고 있다면 세관에 미리 신고할 것. 들고 있던 짐은 엑스레이를, 여행자는 문형 탐지기를 통과해야 한다.

5. 출국 수속
출국 심사대에서 여권과 탑승권을 보여주면 심사 후 통과한다. 출국 검사를 받을 때는 모자와 선글라스 등을 벗어야 한다.

6. 탑승
탑승구에는 아무리 늦어도 출발 30분 전에는 도착해야 한다. 외국 항공사의 경우 모노레일을 타고 별도의 청사로 이동해야 하니 주의할 것. 모노레일은 5분 간격으로 운행되며 별도의 청사에도 면세점이 있다.

> **Tip 고가의 물품을 소지한 경우 휴대 물품 반출 신고 필수!**
> 한국에서 고가의 물품(보통 600달러 이상의 가치)을 소지하고 출국할 때에는 반드시 세관에 휴대 물품 반출 신고를 해야 한다. 보통 카메라, 모피 의류, 전자제품, 보석, 시계 등이 이에 해당된다. 모델, 제조번호 등을 상세히 기재 후 세관에 신고하면 입국 시 면세 통관이 가능하다.
>
> **면세 범위**
> 면세점 구입은 1인당 3,000달러까지 가능하다. 하지만 귀국 시의 면세 범위가 600달러라는 것을 기억하자. 이것은 면세점이나 외국에서 구입한 물건뿐만 아니라 외국에서 선물로 받은 물품까지도 포함한 금액이다. 면세 범위인 600달러 외에 술 1병(1ℓ), 담배 200개비(1보루), 향수 60㎖까지는 추가 면세가 가능하다. 단, 술은 만 19세 이상 성인 여행자에게만 해당되며, 가격이 400달러 이하인 것만 면세 혜택이 주어진다.

라스베이거스로 입국하기

1. 공항 도착
라스베이거스 맥캐런 국제공항에 비행기가 무사히 도착하면 짐을 챙겨서 내린다. 잊고 내리는 물건이 없는지 다시 한 번 확인하자.

2. 입국 심사
입국 심사를 하기 위해 줄을 설때는 방문자Visitor와 미국시민권자US Citizenship 줄로 구분되어 줄을 서게 된다. 입국 심사대에 가면 여권을 제시한다. 몇 가지 질문을 하는 데 보통 여행 목적, 머무는 기간 등에 관한 것이다. 이때 심사관이 출국 항공권을 보여 달라고 할 수도 있으니 꺼내기 쉬운 곳에 보관하자. 질의 문답이 끝나면 심사관이 카메라를 보라고 하는데 그때 사진을 찍는다. 지시에 따라 양쪽 검지손가락을 하나씩 기계 위에 대고 지문을 채취한 후 여권에 입국 스탬프를 찍어준다. 심사 자체는 1~2분 정도 소요된다.

3. 수하물 찾기
해당 항공편이 표시된 레일로 이동해 짐을 찾는다. 수하물이 분실됐다면 배기지 클레임 태그Baggage Claim Tag를 가지고 분실신고를 한다. 만약 달러 현금을 준비해 오지 않았다면 근처의 ATM에서 필요한 현금을 미리 뽑아두면 좋다.

4. 세관
신고할 것이 없으면 녹색 사인Nothing to declare 쪽으로 나간다. 한국인 여행객들은 세관원들의 주요 타깃이므로 면세금액을 초과하지 않도록 주의하자.

Tip 입국신고서 및 세관 신고서 작성 요령

미국 도착 1~2시간 전 승무원으로부터 출입국신고서Landing Card, Form I-94를 받으면 이름, 국적, 거주지, 주소, 여권 번호, 체류 기간, 항공편 등을 영어로 작성하게 된다. 세관신고서는Customs Declaration 미국 달러뿐만 아니라 외국의 화폐까지 포함해서 10,000달러 이상 소지한 경우 반드시 기재하도록 하고 있다. 또한, 미국 내의 체류 예정지(호텔 등의 주소)를 적고 고가의 보석, 귀중품, 현금 액수 등을 기재하면 된다. 미국에 선물 등으로 남기고 갈 물건들에 대해서는 100달러까지만 면세가 허용되고 나머지는 관세를 내야한다. 신고할 물품이 없는 경우 '아니요'라고 기재하면 된다. 무작위로 가방 검사가 이뤄지기도 하므로 허위작성은 하지 않도록 하자. 육포, 고기만두 등의 육류가공품을 제외한 밀봉 포장된 음식물을 가져온 경우 'Yes'로 기재하고 간단한 가방 검사를 받은 후 통과가 가능하다.
심사관이 까다로운 경우 라면은 문제가 될 수 있으니 필요하다면 라스베이거스 현지의 한인마트를 이용하여 구매하는 것을 추천한다. 과일, 고기, 흙, 식물 등은 위생검역국의 허가를 받지 않은 경우 반입을 금지하고 있다.

MISSION 11 맥캐런 국제공항에서 도심으로 이동하기

공항에서 라스베이거스의 가장 번화가인 스트립 지역까지는 3.5Km 정도 떨어져 있다. 자동차로 15분 정도 걸린다. 다운타운 지역까지는 10km 정도 된다. 다른 도시에 공항과 도심의 거리가 가깝기 때문에 택시를 이용해도 큰 무리가 없다.

택시 Taxi

공항에서 15~20분 소요. 공항 앞 여러 대의 택시가 기다리고 있어서 탑승이 편리하다. 주요 호텔이 있는 스트립까지의 요금은 보통 15~20달러이다. 미터 요금과 별도로 요금에 2달러의 공항 이용료가 추가된다. 가방 1개 당 1~2달러가 추가되며 팁은 15% 별도이다.
Cost 기본 3.3달러, 1마일 당 2.6달러 추가,
공항 이용 시 2달러 추가, 현금 카드 가능

셔틀버스 Shuttle Bus

가장 보편적인 교통 수단. 공항 밖 정류장에 여러 대의 셔틀버스가 대기하고 있다. 셔틀버스 회사마다 가격대가 조금씩 다르다. 가격대를 비교한 후 홈페이지에서 예약해서 오는 것이 좋고, 왕복으로 표를 구매하는 것이 좀 더 저렴하다. 하지만 예약하지 않더라도 운행하는 셔틀버스가 많아서 탑승에 어려움이 없다. 운전사에게 직접 현금결제도 가능하다. 소요 시간은 보통 스트립까지 20~40분, 다운타운 30~50분 정도 걸린다. 하차 시 트렁크 가방 1개당 1~2달러의 팁을 내도록 한다.
Cost 스트립 지역 편도 11달러, 왕복 20달러 정도
Web
셔틀 라스베이거스 www.shuttlelasvegas.com,
에어라인셔틀 콥 www.airlineshuttlecorp.com,
벨 트랜스 www.bell-trans.com

리무진 Limousine

럭셔리한 분위기의 도시답게 리무진 서비스도 인기가 많다. 웹사이트를 통해 차량과 종류를 골라서 예약할 수 있다.
Cost 시간당 최저 45달러~, 옵션과 차량 종류, 서비스 등에 따라 다양하다
Web
프레지덴셜 리모 www.presidentiallimolv.com,
라스베이거스 리모 www.lasvegaslimo.com

RTC 버스 RTC Bus

대중교통 수단인 라스베이거스 버스를 이용하는 방법이다. 공항 승강장에서 109번 버스 타고 사우스 스트립 트랜스퍼 터미널 South Strip Transfer Terminal로 이동한 후 듀스버스 또는 SDX버스로 갈아타면 된다. 스트립 지역을 거쳐 다운타운까지 갈 수 있다. 환승을 해야 하고 시간도 오래 걸려서 짐을 가지고 이동하는 여행자들에게는 추천하지 않는다.
Web www.rtcsnv.com

리프트 Lyft, 우버 Uber

스마트폰 애플리케이션을 이용한 교통 서비스이다. 앱을 통해 실시간으로 운전자와 승객의 위치 추적이 가능하고, 일반택시보다 저렴하다. 출발지와 목적지를 입력하면 예상 요금이 나온다. 요금은 미리 설정해둔 신용카드에서 자동 결제된다. 맥캐런 국제공항에서는 리프트, 우버 탑승이 가능한 곳이 따로 마련되어 있다.
수화물을 찾은 후, 공항 건물을 빠져나와 'Passenger Pick-up' 표지판을 따라간다. 엘리베이터 탑승 시 '2M Ride Share'이 적힌 층에서 내리면 'Ride Share Pick up Area'라는 표지판을 보게 되는데, 그곳이 바로 리프트, 우버 탑승하는 곳이다. 수화물을 찾은 곳에서 도보로 5~12분 정도 소요된다.
Web www.lyft.com, www.uber.com

> **Tip** 첫 이용객에게 20~30달러를 할인해주는 쿠폰이 많다. 구글에서 검색하면 쉽게 찾을 수 있다.

꼭 알아야 할 라스베이거스 필수 정보

라스베이거스는 스페인어로 '목초지, 초원'을 뜻하며, 미국 네바다Nevada주, 모하비Mojave 사막 지역에 위치한 도시이다. 면적은 352㎢이다. 이전에는 주로 축산업을 하던 지역이었으나, 1931년 네바다주의 도박이 합법화가 되면서 마피아 조직들의 투자에 의해 대형 카지노 호텔들이 들어서게 되었다. 한때는 단순히 도박, 쇼걸들의 춤이 난무하는 환락의 도시로 유명했지만, 현재는 고급스러운 문화와 지상 최대 규모의 쇼 등을 즐길 수 있는 세계 최고의 엔터테인먼트 도시로 변모하였다.
미국 내에서도 대표적인 신혼여행지로 손꼽히며, 도시 근교에 그랜드캐니언국립공원, 브라이스캐니언국립공원 등 웅장하고 장엄한 대자연이 위치하고 있다.

시차는 한국보다 17시간 늦다. 단, 일광 절약 시간제Daylight Saving Tim(일명, 서머타임Summer time) 기간에는 16시간 늦다. 일광 절약 시간제는 3월 둘째 주 일요일에 시작되고 11월 첫째 주 일요일에 종료된다.

언어는 영어를 사용한다.

인구는 미국 인구는 약 3억 2,909만명(2019년 기준), 라스베이거스는 약 58만 명(2013년 기준).

기후는 전형적인 사막 기후로 건조하고 사계절 내내 뜨거운 태양이 강하다. 여름에는 매우 덥고 보통 37°C 정도, 40°C 이상인 날도 있다. 하지만, 습도가 낮아서 그늘에서는 시원하다. 밤에는 26°C 정도이다. 겨울에는 보통 10°C 정도이지만 밤은 영하 4°C까지 내려가기도 한다. 눈은 오지 않는 편이지만 12~2월 사이에 해가 일찍 지고 비가 간간이 오는 날씨가 계속된다. 그러므로 라스베이거스를 방문하기에는 3~5월 봄, 9~11월 가을이 가장 좋다.

통화는 미국 달러United States Dollar(USD)를 사용한다. 1달러는 약 1,125.80원(2019년 1월 기준).

비자는 2008년 실행된 미국 비자 면제 프로그램을 통해 최대 90일간 비자 없이 방문이 가능해졌다. 단, 유효 기간이 6개월 이상 남은 전자여권을 소지해야하며 전자여행허가제ESTA를 신청한 후 승인받아야한다.

전압은 110/120V. 플러그는 구멍이 2개인 것과 3개인 것이 있다. 일명 '돼지코'라고 불리는 어댑터는 필수이다. 노트북, 휴대전화 등은 보통 110/220V 겸용이므로 어댑터만 준비하면 되고, 220V 전용 전자기기 사용 시에는 변압기가 필요하다.

전화는 로밍하거나 스마트폰의 경우 현지 유심을 사서 금액을 충전한 후 끼우면 바로 사용 가능하다. 또는 현지 휴대폰(심카드 충전식)을 빌리거나 구입하는 것도 편리하다.

긴급번호는 구급차, 소방서, 경찰서 911.

영사관 라스베이거스에는 총 영사관이 없으므로 근교 대도시에 위치한 영사관에 연락하면 된다(여권을 분실한 경우 이용 가능).

로스앤젤레스 총 영사관
Add 3243 Wilshire Blvd, Los Angeles, California
Tel 213-385-9300
Web usa-losangeles.mofa.go.kr

샌프란시스코 총 영사관
Add 3500 Clay Street, San Francisco, California
Tel 415-921-2251
Web usa-sanfrancisco.mofa.go.kr

긴급전화 415-590-4110
외교통상부 영사 콜센터(24시간)
011-800-2100-0404(무료)
해외 안전 여행 사이트 www.0404.go.kr
외교통상부 홈페이지 www.mofa.go.kr

라스베이거스의 축제

주요 공휴일이 있는 기간에는 더 많은 사람들이 라스베이거스를 방문한다. 여기저기에서 축제처럼 이벤트들이 더해져서 볼거리가 많다. 단, 연휴 기간에는 호텔 숙박 가격, 뷔페 이용 가격 등이 높아지는 경우가 많으니 참고하자.

1~2월 중국 신년 Chinese New Year
보통 1~2월 사이에 있는 음력설은 중국인들에게 아주 큰 명절. 라스베이거스 초대형 호텔들은 중국 신년을 축하하는 장식들로 화려하게 꾸민다.

3월 성 패트릭 데이 St Patrick's day
3월 17일과 가장 가까운 일요일에 이벤트가 열린다. 녹색 모자와 옷을 입은 사람들이 많이 보인다. 아일랜드 부족을 통합하고 기독교 전파에 크게 공헌한 패트릭 신부를 기리는 날이다.

3~4월 부활절 Easter day
그리스도의 부활을 기념하는 기간이다. 춘분 후 최초의 만월 다음에 오는 일요일로 매년 날짜가 달라진다. 미국에서도 긴 연휴 중 하나이므로 휴가를 보내러 라스베이거스를 방문하는 사람들이 많다. 이 기간에는 뷔페, 레스토랑 등의 가격이 비싸다. 채색된 달걀을 나누는 행사를 한다.

6월 라스베이거스 퍼레이드 Las Vegas Pride
보통 6월 말에 있으며, 레즈비언, 게이, 트레스젠더 등 성적소수자들의 축제와 퍼레이드가 있다. www.lasvegaspride.org에서 자세한 사항을 볼 수 있다. 이 축제 기간에는 몇몇 호텔 클럽에서 파티 같은 관련 이벤트가 성행된다.

7월 미국독립기념일 Independence day
7월 4일은 미국인들에게 역사적인 날로 다양한 행사가 거리 곳곳에서 펼쳐진다. 밤하늘을 아름답게 수놓는 화려한 불꽃놀이를 감상할 수 있는 날이기도 하다. 단, 한국보다 불꽃놀이가 화려하지 않다는 평이 많으니 참고하자.

10월 핼러윈 Halloween
10월 31일 핼러윈 파티가 있다. 무서운 마녀, 유령의 모습으로 분장을 하고 참여하는 파티가 라스베이거스 도시 곳곳에서 열린다.

11월 추수감사절 Thanksgiving day
매년 11월 4번째 목요일, 추수감사절이다. 미국에서도 중요한 연휴 기간이다. 추수감사절 다음 날은 할인율이 엄청나게 높아지는 '블랙 프라이데이'로 아웃렛, 쇼핑가들이 인산인해를 이룬다. 보통 추수감사절 당일 밤, 자정이 넘어서면부터 세일이 시작된다.

12월 크리스마스 Christmas
크리스마스 분위기로 꾸며진 호텔 로비와 거리의 풍경이 아름답다. 12월 31일은 새해 전야제가 진행된다. 1월 1일이 공휴일이기 때문에 12월 31일 밤 화려한 파티가 많다. 어느 클럽이나 화려한 파티가 이뤄진다. 유명 셀러브리티들과 함께하는 행사가 이어진다. 단, 입장하기 위한 줄이 정말 길다. 밤새도록 '해피 뉴 이어'를 외치며 돌아다니는 사람들로 거리가 활기차다.

이건 꼭 읽고 가자!
라스베이거스 여행 주의사항 TOP 10

NO.1
선크림과 보습크림은 필수예요
고온 건조한 전형적인 사막기후이다. 자외선이 강하고 심하게 건조하다. 수시로 선크림을 바르고 보습크림 또는 미스트 등으로 피부의 수분을 보충해주자.

NO.2
여권은 꼭 가지고 다녀요
동양인은 나이가 어리게 보이기 때문에 카지노나 바, 클럽 등에서 불시에 신분증을 요구 할 수 있다. 특히 술을 마실 계획이라면 꼭 지참하도록 하자.

NO.3
호텔 안 미니 냉장고는 자동으로 계산을 해요
대부분의 호텔 객실에는 냉장고가 없지만 있는 경우에는 주의해야 한다. 센서가 부착되어있어서 음료수를 잠시 꺼내기만 해도 자동적으로 계산된다. 본인이 가져온 생수를 냉장고에 넣기 위해 호텔 측의 음료를 꺼내두기만 하더라도 비용이 청구되니 만지지 않는 것이 상책이다.

NO.4
수돗물은 마시지 마세요
석회질이 많은 라스베이거스 수돗물은 마시기에 적합하지 않다. 생수를 사서 마시도록 하자.

NO.5
길에서 술 마셔도 되지만 적당량을 즐겨요
라스베이거스가 있는 네바다주는 공공장소에서 술을 마시는 것이 합법인 곳이다. 만 21세 이상은 법적으로 음주를 할 수 있는 나이다. 단, 너무 심하게 많이 취하면 경찰, 바, 클럽 담당 직원 등에 의해 병원으로 실려가게 된다. 절대 인사불성이 되지 않도록 조심하자. 기분 좋게 적당히 즐기는 것이 중요하다.

NO.6
마약에는 눈길도 돌리지 마세요
클럽이나 술집, 또는 어두운 밤거리를 돌아 다니는 마약상들과는 말도 섞지 말자. 마약에 대해 엄격하게 처벌하는 국가라 외국인도 감옥 신세를 질 수 있다. 라스베이거스 길 곳곳에 사복을 입은 경찰들이 배치되어 있어서 안전하지만 한적한 골목길은 위험할 수 있다. 너무 으슥하고 좁은 길 보다는 밝고 넓은 길 위주로 다니도록 하자.

NO.7
팁이 필수에요
서비스를 받았다면 팁을 주는 것이 관례이다. 레스토랑의 경우 음식 값의 15~20%, 호텔 이용 시 하루 당 2~3불의 팁을 침대 옆 테이블 위에 두는 것을 잊지 말자.

NO.8
물건을 구입하면 판매세Sales Taxes가 붙어요
물건을 구입하거나 식당에서 음식 값을 지불할 경우 8.1% 정도의 판매세가 추가로 징수된다. 원래 가격에서 10% 정도 더한 가격을 준비하도록 하자.

NO.9
신용카드는 믿을만한 곳에서만 꺼내세요
대부분 안전하긴 하지만 가끔씩은 카드 복제사고가 일어난다. 신용카드 결제 후 영수증에 사인을 할 때 금액을 확인하는 습관을 가지자. 금액이 잘못된 것을 나중에 확인하면 여러모로 해결하기가 어렵다. 현금카드 인출도 확실한 ATM에서만 하는 것이 중요하다.

NO.10
미국에서 사용하는 무게와 길이 단위가 달라요
우리나라는 미터법 도량형을 사용하는 것과 달리 미국은 피트, 마일, 파운드 등의 단위를 사용한다. 화장품이나 세제 등의 용량을 볼 때, 운전 시 이정표를 통해 도착 장소와의 남은 거리 등을 환산할 때 단위를 알아야 한다.
1피트ft=30.48cm, 1마일mile=1.61km, 1야드yard=91.44cm,
1파운드lb=453.6g, 1온즈oz=28.35g, 1갤론gallon=3.8liter
(미국의 휘발류 값은 1갤론 당 가격으로 제시되어 있다).
미국의 모든 온도는 화씨(°F) 로 표시한다. 우리나라는 섭씨(°C)를 사용한다.
40°F=4°C, 50°F=10°C, 70°F=21°C, 80°F=27°C, 212°F=100°C.

INDEX

SEEING

17마일 시닉 드라이브	291
MGM 그랜드	160
골든너겟	207
그랜드 뷰 포인트	238
글랜캐니언댐	304
나바호 루프&퀸즈 가든 트레일	256
내로우스	269
뉴욕뉴욕	161
대성당바위	314
데블스 가든	281
데저트 뷰	236
데저트 뷰 와치 타워	236
델리케이트 아치	280
디스커버리 어린이 박물관	209
라스베이거스 웰컴 전광판	159
라스베이거스 자연사박물관	208
루 루보 뇌건강 센터	208
룩소르	158
룩아웃 스튜디오	232
리버사이드 워크	268
마리코파 포인트	234
만달레이 베이	158
매더 포인트	231
메스키트 플랫 샌드 듄	323
모뉴먼트 밸리 방문자 센터	290
모란 포인트	238
모하비 포인트	235
몬테 카를로	161
미라지	190
밸런스드 록	278
베네시안&팔라조	189
베드워터 베이슨	326
벨록	314
벨라지오	164
보이튼캐니언	314
브라이스 포인트	255
브라이스캐니언 방문자 센터	253
브라이트 엔젤 트레일	233
빅 밴드	268
사우스 케이밥 트레일	237
서커스 서커스	190
선라이즈 포인트	254
선셋 포인트	254
세도나 방문자 센터	315
세도나 아트 센터	315
솔트 크리크	323
스트라토스피어	191
시저스 팰러스	188
아리아	162
아티스트 팔레트	327
앤텔로프캐니언	302
야바파이 포인트	231
야키 포인트	237
에메랄드 풀 트레일	267
에어포트 메사	313
엑스칼리버	159
웨이브	306
위핑 록	267
윈&앙코르	189
윈도즈 섹션	278
인스퍼레이션 포인트	255
자이언 마운트 카멜 하이웨이	268
자이언캐니언 방문자 센터	266
코스모폴리탄	163
콜브 스튜디오	232
투사얀박물관&유적	238
트레져 아일랜드	191
파더 크라울리 포인트	323
파리	164
파웰 포인트	234
파웰 호수	305
파크 애비뉴	278
플라밍고	188
플래닛 할리우드	163
피마 포인트	235
피어리 퍼니스	282
허미츠 레스트	235
호피 포인트	234
호피 하우스	232
홀리 크로스 채플	315
홀슈 밴드	305
후버댐	239
휴먼 히스토리 뮤지엄	266

ENJOYING

CSI 익스피리언스	170
XS 나이트클럽	194
갤러리 오브 파인 아트	085, 169
곤돌라 라이드	079, 192
그랜드캐니언 레일웨이	241
그랜드캐니언국립공원 헬리콥터&경비행기 투어	240
데이비드 코퍼필드	063

데저트 파인스 골프 클럽		209
디스커버리 어린이박물관		077
라스베이거스 자연사박물관		077
러브		063
롤러코스터		081, 168
루 루보 뇌건강 센터		085, 208
르 레브		060
마담 투소		077, 193
말퀴		167
메브릭 헬리콥터		075
뮬 트립		240
벨라지오 분수		065, 169
보태니컬 가든 실내정원		085, 168
볼케이노		065
블루맨		062
샤크 리프		077, 170
세도나 에어 투어		316
세도나 트롤리		316
세도나 핑크 지프 투어		316
셀린 디온		063
스카이워크		241
스트라토스피어		075
스트라토스피어 스릴 라이드		080, 194
시크릿 가든&돌핀 해비타트		076
어드밴처돔 테마 파크		076
오 쇼		058
원 골프 코스		193
자카나		062
쥬메니티		062
쥬빌리		062
짚라인		080
카 쇼		059
토너먼트 오브 킹스		063
파리 에펠 타워		075, 165
프리몬트 스트리트 익스피리언스		064, 210
플라이어웨이 인도어 스카이다이빙		079
피오리 디 꼬모		085, 164
하이드		167
하이롤러		081, 166
하카산 클럽		166

EATING

고든 램지 버거		104, 179
고디바		107, 198
기 사부아		099, 196
레인포레스트 카페		172
르 빌리지 뷔페		095, 164
매스윅 푸드 코트		243
모나미 가비		109, 178
바카날 뷔페		095, 195
벨라지오 뷔페		095, 177
부두 스테이크하우스		199
뷔페 아리아		095, 174
뷔페 윈 라스베이거스		095, 198
브라이트 엔젤 레스토랑		243
비엘티 스테이크		179
빌리지 시푸드 뷔페		197
쉐이크쉑		178
슈거 팩토리		109, 196
스미스 앤 울랜스키		172
시크릿 피자		176
얼 오브 샌드위치		105, 173
에펠 타워 레스토랑		100
엘 토버 다이닝 룸		242
오스카스 카페		270
울프강 펔스 바&그릴		174
위키드 스푼		175
웝테일 그릴		270
인&아웃 버거		106, 173
자스민		178
장 필립 파티세리		107, 177
조엘 로부숑 레스토랑		097, 171
지아다		098, 199
치즈케이크 팩토리		107, 197
카페 솔레일		270
캘러거 스테이크		102, 171
타오		199
파이브 피프티 피자 바		105, 175
판다 익스프레스		106, 173
팻 튜즈데이		109, 195
피카소		098, 176
픽스 레스토랑		103, 177
헥스 키친+바		109, 175

BUYING

그랜드 캐널 숍스		115, 201
라스베이거스 노스 프리미엄 아웃렛		119, 211
라스베이거스 사우스 프리미엄 아웃렛		119, 211
라스베이거스 패션 아웃렛		119

INDEX

로스트 라스베이거스	211
미라클 마일 숍스	115, 181
시티센터 크리스털 쇼핑몰	116, 180
엠엔엠즈 월드	121, 181
월드 오브 코카콜라	120, 180
윈 에스플러네이드	117, 201
패션 쇼 몰	114, 200
포럼 숍스	117, 200

SLEEPING

MGM 그랜드	147
골든 너겟	148
굴딩스 로지	297
굴딩스 캠프그라운드	297
노스 캠프그라운드	257
뉴욕뉴욕	144
데빌스 가든 캠프그라운드	283
데저트 뷰 캠프 그라운드	244
루비스 인	257
룩소르	143
만달레이 베이	149
매더 캠프그라운드	244
베네시안&팔라조	135
베스트 웨스턴 호텔	317
벨라지오	132
뷰 호텔	296
브라이스캐니언 로지	257
브라이트 엔젤 로지&캐빈	245
비다라	139
빅 밴드 캠프그라운드	283
사우스 캠프그라운드	271
서커스 서커스	141
선셋 캠프그라운드	328
스토브파이프 웰스 빌리지	329
스토브파이프 웰스 캠프그라운드	329
시그니처 앳 MGM 그랜드	140
시저스 팰러스	137
아리아	129
아바파이 로지	245
엑스칼리버	145
엘 토바르 호텔	245
와업 캠프그라운드	307
와치맨 캠프그라운드	271
윈&앙코르	131
자이언 로지	271
자키 클럽 베가스	145
캐니언랜즈 인	283
코스모폴리탄	130
파리	136
퍼니스 크리크 리조트	329
퍼니스 크리크 캠프그라운드	328
페이지 레이크 파웰 캠프그라운드	307
플라밍고	143
플래닛 할리우드	137
하얏트 피온 포인트	317